플랫폼, 파워, 정치

Platforms, Power, and Politics
An Introduction to Political Communication in the Digital Age (1st Edition)
by Ulrike Klinger, Daniel Kreiss, and Bruce Mutsvairo

Copyright ⓒ Ulrike Klinger, Daniel Kreiss, and Bruce Mutsvairo 2024
Korean translation copyright ⓒ HanulMPlus Inc. 2024

Platforms, Power, and Politics: An Introduction to Political Communication in the Digital Age

플랫폼, 파워, 정치

디지털 시대의 정치 커뮤니케이션

울리케 클링거
다니엘 크레이스
브루스 무츠바이로

지음

임정수

옮김

한울
아카데미

차례

옮긴이의 말

플랫폼은 이제 텔레비전, 인터넷 등과 마찬가지로 세계의 문명화된 지역에서 일상화되어 있다. 이전 시대에 텔레비전과 인터넷이 삶의 방식과 사람들 간의 관계를 재설정했던 것처럼 플랫폼은 현재의 지배적 커뮤니케이션 테크놀로지로서 그러한 역할을 하고 있다. 플랫폼을 통한 공적 커뮤니케이션에 대한 이해에 기초하지 않고는 변화하는 삶의 양식, 사회구조, 집단 간 관계, 사회적 갈등과 화해 등을 파악하기 어렵게 되었다.

이 책은 '플랫폼', '파워', '정치'의 세 키워드를 중심으로 테크놀로지와 정치 커뮤니케이션의 관계를 세심하고도 진지하게 짚어나갔다. 저자들은 기존의 많은 연구와 실증적 데이터에 기초해 현실에서 가능한 다양한 면모를 입체적으로 보여주었다. 세상은 그 자체의 다채로움만큼이나 플랫폼을 다채롭게 채택하고 있었다. 그것을 독자들에게 드러내는 과정에서 저자들이 테크놀로지를 바라보는 시각은 놀라울 만큼 균형 잡혀 있다. 이러한 새로운 현상을 다룰 때는 학자들도 선동가들 못지않게 놀라운 변화에 격앙되어 편협한 시각으로 곡학아세曲學阿世하기 쉬운데, 이 책의 저자들은 많은 실증적 연구에 기반해 균형 잡힌 지식을 전달하고 있다.

이 책은 독자들에게 읽는 즐거움을 제공한다. 플랫폼이 바꾸어나가는 세상에 대해 독자들이 평소 가졌을지도 모르는 여러 가지 일관되지 않던 인상들을 저자들의 글을 통해 있는 그대로 확인할 수 있으며, 동시에 정리되어 가는 느낌을 받게 될 것이다. 또한 독자들은 플랫폼과 함께하는 이 시대가 민주주의를 지키고 발전시키는 데에서 얼마나 중대한 기로에 서 있는지를 이 책의 많은 부분에서 발견할 수 있다. 테크놀로지와 사회의 상호작용 양상에 따라 전혀 다른 결과가 만들어질 수 있음을 확인하게 될 것이다.

이 책이 테크놀로지 사회학, 정치 커뮤니케이션 등을 공부하고 연구하는 학생과 학자, 커뮤니케이션을 직접적으로 다루는 저널리스트, 커뮤니케이션 전문가, 정치인에게는 물론이고, 플랫폼을 손에 쥐고 사는 우리 시대를 이해하고자 하는 비전공 일반 독자들에게도 깊은 지식과 넓은 안목을 제공할 것으로 믿는다.

2024년 2월 15일
옮긴이 임정수

감사의 말

이 책이 나올 수 있도록 도움을 주신 많은 분들께 감사드린다.

우타 루스만Uta Rußmann, 안데르스 라르손Anders O. Larsson, 요하네스 그루버Johannes B. Gruber는 이 책의 원고를 읽고 피드백을 주었으며, 이들의 피드백은 원고를 수정 및 재구성하는 데 큰 도움이 되었다. 우리는 매우 건설적이고 세심한 조언을 준 익명의 검토자들에게도 감사드린다.

프레데리크 쾨르버Frederik Körber는 이 책의 집필 과정에서 문단과 페이지를 계속 추가하고 삭제하는 동안 인용 및 참고문헌을 관리하는 데 매우 귀중한 도움을 주었다. 월터 페펄Walter Pepperle은 표지의 초안을 디자인해 그 아이디어를 실제 표지로 발전시키는 데 도움을 주었다.

출판사 폴리티Polity에서 이 책의 제작과 마케팅을 담당한 스테퍼니 호머Stephanie Homer에게 감사하며, 특별히 메리 사비거Mary Savigar에게 감사의 말을 전하고 싶다. 메리는 이 책과 저자들을 초기 단계부터 전 과정에 걸쳐 신뢰했고, 저자들의 아이디어가 현실로 옮겨가는 모든 단계에서 귀중한 통찰력을 제공했다. 이 책에 대한 우리의 계획과 비전을 믿어준 그녀에게 감사드린다.

저자 울리케 클링거Ulrike Klinger는 2021년 9월부터 2022년 3월까지 방문교수로 초대해 준 캘리포니아 대학교 산타바버라 캠퍼스 정보기술사회센터Center for Information Technology and Society: CITS의 조 발터Joe

Walther와 브루스 빔버Bruce Bimber에게 특히 감사의 말을 전하고자 한다. 산타바버라의 창의적이고 지적인 분위기는 이 책의 많은 부분을 집필하는 데 완벽한 환경을 제공해 주었다.

저자 다니엘 크레이스Daniel Kreiss는 이 프로젝트를 구상하고 집필하는 동안 수많은 논의를 함께한 노스캐롤라이나 대학교 정보·기술·공공생활센터The Center for Information, Technology, and Public Life: CITAP의 동료들에게 감사의 말을 전하고자 한다. 이렇게 획기적이고 명석한 연구자 집단과 함께 일할 수 있어 영광이었다. 다니엘은 우리가 공유한 지적 의제가 활기 넘치는 정신으로 이 책에 반영되었기를 기대한다. 그는 또한 플랫폼 시대의 오정보誤情報, 허위조작정보, 저널리즘 분야의 중요한 연구에 연구비를 지원하고 수년 동안 모든 지원을 해준 존에스앤드제임스엘나이트 재단John S. and James L. Knight Foundation에 감사하며, 특히 존 샌즈John Sands에게 감사의 말을 전하고자 한다. 이 책 전반에 걸쳐 그 연구 결과의 많은 부분이 인용되고 있으며, 그 선행 연구들이 없었다면 이 책은 불가능했을 것이다. 다니엘은 나이트리서치네트워크 Knight Research Network의 동료들에게 감사의 말을 전하고자 한다. 그는 이 책이 플랫폼에 관한 활발한 연구와 논쟁을 보여주기 바란다.

저자 브루스 무츠바이로Bruce Mutsvairo는 호주, 아프리카 및 아랍 전역에서의 최근 저널리즘 발전에 대한 생각을 공유해 준 잉그리드 볼크머Ingrid Volkmer, 베네데타 브레베니Benedetta Breveni, 헤이스 마브웨자라 Hayes Mabweazara, 아흐마드 알라위Ahmed al Rawi 그리고 사바 베바위Saba Bebawi에게 감사의 말을 전하고자 한다.

제1장

서론: 플랫폼 시대의 정치 커뮤니케이션

제1장은 이 책의 서론으로, 테크놀로지와 정치 커뮤니케이션의 관계, 플랫폼 시대의 미디어와 정치에 대해 개괄한다. 이 장은 또한 책 전반에 걸쳐 사용되는 미디어, 디지털 미디어, 인터넷, 소셜미디어, 플랫폼, 테크놀로지 등 많은 핵심 용어를 정의한다. 마지막으로 이 장은 이 책의 각 장에 대한 대략적 설명과 이 책의 교육적 특징을 설명한다.

> **독서 목표**
>
> - 미디어, 테크놀로지, 정치 커뮤니케이션 등의 관계를 설명할 수 있다.
> - 이 책에서 사용되는 주요 용어를 정의할 수 있다.
> - 이 책을 어떻게 사용할지 이해한다.
> - 이 책에서 다룰 전반적 내용을 이해한다.

1. 서론

2005년부터 2021년까지 4회 연속 독일의 총리를 역임한 후, 앙겔라 메르켈Angela Merkel은 퇴임 직전 고별 인터뷰를 했다. 메르켈은 많은 이야기들에 덧붙여 지난 16년 동안 디지털 플랫폼이 어떻게 정치 토론과 정치 담론을 변화시켰는지에 대한 자신의 생각을 드러냈다.

질문자　독일에 대해 가장 우려하는 점은 무엇인가요?

메르켈　이 나라의 정치적 풍토가 더 가혹해졌다는 것이죠. 내가 총리가 되었을 때는 스마트폰도 없었고, 페이스북은 출범한 지 1년밖에 안 되었고, 트위터는 그로부터 1년이 지나서야 나왔어요. 우리는 이제 완전히 바뀐 미디어 세상에 살고 있는데, 가혹해진 정치적 풍토란 바로 그러한 것들과 관련 있죠.

질문자　그게 정치에 어떤 의미가 있나요?

메르켈　그것은 정치 커뮤니케이션의 양식을 바꾸어놓았어요. 우리는 스스로에게 이렇게 질문해야 하죠. '우리는 어떻게 사람들에게 다다를 수 있을까?', '서로 다른 의견들이 존중되고, 자신의 의견에 동조하는 무리 속에만 숨어 있지 않는 그러한 대화를 어떻게 보장할 수 있을까?' 오늘날 우리는 심지어 우리가 아는 사람들보다도 훨씬 많은 사람들에게 개인적 의견을 확인받을 수 있죠. 민주주의에서 필수적인 타협 구축에 관한 한 우리는 점점 더 많은 문제에 부딪히고 있어서 두려운 마음이 드는 거죠(Gammelin et al., 2021).

메르켈의 관찰은 이 책에서 우리가 시작할 여정의 좋은 출발점이 된다. 장기간 재임한 독일 총리만이 정치 담론의 가혹함, 소셜미디어가 여론을 왜곡시키는 효과, 타협의 장벽이 되는 미디어 버블media bubble 등에 대해 우려하는 것은 아니다. 정치는 결코 조화와 기쁨의 장소가 아니었고 정치에서 혐오와 소위 '가짜 뉴스'는 인류의 역사만큼이나 오래되었지만, 사람들이 어떤 정치적 정보를 보는지, 어떻게 그 정보를 수용하는지, 누구와 어떻게 정치에 대해 논의하는지, 그리고 정치 지도자들이 사람들과 어떻게 상호작용하는지 등에 디지털 플랫폼이 영향을 미쳤다는 메르켈의 말은 타당하다. 동시에 소셜미디어에 대한 보편적 인식과 지혜, 그리고 그것이 정치와 사회에 미치는 영향은 현실이라기보다는 신화에 더 가깝다. 예를 들어 사람들은 오랫동안 '필터 버블filter bubbles'과 '에코체임버echo chambers', 즉 인터넷과 소셜미디어가 사람들을 완고한 획일성 속에 가두어버린다고 생각하며 안타까워했다. 그러나 다수의 사회과학 연구는 이러한 생각들이 실제로 사람들이 어떻게 온라인에서 정치에 참여하고 정치적 정보를 접하는지를 포착하지는 못했다. 아마도 직관에 반하는 것일 수도 있지만, 실제로 소셜미디어(더 일반적으로 말하자면 인터넷)는 시민들이 정치적 경쟁뿐만 아니라 의견과 정보 소스를 비록 우연히 접하는 경우가 있을지라도 오프라인 삶에서보다 더 다양하게 접할 수 있는 환경을 제공하고 있다.

이 책은 우리가 플랫폼과 소셜미디어에 대해 가진 두려움과 희망, 그리고 그것이 정치와 민주주의에 미치는 영향을 다룬다. 그것은 우리가 아는 것들, 재고해야 하는 것들, 생각보다 문제가 덜 되는 것들, 이제 막 생각하기 시작한 문제들, 그리고 아직은 알지 못하는 많은 것들에 대한 연구를 제공한다. 이 책은 주로 정치 커뮤니케이션 연구라는 방대하고 복잡한 분야, 특히 지난 15년 남짓 강력하게 진행되어 온 플랫폼과 정치의 관계에 대한 연구들로부터 논의를 끌어낸다. 이 연구는 플랫폼이 구체화하는 민주주의에 대한 위협과 기회를 파악하는 데 도움을 주고 플랫폼, 파워, 정치의 교차점을 더 미묘하고 비판적 방식으로 생각하는 데 도움을 줄 것이다.

2. 테크놀로지와 정치 커뮤니케이션

테크놀로지는 모든 사회생활에서 그렇듯이 정치 커뮤니케이션에서도 중심에 있다. 인간 사회에서 벌어지는 토론, 스토리텔링, 증거, 대화, 대중 연설 등 다양한 형태들은 오래전부터 테크놀로지와 함께 성장했고 테크놀로지에 의해 형성되었다. 우리는 '테크놀로지'를 말할 때 자동차, 가상현실 장비, 소셜미디어 등과 같이 협의의 테크놀로지를 떠올리는 경향이 있지만, 광의의 테크놀로지는 지식, 숙련 기술, 과정, 방법, 도구 등도 의미한다. 정치 커뮤니케이션을 예로 들면 문자 이전의 구술 문화는 인간의 기억을 확장하기 위한 광범위한 테크놀로지를 발전시켰다. 지식을 성문화成文化하고 축적해 동시대 사람들 간 그리고 세대 간 전달을 용이하도록 한 노래와 시가도 테크놀로지라고 할 수 있다. 양피지에 문자를 기록하면서 사회의 규칙과 법이 더욱 지속되고 구체화되었으며, 사회제도도 점차 갖추어졌다.

코덱스codex(현대 책 이전의 제본 형태의 책)와 인쇄기는 지식과 정보를 더욱 휴대하기 쉽고, 널리 보급되게 했으며, 궁극적으로는 종교와 정치적 권위를 넘어 접근할 수 있도록 했다(Blair et al., 2021; Eisenstein, 1980). 민족국가들의 '상상적 정치 공동체imagined political communities'를 탄생시키는 데에 기여한 신문과 팸플릿의 배포를 포함해 우체국, 우편 및 전신의 발달은 19세기에 여러 지역과 신생국가들을 연결시키는 중요한 역할을 했다(Anderson, 2006; John, 2009). 19세기 중반부터 21세기 초기에 이르기까지 전신과 초기 라디오 같은 점대점point-to-point 통신이 정교화되고, 점점 더 크고 더 글로벌한 규모로 발전해 진정한 매스미디어를 촉진시킨 통신의 폭발적 성장으로 이어졌다(Crowley and Heyer, 2015). 20세기 후반의 정치 커뮤니케이션은 일련의 매스미디어 테크놀로지, 특히 텔레비전을 중심으로 구축되었으며, 정치 엘리트와 미디어 엘리트들이 지역·전국·글로벌 공중과 소통하고, 공중을 창출하고 동원하는 일상화된 수단이었다.

인터넷 이야기로 넘어가 보자. 인터넷은 21세기의 전환기에 사회적·문화적·경제적·정치적 삶에서 중요성을 더해갔다. 인터넷의 기원은 1970~1980년대 미국과 유럽에 있지만, 많은 서구 민주주의 국가들에서 1990년대 중반에서 후반에 이르러서야 점차 대중적으로 수용되었다(Benjamin, 2019; Mailland and Driscoll, 2017; Turner, 2010). 이 시기 인터넷은 컴퓨터 랩, 데스크톱 컴퓨터, 노트북을 통해 주로 접근할 수 있었다. 2000년대 초·중반에 전 세계적으로, 특히 북반구 선진국 이외의 많은 지역에서 모바일 전화 및 스마트폰 열풍과 함께 인터넷은 어느 지역에서나 사회생활과 정치 커뮤니케이션의 중심이 되었다. 정치적 맥락에서 볼 때 이 시기에 선출된 지도자들, 정당들, 후보자들은 공중에게 연설하고 공직 선거운동을 치르기 위해 점점 더 다양한 미디어 기기들을 통해 인터넷을 이용하게 되었는데, 이 과정은 느리고 불안정하며 답답한 것이었다. 뉴스 미디어는 전용 인터넷 사이트에서부터 새로운 멀티미디어 맞춤형 스토리텔링의 채택에 이르기까지 수용자를 새로운 방식으로 끌어들이는 방법들을 실험했다.

2000년대 중반부터 2020년대 초반까지 진행된 소셜미디어를 포함한 테크놀로지 플랫폼의 등장과 폭발적 성장은 많은 논쟁과 함께 사회적·정치적·경제적 측면을 전면적으로 변화시켰다. 2010년까지 플랫폼은 말 그대로 글로벌한 수준으로 성장했다. 세계적으로 널리 알려진 기업들인 메타Meta(페이스북Facebook)와 구글Google 등의 미국 회사들과 그들의 자회사인 왓츠앱WhatsApp과 유튜브YouTube 등은 국가적 차원을 넘어 전 세계의 상업적·정치적·사회적 생활에 기본 인프라가 되었다. 2010년대 온라인에서 상당한 규모로 조직된 반정부 저항과 소요 사태가 리비아, 튀니지, 이집트, 예멘, 시리아, 바레인 등의 국가들을 휩쓸었고, 여러 명의 정치 지도자를 권좌에서 끌어내린 '아랍의 봄'은 결국 인터넷의 새로운 민주화 파워를 보여주었다. 많은 연구자(Boulianne, 2015; Diamond and Plattner, 2012; Howard and Hussain, 2013)는 소셜미디어가 세계 각국의 정치 지도자들에 대한 시민들의 책무를 이행하도록 돕고, 권위주의 국가들에서 민주화 노력을 촉진시키는 등 정치 참여의 새 물결을 일으켰다고 보았다.

그럼에도 불구하고 '아랍의 봄'은 대체로 실패한 민주주의 혁명으로 끝났다. 한편 러시아의 국가 후원 프로파간다propaganda와 캠브리지 애널리티카Cambridge Analytica와 같은 회사의 개인정보 남용에 대한 우려가 감도는 가운데, 2016년 (흔히 '브렉시트Brexit'로 알려진) 영국의 유럽연합 탈퇴 국민투표와 도널드 트럼프Donald Trump가 당선된 미국 대선은 소셜미디어, 플랫폼, 정치에 대한 서사를 훨씬 더 암울하고 덜 낙관적으로 바꾸었다. 이후로 소셜미디어 플랫폼에 만연한 오정보misinformation, 허위조작정보disinformation, 프로파간다에 대한 우려는 심지어 민주주의가 인터넷에서 살아남을 수 있는지의 질문을 낳았다.

그러나 이러한 서사는 흑인 인권 운동인 '블랙 라이브스 매터Black Lives Matter: BLM' 및 '로즈 머스트 폴Rhodes Must Fall'과 같은 성별, 인종, 사회 및 경제 정의를 위한 전례 없는 운동들이 소셜미디어에 의해 촉진되어 글로벌 차원으로 확산되면서 불안정하게 자리를 잡고 있다(Bosch, 2017;

Kilgo and Mourão, 2019; Richardson, 2019). 이러한 사회운동 활동가들은 전 세계 국가에서 백인 우월주의의 기념비를 허물고, 국가와 경찰이 인종 및 민족 소수자에 대한 권력 남용과 관련해 책무감을 갖도록 노력했다.

이 책을 통해 논의되는 플랫폼은 앞에서 언급된 플랫폼뿐만 아니라 비영리 위키피디아Wikipedia와 인스타그램Instagram(메타가 소유함), 아마존Amazon, 트위터Twitter(지금의 X), 레딧Reddit, 스냅챗Snapchat과 같은 미국의 민간 글로벌 기업들도 포함한다. 세계의 여러 곳에서 정치 커뮤니케이션에 중요한 크고 작은 플랫폼이 수없이 많지만, 미국 기업들이 플랫폼 영역을 지배하고 있다. 일부 평론가는 미국 기반의 가시적이고 상업적인 목표에 맞추어진 하나의 글로벌 인터넷보다 각 국가가 저마다 부여한 특정한 정치적 자유와 콘텐츠 규칙에 따라 자국의 기업과 인프라를 갖는 '분절된 인터넷'의 시대로 나아가야 한다고 주장하기도 했다(Walker et al., 2020).

주목할 사례

예를 들어 중국과 러시아와 같은 국가의 로컬 기업들은 미국 기반 기업들과 유사한 상품과 서비스를 제공하더라도, 국가가 정한 엄격한 콘텐츠 가이드라인을 제시한다. 이러한 플랫폼들로는 러시아의 프콘탁테VKontakte와 중국의 알리바바Alibaba, 위챗WeChat, 웨이보Weibo, 바이두Baidu, 텐센트Tecent 등이 있다. 중국 기업 산하의 틱톡TikTok(중국에서 더우인抖音으로 불림)과 같은 새로운 플랫폼도 기존 글로벌 플랫폼으로부터 글로벌 이용자들을 빼오려고 그들의 시간과 관심을 사로잡으면서 시장에 불쑥 등장했다. 이러한 기업들은 미국 기업들처럼

> 그들이 사업을 운영하는 국가의 정책에 맞추어 콘텐츠 규칙을 조정한
> 다. 이러한 플랫폼들은 민주화 시도들을 촉발하기도 해서, 자국에 미
> 치는 이해관계에 대한 열띤 논쟁을 불러일으키는데, 결국 이것은 비즈
> 니스의 대가代價라고 볼 수 있다.

플랫폼의 디자인과 학자들이 '어포던스affordance'라고 칭하는 개념이 진화함에 따라, 새로운 플랫폼이 계속 등장할 뿐만 아니라 이용자 집단도 다채롭게 정의되는 등 계속 진화하고 있다. 어포던스 개념은 광의에서 보자면 이용자들이 플랫폼에서 할 수 있다고 인식하는 것들과 그것을 실현시키는 플랫폼의 테크놀로지 측면의 가능성을 의미한다(Bucher and Helmond, 2018; Nagy and Neff, 2015). 페이스북은 전 세계 여러 나라에서 다양한 연령대에 걸쳐 다양한 목적으로 이용하는 사이트가 되었고, 왓츠앱은 광범위한 이용자 집단에서 일상생활의 많은 부분을 위한 기본적 통신 인프라로 활용되었다. 트위터는 저널리스트나 정치 엘리트, 엔터테인먼트 엘리트 등 특정 커뮤니티에 더 많은 틈새 용도를 가지고 있고, 틱톡은 창의적 성향의 젊은 층으로 정의된 이용자 집단에 특별히 소구되고 있다(Literat and Kligler-Vilenchik, 2023). 플랫폼들은 서로 다른 유형의 커뮤니케이션을 지원하며, 이용자를 늘리고 유지하려는 시도의 일환으로 다른 플랫폼이 내놓은 특징들을 채택해 계속 새로운 기능들을 추가한다. 그리고 이용자들 또한 플랫폼에서 혁신한다. 가장 잘 알려진 사례를 들자면, 트위터 유저네임username 앞에 들어가는 해시태그(#)와 애트마크(@)는 기업이 공식적으로 채택되기 전에 트윗tweet을 유형화하고 수신자를 지정하기 위한 이용자 혁신으로 시작되었다.

3. 플랫폼과 글로벌 정치 커뮤니케이션

이 책은 플랫폼 시대의 정치 커뮤니케이션에 관여된 다양한 주체, 제도, 과정에 대해 개략적으로 설명한다. 지금의 정보환경은 부분적으로 글로벌 플랫폼 기업들이 만들고 지배한다. 동시에 이러한 기업들과 그들의 테크놀로지를 작동케 하는 정치적 시스템도 중요하다. 정치 커뮤니케이션 주체들의 다양성, 글로벌 공적 영역의 기술적 기반, 그리고 국가별 정치제도 및 정부 시스템의 작동에 대해 동시에 설명하지 않고서는 현대 정치 커뮤니케이션을 이해할 수 없다. 다시 말해서 플랫폼이 21세기에 모든 국가들에서 중심적 역할을 하지만, 그것들은 국가, 제도, 규범, 법, 사회집단, 사회구조, 경제구조, 문화뿐만 아니라 더 일반적으로 다양한 형태의 미디어 및 미디어 기관들과 공존한다.

이것에 대해 더 이야기해 보겠다. 먼저 정치학자 채드윅(Chadwick, 2017)이 지적했듯이 미디어는 하이브리드이고 시스템들 내에 존재한다. 화면 중심적 상태인 세계에서도 우리는 여전히 대면 방식으로 소통한다. 우리는 유튜브에서 비디오를 공유할 때에도 여전히 텔레비전, 라디오 같은 매스미디어를 이용한다. 일상생활에서 친구나 가족들과 쉼 없이 계속 이야기를 나누며, 팟캐스트를 듣고, 소셜미디어에서 새로운 콘텐츠를 업데이트하고 사람들과 공유한다. 심지어 이러한 일들은 동시에 일어나기도 한다.

이것이 바로 하이브리드의 정의다. 이 중 하나만 분리해 생각하는 것은 다양한 형태의 미디어와 커뮤니케이션을 일상 속에서 우리가 성취하고 싶은 것, 우리가 처한 배경, 시간을 보내는 방식 등의 맥락과 함께 지속적으로 사용한다는 사실을 도외시하는 것이다. 그리고 다양한 형태의 미디어와 커뮤니케이션은 시스템 속에서 상호작용하고 있다.

하이브리드 미디어 시스템을 설명하기 위한 다른 예를 생각해 보자. 한 정치 지도자가 논란이 되는 의견을 트윗한다고 상상해 보자. 그들이 게시한 트윗에 팔로어들이 동의하고 리트윗함으로써 증폭시켜 나갈 것이다. 그리고 정치적 반대파가 논란이 된 정치 지도자를 비판하거나 조롱하기 위해 트윗을 인용할 수도 있다. 또 기자들은 답변을 얻기 위해 당원들을 주목하고 인터뷰할 수 있다. 텔레비전에서 여론 전문가들은 그들 자신을 트위터에 홍보하면서 들끓는 논란거리에 대해 숨 가쁘게 자신의 입장을 말할 수도 있다. NGO는 정치 지도자에 항의하기 위해 거리에서 시위를 하기도 하는데, 체포되는 장면을 시각적으로 생산해 기자들과 소셜미디어에 제공하고, 더 많은 사람의 참여를 유도하며, 더 많은 보도와 트윗 그리고 논란을 유발한다. 다른 당원들은 당 지도자를 제재하는 조치를 취해야 한다는 압박을 느낄 수도 있다.

앞의 사례에서와 같이 미디어 시스템은 하이브리드이고, 다양한 형태의 미디어와 커뮤니케이션은 상호작용한다. 이것은 논란이 진행되는 동안 순차적으로 일어나는데, 여러 정치 및 미디어 주체들이 역동적으로 서로 반응하며 상호작용한다. 앞의 예에서 저널리스트들, 당원들, 그리고 NGO 단체들은 그러한 논란이 전개되는 동안 서로 반응했다. 정치 엘리트들이 트위터와 같은 플랫폼에서 순간적으로 수많은 팔로어들에게 그들의 의견을 공유하는 새로운 맥락에서, 플랫폼은 공중으로 하여금 특정 사안에 관심을 갖게 만들고, 정치적 엘리트들이 그들의 의견을 공중과 공유할 수 있는 전례 없는 방법을 제공한다. 이러한 의미에서 정치는 미디어의 활용 방식을 형성하지만, 미디어도 정치 커뮤니케이션의 전략, 과정 및 맥락을 형성한다.

더 넓은 차원에서 보면 국가는 플랫폼과 미디어 기관이 출현하고 기능하며 번성하고 쇠퇴하는 맥락과 방향성을 제공한다. 국가는 플랫폼과 미디어 기관이 발전하고 작동하는 경제적 맥락과 규범적 맥락을 제공한다. 여기에는 플랫폼과 뉴스 미디어가 지켜야 할 커뮤니케이션의 규범(예를 들어 혐오 발언, 명예훼손, 비방, 음란물 등을 규제하는 법률)을 정의하는 것도 포함된다. 그리고 국가는 법적 규범(헌법 등), 조직 및 정치 문화적 맥락(정당 및 공공 생활 규범 등), 정치경제적 맥락을 통해 정치 시스템의 틀을 제공한다(Hallin and Mancini, 2011).

하지만 단지 국가만 중요한 것은 아니다. 미디어도 정치 시스템이 그러했듯이 오랫동안 범지역적이고 심지어 세계적인 규모로 운영되는 초국가적인 규모가 되었다. 플랫폼 역시 그러하다. 비록 모든 국가에서 운영되지는 않더라도 BBC, 알자지라 잉글리시Al Jazeera English 등의 뉴스 미디어는 진정한 의미에서 글로벌 미디어라고 볼 수 있다. 프랑스어권의 아프리카24Africa 24와 같은 뉴스 미디어 네트워크는 서부 및 북부 아프리카, 프랑스, 중동의 프랑스어권 국가들에서 존재감을 가지고 있다. 정치적 관점에서 초국가적 제도의 사례는 유엔과 유럽연합만 보아도 알 수 있다. 인터넷 자체는 국가 차원의 규범뿐 아니라 도메인 네임과 같은 것들을 담당하는 국제인터넷주소관리기구The Internet Corporation for Assigned Names and Numbers: ICANN와 같이 프로토콜과 표준을 만드는 공식적 혹은 비공식적 국제기구와 네트워크에 의해 통제된다(DeNardis, 2009).

정치 시스템이 미디어 시스템과 정치 커뮤니케이션을 형성한다는 것은 분명하다. 동시에 미디어와 정치 커뮤니케이션은 정치 시스템의 작동, 그리고 잠재적으로는 구조 형성에까지 영향을 준다. 미국의 예를 들자면 1970년대에 있었던 개방형 예비선거(단순히 정당 엘리트가 선택한 사람들이 아니라 누구나 출마할 수 있는 방식)를 발전시킨 정치적 개혁은 선거 과정에서 미디어의 역할 확대와 후보자의 독립성 향상을 이끌었다. 이러한 변화들은 도널드 트럼프와 같은 유명인 후보자들이 공직의 문을 열 수 있도록 도왔다.

한편 국가 경제는 오래전부터 인종적 차별과 사회적 차별의 글로벌화된 형태를 포함하는 글로벌 시스템에 내재되어 있었다. 사회학자 코톰(Cottom, 2020)은 플랫폼이 국제적 차원과 국가적 차원의 규칙, 남반구 후진국들에서의 저임금 노동 패턴, 문화의 글로벌 수익 사업 등을 전제로 하는 글로벌 경제에서 작동한다고 보았다. 사회에서 플랫폼의 효과를 이해하려면 서구 선진국의 디지털 실천을 넘어서야 한다(Arora, 2019). 역사적으로 미디어는 국제적인 디아스포라 공동체와 문화의 중심으로, 정체성과 정보를 위해 사용되었다.

우리 시대의 플랫폼은 이민자, 난민, 기타 글로벌 커뮤니티가 공유하는 문화와 정체성을 통해 짜인 필수 인프라 역할을 한다(예: Retis and Tsagarousianou, 2019). 국제 과학 기관 및 사회과학 기관, 작가, 예술가, 종교 단체 등이 만들어내는 아이디어는 플랫폼과 미디어를 통해 전 세계로 전파된다. 이는 도덕, 성별, 계층, 성적 취향, 인종, 민족 등에 대한 사람의 이해를 형성한다(Adams and Kreiss, 2021). 지역적으로 또는 특정 국가에서 개발된 아이디어는 해당 지역을 넘어 확산되어 전 세계의 정치와 정치 개념을 구조화하는 데 기여한다(Hooker, 2017). 가까운 예로 전 세계의 작업장에서 여성의 경험을 조명한 글로벌 미투 운동만 보아도 알 수 있다(Mendes et al., 2019). 한편 국가적 맥락이 기업의 출범과 운영을 조율하듯 국제 인권 프레임워크와 법적·문화적 이해는 플랫폼이 개입한 콘텐츠를 조율한다(Douek, 2020). 휴먼라이츠워치Human Rights Watch, 국제사면위원회Amnesty International 등의 국제 인권 옹호 단체는 미디어를 만들고, 남용 사례를 기록으로 남기며, 진정한 글로벌 규모의 책무를 다하기 위해 노력한다(Powers, 2018).

주목할 콘텐츠

이 책에서 사용한 용어들을 살펴보겠다. 이 책의 중요한 목적 중 하나는 전 세계 국가들에서 보이는 정치 커뮤니케이션의 예시를 제공하는 것이다. 이를 위해 '북반구 선진국', '남반구 후진국' 등과 같은 용어들을 의도적으로 사용한다. 그러한 용어들에 대해 가해진 비판에도 불구하고 그 용어들을 사용하려는 것이다. 그 비판들 중에는 그러한 용어들이 다양한 사람들을 동질화시킨다는 주장이 있다. 반면에 이 책은 남반구 후진국이라는 개념이 지리학적 차원이 아닌 사회적·정치적 조직을 만들려는 작금의 피지배 국가 및 집단의 집단적 결정에 따라 정의된 것으로 본다. 이 투쟁은 유럽과 미국의 제국 건설, 식민주의, 그리고 냉전 시대의 지정학적 점령, 전쟁, 그리고 개입(미국이 지원한 쿠데타를 포함함)을 통한 사회정치적 주변화와 경제적 예속에 대해 잘 기록된 역사의 맥락에서 발생한다. 이 책은 투쟁, 지식 생산, 그리고 독립을 통해 그들의 운명을 형성하려는 이러한 집단과 국가들의 결정을 인정한다. 스피바크(Spivak, 2008), 클라크(Clarke, 2018), 말러(Mahler, 2018) 등 소수의 학자들은 이와 관련된 개념들의 분석적 가치에 대한 사례를 제시한 바 있다.

정치 시스템과 미디어 시스템은 지속적으로 변화하는 역동적 실체다. 서구 민주주의의 많은 공적인 정책 담론과 학문은 민주주의는 안정적이고 정치 시스템은 일반적으로 지속적이라고 너무 오랫동안 가정해 왔다. 많은 이들이 세계가 민주주의 방향으로 흐르고 있다는 발전 지향적인 서사를 믿었다. 그 세계에서는 참정권이 필연적으로 확대되고, 인종차별과 같은 배제 시스템은 해체되어 가고 있는 유물이며, 정치는 결국 평등과 정의를 이루는 것이다. 이것은 특히 제2차 세계대전 중에 시작된 미디어 연구의 특징이며, 냉전과 그 후에도 계속되었다. 연구자들은 미디어 자유와 상업화의 확대가 다민족, 다인종, 다원주의, 민주주의로의 진보를 의미할 것이며, 일단 달성되면 과거로 회귀할 수는 없다고 가정했다.

그러나 역사는 이러한 가정이 일반적으로 틀렸음을 가르쳐주었다. ① 정치와 미디어 시스템이 근본적으로 안정적이라는 점과 ② 이 근본적인 역학이 더 큰 자유민주주의를 향해 나아간다는 가정에는 결함이 있다. 지난 세기말보다 요즘 들어 이것이 더 잘 보인다. 2010~2020년 10년간 전 세계 국가들에서 민주주의 성과와 후퇴(또는 위기)가 모두 나타났다. 이 책은 민주주의는 다른 정치 시스템과 마찬가지로 시민, 제도, 정치 참여자에 의해 계속 수행되고, 합법화되며, 보호되어야 한다고 주장한다. 다른 정치 시스템과 마찬가지로 민주주의는 그저 주어지는 것이 아니라 지속되기 위한 노력이 필요하다.

정치 시스템은 수십 년에 걸쳐 민주화하고 어렵게 얻은 것들을 유지할 수 있기도 하지만(Voltmer, 2013), 그것은 항상 가변적 성취이며 결코 영구적이지 않다. 이 점은 많은 국가들에서 나타난 비자유주의, 인종주의, 권위주의 지도자, 사회운동, 정당 등의 세계적 흐름을 보면 알 수 있다. 미국의 경우 1964년 '민권법The Civil Rights Act'이 통과된 후에야 진정한 다민족, 다원주의, 민주주의 국가가 되었는데, 백인 우파 극단주의가 커지고 있음을 감안할 때 오늘날에도 다원주의의 안정성은 여전히 우려된다(Mills, 2017). 많은 이상주의적 정서와 적극적인 잘못된 기억에도 불구하고, 미국은 그 역사의 많은 부분 동안 기껏해야 혼성 정권이었는데, 국경 내 식민지 지배를 받은 사람들은 지금까지도 보호구역에서 살고 있으며, 남부 지역은 백인 권위주의적 일당 통치에 가깝고 1960년대 전국적으로 존재했던 인종주의에 기초해 제한된 시민권을 가지고 있다. 그리고 치안, 부, 정치적 표현, 보건 등의 쟁점에서 인종 간, 민족 간 뿌리 깊은 불평등이 지속되고 있다.

민주적이라는 주장에도 불구하고, 유럽 제국은 식민지로부터 자원을 추출하고자 인종적·민족적·종교적 차별의 정교한 시스템을 구축했다는 점에서 미국과 크게 다르지 않다(Chakravartty and Da Silva, 2012). 이러한 식민지 정권들 중 많은 것들이 이미 명백히 끝났지만, 그 결과로 여전히 전 세계의 정치 커뮤니케이션과 미디어 시스템을 형성하는 세계적 불평등의 패턴을 만들어냈다(Aouragh and Chakravartty, 2016).

이 책에서는 미디어, 디지털 미디어, 인터넷, 소셜미디어, 플랫폼, 그리고 테크놀로지 등 많은 핵심 용어를 사용한다. 모두 밀접하게 관련된 용어들이지만 각각 다른 것들을 의미한다. 핵심 용어들을 개별 장들에서 더 자세히 다루지만, 먼저 여기서 간단히 정의해 보았다.

첫째, '미디어'는 메시지와 정보를 전달하는 디바이스(텔레비전 세트,

라디오, 컴퓨터, 휴대전화 등), 메시지와 정보를 생산하는 주체(CNN, BBC 등 멀티미디어와 신문 등), 그리고 넓은 의미에서는 세상의 사건들을 접할 때 우리가 매일 검색해 보게 되는 복잡한 환경을 의미한다.

둘째, '디지털 미디어'는 매우 현대적인 커뮤니케이션(즉, 컴퓨터, 애플워치Apple Watch, 비디오게임, 디지털 사진 등)의 중심으로, 0과 1의 디지털 비트 정보로 구성된 미디어를 의미한다. 인터넷은 컴퓨터와 다른 장치들이 다양한 수단(바다 밑을 지나는 케이블부터 하늘의 위성까지)을 통해 서로 연결된 글로벌 네트워크다. 물론 모든 디지털 미디어가 인터넷을 의미하지는 않지만, 인터넷은 디지털 디바이스들 간의 연결과 그렇게 공유된 정보를 전제로 한다.

셋째, '소셜미디어'는 적어도 일정 부분에서는 다른 이용자와 공유할 목적의 이용자 생성 콘텐츠를 기반으로 하는 사이트를 의미한다. 이러한 이용자는 개인일 수도 있고 미디어 기업일 수도 있다. 소셜미디어에서의 커뮤니케이션은 다양한 형태를 취할 수 있다. 이용자 간의 직접적 커뮤니케이션, 이용자의 소셜 네트워크를 활용한 커뮤니케이션(또는 그들의 사회적 유대 집단), 또는 관심사나 행동에 기초해 어떤 알고리즘적으로 결정된 방식으로 제시되는 커뮤니케이션이 있다(여기서 알고리즘은 소셜미디어 플랫폼에 콘텐츠를 보여주는 것과 같은 작업을 하기 위해 정의된 규칙들의 집합을 의미함). 소셜미디어는 어떤 형태로든 이용자 생성 콘텐츠를 특징으로 한다는 점이 핵심이다.

넷째, '플랫폼'을 정의하는 데에 제3장에서 많은 시간을 할애하겠지만 여기서 간단히 설명하자면, 플랫폼은 콘텐츠, 재화, 서비스, 관계 등을 이용자에게 전달하기 위해 알고리즘에 의존하는 데이터 집약적 테크놀로지를 의미한다. 몇 가지 예를 들면 닌텐도 스위치Nintendo Switch는 비디오게임을 위한, 페이스북은 사회적 관계 및 시장 거래를 위한,

아마존은 재화 및 서비스(클라우드 컴퓨팅cloud computing과 같은)를 위한, 구글은 정보 서비스, 검색 및 협업을 위한 플랫폼이다.

마지막으로 '테크놀로지'는 물질적이든 가상적이든 간에 넓은 의미에서 지식, 과정 그리고 조직을 의미한다. 이 모든 것을 함께 생각해 보자. 테크놀로지는 아이폰iPhone과 같이 언제나 물리적이거나 가상적인 것만이 아니라, 그것들을 만들고 이용하기 위해 필요한 조직화된 지식 체계이기도 하다. 테크놀로지를 이해하기 위해서는 그것이 어떻게 생산, 이용, 소비되는지를 이해해야 한다. 또한 테크놀로지란 무엇이고 누가 그것을 이용해야 하는지, 그것이 어떻게 설계되고 무엇을 하는지, 그리고 사람들이 테크놀로지로 무엇을 할 수 있다고 인식하는지 등의 사회적 서사를 이해해야 한다. 또한 테크놀로지와 관련된 제도가 어떻게 형성되어 있는지 이해해야 한다.

4. 책의 구조

이 책은 독자들에게 플랫폼 시대의 정치 커뮤니케이션을 소개한다. 이 책은 플랫폼이 공적 영역에서 저널리즘, 정치, 엔터테인먼트에 이르기까지 여러 맥락에서 어떻게 작동하는지를 설명하는 주요 방식들에 중점을 둔다.

제2장에서는 우리의 핵심 개념에 대한 정의를 소개하고, 전 세계에 걸쳐 다양한 정치 커뮤니케이션의 개요를 제공한다. 또한 정치 커뮤니케이션에서 플랫폼의 역할을 이해하기 위한 저자의 접근을 설명하고 설명 모델을 제시한다.

제3장에서는 플랫폼에 초점을 맞추고 플랫폼이 유통 채널, 인프라, 테크놀로지, 정책 입안자 및 이윤 창출 기업으로서의 정치적 파워와 정

치적 삶에 미치는 영향을 자세히 설명한다. 특히 플랫폼과 정치 행위 주체(캠페인 조직, 저널리스트, 정부 기관, 시민 등)의 교차점에 초점을 맞추고 플랫폼 상품, 디자인, 어포던스 등을 다룬다.

제4장에서는 플랫폼, 공적 영역 및 여론 간의 관계를 논의한다. 이 장은 공적 영역과 관련해 무엇이 변화했는지, 정치 커뮤니케이션을 어떻게 수행했으며, 어떤 결과가 나왔는지를 보여준다. 또한 이 장은 플랫폼이 세계 각국에서 공적 영역과 여론을 어떻게 형성하는지 등으로 논의를 확장한다.

제5장에서는 플랫폼 시대의 저널리즘에 대한 분석을 제공한다. 이 장에서는 민주화된 출판의 시대에서 저널리즘을 어떻게 보아야 할지 논의한다. 정치적·사회적 평등을 위한 국제적 운동이 증가하는 가운데 저널리즘 전문성과 객관성에 대한 논쟁의 증가, 저널리즘에 대한 비즈니스 모델의 변화, 데이터 저널리즘의 동향, 제도로서의 저널리즘에 대한 신뢰의 정당성 등에 대한 논의를 포함한다.

제6장은 전략적 커뮤니케이션을 소개하면서 정치광고, 정치 마케팅, 홍보, 외교 등으로 관심을 옮긴다. 전략적 정치 커뮤니케이션의 역사, 실무자들의 수행, 관련된 윤리적 쟁점 등을 다룬다. 또한 플랫폼이 공중의 동원과 공적 담론 형성의 여러 측면을 어떻게 변화시켰는지를 논의한다.

제7장은 민주주의 국가의 캠페인, 선거, 국민투표에 초점을 맞춘다. 캠페인과 선거의 역사를 자세히 설명하고, 플랫폼 시대에 일어났던 변화가 정치 행위자와 조직뿐만이 아니라 유권자, 정치 정보, 토론 등에 어떤 의미를 갖는지에 대해 논의한다.

제8장은 플랫폼 시대의 민주적 혹은 비민주적 국가 내 사회운동, 시위 문화, 혁명에 대해 설명한다. 먼저 국가 또는 유력한 엘리트와 제도

에 대한 이론적 역사를 논의한 후에 세계 여러 지역의 미디어, 플랫폼, 사회운동 간의 관계와 사회운동의 다양한 결과를 자세히 설명한다.

제9장은 미디어, 플랫폼, 거버넌스 간의 관계에 대한 분석을 제공한다. 정치 커뮤니케이션과 정책 결정 과정, 법적 정보, 토론의 관계, 법적 시스템, 집행기관 및 관료적 기능 등을 플랫폼에 대한 정책과 규제를 위한 목표와 전략에 초점을 맞추어 탐구할 기회를 제공한다. 이 장의 마지막에서는 페이스북 감독위원회The Facebook Oversight Board를 다룬 플랫폼 거버넌스 혁신에 대한 사례연구를 제시한다.

제10장은 현대 민주주의의 시급한 중심 관심사, 즉 우리가 어떤 현상을 인지하고 참이라고 수용하는 방법, 프로파간다, 오정보, 허위조작정보 및 극단화 등의 관계에 초점을 맞춘다. 이 장에서는 공중이 정보를 어떻게 얻어야 하는지와 민주주의에서 지식 생산 기관의 역할에 대한 질문을 다룬다.

제11장은 플랫폼 시대의 사회적·정치적 정체성, 포퓰리즘, 극단주의에 대한 질문을 다루며, 서로 다른 사회적·정치적 맥락의 사례연구를 자세히 다룬다. 민주주의의 퇴보, 민주주의 제도와 거버넌스 침식 등의 현상에서 미디어의 역할에 주목한다(Haggard and Kaufman, 2021).

제12장은 엔터테인먼트 미디어와 정치의 관계를 상세히 기술한다. 사실 정치 커뮤니케이션은 딱히 정치적인 것과 관련해서만 발생하지 않는다. 이 장은 인스타그램 셀카, 리얼리티 쇼, 비디오게임과 같은 표면적으로 비정치적인 것들이 얼마나 정치적인 의미를 갖는지, 그리고 이러한 것들이 다양한 장르의 정치 커뮤니케이션이 재창조되는 세상에서 사람들에게 정치적·사회적 영향을 어떻게 미치는지를 보여준다.

제13장은 이 책의 전체를 요약하고, 결론과 추가적인 탐색 및 논의를 위한 요점을 제공한다.

5. 교육적 측면의 특징

이 책은 흥미로운 읽을거리가 될 수 있는 몇 가지 특징을 가지고 있다. 첫째, 이 책의 각 장은 순서대로 읽어도 되지만, 필요하면 각 장을 순서에 상관없이 읽어도 무방하다. 저자들은 이 책이 다양한 수업 과정과 맥락에 적용될 수 있도록 의도했고, 저널리즘과 전략적 커뮤니케이션뿐 아니라 캠페인과 허위정보에 이르는 내용 등을 다루는 책이 되기를 기대하며 집필을 시작했다. 이 책을 순서대로 읽는 것이 각 장에 포함된 내용을 이해하는 데 더 깊은 맥락을 제공하겠지만, 개별 장들은 독립적 의미를 가지므로 순서에 상관없이 필요한 부분부터 독서하는 것도 이 분야를 처음으로 접하는 독자들에게 도움이 될 수 있다.

둘째, 독자들도 이미 눈치를 챘겠지만, 독자들이 이 책의 핵심을 더 쉽게 이해하도록 본문에 몇 가지 특징적 부분을 넣었다. 먼저 모든 장의 시작에 '독서 목표'를 제시했다. 각 장은 훨씬 더 많은 내용을 다루지만, 독자들이 책을 읽는 동안 쉽게 핵심 내용을 파악할 수 있도록 각 장의 서두에 독서의 목표를 제시했다. 또한 각 장에는 '주목할 콘텐츠' 또는 '주목할 사례'가 있다. 이것들은 본문의 주요 주제를 설명하기 위해 핵심 개념 또는 사례의 확장된 논의를 제공하는 것이다. 그리고 일련의 '토의할 질문'으로 각 장을 마무리한다. 이것들은 각 장의 주요 주제를 토의하려는 강의자와 독자에게 유용할 것이다. 마지막으로 각 장은 해당 주제에 대해 더 공부하고 싶은 독자들을 위해 '추가 독서 목록'을 제시했다.

제2장

정치 커뮤니케이션의 정의와 변화

제2장은 정치 커뮤니케이션의 여러 핵심 개념에 대한 개요를 제공할 뿐만 아니라 정치 커뮤니케이션이 세계 각국과 여러 지역의 다양한 미디어 및 정치 시스템에서 어떻게 다르게 나타나는지를 자세히 설명한다. 이 장에서는 정치 커뮤니케이션에 대한 기본적 정의를 제공하고, 테크놀로지 변화에 따른 미디어 및 정치 시스템의 변화를 설명하며, 플랫폼, 정치 커뮤니케이션 및 정치적 과정의 관계에 대해 논의한다. 플랫폼과 정치 커뮤니케이션은 미디어와 정치 시스템에 내재되어 있고, 역사적·문화적·사회적·경제적 파워에 따라 형성되는데, 이것이 다시 새로운 미디어와 정치 시스템을 형성해 나가는 모델을 제시하는 것으로 결론이 내려진다.

독서 목표

- 정치 커뮤니케이션을 정의한다.
- 글로벌 관점에서 정치 커뮤니케이션을 맥락화한다.
- 매스미디어 시대로부터 플랫폼 시대로의 이행을 이해한다.
- 정치 시스템, 플랫폼, 정치 커뮤니케이션 사이의 관계를 설명한다.
- 정치 커뮤니케이션이 어떻게 매개되는지 고찰한다.

1. 서론

이 책은 정치 커뮤니케이션에 관한 것이다. 커뮤니케이션은 사람들이 정치적이라고 생각하는 그 자체를 만들어낸다. 이 책은 구어, 텍스트, 시각적 상징, 디지털 비디오, 혹은 그것의 조합 등 상징적인 표현의 모든 형태를 커뮤니케이션으로 보고 있다.

새로운 형태의 커뮤니케이션이 오늘날 정치 커뮤니케이션의 중심적 방식인 반면에 다양한 커뮤니케이션의 형태들 중 일부는 정치적으로 긴 역사를 가지고 있다. 예를 들어 지난 10년 동안 디지털 비디오가 세계적으로 폭발적인 인기를 얻은 한편으로 연설은 오랫동안 정치 엘리트들에게 선호되는 권위 있는 언론의 형태다. 디지털 비디오는 후보자를 소개하는 캠페인에서 일반인들의 전쟁과 경찰 학대의 기록에 이르기까지 모든 것을 위한 수단이 되었다.

사람들은 유튜브(인도에서만 4억 6000만 명 이상의 이용자를 보유함)와 유쿠Youku(중국에서 5억 명 이상의 이용자를 보유함) 등 글로벌 비디오 호스팅 플랫폼에서 멀티미디어를 통한 새로운 형태의 스토리텔링에 빠져 있다. 인쇄물이든 디지털이든 텍스트는 정치적 아이디어와 논쟁을 위한 수단을 제공하고 신문, 책, 싱크 탱크의 백서부터 사회운동을 위한 트윗, 페이스북 게시물, 팸플릿까지 형태가 다양하다. 시각적 상징은 인스타그램의 플래그flag와 이미지, 캠페인, 정당 로고, 이모티콘 등을 포함한다.

커뮤니케이션은 그 자체로서 확장적인 개념이고, 인간의 목소리를 포함한 다양한 미디어를 통해 다양한 형태를 띤다. 커뮤니케이션은 인간이 세상에 뛰어드는 순간부터 인간이 줄곧 행하는 언어적 혹은 비언어적 행위를 의미한다. 커뮤니케이션은 사람들이 의미를 창출하고 전달하며 이해하는 능력을 발전시켜 나갈 때, 상징적 수단이 된다. 커뮤니케이션은 한 사회의 권력이나 자원의 분배와 관련 있을 때 정치성을 띠게 된다. 또한 그 사회의 구성원은 누구이고 누구여야 하는지, 집단 차원에서 식별되고 해결되어야 할 문제는 무엇인지, 우리는 어떤 가치와 목표를 가져야 하는지, 공동체 간 관계의 본질은 무엇인지, 또는 누가 합법적으로 권력을 쥐고 있는지, 그 권력의 본질이 무엇인지 등과 관련 있을 때 커뮤니케이션은 정치성을 띠게 된다. 간단히 말해 정치는 관계, 권력, 정체성, 그리고 의사 결정을 다룬다.

이 책은 정치 커뮤니케이션이 사람들 간의 관계와 공유 등 공적 삶과 관련된다는 사실을 논의의 출발점으로 삼고 있다. 이것은 포괄적 정의지만 숙고해 보아도 역시 그렇게 정의할 수 있다. 이것은 선거나 정책 결정과 같이 정치적이라고 당연시하는 것들뿐만이 아니라 매너, 도덕, 쟁점 등 사람들이 함께 사는 방식에 대한 집단적 반응을 포함한다.

심지어 표면적으로는 사적으로 보이는 사안들도 사람들이 정치에 대해 이야기할 때 무엇을 이야기하는지에 따라 갑자기 공적 관심사로 바뀔 수도 있고, 정치에 대해 이야기하는 것을 멈추면 갑자기 공적 관심사에서 사라질 수도 있다(Wells et al., 2017). 사적인지 공적인지의 문제는 정치적이기 마련인 담론 투쟁의 결과인 경우가 많다.

주목할 사례

한때는 사적이었다가 어느 순간에 정치적으로 바뀐 몇 가지 예가 있다. 세계 각국의 여성들은 '사적' 배우자의 폭력으로만 인식되었던 것을 '공적' 쟁점으로 전환시켜, 이를 '가정 폭력'으로 재정의하는 데 성공했다. 게다가 남편과 아내 사이에 발생한 것을 폭력이라고 명명하는 것은 사적·공적 삶에서 서로를 어떻게 대해야 하는지, 그리고 시민 보호와 관련해 국가의 역할이 무엇인지를 규정하는 것으로, 평등에 대한 광의의 정치적 논쟁이었다. 사적 거래인 부동산 시장에서의 차별을 지적하는 흑인 운동가들, 공립학교에서의 복장이나 기도에 대한 공적 기준을 주장하는 종교 주창자들, 그리고 노동시장과 공공 숙소에서의 평등을 위해 싸우는 무성asexual 및 LGBTQIA+* 운동가들도 마찬가지다.

게다가 보통은 정치적이라고 생각하지 않는 것들도 정치적 의미로 가득 차 있다. 정치는 우리 주변 어디에나 있다. 비록 주요 구성과는 직접적 관련이 없을지라도 어떻게 살아야 할지, 누가 돈과 권력을 가지고 있는지에 대한 생각을 보여주는 예능 프로그램들을 생각해 보자. 자기표현의 기쁨과 표현의 자유를 맘껏 드러내는 틱톡 비디오를 생각해 보자. 국가가 연주되는 동안 무릎을 꿇거나 인종차별 철폐 캠페인과 흑인 인권 운동인 '블랙 라이브스 매터'의 시위 기간에 검은 완장을 찬 전 세계의 스포츠 선수들을 생각해 보자. 스포츠, 엔터테인먼트, 미디어, 기업 이사회 회의장, 교육 등에서 부당함에 대한 항의는 그것이 성공할 것이라고 아이들이 믿는 그러한 미래를 위해 중요하다고 주장하는 세계의 운동가들을 생각해 보자.

---

* 레즈비언(Lesbian), 게이(Gay), 양성애자(Bisexual), 트랜스젠더(Transgender), 퀘스처닝(Questioning), 인터섹스(Intersex), 무성애자(Asexual)의 머리글자를 딴 표현이다 _ 옮긴이 주.

2. 정치 커뮤니케이션의 유형

따라서 정치 커뮤니케이션을 생산하고 이에 관여하는 행위자의 유형은 사람, 조직, 기관, 미디어, 테크놀로지 등 다양하다. 그들의 표현이 공적 관심사와 관련이 있거나 어떤 것이 공적 관심사가 되어야 한다고 주장한다면, 모든 사람과 사물은 잠재적 정치 커뮤니케이터다. 공중의 한 구성원이 인근의 오염 유발 사업체에 대해 우려를 표현하기 위해 기자와 인터뷰한다면, 그것은 정치 커뮤니케이션이다. 한 여성이 사내 괴롭힘을 가하는 직장 상사를 공개적으로 거론한다면, 그녀는 정치 커뮤니케이션에 참여하는 것이다. 한 사람이 공개적으로 성소수자라고 커밍아웃하면, 그들은 정치적 영향을 미치면서 자신의 정체성을 확인시켜 주는 것이므로 정치 커뮤니케이션에 참여한 것이다(Garretson, 2018). 종교인이 도덕적이고 정의로운 사회의 지침을 선언할 때, 그것은 정치 커뮤니케이션이다. 사람들이 이민자의 삶과 지역사회를 대표하는 엔터테인먼트 콘텐츠를 제작할 때, 이것 역시 본질적으로는 정치 커뮤니케이션이다.

메타(페이스북)와 같은 글로벌 플랫폼 회사가 인종차별적인 콘텐츠로 정의된 것을 제거하기 위한 알고리즘을 설계하는 것, 트위터에 봇 bot을 설치해 선거에서 여론 형성에 활용하는 것, 틱톡의 알고리즘이 유저들의 FYP For You Pages('추천'을 의미함)를 형성해 사회적 정체성에 대한 생각에 영향을 미치는 것도 정치 커뮤니케이션이다. 사실상 정책과 알고리즘의 이면에 있는 기업 직원들과 엔지니어들이 정치 커뮤니케이션에 참여하고 있을 뿐만 아니라, 봇과 알고리즘 테크놀로지는 특정한 유형의 콘텐츠에 대한 이용 동기를 제한, 촉진, 형성함으로써 정치 커뮤니케이션에 참여하고 있다(Brevini and Swiatek, 2020; Noble, 2018;

Tripodi, 2022).

정치 커뮤니케이션이 항상 우리 주변에 있지만 언론, 정치, 공공 커뮤니케이션 과정에서 더 잘 정의되고, 전문화되며, 일상적인 역할을 하는 제도화된 정치 커뮤니케이터들이 있다. 이러한 유형의 커뮤니케이터들이 이 책의 핵심이다. 제도화됨으로써 특정한 정치 행위자들이 정치과정에서 정의된 역할을 하고, 시간이 흘러도 지속되고 패턴화되며 일상화된 방식으로 커뮤니케이션을 한다는 것을 의미한다(Cook, 1998; Schudson, 2002). 이러한 정치 커뮤니케이터로는 저널리스트, 정치 전문가, 정당, 선출된 대표자, 소셜미디어 관리자, 정치 후보자, 정치광고 대행사, 싱크 탱크, 정치 마케터, 정치 홍보 실무자, 언론 담당 실무자, 사회운동 단체, 정부 기관, 초국가적 기관(유럽연합 등), 그 밖의 많은 기관을 포함한다.

이들은 공중을 상대로 정기적으로 연설하고, 공적 관심사를 형성할 아이디어와 논쟁거리를 만들고, 배포하며, 확산시킬 뿐 아니라 공적 논쟁, 선거 정치, 통치 과정에서 잘 확립되고 정의된 역할을 수행하는 개인이나 조직이다. 이것은 다루어져야 하는 문제와 그 원인, 정치가 어떻게 구조화되어야 하는지, 그리고 누가 합법적인 권력과 지위를 가져야 하는지에 대한 논쟁을 포함한다.

공적 영역 내에서 행해지는 공중의 연설과 토론은 정치 커뮤니케이션을 위한 특정한 환경과 맥락에 따라 제도화된 미디어와 장르를 통해 형성된다. 미디어에 대해 생각하는 한 가지 방법은 테크놀로지와 테크놀로지를 둘러싼 조직, 제도, 문화의 측면에서 보는 것이다. 예를 들어 텔레비전을 진정으로 이해하기 위해서는 디바이스로서의 텔레비전만이 아니라 텔레비전이 보여주는 콘텐츠, 그 콘텐츠를 생산하는 조직, 관련된 문화, 규범, 그리고 어떤 콘텐츠가 어떻게, 언제 방영되어야 하는지를 정하는 규제 및 경제적 환경을 고려해야 한다(Brock, 2020). 장르는 미디어 전반에 걸쳐 존재하는 패턴화된 커뮤니케이션 방식이며, 이것은 미디어를 생산하는 조직, 경제적 이유 및 시청자 수요와 같은 이유들, 그리고 공적 영역의 담론을 형성하는 규제 등의 영향을 받는다. 뉴스 미디어가 뉴스 가치에 대해 공유된 기준에 따라 헤드라인을 읽어나가는 앵커와 함께 특별하고 패턴화된 형식을 따르는 방식을 생각해 보자. 정치 커뮤니케이션에는 다양한 장르가 있다. 예를 들어 신문의 뉴스 섹션은 여론 섹션과 다르며, 케이블방송의 뉴스 섹션과도 표현되는 방식에서 다르다. 종합해 보면 장르는 정치 엘리트, 미디어 엘리트, 일반 수용자 등이 공적 쟁점을 표현하고 토론하는 패턴화된 방식을 구성한다.

또한 정치 커뮤니케이션은 정의된 상황과 맥락에 따라 다른 방식으로 형성된다. 선출직 공무원들이 의회나 다른 정부 기관에서 연설하는 방식은 그들이 정치 캠페인 집회 또는 입법부의 막후에서 동료들에게 말하는 방식과는 다르다. 국가 기념일과 같은 상황은 청중에게 축하나 행복감을 주어야 하는 상황인 반면에 선전포고, 장례식, 그리고 공중 보건의 위기 등은 정치 지도자에게 정적이고 침울하며 권위적인 연설을 요구하는 상황이다. 또한 사람들은 공적 회의와 입법 청문회에서 다른 방식으로 말하며, 익명성 등과 관련된 사회규범과 규칙을 플랫폼에 따라 다르게 적용한 방식으로 말한다. 예를 들어 실명을 요구하는 페이스북에서는 '맥락 붕괴context collapse'(Marwick and Boyd, 2011)를 고려하면서 논란이 되는 의견을 표현하는 것에 대해 더 신중할 수 있다. 한편 특히 다른 분야 간에 커뮤니케이션을 할 때는 정치적 표현에 대한 규범과 기대도 상이하다. 범죄 피해자나 자연재해의 목격자와 같은 시민들에게 접근할 때와는 다르게 정치 지도자들에게 질문을 할 때 기자들이 경의를 표하는 방식으로 말하는 것을 자주 볼 수 있다.

3. 개요: 정치 커뮤니케이션의 다양성

정치 커뮤니케이션은 어디에서나 그리고 모든 사람에게 동일한 것은 아니다. 권력의 향배뿐 아니라 역사적·사회적·경제적·문화적 맥락은 정치 커뮤니케이션에 매우 중요하다. 정치 커뮤니케이션은 국가와 정권 유형, 정치 시스템, 정당 시스템, 선거 시스템, 미디어 시스템 및 저널리즘 문화에 의해 다채롭게 구조화된다(Esser and Pfetsch, 2020). 이를 설명하는 한 가지 방법은 선거 캠페인의 '미국화'라는 역설이다. 한편으로 미국 대선 캠페인의 요소는 다른 서구 민주주의 국가의 캠페인에까지 영향을 미치는데, 예를 들면 홍보 전문가나 소셜미디어를 활용해 소액 기부금을 모금하거나 작은 집단별로 쪼개어 타깃팅하는 것이다. 다른 한편으로는 미국 밖의 캠페인 관리자들은 자국의 특수한 정치 환경이나 미디어 시스템에서는 작동하지 않을 것이기 때문에, 안타깝게도 '오바마 2012', '트럼프 2016' 또는 '바이든 2020' 캠페인의 플레이북을 그대로 복제할 수는 없다고 말할 것이다(Lilleker et al., 2020).

미국 선거는 서구 민주주의 국가들 사이에서 독특하다. 대통령제는 백악관에 특별한 권력을 부여하고, 양극화된 양당 시스템은 정당들이 권력을 공유하지 않으며, 아무리 박빙의 승리라고 하더라도 승자가 모든 것을 가져간다는 것을 의미한다. 선거 결과로 주어진 '대통령'이란 상償이 너무 크기 때문에, 양측은 경선에서 막대한 양의 자원을 소비한다. 미국 대선은 대중 투표에 기반한 선거 시스템이 아니라, 복잡하고 시대착오적인 기구인 선거인단Elector College에 기초한 선거제도 때문에 단지 몇몇 주에만 집중한다. 이러한 특정한 상황 때문에 미국 대선 캠페인에는 가끔 혁신이 일어난다. 풍부한 재정 자원, 새로운 테크놀로지를 사용해 기존의 전략을 뛰어넘으려는 강한 동기, 특히 유럽에 비해 거의 없다시피 한 규제, 그리고 경쟁자를 살살 다루어야 할 이유가 없다는 점 등이 미국 대선 캠페인의 특징이라고 할 수 있다(Kreiss, 2016).

예를 들어 이것을 스위스의 상황과 비교해 보자. 권력의 공유를 전제로 하는 의회 민주주의에서는 다수당제가 작동한다. 선거가 끝날 때마다 의회의 각 정당은 동등한 권리를 가진 일곱 명의 구성원으로 이루어진 연합체인 정부, 연방의회를 선출한다. 대통령직은 매년 그들 사이에서 돌아가면서 맡지만 국가원수의 역할을 하는 것은 의회 전체다. 1891년 이래 이러한 정부 형성 이면의 아이디어는 정부 내의 모든 주요 정치 운동들을 포함하는 것이었다. 결국 이것은 야당이 없다는 것을 의미한다. 모든 주요 정당들은 정부의 일부이고, 그들은 합의제 원칙에 따라 통치한다. 연방의회의 현직 의원을 투표로 탄핵하지 않는 것이 정치적 전통이다. 그러므로 선거는 아무것도 바꾸지 않는다. 정당들은 이기거나 잃거나 하는 일이 좀처럼 없다. 정치인들은 선거 후에 큰 틀에서 같은 연합체에서 다시 만난다. 정부를 투표로 몰아내는 것도 불가능하다. 이러한 상황에서 선거운동이나 혁신에 많은 자원을 쓰거나 경쟁자를 거칠게 다룰 이유가 거의 없다. 스위스에서 정치적 갈등과 이념 갈등의 장場인 국민투표 캠페인은 미국과는 완전히 다른 이야기가 된다.

심지어 미국과 스위스가 모두 미디어 리터러시 능력이 매우 탁월하고 테크놀로지 사용에 익숙한 시민들을 가진 부유한 서구 민주주의 국가라는 사실을 고려할 때, 이 두 사례는 정치 커뮤니케이션 무대가 얼마나 다를 수 있는지를 보여준다. 물론 이 두 국가를 넘어서 세계에는 훨씬 더 큰 차이가 있다. 정치적 삶에서 플랫폼의 역할은 국가에 따라 매우 다른 모습으로 나타난다. 심지어 소셜미디어와 플랫폼이 일부 국가의 민주적 정치 변화에 영향을 미치게 되면서, 일부 지도자들은 야당과 민주적 운동을 억압하기 위해 플랫폼에서 정보 전술을 사용함으로써, 어떤 대가를 치르더라도 권력을 유지하다가 공직에서 죽는 것에 대단히 능수능란하다는 것을 보여주었다(Howard and Hussain, 2013).

주목할 사례

인터넷이 전 세계 국가들에 민주주의를 가져다줄 것이라는 초기의 낙관론과 달리 권위주의적이고 반민주적인 정치 지도자들도 미디어 환경 변화에 적응해 갔다. 콩고민주공화국, 차드, 카메룬, 짐바브웨 등과 같은 일부 아프리카 국가들은 정부의 부인에도 불구하고 사실상 반정부 시위에 대응해 인터넷 접속을 차단했다. 미디어와 테크놀로지의 전면적인 변화에도 불구하고, 차드의 이드리스 데비Idriss Déby와 같은 권위주의적 지도자들은 재임 중에 암살당했고, 짐바브웨의 로버트 무가베Robert Mugabe와 같은 지도자는 군사 쿠데타로 쫓겨나야 했으며, 카메룬의 폴 비야Paul Biya는 권력을 잡은 1975년 이래 사실상 일당 체제를 확립하고 권력 포기를 완전히 거부했다.

실제로 일부 정치 지도자들은 그들의 의지에 맞도록 정보환경을 조정하는 데 능숙하다. 비평가와 연구자들의 기록에 따르면, 블라디미르 푸틴Vladimir Putin 러시아 대통령은 권력의 유지와 확장을 위해 프로파간다와 다양한 정보 조작 전술을 통해 자국 내의 정보 역학에서 통제력을 가졌고, 그의 적들을 약화시키기 위해 조작 기법을 해외로 보급

하기까지 했다(Cooper, 2020; Miazhevich, 2018). 베네수엘라 등의 국가에서 국영 미디어는 권력투쟁을 하는 다양한 집단과 이념적 관점들을 대표하는 상업 미디어, 소셜미디어 등과 병존하는데, 이는 곧 비민주적 지도자들이 권력을 강화하기 위해 정보를 조작하는 역학이다(Lupien, 2013).

대부분의 정치 커뮤니케이션 연구는 선거를 치르고 개인과 단체의 정치적 기본권을 보호하는 자유민주주의 국가들 또는 유럽연합과 같은 초국가적 실체들로부터 기인했고, 거기에 초점을 맞추고 있다. 하지만 학자들은 점차 민주주의는 정도의 문제이며, 권위주의 국가들도 변화하라는 지속적인 압력에 직면하는 것처럼, 국가는 항상 긍정적으로 혹은 부정적으로 변화하는 과정에 있다는 것을 깨달았다. 통합되고 비교적 안정된 민주주의 국가들과 전체주의 국가들 사이에 제도가 불안정한 신생국에서 보이는 '불량 민주주의'(Merkel, 2004), 나이지리아처럼 민주적이고 권위주의적인 요소들이 동시에 나타나는 '혼합 정권'(Bogaards, 2009) 혹은 '아노크라시anocracy'(Pate, 2020), 군부 영향하의 민주주의 정권처럼 '수식어가 붙은 민주주의'(Collier and Levitsky, 1997), 미국과 같이 세계 각국에서 일어나는 민주주의나 시민 제도의 침식 현상을 보인 '민주주의의 퇴보'(Haggard and Kaufman, 2021) 등이 있다. 민주주의는 등장하고 사라질 수도 있다(Keane, 2009; Levitsky and Ziblatt, 2018). 역사를 통틀어 볼 때 민주주의는 예외이지 규칙이 아니기 때문에, 그것을 당연하게 여겨서는 안 된다. 그러한 관점에서 권위주의 체제는 전복될 수도 있고, 점차적으로 민주주의로 이동할 수도 있으며, 전쟁과 인종 청소로 와해될 수도 있다.

물론 이러한 혼합 국가와 비민주적 국가 모두에서 정치 커뮤니케이션이 있다. 권위주의적·전체주의적 또는 일당독재 국가의 극단적인 경우를 생각해 보면 정치 커뮤니케이션은 국가 프로파간다, 지도자 선언, 국가 친화적 언론, 군사 퍼레이드에서부터 권력에 공개적으로 반대할 수는 없는 반체제 단체, 독립 언론 조직 및 불만 시민들의 미묘하게 코드화된 커뮤니케이션까지 모든 것을 포함할 수 있다. 이 국가들에서 명시적 검열은 저널리스트와 정치적 주창자들이 자신들이 옳다고 생각하는 대로 쓰고 출판할 수 없음을 의미한다. 그것은 또한 정치, 저널리즘, 문학, 시, 연극에서의 비판이 행간에서 표현되며, 시민과 활동가들이 일상생활과 소셜미디어에서 코드화된 언어를 사용한다는 것을 의미한다(Tilly et al., 2020).

앞서 언급한 바와 같이 디지털 플랫폼은 처음에는 폐쇄적인 정권을 민주화하거나 최소한의 민주주의를 위한 조건을 만들 것으로 찬사를 받았다. 학자와 저널리스트들은 2010년대 초 중동 및 북아프리카를 휩쓴 민주화 운동(일명 '아랍의 봄') 같은 사건을 정보 통신 기술과 권위주의 정권의 관계를 보여주는 전형적 예로 들었다(Howard, 2010; Mutsvairo and Bebawi, 2022). 그러나 그 후로 상당한 재고再考가 필요해졌다. 아이피IP 주소나 디지털 포렌식으로 추적할 수 있는 온라인에서의 불만 표시나 시위 동원보다 경찰이 나타나면 도망갈 수 있는 공공장소에서 피켓을 들고 하는 시위가 덜 위험할 수 있다.

중국과 같은 국가들은 자국에서 사업을 하려는 미국인이 운영하는 플랫폼을 포함해 자국민들이 정보 측면에서 접근할 수 있는 것들에 대해 통제권을 행사하고, 정기적으로 디지털 정보 및 사회적 프로세스를 조작하는 전술을 수행하고 있다(Field et al., 2018; Lu and Pan, 2021; Pan, 2019). 실제로 미국이 운영하는 기업들이 각국의 매우 다양한 정치 풍토 속에서 어떤 콘텐츠 표준을 가져야 하는지는 현대 정치 커뮤니케이션 연구와 서구 국가들의 정책 결정 담론에서 중요한 논쟁이 되었다(예:

Helberger et al., 2018). 동시에 플랫폼들의 시장 점유율 경쟁은 가치와 경제를 둘러싼 국가 간의 지정학적 갈등을 반영한다. 페이스북의 왓츠앱이 아프리카 전역에서 오랫동안 널리 사용되었는데, 최근에는 중국 소유의 위챗이 퍼져나가고 있다. 이는 부분적으로 아프리카 전역에서 중국의 정치적·경제적 영향력이 커진 결과로 볼 수 있다. 미국에서는 중국 소유 기업인 틱톡을 이용하는 미국인과 관련해 데이터의 안전과 보안에 대한 광범위한 두려움과 더불어 틱톡이 잠재적으로 미국 공중에 영향을 미치는 수단이 될 것이라는 점에 대해 열띤 논쟁이 진행되고 있다.

한편 민주화 과정은 중단되거나 과거로 회귀할 수 있다. 학자들은 민주화 통합에 대한 다양한 정의와 측정 방법을 확립해 왔다(Coppedge et al., 2020; Schedler, 2001). 민주화의 진전과 그 질은 시민의 자유 보장, 법치, 선거제도의 회복력, 정치제도 내의 견제와 균형, 정치적 참여, 국가 내의 군부와 잠재적 반체제 행위자의 역할 등과 같은 요소들에 의존한다. 학자들은 프리덤하우스Freedom House의 지표들, 베르텔스만 변혁 지표The Bertelsmann Transformation Index, 지속 가능한 거버넌스 지표The Sustainable Governance Indicators, 민주주의의 다양성 지표The Varieties of Democracies index 등과 같은 여러 지표를 통해 민주주의 요소들의 달성을 평가하고 비교하는 방법을 개발해 왔다.

지난 20년 동안 민주주의의 붕괴, 퇴보, 위기에 대한 연구도 폭발적으로 증가했다(Bennett and Livingston, 2021; Levitsky and Ziblatt, 2018). 명백하게 굳건한 민주주의 국가들조차 불평등, 양극화의 압력으로부터 위협받고 있다는 증거와 우려가 증가하는 가운데 독재적 지도자들, 반민주적 정당들 또는 가장 극적으로는 무력을 통해 권력을 장악하는 쿠데타들이 발생할 것이라는 우려가 퍼져 있다(Haggard and Kaufman,

2021). 이러한 일들은 지배적 이익과 특권 사회집단을 위협하는 인종적·사회적 정의를 위한 전례 없는 사회운동 한가운데서 형성될 수 있는데, 이는 강한 반발을 불러일으킬 수 있다(Hajnal, 2021). 정확하게는 2021년 1월 6일에 미국에서 벌어진 쿠데타 시도*가 그 사례다(Cline Center, 2021).

이러한 정치제도는 항상 유동적인 것으로 보는 것이 가장 좋다. 결국 지난 두 세기 동안 세계 각국에서 재산이 없는 남성, 지배적이지 않은 인종 및 종교 관련자 및 여성의 참정권을 확대하기 위해 점진적인 노력이 있었다. 아르헨티나에서는 민주 정부가 전복되었다가 선거를 통해 회복되었다. 그럼에도 불구하고 시민권을 제한하고 사회단체 전반에 걸쳐 엄격한 위계질서를 강화하고자 하는 전 세계 국가들에서 우파적이고 배제적인 운동이 부활하면서 시민권조차 정착되기가 쉽지 않다. 예를 들어 2019년 이후 세계에서 인구가 가장 많은 민주주의 국가로 알려진 인도는 권력을 공고히 하려는 힌두 민족주의 지도자와 정당에 의해 잇따른 민주주의의 퇴보를 경험했다.

민주주의는 정치 커뮤니케이션을 형성하는 것들을 포함해 규범 못지않게 법과 제도를 통해 유지되어야 한다. 역사는 정치 커뮤니케이터가 야당의 합법성을 더 이상 존중하지 않을 때, 선거의 사회적 책임을 훼손할 때, 인종과 민족의 분열을 조장할 때, 불평등한 권력을 보호하거나 추구하기 위해 사람들의 평등을 거부할 때, 시민권이나 특정한 인

● 2021년 1월 6일에 2020년 미국 대선의 부정선거 음모론을 주장하는 도널드 트럼프 당시 대통령을 지지하는 폭도들이 조 바이든 대통령 당선인에 대한 연방 의회의 차기 대통령 공식 인준을 저지하기 위해 2020년 미국 대선의 의회 인증일에 국회의사당을 무력 점거했다가 진압된 사건이다. 나무위키(https://namu.wiki) 참조 _ 옮긴이 주.

종·민족·종교 집단을 선호할 권리를 제한할 때, 또는 타협하기를 거부할 때, 민주주의가 취약해진다는 것을 분명히 했다. 이러한 것들과 플랫폼, 소셜미디어 및 테크놀로지 간의 관계가 복잡하고 활발하게 논의되고 있다. 사람들이 고충을 공유하고 조직하고 동원하며 자신을 드러내려고 할 때, 권위주의적 통치 형태에 대한 도전은 분명히 존재한다. 테크놀로지는 사회운동에 사람들을 동원하기 위해 새로운 기회를 제공한다(Bennett and Segerberg, 2013). 동시에 디지털로 가능한 동원이 반드시 지속적인 민주주의 변화를 위해 필요한 제도와 조직으로 변환되는 것은 아니다(Tufekci, 2017).

지난 10년 동안 플랫폼에 대한 작업의 증폭과 민주주의에 대한 위협도 있었다. 이 연구의 결론은 플랫폼이 경합적 권력, 특히 정치적 이점을 추구하기 위해 분열을 조장하고 선동하려는 엘리트들을 위한 도구라는 것이다. 그런데 플랫폼은 중립적인 도구가 아니다. 플랫폼의 설계, 정책, 수익 전략, 관심 등에 대한 파워를 통해 감정적이고 극단적으로 나타나는 특정한 형태의 정치적 표현을 증폭시키고, 비디오게임과 같은 일부 유형의 커뮤니케이션 비용을 극도로 낮춘다. 이러한 것들은 비제도권 미디어와 정치적 이익 단체들에게 기회를 제공하는데, 이것은 사회운동을 더 빠르게 동원하고 공천 경쟁에 대한 제도권 정당의 통제력 상실을 포함해 제도권 정당들에 대한 위협을 의미해 왔다. 이것은 또한 공유된 정치적 이익 단체들(여당과 엘리트들과 관련된 디지털 운동들과 같은)에 걸쳐 조정을 위한 기회들의 증가를 의미해 왔다. 이 모든 것조차도 복잡하다. 민주주의와 정의를 위한 운동을 촉진시키는 바로 그 플랫폼들이 민주주의의 핵심이라고 할 수 있는 관용, 사회적 책임, 제도에 대한 믿음을 훼손하고 권력에 봉사하며 허위조작정보와 프로파간다를 위한 여건을 조성한다. 비제도권 미디어와 정당들은 어떤 맥락에서는 민주화에 기여하고, 다른 맥락에서는 권위주의자들을 위한 권력 수단을 만들고 있다.

요약하면 미디어와 테크놀로지의 변화가 반드시 민주주의를 가져오는 것은 아니다. 민주주의 국가와 권위주의 국가에서, 입법부에 양당 중심 또는 다수 정당이 있는 다양한 정치 시스템의 국가들에서, 공영방송사 중심 혹은 민간 언론 중심 혹은 혼합 형태의 다양한 언론 시스템을 가진 국가들에서 정치 커뮤니케이션은 다양하다. 정치 커뮤니케이션은 미디어와 정치 시스템을 변화시키고, 미디어와 정치 시스템의 변화에 따라 정치 커뮤니케이션은 끊임없이 진화하고 있다. 이제 정치 시스템과 정치 커뮤니케이션의 관계에 대해 더 자세히 살펴보자.

4. 정치 시스템과 정치 커뮤니케이션

정치적인 것은 일반적으로 세 가지 차원으로 생각해 볼 수 있다. 첫째는 구조적인 헌법과 제도적 설계를 포함하는 정치 체계(즉, 게임의 규칙들을 제공함), 둘째는 정치 행위자들 간의 갈등의 장으로서의 정치, 셋째는 법과 규정의 통과 또는 폐지 등 정치적 갈등의 목표가 되는 정책이며, 이 세 가지는 모두 상호 연결되어 있다. 정치 체계의 설계는 정치 행위자들의 목표와 행동 방식, 커뮤니케이션 방식, 동기부여 등에 영향을 미친다. 갈등의 협상 등을 다루는 정치적 관행과 규범은 정치적 장의 부분으로, 새로운 정책이 정치적 의제가 될 가치가 있는지, 있다면 어떻게 될 수는 있는지 등에 영향을 미친다. 정치 행위자들은 그들의 목표, 지지층, 가치, 그리고 정치 풍토에 대한 이해에 따라 정책의 세부 사항을 만든다. 이러한 식으로 그들은 정책을 위해 어떻게 커뮤니케이션하고 싸울지를 정한다. 예를 들어 인기 없는 정책 목표를 추구하는 이들은 공중에 호소해 정책 입안자들을 압박하려고 노력하는 대신에 로비와 같은 비공개 동원 전략을 선택한다. 가장 중요한 것은 정치와 정책은 정치 체계의 구조적 환경에 매우 의존적이며, 따라서 정치 커뮤니케이션도 그럴 수밖에 없다는 사실이다.

주목할 사례

정치제도는 의회중심제(대부분의 유럽 국가) 또는 대통령제(미국, 프랑스, 튀르키예 등)가 될 수 있다. 국가원수는 직접 선출(프랑스 등) 또는 간접 선출(미국, 독일 등)되며, 출생 신분에 따라 실질적 권력을 가지거나(리히텐슈타인, 태국 등) 상징적 기능(영국, 일본, 스웨덴 등)에만 국한되는 왕족을 가진 입헌군주제도 있다. 아랍에미리트, 브루나이, 오만, 사우디아라비아, 바티칸, 에스와티니(옛 스와질란드)에는 여전히 절대군주제가 있다. 정치제도는 정당제도 내의 이념적 거리에 따라 한 정당(중국 등), 두 개의 주요 정당(미국, 영국 등), 다수 정당(네덜란드, 독일, 이탈리아, 호주 등) 방식도 있다. 다수 정당인 경우에는 연립정부를 구성할 수도 있고 하지 않을 수도 있다.

정치에서 정치 커뮤니케이션과 플랫폼의 역할과 그 영향을 이해하기 위해서는 정치 시스템에 내재된 것을 설명해야 한다. 정당들은 선거 시스템의 결과일 뿐만 아니라 도시와 농촌, 노동과 자본, 교회와 국가, 중심과 주변, 그리고 정치에서 다양한 인종, 민족, 사회집단 등과 같은 사회구조와 사회 갈등 전선의 결과이기 때문에, 의회 시스템은 다소 안정적인 경향이 있다. 정치 시스템은 양당제에서는 경쟁적일 수 있으며, 양당제가 아니라면 사회적 합의를 추구하고 다양한 이익집단들

을 포용하는 경향을 보일 수도 있다. 그러나 이러한 이상적 유형들은 현실 세계에서 거의 존재하지 않는다. (벨기에, 독일, 오스트리아 등) 대부분의 유럽 국가에서 혼합된 유형이 발견된다.

정당 시스템은 양당정치에서는 양극화되기 쉬우며, 의회에 진입 문턱이 다소 낮은 경우에는 파편화되기 쉽다. 예를 들어 네덜란드에서는 문턱이 거의 없어 0.67퍼센트의 득표율로 의회에서 한 석을 얻을 수 있다. 2021년 선거에서는 17개 정당이 의회에 들어왔다. 대부분의 다당제 민주주의 국가에서는 5퍼센트 정도의 문턱이 존재하며, 5퍼센트 미만을 득표한 정당은 의회에서 대표권을 가질 수 없다. 이 문턱은 선거운동을 위한 공적 재원을 지원받는 것과 관련이 있기 때문에, 작은 신생 정당들이 얼마나 선거운동을 하는지에 영향을 미친다.

정당들은 정치 커뮤니케이션의 핵심 주체이며, 다양한 종류로 분류된다. 우리는 좌우 이념적 스펙트럼, 여야 입장, 당원이나 득표율 규모 등에 따라 정당을 구분할 수 있고, 정당들을 보수, 진보, 민족주의자 등으로 묶어볼 수도 있다. 이 모든 것은 그들이 정치 커뮤니케이션에 참여하거나 캠페인을 운영하는 방식에 영향을 미친다. 예를 들어 많은 당원을 보유한 주요 원내 정당은 광범위한 당원 기반 없이 적은 자원으로 도전자 위치에 있는 소규모 신생 정당과 다른 전략을 세울 것이다. 또한 정당은 내부 갈등을 일으킬 수 있는 다양한 목표를 추구한다. 그들은 당원 기반에 특히 중요할 수 있는 정책 목표(예: 새로운 기후 정책)를 가질 수 있다. 동시에 그들은 득표율을 극대화하고 공직을 얻거나 유지하는 것을 목표로 할 수도 있는데, 이는 당내 엘리트에게 특히 중요할 수 있다. 연립정부 구성을 위한 협상은 각 정당이 자신들에게 더 중요한 것이 무엇인지 정할 때, 정책 의제 또는 입각 여부를 결정할 때, 연립 구성원의 가치, 우선순위, 목표 등에 차이가 있는 경우에 갈등으로 이어질 수 있다.

이러한 모든 역학 관계는 정치 커뮤니케이션 이면의 전략을 이해하는 데 중요한 영향을 미친다. 커뮤니케이션 캠페인의 전략적 방향을 승리 자체보다 당을 생존 가능한 연립정부의 파트너로 제시하는 데 둘 수도 있으며, 그에 따라 주제가 선택될 수 있다. 정당 자원은 캠페인 전략에 큰 영향을 미친다. 많은 유럽 국가들에서 정당은 멤버십 모델을 기반으로 한다. 반면에 미국과 같은 국가에서 정당은 주로 지지자의 기부에 의존하므로 부유한 기부자를 모집하고 정치적 논쟁보다는 모금하는 데 더 많은 시간을 보내기도 한다. 정당은 국가별로 다양한 규정과 투명성 규칙에 따라 다양한 수준의 공적 자원을 갖는다.

> **주목할 자료**
>
> 스위스에서 정당은 다른 민간단체와 마찬가지로 취급되며 금융자산과 수익을 투명하게 공개할 의무가 전혀 없다. 반면에 다른 많은 민주주의 국가들에서는 정당이 캠페인에 대한 자금 출처와 지급 내역을 공개적으로 보고해야 한다.

정치 커뮤니케이션은 정당을 둘러싼 제도적 역학과 같은 정치 체계의 특징에 따라 형성되기 마련이다. 선거제도는 정치 커뮤니케이션에서 또 다른 주요한 변수다. 선거 시스템은 다수결을 추구한다. 즉, 득표율이 가장 높은 정당이 의회 다수당이 되거나 정부 그 자체가 된다. 이것은 주로 양당 체제에서 발생하는데, 일반적으로 명확한 다수로 안정적 정부를 위한 조건을 만들고, 권력 이양을 통한 정부 변화를 선호하며, 명확한 정치적 책임을 가능하게 하는 시스템이다. 단점은 패자에게 주어진 모든 표는 일반적으로 권력에서 제외된다는 점이다. 대조적으로 비례대표를 목표로 하는 선거제도는 모든 유권자의 공정한 대표를 선호하며, 대부분 다당제에서 발견되고, 연립정부를 구성하며, 새롭고 작은 정당에도 좋은 기회를 제공한다. 단점은 연립정부가 더 쉽게 깨질 수 있고 소수당의 거부권 행사 가능성이 높다는 것이다. 이는 정부가 권력을 행사하는 것을 더 어렵게 만들고, 정치적 불안정으로 이어질 수 있다. 이 책을 쓰는 현재 기준으로 1945년 이래로 67개의 정부가 들어선 이탈리아가 바로 그러한 사례다. 마지막으로 선거 캠페인은 1차 선거(전 국민 선거)와 2차 선거(지역 선거, 지방선거, 유럽연합과 같은 초국가적 선거)에서 다르다. 후자는 낮은 투표율, 정당에 대한 더 부정적인 전망, 기권 경향, 상대적으로 낮은 위기감 등으로 특징지어진다.

정치 커뮤니케이션은 또한 국가가 선거 및 선거 캠페인과 관련된 정책 및 규칙에 따라 형성된다. 많은 민주주의 국가에서 텔레비전 및 라디오방송 시간에 대한 접근권은 직전 선거의 득표율을 반영하는 방식으로 정당에 할당되도록 규제받는다. 정당과 후보자가 정치광고를 위한 방송 시간 구매 가능 여부와 방법은 캠페인 전략에 영향을 미친다. 광고 방송 시간의 규제를 통해 당사자들에게 균등하게 분배된다면 텔레비전의 프라임타임대를 사기 위해 모금할 필요가 없다. 반면에 제한된 자원을 가진 소규모의 신생 정당이 텔레비전 방송 시간을 사야 하는데 그럴 여유가 없다면 소셜미디어와 같은 플랫폼이 캠페인 전략의 중심이 될 수 있다.

서로 다른 국가에서 플랫폼의 다양하고 엇갈리는 함의와 영향을 살펴보려는 한 가지 이유는 정치 시스템, 민주적 제도 및 문화, 사회구조(예: 불평등 구조), 사회집단이 서로 다르기 때문이다. 정치 엘리트, 캠페인 활동가, 사회운동가, 시민운동가, 시민 및 정부 관리 등은 진공 상태에서 발생하지 않으며 허공에서 발생하는 일은 거의 없다. 정치의 구조, 규칙, 규범, 그리고 기존의 정책은 모두 정치 커뮤니케이터가 플랫폼을 사용하는 방법, 목적 및 효과를 결정하는 요인이 된다.

주목할 콘텐츠

정치 커뮤니케이션의 기원, 의도, 역학 및 결과를 이해하려면 맥락을 고려해야 한다. 오늘날 전 세계 민주주의와 관련된 몇 가지 예를 살펴 보겠다. 뿌리 깊은 이데올로기와 여러 세대에 걸쳐 구축된 사회적 정체성을 기반으로 페이스북이나 텔레그램Telegram으로 새로운 구성원을 조직하고 급진화시킨 다음에 메시지를 거리로 가져가거나 정치 기관을 습격하는 소규모 집단은 안정적이고 공고한 민주주의를 전복할 수 없다. 적어도 즉시 그렇게 할 수는 없다. 그러나 이들은 새롭게 제도화된 젊은 민주주의나 시민의 지지를 잃은 경직되고 기능이 마비된 정권의 기반을 흔들 수는 있다. 소셜미디어를 사용해 선거 이익을 얻기 위해 시민을 양극화하려는 엘리트의 시도는 권력을 행사하기 위해 연립 정치를 통해 공동의 명분을 만들어야 하는 유력한 정당이 있는 의회 민주주의에서는 중요한 결과를 초래하지 않을 수 있다. 그러나 이러한 동일한 양극화 시도가 인종 및 민족적 적대감과 불평등, 폭력의 역사, 경제적 불안정 등이 있는 국가나 미국처럼 양당이 매우 큰 사회적 분열을 부추기는 경우에는 매우 다르게 나타날 수 있다. 권력을 장악하려는 권위주의적 지도자의 시도는 이를 거부하는 유력한 정당이 있는 국가에서는 걱정거리가 되지 않을 수 있지만, 위기나 약점의 순간에 이것은 민주주의를 무너뜨리는 문을 열 수도 있다.

요약하면 정치 행위자는 그들이 운영하는 정치 시스템에 의해 구조화되고 동기가 부여되는 방식으로 행동하고 커뮤니케이션한다. 정치 체계의 구조, 정치의 장, 정치 체계의 위태로운 갈등은 정치 커뮤니케이션과 정치 행위자가 미디어를 사용하는 방식을 형성한다. 이렇게 형성된 미디어를 사용하는 방식은 다시 정치의 작용에 영향을 미치게 된다. 일명 '정치-미디어-정치 모델'로 불리는 설명 방식이다(Wolfsfeld et al., 2022). 이 때문에 테크놀로지 및 전략적 혁신이 한 국가에서 다른 국가로 항상 잘 전달되지는 않으며, 모든 환경에서 플랫폼의 효과가 동일하지는 않다(Lorenz-Spreen et al., 2023). 이 모든 것은 미디어 시스템이 정치 행위자의 커뮤니케이션을 통한 권력 경쟁의 맥락을 제공하는 것처럼 정치 커뮤니케이션도 그것이 발생하는 정치적 맥락에 크게 의존한다는 또 다른 표현이다. 이제 미디어 시스템을 살펴보겠다.

5. 미디어 시스템과 정치 커뮤니케이션: 매스미디어에서 플랫폼으로

사회학자 루만(Luhmann, 2000)은 우리가 사회나 세상에 대해 알고 있는 것은 무엇이든 미디어를 통해 안다고 했다. 『현대 인도의 정치 커뮤니케이션Political Communication in Contemporary India』에서 남아시아 국가에서 정치적 의사 결정을 형성하는 것에 미디어의 역할이 막대함을 강조했다(Sisodia and Chattopadhyay, 2022). 사실 대통령, 총리, 군주를 직접 대면하는 사람은 거의 없으며 1989년 베를린장벽 붕괴, 2001년 9월 11일 테러 공격, 2011년 후쿠시마 원전 사태 등과 같은 주요 역사적 사건을 직접 목격한 사람은 매우 소수다. 지리적으로 흩어져 있는 대규모 사회에서 정치가 공적 및 사적 생활에 막대한 영향을 미치더라도 정치의 많은 부분을 직접 목격하거나 경험할 수는 없다.

정치 커뮤니케이션은 대체로 미디어를 통해 전달된다. 이것은 어떤 유형의 미디어(우리 시대에 가장 일반적으로 매스미디어와 디지털 플랫폼)를 통해 발신자에서 수신자로 이동해야 함을 의미한다. 후보자 연설과 같은 대면 정치 행사도 마이크, 텔레프롬프터 및 무대장치를 통해 전달된다. 현장 청중이 직접 목격할 수 있는 지역 정치 행사조차도 종종 매스미디어 수용자를 위해 제작된다(Lang and Lang, 2009). 정치를 이상적으로 보면, 원래 메시지를 왜곡하지 않고 미디어(예: 저널리즘)를 통해 메시지를 전달하려는 전략적 정치 행위자들의 활동이라고 할 수 있다. 시민들이 정치 엘리트나 공중의 관심을 얻으려고 한다면, 이들의 목표는 미디어에서 가능한 한 많은 사람에게 노출되는 것이다. 이러한 시민, 활동가 또는 사회운동 집단은 저널리스트들에게 많이 의존하고 있으며(결국 유력한 엘리트들의 발언은 본질적으로 뉴스 가치를 가짐), 결국 뉴스 가치에 대한 저널리스트들의 정의를 충족해야 한다. 예를 들면 확실한 근거도 있어 보이면서 텔레비전이나 디지털 비디오에 잘 어울리는 스펙터클을 만들어내야 하는 것이다(Sobieraj, 2011). 보다 일반적으로 말하자면 소셜미디어와 플랫폼은 사회운동이 공중에 노출될 수 있는 전례 없는 기회를 제공하며, 이것은 필연적으로 저널리즘을 형성하고, 엘리트들에게 새로운 형태의 사회적 책무를 부여했다(Richardson, 2020).

이 모든 것은 광의의 미디어는 정치 커뮤니케이션의 핵심임을 의미한다. 사상의 자유시장marketplace of ideas 개념은 민주주의에 대한 미디어의 중요성을 강조한다. 특정 시대의 미디어는 정치 커뮤니케이션에 상당한 영향을 미칠 뿐 아니라, 정치 커뮤니케이션을 형성하고 구조화한다. 역사적으로 매스미디어는 정치의 핵심 무대인 공적 영역으로 통하는 관문 역할을 했다. 그러나 오늘날에는 미국 법학자 벤클러(Benkler, 2006)가 제시한 '네트워크로 연결된 공적 영역'(또는 공적 담론을 위한 공간, 제4장에서 광범위하게 다룸)이 미디어의 중심이 되었다. 이것은 다양한 미디어와 정치 행위자들을 끌어모은 플랫폼이 촉진시켰다. 이러한 정치 행위자들은 청중을 찾기 위해 미디어와 플랫폼을 사용할 뿐만 아니라 정치적 논리(예: 상대 정당 구성원과 선의의 토론 참여)보다 미디어 논리(예: 텔레비전 및 소셜미디어를 위한 공연)를 우선시하는 경향을 보이고 있다. 미국에 기반을 둔 페이스북의 내부 고발자 프랜시스 하우건 Frances Haugen이 공개한 주요 내부 기록 중 하나는 유럽연합의 정당들이 소셜미디어에 대한 정책 문제에 대해 극단적인 입장을 취하는 경우가 많은데, 이 이유는 그러한 극단적인 입장이 더 많은 주목을 받고, 더 많이 배포되며, 더 많은 사람을 관여시키면서, 더 좋은 성과를 내기 때문이라는 것이었다.

이러한 변화는 정치 커뮤니케이션의 중대한 변화를 의미한다. 저널리스트와 기타 미디어 행위자가 가치를 두는 정보와 논평을 정하는 전문적 기준에 대해 학자들은 거의 100년 동안 연구해 왔다. 그것은 결국 미디어가 이데올로기, 정체성, 상업성에 따라 뉴스와 논평을 선택하는 방법과 관련이 있다. 레거시 미디어legacy media(온라인 미디어와 대비되는 전통적 매스미디어)의 경우 저널리스트와 그들의 뉴스 가치('인쇄에 적합한 모든 뉴스'라는 슬로건은 《뉴욕타임스New York Times》의 태그 라인임)가 공중에게 어떤 뉴스를 어떻게 제공할지를 결정한다. 동시에 이러한 뉴스 가치는 인쇄·텍스트인지 방송인지 등 미디어 형식에 따라 다르며, 미디어가 중점을 둔 수용자에 따라서도 달라진다. 예를 들어 정치적 의제를 발전시키려는 정파적 미디어가 있는가 하면, 정치적으로 주창하는 바와 관련된 특정 커뮤니티에 뿌리를 둔 미디어도 있다.

디지털 플랫폼의 경우 알고리즘 시스템은 사람들에게 중요한 것이 무엇인지, 사회적으로 공유하는 콘텐츠인지 또는 이용자가 기존에 이용했던 콘텐츠와 유사한 콘텐츠인지 등을 판단케 하는 추천을 제공한다. 이러한 알고리즘은 이용자가 플랫폼에 오래 머물도록 설계되어, 궁극적으로 디지털 광고 판매로 수익을 창출하고자 한다. 그러나 일부 플랫폼은 보도할 콘텐츠의 선별(예: 코로나19 기간의 정부 공식 정보), 오정보의 표시 및 수정(예: 선거에서 논란이 발생하는 경우) 또는 양질의 콘텐츠나 건강한 대화(예: 해당 콘텐츠를 공유하기 전에 이를 보고 싶은지 트위터에서 물어 확인받는 경우)를 촉진하도록 설계되는 등 편집자적 역할에 비중을 더 두기도 한다. 여기에는 선거 및 공중 보건의 위기 중에 정부 기관 또는 신뢰할 수 있는 뉴스 출처로부터의 정보가 포함된다. 다음 장에서 논의하겠지만 이는 콘텐츠 조정의 한 형태다. 이는 플랫폼이 규칙에 따라 어떤 콘텐츠를 삭제하고 남길지에 대해 내리는 결정이며, 이용자의 요구와 욕구는 물론 정부, 언론계 및 시민단체의 압력뿐 아니라 플랫폼의 표준, 가치 및 인식에 따라 구체화된다.

미디어는 현대 정치 커뮤니케이션의 핵심이기 때문에 미디어 시스템의 다양성은 중요하다. 미디어 시스템은 시간이 지나면서 발전해 왔으며, 이전의 테크놀로지가 쓸모없게 된 것은 아니고 신구 미디어가 병존해 왔다. 하지만 새로운 테크놀로지의 출현으로 계속 변화해 온 것은 분명하다. 그리고 미디어 시스템과 정치 시스템 사이에는 밀접한 관계가 있다.

예를 들어 뉴스 미디어를 보자. 뉴스는 사회를 가시화하기 위한 수백 년 된 장르지만(Pettegree, 2014) 단순히 재현적 미디어는 아니다. 신문은 세계적 현상이며 제국과 개종改宗 프로젝트를 위한 도구였다. 포르투갈 선교사들은 인도 최초의 인쇄소를 설립했고(Priolkar, 1958), 영국 선교사들은 사하라사막 이남 아프리카에서 신문을 창간한 것으로 알려져 있다. 신문은 또한 정치 프로젝트와 디아스포라 정치 공동체를 위한 수단이었다. 영어를 사용하는 서아프리카는 아프리카 대륙에서 처음으로 신문을 수용한 지역으로 알려져 있다. 1801년에 처음 발행된 ≪로열가제트Royal Gazette≫와 ≪시에라리온 애드버타이저Sierra Leone Advertiser≫는 이 지역에서 가장 오래된 신문으로 알려져 있다(Mano, 2010). 참고로 말하자면 1792년에 아프리카에 가져온 최초의 인쇄기는 도착과 동시에 파괴되었다(Hunter, 2018). 이 신문들은 미국의 인종차별을 피해 아프리카 시에라리온의 프리타운으로 이주한 미국 흑인 노예 출신 정착민들이 창간했다. 프리타운은 런던의 주인에게서 탈출해 미국 독립전쟁 중에 영국을 위해 싸웠으며 나중에 시에라리온의 프리타운에 정착한 영국 노예 출신들이 정착한 도시다. 미국 노예 출신인 찰스 포스Charles L. Force는 1794년 가나의 첫 신문인 ≪로열 골드코스트 가제트Royal Gold Coast Gazette≫를 창간했고, 1820년에는 ≪라이베리아 헤럴드Liberia Herald≫를 창간했다.

신문과 정당은 유럽과 미국에서 함께 발전했다. 1700년대와 1800년대에 많은 신문은 정파와 정당의 발언대 역할을 했다. 그 시기에 유럽 국가들의 정치는 주로 신문을 기반으로 했다. 예를 들어 프랑스혁명 때 많은 정치인이 자신의 신문을 창간했는데, 1789년 2~3월에만 파리에서 200개가 넘는 신문이 창간되었다(Habermas, 2013: 277~278). 유사하게 미국독립전쟁을 앞두고, 신문은 세금에 대한 불만을 독립을 위해 함께 싸우는 식민지 연합으로 이끌어내는 데 기여했다. 1800년대에 미국과 유럽의 정당은 신문을 조직 기반으로 사용했다.

1800년대 후반과 1900년대에만 미국 신문들은 경제, 인쇄술, 소비자 요구, 개혁가의 변화에 따라 정치적 이익과 별개로 시민들이 스스로 결정할 수 있도록 정보가 정파로부터 자유로워지기를 원했다. 인쇄기의 발전과 19세기 후반 '민주적 시장 사회'(Schudson, 1978)의 비정파적 공중에게 소구되는 언론의 상업 모델로 인해, 모든 사람이 신문에 더 쉽게 접근할 수 있게 되었다. 이러한 과정은 미국과 유럽에서 20세기의 첫 10년 동안 계속되었는데, 이는 윤리, 가치 및 기준을 체계화하는 전문 저널리즘 프로젝트 속에서 대중적이고 일반적인 관심에 초점을 둔 신문이 정파적 노선을 넘어 소구했기 때문이다. 선정주의를 뜻하는 옐로저널리즘을 보여준 미국의 인종차별적인 남부 백인 언론은 남북전쟁American Civil War 후 재건Reconstruction의 전복과 인종 분리segregation를 규정한 '짐크로법Jim Crow'*의 시행을 지원하고 방조했다. 미국에서 20세기 내내 타블로이드 신문의 선정성에 대한 우려가 있었다 (Lippmann, 2022; McQueen, 2018; Forde and Bedingfield, 2021). 그리고 학자, 정책 입안자, 공중 모두 20세기에 성장한 미국과 유럽의 정치체제에 중요성을 부여하는 매스미디어의 기능에 대해 우려했다. 유럽에서 신문이 절정에 달했던 1929년에는 베를린에만 147개의 신문이 있었고, 그중 다수는 아침, 오후, 저녁 때로는 밤에도 발행되었다(Patalong, 2021).

20세기에 새롭게 도입된 매스미디어 테크놀로지의 폭발적 성장과 이전 테크놀로지(예: 라디오)의 보편적 채택으로 미디어 파워에 대한 우려는 더 커졌다. '대중mass'은 부정확한 개념일지 몰라도 일반적으로 많

● 미국에서 1876년 제정된 법으로 공공장소에서 흑인과 백인의 분리를 규정했으며, 1964년 연방 '민권법'이 제정되면서 후속 조치로 1965년 폐지되었다. 짐 크로(Jim Crow)는 1830년대 미국 코믹 뮤지컬에 등장한 흑인 캐릭터의 이름으로, 흑인에 대한 경멸적 의미로 사용되었다 _ 옮긴이 주.

은 청중(일대일과 반대되는 일대다)에 도달할 수 있는 미디어의 능력을 의미한다. 특히 라디오, 텔레비전 등 매스미디어의 성장과 함께 테크놀로지가 공중에 미치는 영향력에 대한 우려가 제기되었으며, 20세기에는 매스미디어가 민주주의를 강화시키는지 약화시키는지, 또는 어떻게 민주주의를 강화하는지, 어떻게 공적 삶에 영향을 미치는지 등에 대한 논쟁이 활발했다. 실제로 미디어 혁신이 민주주의를 탄생시키거나 파괴로 이끈 경우는 거의 없었다. 그 대신에 미디어는 우리가 이미 정치적으로 조직한 일에 관여하고, 다양한 목적을 향해 나아갈 수 있게 했다. 라디오는 시민들이 처음으로 군주나 대통령의 목소리를 들을 수 있게 해주었지만, 1930년대 나치 정권을 위한 중요한 프로파간다 도구이기도 했다. 텔레비전이 미국 시민권 운동의 투쟁과 대선 토론(예: 존 F. 케네디John F. Kennedy와 리처드 닉슨Richard Nixon의 유명한 대선 토론)을 거실로 가져오고 전 세계가 달에 내디딘 인류의 첫 발걸음을 목격하도록 했지만, 미디어 학자들은 또한 "죽도록 즐기기"•를 것을 두려워했다(Postman, 2006).

그다음에 인터넷과 소셜미디어가 등장해 초기에는 보다 포괄적이고 참여적이며 사려 깊고, 실제로 글로벌 민주주의를 창출할 것이라는 기대를 불러일으켰다. 또한 검열과 검열 기관의 종식, 냉전 종식, '역사의 종말'(Fukuyama, 1989), 그리고 민주주의의 최종 승리 등에 대한 과도한 희망도 불러일으켰다. 그러나 2016년 영국의 유럽연합 탈퇴 국민투

• 닐 포스트먼의 저서 『죽도록 즐기기: 성찰없는 미디어세대를 위한 기념비적 역작(Amusing Ourselves to Death: Public Discourse in the Age of Show Business)』 2009(1985)에서 유래한 표현으로 현대인들이 텔레비전을 통해 뉴스를 포함한 모든 콘텐츠를 숙의 과정 없이 엔터테인먼트로 즐기고 있음을 비판하고 있다.

표와 미국의 도널드 트럼프 대선 승리를 계기로 연구자들은 새롭게 발생한 허위조작정보 문제를 분석하고, 인식론적 위기를 우려했으며, 기획된 조작 행위(국가가 행한 것도 포함함), 여론의 대규모 조작 등이 전 세계의 민주주의를 훼손하고 있음을 논했다. 한편 2020년까지 미국과 유럽에서는 주로 '표현의 자유'와 '자유시장'이라는 미국의 프레임워크를 기반으로 구축된 인터넷이 중국과 러시아 등 일부 국가에서 보다 엄격한 기준으로 국가가 표현과 정보를 통제하는 자체 플랫폼을 개발함에 따라 파열되고 있다는 우려가 커지고 있다.

시간이 지나면서 지나치게 유토피아적이기도 하고 한편으로는 디스토피아적이기도 한 테크놀로지 결정론적 관점(테크놀로지가 전면적인 사회적 변화와 심리적 변화를 유발한다는 단순한 생각)은 보다 미묘하고 차별화된 관점으로 대체되었다. 이것은 일반적으로 미디어 및 커뮤니케이션 시스템이 정치 시스템 내에서 작동하기 때문이다. 이러한 과정은 미디어가 개인에게 미치는 영향에 대한 커뮤니케이션 효과 연구의 역사와 유사하다. 20세기 동안 미디어 효과에 대한 분석은 여론에 대한 강력하고 선형적인 미디어 효과에 대한 초창기(1930~1950년대)의 믿음에서 시작해 미디어 효과를 심리적·상황적·사회적·맥락적 영향과의 관계 속에서 더 정교하게 다룬 연구에 이르기까지 다양하게 전개되었다(Neuman, 2016; Dunaway and Soroka, 2021; Neuman and Guggenheim, 2011). 오늘날 많은 학자는 사회적 관계와 사회적 정체성이 뉴스와 같이 사람들의 믿는 바를 형성하는 방식을 설명하며 상황적합성 모델을 채택한다. 또한 많은 연구자는 정치 엘리트에서 대중으로의 직접적인 매스커뮤니케이션 전달 방식에서 대인 네트워크를 통해 전달하는 방식으로의, 커뮤니케이션 유통 방식의 변화를 추적했다. 후자는 늘 중요했지만 최근에는 소셜미디어로 인해 더욱 뚜렷해졌다.

이 모든 것은 사람들이 미디어에 속는 경우가 거의 없음을 말해준다. 사람들은 각자 기존에 갖고 있던 정체성, 사회적 유대, 선호도, 태도 및 신념에 따라 미디어를 찾고 노출되며 소비하고 믿는 경향이 있다. 이러한 연구에도 불구하고 공적 영역을 왜곡하고 대중을 조작하며 민주주의를 훼손하는 미디어 파워에 대한 두려움이 지속되고 있다. 사실상 미디어는 파워에 대한 사회집단 간의 근본적이고 환원 불가능한 정치적 갈등의 (정치와 무관한) 편리한 희생양이다.

6. 플랫폼과 정치 커뮤니케이션의 모델

플랫폼과 정치 커뮤니케이션을 이해하기 위해서는 플랫폼을 포함한 미디어와 정치 시스템을 고려해야 한다. 상업적 뉴스 시장, 공영방송 여부, 미디어 집중과 다원주의의 정도 등을 포함하는 미디어 시스템은 엘리트, 저널리스트 등이 정치 커뮤니케이션에 참여하는 방식에 영향을 미친다. 미디어 시스템과 저널리즘 문화는 또한 정치 시스템과 정권 유형의 결과다. 결국 비민주적 시스템은 민주적 시스템보다 높은 수준의 검열, 저널리즘의 낮은 전문성, 저널리스트의 낮은 자율성을 낳는다. 민주주의 체제에서도 괴롭힘, 위협 및 폭력 등이 증가한다면, 사람들이 자신의 정치적 견해를 숨기고 비밀리에 조직화할 수 있다(Van Duyn, 2021). 이러한 모든 것이 저널리스트와 시민의 플랫폼 사용 방식에 영향을 미친다. 플랫폼에서 수행되는 커뮤니케이션 작업은 정치 시스템의 형태와 지속성을 형성하며, 그러한 정치 시스템의 특징은 정치 행위자가 추구하는 목적 등 그 시스템 내부에서 플랫폼의 역할을 형성한다.

저자는 플랫폼, 정치 커뮤니케이션과 정치 및 미디어 시스템 내에서

그림 1 디지털 시대의 정치 커뮤니케이션 모델

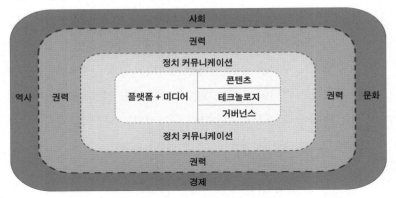

자료: 저자가 작성함.

이들의 내재화 간의 관계에 대해 〈그림 1〉과 같은 모델을 제안한다.

   ① 이 모델은 플랫폼을 다양한 미디어와 함께 시스템에 포함된 현대 정치 커뮤니케이션의 핵심이라고 본다. 플랫폼은 시민들이 정치 정보를 접하고 여기에 참여할 뿐만 아니라 공유된 삶과 관련된 사항에 대해 다른 사람들과 커뮤니케이션하는 주요 방법이 되고 있다. 플랫폼의 정치 콘텐츠는 저널리스트, 활동가, 정치 전략가, 선출직 공무원, 시민 등 다양한 분야의 정치 및 미디어 행위자가 생산한다. 그러나 플랫폼은 중립적 유통 채널이 아니다. 정책, 규정, 비즈니스 모델 및 배후 조직을 통한 거버넌스뿐만 아니라 어포던스 및 알고리즘과 같은 플랫폼 테크놀로지는 정치 콘텐츠가 플랫폼 내에서 배포되고 유통되는 방식을 형성한다. 즉, 플랫폼은 단순한 코드가 아니다. 플랫폼에서 정치 커뮤니케이션이 어떻게 작동하는지 이해하려면 콘텐츠만 볼 것이 아니라 플랫폼의 작동 방식을 결정하는 테크놀로지와 거버넌스, 그리고 플

랫폼이 내재된 정치 및 미디어 시스템의 역동성을 살펴보아야 한다.

② 정치 커뮤니케이션은 맥락에 따라 크게 달라진다. 그렇기 때문에 플랫폼이 모든 곳에서 동일하더라도(실제 그렇지 않음!) 정치 커뮤니케이션은 여전히 다를 수 있다. 허위조작정보 또는 포퓰리즘과 같은 정치 커뮤니케이션 현상에서의 역할을 포함해 플랫폼이 정치에 미치는 영향을 이해하려면, 플랫폼이 작동하는 특정한 역사적·사회적·문화적 및 경제적 맥락과의 관계와 그러한 것들에 작용하는 구조적 힘에 의해 형성되는 파워를 고려해야 한다(Kuo and Marwick, 2021). 이것이 이 책 전반에 걸쳐서 서구 민주주의 국가들의 맥락을 넘어서는 사례를 제공하고, 전 세계 많은 국가가 동일한 플랫폼을 사용한다손 치더라도 정치 커뮤니케이션이 국가별로 차이가 있음을 강조하는 이유다.

③ 〈그림 1〉의 모델의 파선은 파워가 양방향으로 어떻게 흐르는지를 보여준다. 역사적·사회적·문화적·경제적 맥락에 뿌리를 둔 파워는 정치 커뮤니케이션이 작동하는 방식과 플랫폼 및 미디어의 작동 방식을 형성한다. 예를 들어 대부분의 플랫폼은 상업적이므로 자본주의 경제에서 작동한다. 국가의 역사적 경험은 미디어와 플랫폼에 대한 규제 여부와 규제 방식에 영향을 준다. 예를 들어 독일의 미디어 규제 및 플랫폼 거버넌스는 독일의 나치 과거와 대량 학살에 대한 기억(인종·민족·종교적 소수자를 대상으로 하는 혐오표현에 대한 국가의 강력한 금지, 홀로코스트 금지, 나치 프로파간다 금지 등에서 알 수 있음)의 영향을 깊게 받을 수밖에 없다.

그러나 플랫폼과 미디어에도 파워가 있다. 플랫폼과 미디어는 군대를 지휘하거나 사회 계급 구조를 형성하지 않지만, 그것들이 차등적으로 유치, 홍보 및 전파하는 콘텐츠, 그것들이 사회에 제시하는 테크놀로지 및 내부 거버넌스 결정은 시민들이 무엇을 알고 무엇을 모르는지, 무엇을 누구와 어떻게 공유하는지, 그리고 그들이 어떻게 의견을 형성하고 동원하며 급진화하는지 등에 영향을 미친다. 플랫폼과 미디어는 어떤 정치 행위자가 어떤 커뮤니케이션 스타일을 활용해 정당 등의 정치제도의 작동에 영향을 미치면서 가시성과 관심을 확보하는지를 결정한다. 따라서 플랫폼과 미디어는 단지 사회적·정치적·문화적 또는 경제적 파워의 형태에 따라서만 형성되는 것이 아니라, 그것들이 작동시키는 사회, 정치 및 미디어 시스템에 대해 스스로 권력을 행사하기도 한다.

7. 요약

이 책의 나머지 부분은 이러한 힘들의 교차점에 관한 것이다. 플랫폼이 사람들과 조직에 행동하고 소통하는 새로운 능력을 제공함으로써 정치, 사회, 경제, 역사, 문화 등의 시스템에 영향을 미쳤듯이, 이러한 다차원적 시스템들이 플랫폼의 형성에 영향을 미치는 방식을 이 책의 이후 부분에서 자세히 논의한다. 결국 플랫폼과 미디어, 정치 시스템이 상호 영향을 주고받으며 형성된다는 생각을 받아들이게 된다. 사회적·정치적·경제적·역사적 힘과 맥락은 플랫폼의 작동 방식, 설계된 기능, 이용자의 이용 및 적용 등을 결정해 나간다. 시간이 흘러가면서 점차 플랫폼의 설계와 기능은 사회적·정치적·경제적 맥락을 형성하고, 정치 행위자가 탐색해야 하는 미래의 맥락을 형성한다. 이제 플랫폼에 초점을 맞추어 논의할 것이다.

> **토의할 질문**
>
> - 정치 커뮤니케이션은 정치 구조, 미디어 시스템, 정치 문화, 국가의 역사적 경험 등 지역적 맥락에 따라 상당히 다르다. 독자의 나라에서 정치 커뮤니케이션을 형성하는 데 가장 영향력 있는 제도적 특징은 무엇인가?
> - 이 책은 정치 커뮤니케이션에 대한 매우 포괄적인 정의를 기반으로 한다. 이러한 관점을 뒤집는 방법에 대해 생각해 보자. 정치 커뮤니케이션의 가장 협소한 정의는 무엇이고 어떤 영역을 다룰 것인가 또는 다루지 않을 것인가?

추가 독서 목록

Dunaway, J. and D. A. Graber. 2022. *Mass Media and American Politics*. Washington, DC: Congressional Quarterly Press.

Jungherr, A., G. Rivero and D. Gayo-Avello. 2020. *Retooling Politics: How Digital Media Are Shaping Democracy*. Cambridge University Press.

Kaid, L. L. and C. Holtz-Bacha(eds.). 2007. *Encyclopedia of Political Communication*. Los Angeles, CA: SAGE Publications.

Mazzoleni, G., K. G. Barnhurst, K. I. Ikeda, R. C. Maia and H. Wessler(eds.). 2015. *The International Encyclopedia of Political Communication*, Vol. 3. Chichester: John Wiley & Sons.

McNair, B. 2017. *An Introduction to Political Communication*. London: Routledge.

제3장

플랫폼과 플랫폼 파워

제3장에서는 플랫폼에 초점을 맞추어 매개자, 유통 채널, 인프라, 테크놀로지, 이윤 추구 기업으로서의 플랫폼의 정치적 파워와 영향력을 분석한다. 이 장은 플랫폼, 정치 기관, 저널리즘, 정부 기관 간의 교차점과 플랫폼이 어떻게 새로운 테크놀로지로 매개된 사회적 공간을 만드는지에 특히 관심이 있다. 이 장은 정치에 영향을 미치는 플랫폼, 디자인, 어포던스 및 경제와 콘텐츠 관련 정책 등을 통해 자체 거버넌스를 다룬다(거버넌스에 관해 다룬 제9장에서는 타율 규제인 정부 규제에 대해 여러 국가의 다양한 시도를 분석함).

> **독서 목표**
>
> - 플랫폼의 정의와 플랫폼의 사회적 역할을 이해하고자 한다.
> - 플랫폼 파워의 다차원을 분석하고자 한다.
> - 어포던스 및 알고리즘을 포함한 테크놀로지의 파워를 이해하고자 한다.

1. 서론

지구상에서 가장 부유한 사람 중 한 명이자 괴짜 자유주의 기업가인 일론 머스크Elon Musk는 2022년 가을에 트위터를 인수했고, 즉시 비공개(비상장) 기업으로 전환했다. 자칭 기업의 '치프 트윗Chief Twit'으로서 혼란스러운 처음 몇 주 동안 전 세계인들은 플랫폼의 급변성을 떠올렸다. 어떤 플랫폼은 새로 등장하고 어떤 플랫폼은 사라진다. 플랫폼은 시간이 지남에 따라 진화하거나 빠르게 변화함에 따라 디자인, 어포던스 및 외관을 바꾸어간다. 내부와 외부에서 그들을 지배하는 규칙이 바뀌는 것이다.

그러나 전 세계가 겪었듯이 머스크가 트위터를 종료하는 것처럼 보이는 그 엄청난 속도는 숨이 막힐 정도였다. 그는 불과 며칠 만에 수천 명의 직원을 해고했는데, 이는 변덕스러운 것처럼 보였고 잠재적으로 다양한 국가에서 노동법과 규정에 저촉될 가능성도 높았다. 또 데이터 보호와 같은 주요 문제를 담당하는 고위 관리자 중 일부도 해고했다. 커뮤니케이션 부서가 없어졌고, 남은 직원들은 원격 근무를 종료하고 트위터 본사로 출근하라는 연락을 받았다. 머스크는 뭔가를 깨부수고 이전에 스타트업 모드에서 공개적으로 거래되었던 기존 플랫폼을 운영하는 것을 좋아하는 것 같다.

이러한 소유권 변경 때문에 여러 사건이 발생했다. 기업의 콘텐츠 관리자를 해고하면서 혐오와 괴롭힘의 수준이 높아졌다(Center for Countering Digital Hate, 2022). 극우 활동가 계정을 다시 활성화하면서 인종 차별적이고 극단주의적인 콘텐츠가 급증했다. 동시에 트위터를 대체할 플랫폼이 크게 주목받았다. 비영리, 오픈 소스, 분산형 서버 네트워크('인스턴스instances'라고 함)인 마스토돈Mastodon은 '트위터 이주'의 큰 부분을 차지했으며, 신규 및 활성 계정이 폭발적으로 증가했다. 마스토돈으로의 이전이 단지 단기적 과대광고였는지, 아니면 관리자가 자체 규칙을 만들어 운영하는 비영리적이며 광고 없는 플랫폼이 트위터의 의미 있는 대안이 될지는 아직 두고 볼 일이다. 그러나 머스크의 트위터 인수는 모든 데이터를 가지고 있는 플랫폼을 신뢰해서는 안 되고, 플랫폼을 공적 담론의 공간으로 의존해서는 안 되며, 플랫폼이 영원히 디지털 서비스의 역할을 맡아줄 것이라고 믿어서는 안 된다는 점을 분명히 일깨워 주었다.

많은 사람이 연구자들이 말하는 네트워크 효과가 어떻게 작동하는지를 직접 경험했다. 네트워크 효과는 서비스나 플랫폼을 사용하는 사람들의 수에 따라 가치가 증가하거나 감소하는 것을 말한다. 트위터 이용자는 수년에 걸쳐 확보한 팔로어를 신생 플랫폼은 말할 것도 없고 다른 플랫폼으로 옮길 수가 없다. 머스크가 주도하는 플랫폼에 대한 대안이 있더라도 트위터를 떠나는 것은 발언의 영향력, 전달 범위, 커뮤니티를 잃는 것을 의미한다. 그리고 경찰의 책임을 묻는 블랙 트위터 Black Twitter와 남성의 책임을 묻는 미투(#MeToo)와 같은 집단의 역할을 고려할 때, 트위터에서 다른 플랫폼으로의 이전은 잠재적으로는 훨씬 더 큰 손실을 의미한다.

2. 그렇다면 플랫폼이란 무엇인가?

이것은 간단한 질문처럼 보이지만 실제로는 매우 복잡하다. 우리는 구글에서 정보를 검색할 때, 페이스북이나 틱톡에 글을 올릴 때, 아마존에서 물건을 구매할 때 매일 무심코 플랫폼을 언급한다. 그런데 왜 이 각각의 서비스를 모두 플랫폼이라고 부르는가? 결국 구글에서의 검색은 유튜브에서의 동영상과는 다르다. 이 책은 '플랫폼'을 반 다이크 등(Van Dijck, Poell and Waal, 2018: 9)의 "이용자 간의 상호작용을 위해 설계된 프로그래밍 가능한 아키텍처"라는 정의를 따른다. 이들은 다음과 같이 쓰고 있다.

> 플랫폼은 데이터에 의해 구동되고, 알고리즘과 인터페이스를 통해 자동화 및 조직화되며, 비즈니스 모델을 따르는 소유권 관계를 통해 공식화되고, 이용자 계약을 통해 관리된다.

이것은 복잡하므로 좀 더 자세히 살펴보겠다. 이 정의는 우리 시대의 특징을 알려주고 있어 매우 유용하며 이 책의 핵심이다. 즉, 대부분의 현대 정치 커뮤니케이션 뒤에는 놀라울 정도로 다양한 이용자를 대상으로 많은 정치적 삶(소셜 및 엔터테인먼트를 포함함)과 상호작용을 형성하는 상업적 플랫폼이 있다. 단지 정치 영역에서만 보아도 플랫폼 이용자는 캠페인 조직, 유권자, 선출된 대표자, 정당, 사회운동가, 싱크 탱크, 시민, 옹호 단체 등이 있다.

주목할 사례

플랫폼이 정치적 맥락에서 "이용자 간의 상호작용을 형성한다"라는 것은 무엇을 의미하는가? 몇몇 구체적 예를 생각해 보자. 페이스북은 저널리즘을 직접 생산하지 않으며, 사람들이 어떤 뉴스를 소비하는지 직접 결정하지도 않는다. 그 대신에 페이스북은 뉴스 미디어가 청중에게 다가갈 수 있는 방법을 제공하며, 페이스북 뉴스를 통해 언론의 신뢰성을 평가하고, 일부 미디어가 팩트 체커 역할을 할 수 있도록 승격시

커 놓았다. 페이스북은 또한 이용자에게 선택과 참여를 통해 미디어를 개인화할 수 있는 기능을 제공한다. 플랫폼은 이용 시간을 늘리는 것을 목표로 이용자에게 콘텐츠를 제시하는 '뉴스피드NewsFeed'의 알고리즘 설계를 통해 대중의 관심을 형성한다(페이스북이 이용자로 이윤을 창출하는 방식임). 마찬가지로 구글은 검색엔진이 링크된 웹페이지를 유지 및 관리하지는 않지만, 수십억 개의 콘텐츠 페이지를 색인화하고 검색되게 하며 이용자들의 집단적 선호도와 링크 구조를 기준으로 순위를 매긴다. 그 과정에서 구글은 이용자들이 웹을 탐색하고, 콘텐츠 제공 업체가 잠재 고객을 찾는 방식을 구축하며, 상당한 정치적 영향을 미친다(Noble, 2018; Tripodi, 2022).

플랫폼은 다양하지만 앞서 제공된 정의는 무수한 일상의 상호작용을 가능케 하는 다양한 플랫폼의 기초가 되는 공통 요소를 포착해 내고 있다(Gillespie, 2010). 플랫폼은 이용자가 누구인지, 무엇을 좋아하는지, 어떻게 행동하는지, 무엇을 공개하는지, 어떻게 커뮤니케이션하고 상호작용하는지, 무엇을 생성하는지에 대해 수집한 수많은 데이터에 의존한다. 구글과 페이스북은 매우 다르지만 구글이 검색 결과를 구조화하기 위해 이용자 및 링크 데이터에 의존하는 것처럼, 페이스북은 데이터에 의존해 이용자에게 표시할 콘텐츠의 우선순위를 정한다. 여기서 특히 중요한 것은 콘텐츠 전달을 위해 데이터에 의존하는 알고리즘, 이용자로부터의 데이터와 이용자에 대한 데이터에 응답하는 인터페이스, 플랫폼의 수익 창출을 위한 비즈니스 모델, 데이터와 보안에 대한 위협과 정책 준수 여부를 결정할 수 있도록 하는 데이터 등이 시스템에 존재한다는 것이다. 플랫폼은 그것의 특징을 설계하고 이용자의 욕구와 필요를 충족시키고 있음을 확인하기 위해 이용자에 대한 데이터에 의존한다. 그리고 실제로 플랫폼은 데이터 기반 표적 광고를 통해 바로 그러한 욕구를 생산한다. 실제로 대부분의 플랫폼은 수익 창출을 위해 이용자 데이터에 의존한다.

학자들이 데이터를 현대 자본주의의 초석이자 상품 및 서비스의 광고 시장의 기초로 여길 정도로 이용자에 대한 데이터는 가치 있는 통화通貨다(Van Dijck et al., 2018; Zuboff, 2019). 데이터는 수익 창출을 위해 특정 유형의 콘텐츠와 상호작용의 우선순위를 정해줌으로써, 이용자가 보고 행동하는 것을 형성하는 알고리즘을 제공할 뿐만 아니라, 플랫폼이 광고주와 데이터 중개인에게 판매하는 상품이기도 하다. 데이터는 플랫폼 기업이 이용자를 광고주에게 직접적으로 판매하는 기반이기도 하다. 그들은 이용자에 대한 데이터를 광고주에게 직접 제공하지 않는 대신 수많은 데이터 포인트를 광고주에게 경매에 부칠 이용자 카테고리로 추출한다(McGuigan, 2019). 이러한 카테고리들은 인구통계학적 특성뿐 아니라 이전의 행동, 태도 또는 선호도를 기반으로 누가 특정 상품이나 서비스를 구매할 가능성이 있는지에 대한 확률론적 평가를 전제로 한다.

데이터가 플랫폼 운영의 핵심이므로, 모든 플랫폼은 설계된 아키텍처라는 점에서 프로그래밍이 가능하다. 디자인은 이용자 간, 이용자와 정보 간의 상호작용을 체계화한다. 플랫폼은 디지털 아키텍처, 하드웨어 아키텍처 또는 둘 다일 수 있다. 전자의 범주에서는 페이스북 및 아마존(서버와 같은 거대한 물리적 아키텍처에 의존함) 등의 웹 기반 애플리케이션이 있다. 후자에는 애플 아이폰, 닌텐도 스위치 등 여러 하드웨어 제품을 포함한다. 메타와 구글은 다양한 서비스를 제공하고 데이터를 생성하기 위해 이러한 하드웨어 제품들에 투자해 오고 있다.

예를 들어 페이스북과 같은 플랫폼에서 프로그래밍은 이용자가 다른 이용자와 플랫폼 자체에 자신을 공개하는 프레임워크, 이용자들 간에 상호작용할 수 있는 방법(예: 친구가 되는 방법), 자신을 드러내는 방법, 콘텐츠 공유, 게시물 '좋아요' 또는 댓글 달기, 콘텐츠 제시 방식 등을 결정한다. 이용자는 개인일 수도 있고 정치 캠페인, 정당, 주요 브랜드, 지역 기업일 수도 있다. 프로그래밍은 이용자가 정보와 상호작용하는 방식도 결정한다. 구글 검색을 생각해 보자. 이는 구글이 신뢰할 수 있다고 판단하는 다른 사이트('페이지랭크PageRank'라고 함)에 대한 연결 권한을 기반으로 웹페이지에 가중치를 부여하는 방식의 복잡한 결과다. 이는 프로그래밍 선택이고 사회적 선택이며, 테크놀로지의 중립적 기능이 아니다(Noble, 2018; Svensson, 2021).

이 책에서 제시한 모델이 보여주듯이 플랫폼은 이제 미디어 시스템의 중심에 있으며, 거기에서 정치 시스템이 탄생한다. 이것이 플랫폼이 현대 미디어와 정치 시스템에서 유일한 미디어 형태라는 의미는 아니다. 플랫폼은 모든 행위자가 하는 일의 중심이기 때문에, 정치에서 가장 중요한 미디어 형태라는 뜻이다. 저널리스트는 이용자와 커뮤니케이션하기 위해 주로 플랫폼에 의존하고 있으며, 정치인도 유권자와 커뮤니케이션하기 위해 그렇게 한다. 시민들도 플랫폼(전문 뉴스 미디어 상품을 포함함)에서 대부분의 정치적 정보를 얻는다. 정치 팟캐스트에서 애플과 스포티파이Spotify의 역할을 생각해 보자. 그리고 넷플릭스Netflix나 훌루Hulu 등의 사이트를 통한 스트리밍이 미국의 방송 및 케이블을 압도하는 지금, 플랫폼은 정치뿐 아니라 엔터테인먼트에서도 미디어의 중심이 되었다.

이는 민간 플랫폼 기업(대부분 서구 지역의 기업)과 국영기업(주로 러시아와 중국이 소유하거나 감독하는 기업)이 세계 각국의 공적 영역과 정치적 프로세스를 형성, 구조화, 관리하는 데 중심적 역할을 맡고 있음을 의미한다. 플랫폼은 디자인, 기능 및 콘텐츠 정책을 통해 공중의 관심, 정치 정보의 배포, 사람들이 관여하는 정치적 표현의 형식, 유형 및 내용을 형성한다. 플랫폼은 뉴스 배포, 미디어 이용자, 스토리의 형식과 유형, 뉴스 취재, 이용자들이 제작한 정치 표현물(국제 인권 프레임워크에 따르는 경우도 있음), 정치적 정보의 유통, 다른 집단과의 제휴 가능성 등을 형성한다. 이러한 이유로 분쟁 중인 에티오피아 당국은 주도적 플랫폼인 페이스북, 트위터, 왓츠앱에 맞설 수 있도록 2021년 8월 '아프리카의 뿔'로 불리는 소말리아 반도 지역 국가의 자체 소셜미디어 플랫폼을 구축하는 조처를 승인했다(Oluwole, 2021).

주목할 콘텐츠

플랫폼이 어떻게 정치를 형성하는지에 대한 한 가지 예를 들자면, 플랫폼은 퍼블리셔의 유통을 자본 집약적이지 않게 만든다. 이는 온라인에만 게시하는 리소스가 적은 신생 미디어가 성장하고, 콘텐츠로 수익을 창출하며, 상당한 도달 범위와 관심을 모을 수 있는 능력을 갖추게됨을 의미한다. 이는 수익을 창출하는 가짜 뉴스 웹사이트의 문제와도 관련되어 있다. 동시에 스마트폰을 가진 개인, 대의를 추구하는 사회운동, 사회적 책무를 전복하려는 권위주의자 등도 역시 플랫폼 시대에 새로운 기회를 거머쥘 수 있다. 실제로 오늘날 정치 커뮤니케이션을 정의하는 것은 플랫폼 환경에서 다양한 행위자 간의 경쟁 그 자체다.

3. 정치 커뮤니케이션에서 플랫폼의 의미

플랫폼이 정치 커뮤니케이션, 여론, 정부 안정성, 사회의 권력 분배, 정치적 과정에 어떤 의미를 갖는지는 설명하기가 복잡하다. 플랫폼은 정치 정보의 전례 없는 풍부함과 다양성을 제공했으며, 놀라울 정도로 시민들이 다양한 소스에 접근할 수 있게 해주었다. 또한 플랫폼은 가짜 뉴스 콘텐츠를 철저히 수익화할 수 있는 영리단체의 능력을 끌어올렸으며, 특히 정치 엘리트가 생성한 오정보와 허위조작정보를 매스미디어 시대보다 훨씬 쉽고 빠르게 광범위한 이용자가 공유할 수 있게 했다. 플랫폼이 참여에 최적화되어 있다는 점을 감안할 때, 플랫폼에서 가장 극단적이거나 감정적인 콘텐츠는 오프라인에서라면 사회적 규범에 따른 논란의 여지로 발언을 주저하게 만드는 상황이 되는데, 이와는 달리 온라인에서는 훨씬 큰 도달률과 확산율을 보이는 것을 알 수 있다.

이 모든 것이 나쁜 건가? 그럴지도 모른다. 플랫폼이 만들어내는 양극화를 지적하는 학자(Bail, 2022)가 있는 반면에 플랫폼에서의 커뮤니케이션이 정치 참여를 촉진하고(Boulianne, 2020) 민주주의, 인종적 정의, 사회적 정의를 위한 글로벌 운동의 중심이 되었음을 보여주는 학자도 있다(Jackson et al., 2020). 플랫폼은 경찰과 같은 유력한 행위자들이 사회적 책무를 다하도록 붙잡아 주는 새로운 형태의 기록과 목격을 위한 환경을 만든다(Richardson, 2020). 플랫폼은 허위조작정보, 양극화, 포퓰리즘 및 극단주의에 대한 두려움을 불러일으키면서도, 정치적 참여를 촉진하고 전 세계의 공적 영역에 더 다양한 목소리를 허용하는 것으로 알려져 있다.

이 모든 것은 우리 시대에 정치 커뮤니케이션이 어떻게 작동하는지

표 1 정치 커뮤니케이션에서 가장 중요한 플랫폼(2021년)   (단위: %)

국가	소셜미디어를 이용한 뉴스 이용자 비율	가장 인기 있는 뉴스 플랫폼
유럽		
영국	41	페이스북
독일	31	페이스북
프랑스	38	페이스북
이탈리아	47	페이스북
스페인	55	페이스북
포르투갈	55	페이스북
아일랜드	51	페이스북
노르웨이	44	페이스북
스웨덴	47	페이스북
핀란드	45	페이스북
덴마크	46	페이스북
벨기에	38	페이스북
네덜란드	37	왓츠앱
스위스	47	페이스북
오스트리아	48	페이스북
헝가리	63	페이스북
슬로바키아	56	페이스북
체코	50	페이스북
폴란드	59	페이스북
루마니아	58	페이스북
불가리아	67	페이스북
크로아티아	54	페이스북
그리스	69	페이스북
아시아		
튀르키예	61	유튜브
일본	24	유튜브
대한민국	42	유튜브
타이완	54	라인
홍콩	61	페이스북
말레이시아	72	페이스북
싱가포르	57	페이스북, 왓츠앱
필리핀	72	페이스북

국가	소셜미디어를 이용한 뉴스 이용자 비율	가장 인기 있는 뉴스 플랫폼
인도	63	페이스북, 왓츠앱
인도네시아	64	왓츠앱
태국	78	페이스북
아메리카		
미국	42	페이스북
캐나다	55	페이스북
브라질	63	페이스북
아르헨티나	66	페이스북
칠레	69	페이스북
멕시코	67	페이스북
콜롬비아	70	페이스북
페루	70	페이스북
아프리카		
남아프리카공화국	75	페이스북
케냐	76	왓츠앱
나이지리아	78	왓츠앱
오스트레일리아	47	페이스북

자료: 「로이터디지털뉴스보고서」(https://reutersinstitute.politics.ox.ac.uk/digital-news-report/2021/inter active)에 근거해 저자가 재구성함.

에 대한 중요한 질문과 우려를 불러일으킨다. 플랫폼의 세계에서 공중의 관심과 관심사를 형성할 수 있는 권한을 지닌 사람은 누구이며, 그 목적은 무엇인가? 정책 의제를 형성할 권한은 누구에게 있는가? 말할 수 있는 것과 말할 수 없는 것을 결정할 권한은 누구에게 있는가? 플랫폼은 사회운동에서 선출직 공무원에 이르기까지 다양한 행위자 간의 권력균형에 어떤 영향을 미치는가? 그리고 공적 영역에서는 누가 권력을 가져야 할까?

4. 플랫폼은 중립적인 테크놀로지가 아니다

미식축구나 축구 경기장을 상상해 보자. 경계를 명확하게 구분하는 선명한 흰색 측면 선으로 둘러싸인 녹색의 직사각형이다. 하프웨이 라인과 센터서클, 페널티에어리어와 골에어리어 등이 그려져 있다. 얼추 생각해 보면 이보다 더 중립적인 기술을 상상하기는 어렵다. 이는 단지 경기장일 뿐이며 모든 사람을 동등하게 대하고 기술, 인내력, 전략 및 팀 조직만이 빛을 발하도록 허용한다.

그러나 좀 더 생각해 보면 이 단순한 기술조차 중립적이지 않다는 것이 분명해진다. 잔디가 인조 잔디인지 천연 잔디인지에 따라 선수는 자신에게 더 익숙한 경기장 조건에서 더 좋은 성적을 낼 수 있다. 모든 축구장의 크기가 같은 것이 아니므로, 선수는 경기마다 상대적인 장단점을 다르게 느낄 수 있다. 특정 경기장의 크기가 지구력과 같은 일부 유형의 기술 및 훈련 형태에 더 잘 맞을 수도 있다. 왼발잡이와 오른발잡이 선수들은 필드의 서로 다른 측면에서 서로 다른 강점을 가지고 있으며, 그들의 강점을 활용하는 각도도 다르다. 축구장이 중립적이지 않다면 페이스북과 같은 글로벌 플랫폼을 생각해 보자. 모든 사람이 사용할 수 있는 표면상으로 중립적인 기능 세트가 제공된다. 대부분의 국가에서 13세 이상이라면 누구나 미리 정해진 카테고리에 대한 질문에 답한 후 페이스북 프로필을 만들 수 있다. 누구나 다양한 이미지, 비디오, 텍스트를 게시할 수 있다. 친구, 이웃, 대의 등에 대해 댓글을 달고 팔로한다. 그리고 누구든 다른 사람들이 게시한 내용을 공유하고, 플랫폼의 금전적 생명줄인 광고를 보고 반응할 수 있다.

다시 한번 생각해 보아도 더 복잡하고 덜 중립적인 기술을 상상하기 어렵다. 어떤 콘텐츠가 이용자에게 도달하고 관심을 받는지 결정하는 데 도움을 주는 페이스북 알고리즘은 감성을 따르며, 이성과 숙고가 아닌 참여를 위해 설계되었다(Bucher, 2021). 지위 고하를 떠나 누가 공유하는 콘텐츠이든 간에 가장 많은 관심을 받는 콘텐츠는 타이밍(최근성), 팔로어(또는 친구)의 구성, 메시지의 특징(예를 들면 감성적인 콘텐츠, 고양이 동영상 등), 메시지가 공개되는 맥락(관심을 끌기 위해 경쟁하는 또 다른 것은 무엇인지, 특정 시점에 사람들이 주목하고 싶은 것은 무엇인지), 참여도('좋아요'나 공유 등의 실적이 좋은 콘텐츠는 가시성이 더 높아짐) 등의 여러 요소가 조합된 결과다. 더욱이 이러한 복잡한 구성 요소의 조합은 사람들이 플랫폼에 더 많은 시간을 할애하도록 유도하고, 신규 가입을 늘리기 위해 플랫폼이 지속적으로 어떤 결정을 하는지에 따라 달라진다.

이 모든 것은 정치 커뮤니케이션에 막대한 영향을 미친다. 우리는 세 가지 예를 제시할 것이다. 첫째, 페이스북은 엄청난 도달 범위와 관심을 유도하는 파워로 디지털 저널리즘 시장을 구조화해 웹 트래픽(Bailo et al., 2021a; Meese and Hurcombe, 2020)과 디지털 광고에 의존하는 많은 게시자를 만들어내기도 하고 파괴하기도 한다. 둘째, 타깃팅 설정 허용 범위 및 실시간 잠재 고객 경매 등을 포함한 페이스북의 정치광고 정책은 후보자가 공직에 출마하는 방식을 결정한다(Barrett, 2021). 마지막으로 페이스북 그룹은 민주적 숙의 과정을 훼손하는 유해한 음모론 등 사람들에게 대규모로 조직할 수 있는 손쉬운 방법을 제공한다(Krafft and Donovan, 2020; Malinen, 2021).

테크놀로지 인프라는 현대 정치 커뮤니케이션의 많은 부분을 뒷받침하며, 이는 표준 생성과 같이 그 자체로 정치적인 많은 결정에 따라 전 세계적으로 조정되고 영향을 받는다(DeNardis, 2014). 미디어와 마찬가지로 테크놀로지는 본질적으로 선하지도 악하지도 않다. 핵 기술은 전력 생산과 대량 살상 무기에 모두 사용될 수 있다. 하지만 테크놀로지 역시 딱히 중립적이지는 않다. 사상가들은 테크놀로지는 그것을 창안하고 서비스를 제공하는 사회, 집단, 사람, 조직 및 기관의 의도(즉, 규범과 가치, 세계관, 관심사 및 비즈니스 모델)하에 존재한다고 주장해 왔다. 그리고 테크놀로지는 다양한 이해관계자 간 갈등의 결과다. 예를 들어 정치 및 사회의 많은 부분을 매개하는 테크놀로지인 알고리즘과 관련해 길레스피(Gillespie, 2014: 167)는 이를 추상적이거나 테크놀로지의 성과로 생각해서는 안 되며, 이러한 냉담한 메커니즘 뒤에 숨어 있는 따뜻한 인간적이고 제도적인 선택을 이해해야 한다고 주장했다. 이에 따라 알고리즘 윤리가 필요해졌다(Ananny, 2016).

다시 말해 플랫폼은 순전히 수학적·전기적 실체가 아니다. 앞에서 자세히 설명했듯이 플랫폼은 설계되고 기획된 커뮤니케이션 시스템이며 다양한 형태를 띤다. 플랫폼은 특정 방식으로 기능하고 수행되도록 의도적으로 설계되었다. 앞에서 언급한 것처럼 대부분의 경우 이들은 상업적 영리단체이며, 비즈니스 모델의 핵심인 데이터를 보유하고 있다(이용자를 가지고 수익을 창출함). 디지털 플랫폼에서의 커뮤니케이션은 정치적 행위자나 시민 모두 완전한 소유권이나 통제권을 갖지 못하는 공간에서 이루어진다. 규제 정책의 영역이든 여론 재판의 영역이든 간에 정치적 행위자와 시민 모두 플랫폼의 정책과 기능에 중요한 영향을 미친다(Barrett and Kreiss, 2019).

플랫폼이 특정 작업을 더 쉽게 만들고, 특정 형태의 발언과 행동을 촉발하며, 도달 범위와 관심을 구조화하는 특별한 방식은 플랫폼이 정치 커뮤니케이션을 형성하는 데 중심적 역할을 맡고 있음을 의미한다. 그 플랫폼의 활용 방식은 이제 파악되기 시작한 단계다. 페이스북, 인스타그램, 왓츠앱, 구글과 유튜브, 틱톡, 트위터, 스냅챗, 프콘탁테, 알리바바, 위챗, 웨이보 등은 정치 및 사회 커뮤니케이션에서 점점 더 오류 없이 강력하게 규칙을 설정하고 많은 공개(및 비공개) 구조를 제공하고 있다.

> **주목할 사례**
>
> 예를 들어 미국과 유럽에서는 유튜브가 급진화의 맥락에서 정치 영역에서의 잠재적 역할로 주목을 받았다(Munger and Phillips, 2022). 유튜브는 콘텐츠 선호도, 광고 반응도 등 이용자 관련 데이터를 사용해 해당 이용자에게 콘텐츠를 추천한다. 기본적으로 이용자의 참여를 유지하고 플랫폼에서 더 많은 시간을 보내게 하려는 플랫폼사의 기대를 고려할 때, 추천이란 이용자가 무엇을 가장 좋아하거나 무엇에 반응할지에 대한 플랫폼의 추측이라고 할 수 있다. 다른 플랫폼과 마찬가지로 유튜브도 상업적 이유로 이용자가 더 오래 이용하기를 원한다. 더 많은 이용은 스트리밍 플랫폼에게 더 많은 시장 점유율을 의미하며, 궁극적으로는 디지털 광고에서 더 많은 수익을 얻을 수 있음을 의미한다.

플랫폼의 복잡한 점은 비즈니스에 좋은 것이 민주주의나 더 넓게는 사회에 좋지 않을 수 있다는 것이다. 이용자의 참여를 유도할 가능성이 가장 높은 콘텐츠는 극단적이거나 터무니없거나 양극화되거나 이견異見에 대한 관용을 잃게 만드는 콘텐츠다. 그러나 학자들은 여전히 이러한 사항에 대해 결론을 내리지는 않고 있다. 예를 들어 소셜미디어가 사람들을 더욱 극단적 견해로 이끄는지, 아니면 기존의 선호도를 강화하는지에 대한 많은 논쟁과 혼재된 증거가 있다. 혹은 그 둘이 결합되어 정치적 신념은 미디어 선택에 영향을 미치는데, 그 미디어 선택은 정치적 신념을 더욱 강화하는 것일 수도 있다(Young and Bleakley, 2020). 그러나 역사적으로 보면 극단적 견해였던 것들 중에 오늘날 많은 국가에서 도덕적으로 선하다고 생각되는 견해(예: LGBTQIA+의 수용, 다른 인종의 시민권)가 있음에 주목해야 한다.

실제로 동일한 알고리즘과 콘텐츠에 대한 인센티브 부여가 국제 '블랙 라이브스 매터' 운동(Jackson et al., 2020)과 미국 의회에 대한 공격으로 이어진 '스톱 더 스틸Stop the Steal' 집회의 엄청난 성장과 정치적 파워 확보를 도왔다. 이는 플랫폼과 민주주의의 관계를 평가할 때 항상 플랫폼이 사용되는 목적과 대상을 고려해야 함을 의미한다. 그렇기는 하지만 유튜브와 같은 플랫폼은 주로 상업적 기업이므로, 공공복지에 대한 사회적 책무가 없으며, 국가기관이나 저널리즘 영역이 흔히 갖는 권리와 평등에 대한 책무감이 없기 때문에 우려를 보이는 것은 타당하다. 이제 플랫폼이 속해 있는 정치 및 미디어 시스템에 대한 플랫폼 파워의 원천을 생각해 보겠다.

5. 플랫폼 파워의 크기

플랫폼 파워의 몇 가지 측면을 분석해 보겠다. 플랫폼은 절대적이지는 않지만 상당한 파워를 갖는다. 이 책은 잠재적 공중의 관심사 측면에서 광범위하게 정의된 정치에 특별히 초점을 맞춘다.

미디어 및 커뮤니케이션 학자 닐슨과 간터(Nielsen and Ganter, 2022)는 그들의 중요한 저서『플랫폼의 파워: 미디어와 사회의 형성The Power of Platforms: Shaping Media and Society』에서 출판사와 플랫폼 파워에 대한 광범위한 논의를 제시한다. 우리는 여기서 그들의 핵심 주장 중 몇 가지를 강조하고 이를 토대로 논의를 구축한다.

1) 시장 지배력

아마도 세계경제에 대한 가장 분명한 사실 중 하나는 주로 미국과 중국에 기반을 둔 대규모 테크놀로지 기업의 광고 및 정보 시장 지배력이 증가하고 있다는 것이다. 시장 지배력의 집중이 증가한다는 것은 메타와 구글과 같은 기업이 중심 플레이어가 되었음을 의미한다. 이들은 미국과 세계 여러 국가의 디지털 정치광고에서 상당한 수익을 창출하고, 정치 관련 데이터를 통제할 수 있다(Barrett, 2021). 디지털 광고를 주요 수익원으로 삼는 메타나 구글 같은 기업 외의 다른 플랫폼들은 다른 부문을 지배한다. 여기에는 클라우드 컴퓨팅(아마존, 마이크로소프트Microsoft), 스마트폰(애플, 구글), 물류 및 유통(아마존), 점점 더 늘어나는 디지털 하드웨어 및 서비스(메타) 등이 포함된다. 플랫폼의 시장 지배력은 정치에까지 영향을 미친다. 디지털 광고 수익이 플랫폼으로 이동하면서 저널리즘 및 기타 정치 뉴스 미디어로부터는 멀어지고 있다. 한편 디지털 광고에 대한 플랫폼의 통제는 정치적 발언에 대한 규칙을 점점 더 많이 설정한다는 것을 의미하며, 현재 콘텐츠 및 타깃팅 규칙에 대한 공적 책무의 형태는 거의 없다.

예를 들어 미국에서 저널리즘(특히 신문)의 수입 감소는 오래된 현상이다. 신문은 수십 년에 걸쳐 텔레비전과 기타 미디어에 수익을 잃어왔다. 크레이그리스트CraigsList와 같은 비영리 플랫폼이 안내광고를 잡았고, 메타나 구글과 같은 기업이 디지털 광고 시장을 장악하면서 이러한 현상은 증폭되었다. 이러한 시장 역학은 지역 저널리즘(Hindman, 2018)을 지원하는 데 사용되는 수익에 영향을 미치고, 뉴스 미디어 자체의 비즈니스 전략을 형성한다(Usher, 2021). 동시에 플랫폼은 지역 광고 시장의 개방과 같은 새로운 방식으로 다른 산업의 경제적 동인이 되기도 하며, 이는 결과적으로 지역 유권자에게 효율적으로 접근하는 데

드는 비용을 낮추었다.

플랫폼이 정치광고의 중심지가 되면서 후보자나 사회운동가가 청중에게 접근하기 위해 준수해야 하는 유료 정치 연설에 대한 정책을 정한다(Barrett, 2021; Kreiss and McGregor, 2018; 2019). 한편 국가의 지원이나 관심을 받는 플랫폼 기업은 표현에 대한 국가의 규칙을 대체로 준수해야 한다. 웨이보, 위챗, 틱톡을 포함한 중국 플랫폼이 메타나 구글 같은 거대한 미국 기업과 경쟁(또는 능가)하면서 지배적 입지를 확보함에 따라 미국 학자들의 우려가 점점 커지고 있다.

한편 주요 소프트웨어 및 하드웨어 시장에서는 몇몇 플랫폼의 지배력 덕분에 이들 기업은 테크놀로지 '스택stack'의 다양한 레이어layer에서 이용자에 대한 액세스access를 제어할 수 있었다(Gillespie et al., 2020). 스택은 하드웨어, 운영체제, 서비스에서 웹 애플리케이션에 이르기까지 다양한 플랫폼이 다양한 수준에서 제어하는 테크놀로지 계층을 의미한다. 다시 말하면 이러한 시장 지배력은 중요한 정치적 의미를 갖는다. 아마존은 2021년 1월 6일 이후 한동안 서버 인프라에서 우파 트위터 대체재인 팔러Parler를 금지했으며, 구글은 처음에 도널드 트럼프가 지원하는 대체 소셜미디어 플랫폼인 트루스소셜Truth Social의 안드로이드 스토어에 대한 액세스를 거부했다(트루스소셜은 콘텐츠 조정 정책이 없었음). 이러한 결정의 이점과는 무관하게 이는 소수의 상업적 플랫폼 기업이 테크놀로지 스택의 여러 계층에 대한 플랫폼 파워를 통해, 정치적 청중의 상당 부분에 대한 액세스를 제어한다는 것을 의미한다.

2) 배포하고 주목시키는 힘

미국의 메타, 구글과 중국의 틱톡, 위챗 등은 정보 배포 및 공중의 관심에 대한 통제력을 강화하고 있다. 대부분의 플랫폼이 본질적으로 민간 기업으로 유지되는 방식, 즉 많은 정치 뉴스, 미디어, 토론, 토론 및 논쟁을 위한 공적 포럼이 유지되는 방식을 생각해 보자. 오늘날 많은 국가에서 사람들이 정치에 대해 논의하는 중심 수단으로서 왓츠앱의 역할을 고려하지 않고 정치 캠페인을 상상하는 것은 불가능하다. 캠페인의 핵심 플랫폼인 페이스북이 없다면, 유권자를 등록하고 자원봉사자 및 기부자를 찾기 위해 타깃 디지털 광고를 실행하는 것이 불가능할 것이며(Rossini et al., 2021), (특히 미국에서) 트위터가 없다면, 선출직 공무원이 보도 자료를 발행하고, 사건에 대응하며(또는 사건을 선동하며), 언론과 커뮤니케이션하기 어렵다. 이와 관련해 세계 각국의 정치 활동가들은 특히 미국 엘리트들에게 자신의 메시지를 전달하고자 할 때 미국 언론에 영향을 미치기 위해 트위터와 같은 플랫폼을 사용한다.

플랫폼의 배포력 때문에 플랫폼은 전 세계 국가의 정치 커뮤니케이션 흐름을 통제하는 데 점점 더 중요한 역할을 하고 있다. 글로벌 혹은 국내 텔레비전, 라디오, 뉴스 웹사이트가 정치 정보의 배포와 공중 및 엘리트의 관심을 형성하는 데 큰 역할을 하는 하이브리드 미디어 환경에서 배포력은 더 중요하게 작용한다. 플랫폼은 다른 미디어 행위자의 콘텐츠 배포를 위한 중심 사이트가 되어가고 있으며, 그 과정에서 플랫폼이 공중의 관심을 끄는 데 큰 역할을 하고 있다. 그리고 앞에서 언급한 것처럼 특정 유형의 콘텐츠에 보상하고 특정 유형의 참여만 선택하는 정책을 테크놀로지 설계 및 알고리즘을 통해 수행한다.

3) 매개 파워

플랫폼은 그들이 형성한 여러 산업에서 매개자 역할을 한다. 공중 보건에서 정치까지, 상업 서비스에서 스포츠까지, 법률 및 정책 입안에서 엔터테인먼트에 이르기까지 플랫폼은 이제 자체 논리에 따라 다양한 행위자 간의 커뮤니케이션을 구성하는 가장 중요한 매개자 중 하나로 자리 잡고 있다(Van Dijck et al., 2018). 실제로 플랫폼은 콘텐츠 제공자와 시청자 간의 매개자 역할뿐만 아니라 콘텐츠 주문, 인센티브 제공, 차별적 접근권 제공, 콘텐츠 결정 등에서도 매우 영향력 있는 특별한 유형의 매개자다. 수용 가능한 것과 그렇지 않은 것도 정하고 순위도 매긴다(Gillespie, 2017). 그 과정에서 이러한 매개자는 특정한 방식으로 상호작용을 구조화한다.

플랫폼이 매개 파워를 행사하는 몇 가지 방식에 대해 생각해 보겠다. 플랫폼 설계에 따른 조직 및 자기표현(공적 범주의 결정을 통해), 연결(다른 사람 또는 기관과의 연대를 장려하는 다양한 방법을 통해), 사회성(집단을 지지할 차별적 역량, 익명 대 공적 커뮤니케이션, 권장되는 연대 관계 유형 등), 상업 거래(예: 디지털 광고 및 마케팅 가능성의 결정, 시장 거래, 구매자와 판매자의 상호작용 등) 및 표현 자체의 형태(게시물에 허용되는 단어 또는 문자 수, 이미지 렌더링 여부 및 방법, 비디오에 사용할 수 있는 시간 또는 라이브 스트리밍 가능성 등)를 통해 플랫폼은 정치·사회·경제·종교 생활의 다양한 영역을 다루면서 전 영역의 관계를 구조화하는 매개자 역할을 한다.

4) 콘텐츠 파워

거의 모든 주요 플랫폼에는 명시적인 콘텐츠 정책이 있다. 서버와 스토어에 대한 액세스를 제어할 때, 다른 플랫폼과 다른 주체들에도 방침을 강제할 수 있다. 이러한 방침은 정치에서 매우 중요해졌으며, 특히 포퓰리즘 및 권위주의 정부와 정치인, 반민주주의 운동, 오정보 및 허위조작정보의 등장 때문에 표현의 자유에 대한 논쟁의 발화점이 되었다.

이러한 영리기업에는 콘텐츠 조정 정책이 필요하다는 점을 기억할 필요가 있다. 콘텐츠 정책은 플랫폼이 음란물이나 불법 약물 거래와 같은 불법 활동이 없는 서비스가 될 수 있게끔 해준다. 그러나 플랫폼이 허용되는 것과 허용되지 않는 것 사이에 선을 긋는 것에는 논란의 여지가 있다. 의심할 바 없이 합법적으로 플랫폼에 의해 조정되는 콘텐츠 영역(예: 음란물 및 테러리스트 콘텐츠)도 있지만 플랫폼사가 내부적·외부적·상업적 압력에 직면해 조정하려고 해온 표현의 자유 범주에 대해서는 논쟁의 여지가 있다. 사회에서 정치적·사회적 규범이 불안정하고 논쟁이 많을수록 플랫폼 정책은 정치적 논란의 대상이 된다. 실제로 플랫폼의 콘텐츠 조정 정책에 대한 논쟁은 더 큰 틀에서의 정치적 갈등의 대리전일 때도 많다.

주목할 사례

콘텐츠 조정에 대한 정치적 논란의 몇 가지 예를 들자면, 미국에서는 수정헌법 제1조에 따라 허용됨에도 불구하고(미국 정부가 콘텐츠를 규제하기 위해 할 수 있는 일은 거의 없음), 2016년 미국 대선 이후 페이스북, 인스타그램, 유튜브, 트위터 등에 혐오표현, 허위조작정보, 투표 거부를 독려하는 콘텐츠를 줄이라는 압력이 점점 더 커졌다. 이러한 전화 쇄도는 캠브리지 애널리티카 스캔들과 관련해 세간의 이목을 끄는 폭로 이후에 나왔다. 이 기업은 수많은 미국인과 영국인들의 페이스북 데이터를 수집했고, 미국 대선과 브렉시트 기간에 이들을 흔들기 위해 타깃팅한 디지털 정치광고에 개입했으며, 이 기간에 러시아의 후원을 받아 허위조작정보 시도에도 개입했다. 이러한 행위는 플랫폼 정책에 위배된다.

미국과 유럽연합에서 공중의 압력에 대응해 지난 10년 동안 플랫폼들은 허용되는 콘텐츠를 규정하는 광범위한(종종 혼란스러운) 일련의 규칙을 개발해 왔으며, 이는 지속적인 논의 대상이 되었다. 이러한 규칙은 시행하고 정당화하기가 어려운 것으로 입증되었다. 투표 과정 및 절차와 관련해 정치에서 허위 주장을 구성하는 것은 정확히 무엇인가? 투표의 공정성에 대해 정당한 질문을 제기하는 것과 선거 책임을 훼손하려는 전략적 시도 사이의 경계는 어디인가? 의료 시스템에 대한 공중의 신뢰를 훼손하려는 전략적 시도와 코로나19 백신 접종에 대한 선의의 토론은 어떻게 구분되는가? 이는 쉬운 질문이 아니며 플랫폼은 늘 이러한 질문에 답하는 데 어려움을 겪어왔다. 더욱이 우리 사회가 저널리즘을 포함한 모든 종류의 지식 생산 기관에 대한 권위와 신뢰에 관해 갈등을 빚고 있는 것과 같은 맥락에서 플랫폼도 갈등을 겪고 있다. 우리 사회는 또한 무엇이 진실인지 판단을 내리기 위해 누구를 신뢰해야 하는지, 그리고 실제로 우리가 판단을 내려야 하는지조차 갈등을 겪고 있다.

어떤 정부는 다양한 위기 상황을 겪으면서 표현의 자유를 증진하는 법률을 통과시키려고 노력해 왔으며, 이는 여전히 강력한 민주주의 이상으로 남아 있다. 미국에서는 2016년부터 플랫폼들이 전화 회사가 했던 것처럼 표현의 중립적 역할을 하도록 요구하는 12개 주와 연방 법안이 제안되었다. 2021년 브라질 대통령 자이르 보우소나루Jair Bolsonaro는 소셜미디어 플랫폼이 중립성을 유지하고 정치적 표현의 자유를 지지하도록 요구하는 규정을 시행했다. 많은 국가에서 플랫폼은 표현의 자유를 다른 모든 민주적 가치 이상으로 향상시키려는 일부 정당(반민주적 목적을 가진 정당을 포함함)과 공적 담론, 민주적 책임, 민주적 제도를 훼손시키고자 표현을 무기화할 수 있는 방법을 찾고 있는 정당 간의 정치적 갈등의 중심에 있는 경우가 많다(Franks, 2020). 한편 플랫폼은 지원하고 옹호하며 증폭하려는 것을 형성해 가는 데 고유한 가치를 가지고 있다. 그러나 이들은 또한 이윤 극대화를 추구하는 주주들을 위한 일련의 약속과 일련의 장·단기적 시장 상황에 대한 우려를 갖고 있다. 이는 플랫폼이 속임수, 허위조작정보, 극단주의 정치 운동의 온상이 되는 것을 원하지 않음을 의미한다. 플랫폼은 이러한 부정적 모습들이 음란물의 경우처럼 많은 이용자의 관심을 식힐 가능성이 높다는 점을 잘 알고 있다.

5) 경제력

많은 비평가들에 따르면 플랫폼들은 상품과 서비스 시장을 왜곡하고 노동시장에 큰 영향력을 행사할 수 있을 만큼 엄청난 양의 자본을 통제하고 있다. 특히 미국과 유럽에서는 플랫폼이 경제력을 너무 집중시키고, 가격과 경쟁을 왜곡하며, 경제의 여러 부문에서 시장을 전복시키는지에 대해 열띤 논쟁이 벌어지고 있다. 그 결과 플랫폼이 경제·사회 생활에서 중요한 역할을 맡고 있는 국가에서는 문제의 본질이 무엇인지, 무엇을 해야 할지에 대한 논의가 진행되는 중에 이러한 플랫폼 기업을 규제하려는 시도가 계속되고 있다(Boczkowski and Mitchelstein, 2021).

이 책에서는 정치 이외의 영역에서 플랫폼이 미치는 영향을 논의하는 데 시간을 덜 쓰는 대신 많은 유명 플랫폼이 기반을 두고 있는 미국의 독점금지법과 같은 정치적 측면에 주목하려고 한다. 예를 들어 플랫폼이 분할되거나 추가 인수가 허용되지 않아야 할 정도로 시장을 왜곡하고 있다는 주장들이 있었다. 플랫폼의 주장에 따르면, 혐오표현이나 허위조작정보 등에 대해 효과적으로 조치할 수 있는 것은 바로 플랫폼의 규모 덕분이며, 글로벌 공적 영역의 분절화와 소규모 플랫폼의 상대적으로 적은 자원은 틈새 플랫폼niche platforms에서 극단주의의 확산을 야기할 수 있다. 잠재적인 규제 노력은 새로운 언어가 필요한 비영어권 환경에서 이용자를 보호할 자원과 지식(예: 언어 역량)이 부족한 경우를 포함해, 많은 플랫폼이 어떤 대가를 치르더라도 성장을 추구하는 방식을 지적했다. 동시에 기존 플랫폼들은 틱톡의 급속한 글로벌 성장과 같은 새로운 플랫폼의 출현을 플랫폼 시장의 경쟁력을 보여주는 증거로 지목했다.

6) 테크놀로지 파워

앞에서 알고리즘에 대해 언급했지만 여기서는 좀 더 깊이 생각해 보겠다. '알고리즘algorism'이라는 용어는 인간의 결정에 대한 책임을 회피하는 것을 의미하기도 하면서 공적 담론에서 광범위하게 사용된다. 특히 "알고리즘이 해냈다!"라는 진술처럼 테크놀로지의 유해한 측면을 해명하려는 플랫폼 기업들이 더욱 그렇다(Lum and Chowdhury, 2021). 어원학적으로 알고리즘이라는 단어는 숫자를 뜻하는 그리스어 'arithmos'와 계산을 뜻하는 아랍어 'al-jabr'(여기서 '대수학algebra'이 파생됨)(Striphas, 2015)에서 유래되었다. 대부분의 정의는 알고리즘이 일련의 규칙, 즉 특정 출력을 생성하는 다단계 프로세스이자(Kitchin, 2017), 자동화된 의사 결정 방법이라는 점에 중점을 둔다. 빵을 만드는 레시피와 마찬가지로 플랫폼 이용자 인터페이스 뒤에 있는 자동화된 의사 결정은 데이터 그 자체와 데이터를 처리하는 간결한 실행 단계(레시피 지침)로 구성된다.

데이터는 중립적이지 않다. 세상에는 셀 수 있는 것들이 많다. 사물을 계산하는 방법과 이유, 데이터를 생성하는 작업과 그렇지 않은 작업은 모두 사회적 혹은 경제적 결정이다. 결국 데이터는 실제로 세상에 존재하는 것을 그대로 나타내는 것이 아니라 세상에 있는 사물의 '구성체'다. 더군다나 데이터는 불확실하고, 정돈되어 있지 않으며, 불완전하고, 사회적이기 때문에 홍(Hong, 2020)의 주장처럼 객관적 진실보다는 데이터 기반 조작, 즉 '추론의 테크놀로지'를 생성한다.

알고리즘은 순전히 테크놀로지라고 표현되는 경우가 많지만, 알고리즘은 사람이 만든 것이며 특정 조직의 목적을 위해 복잡하게 구성된 데이터를 기반으로 실행된다. 플랫폼의 맥락에서 알고리즘은 상용 제품이기도 하다. 이는 비즈니스 모델에 따른 수익 창출과 같은 목표를 달성하도록 프로그래밍된다는 점에서 중요한 역할을 한다. 그리고 알고리즘은 운영자의 세계관과 경험, 그리고 이들이 운영하는 경제적·정치적·규제적 맥락을 반영한다. 알고리즘은 의도하지 않은 결과를 초래할 수도 있다. 많은 연구자의 글에 따르면 알고리즘은 인종차별, 성차별, 계급차별 등과 같은 결과를 생성하는 경우가 많다. 더 나쁜 것은 편향된 자동화된 의사 결정을 통해 차별을 확대, 강화 및 증폭시키는 것이다(Eubanks, 2018; Noble, 2018; Sandvig et al., 2016).

플랫폼이 설계하고 구현하며, 결과적으로 플랫폼을 구동하는 알고리즘은 어떻게 파워를 갖게 될까? 고전적 정치 이론에서 '파워(권력)'는 다른 사람의 저항에도 불구하고 자신의 의지를 다른 사람에게 강요할 수 있는 기회를 의미한다[Weber, 1968(1921)]. 카스텔(Castells, 2007: 242)

이 정의한 커뮤니케이션 파워는 "미디어가 파워의 소유자는 아니지만, 대체로 파워가 결정되는 공간을 구성하는 것"을 의미한다. 그러나 플랫폼이 파워를 행사하는 방식은 더욱더 광범위해졌다. 예를 들어 나임(Naím, 2014)은 고전적 정의를 다음과 같이 설명했다. 파워는 개인 또는 집단의 현재 또는 미래 행동을 지시하거나 금지하는 능력이다. 파워는 "그냥 두었더라면 그렇게 하지 않았을 방식으로 행동하도록 유도하기 위해, 우리가 다른 사람들에 대해 행사하는 것"(2014: 16)이다. 나임은 파워의 자원을 설득, 강압, 의무, 보상으로 유형화했다.

이는 알고리즘과 성능을 이해하는 데 도움이 된다. 여기서 알고리즘의 파워, 알고리즘을 통한 파워, 알고리즘에 작동하는 파워로 유형화할 수 있다(Klinger, 2023). 첫 번째와 관련해 알고리즘 시스템은 설득할 수 있고(예: 사람들이 원하는 것보다 플랫폼에 더 오래 머물도록 유도함), 강요할 수 있으며(예: 이용자에게 정의된 커뮤니케이션 또는 행동 옵션만 제공하고 다른 옵션은 금지함), 이용자의 매몰 비용(예: 이용자가 이미 플랫폼에 투입한 시간)으로 인해 규칙을 준수하도록 의무화할 수 있고(예: 이용자는 팔로어들과의 네트워크를 한 플랫폼에서 다른 플랫폼으로 옮길 수 없으므로, 플랫폼을 벗어나거나 떠나기가 사실상 어려움), 규정을 준수하는 행동을 보인 이용자에게는 보상할 수 있다(예: 개인 데이터를 제공받은 대가로 더 많은 도달 범위를 제공할 수 있음).

프로그래머, 디자이너, 플랫폼, 광고 회사, 심지어 자체 앱을 만들고 유권자 데이터를 수집하는 정당조차도 알고리즘을 통해 파워를 갖는다. 알고리즘은 사회적 테크놀로지이므로 사회적 편견이 이러한 테크놀로지에 프로그래밍된다. 프로그래머라는 직업은 오랫동안 성별, 인종, 민족, 계층의 다양성 부족 탓에 어려움을 겪어왔다. 프로그래밍은 원래 전형적인 여성 직업이었지만 오늘날에 미국과 유럽의 테크놀로지 산업과 디자인 플랫폼, 앱, 데이트 포털, 메신저 서비스에서 일하는 사람의 대부분이 백인과 아시아인 남성이다. 예를 들어 이 책을 쓰는 시점에 구글 엔지니어 중 36.9퍼센트가 백인 남성이고, 33.5퍼센트가 아시아인 남성 근로자인 반면에 흑인 여성은 0.9퍼센트에 불과하고, 히스패닉계 여성은 1.3퍼센트다(Google, 2021: 59).

극소수의 사람만이 행사할 수 있는 알고리즘에 대한 권력도 있다. 예를 들어 메타의 CEO인 마크 저커버그Mark Zuckerberg는 지역 저널리즘 이용자가 페이스북 뉴스피드에서 검색하는 양을 결정하고 원할 때마다 이를 변경할 수 있는데, 이는 지역 뉴스 미디어에 막대한 영향을 미친다. 페이스북은 상업적 문제 등 고려해야 할 사항이 많은 복잡한 기업이지만, 결국 플랫폼을 소유하거나 관리하는 사람들은 금지된 콘텐츠를 정의하는 등 대규모 알고리즘 콘텐츠 조정에 대한 권한을 갖는다. 또한 알고리즘 시스템의 성능 목표, 다양한 유형의 인기 단서(예: 좋아요, 공유, 댓글)를 평가하는 방법, 알고리즘의 악의적 부작용을 해결해야 할지 여부와 방법을 결정한다. 그리고 이를 극단적으로 활용하는 일론 머스크는 한 명의 소유자가 어떻게 전체 플랫폼에서 수많은 이용자에게 영향을 미치는 결정을 방해하고 변덕을 부릴 수 있는지 보여주고 있다.

또 다른 대표적 사례는 2020년 미국 대선을 앞두고 페이스북이 보여준 변화다. 그해 가을, 페이스북은 미국의 극우 음모론 단체인 큐어논QAnon의 콘텐츠를 금지했다. 이 플랫폼은 또한 2020년 미국 대선 전후의 중요한 시기에 뉴스 알고리즘을 조정하기로 결정했다. 즉, 플랫폼을 보다 나은 존재로 만들고 선거에 관한 오정보에 맞서 싸우기 위해 극당파적인 소스가 아닌 권위 있는 소스에서 나온 뉴스에 우선순위를 두기로 결정했다. 그러나 선거 직후에, 그리고 (2021년) 1월 6일 훨씬 이전에 이 플랫폼은 일반적으로 이러한 방침 중 일부를 되돌려 놓았다 (Roose et al., 2020). 《뉴욕타임스》가 언급했듯이 "잘못된 정치적 정보와 혐오표현에 맞서기 위해 페이스북이 개발한 다른 조치들은 과거 경영진에 의해 축소되거나 거부되었다. 이는 페이스북의 이용 횟수를 줄이거나 그에 비례해 우파에 해를 끼칠 것이라고 경영진이 두려워했기 때문이다"(Roose, 2020).

이러한 변경 사항의 역행은 '스톱 더 스틸'과 같은 집단이 플랫폼에서 조직될 수 있는 더 많은 기회를 제공했을 가능성이 높다. 이는 물론 2021년 1월 6일의 (미국 국회의사당) 쿠데타 시도로 정점에 이르렀다. 한편 트위터는 도널드 트럼프와 다른 행위자들이 선거의 여파로 투표에 대해 거짓말을 하고 미국 국회의사당에서 폭력 사태가 발생하자 집행을 강화했지만, 2021년 3월 다시 '시민 청렴' 정책의 집행을 중단했다고 한다(Dale, 2022). 다시 말하지만 이러한 정책의 장점이나 과거 회귀에 관계없이, 이 모든 사례는 정치에 대한 플랫폼의 막대한 파워를 보여주었다.

6. 요약

2020년 미국 대선을 둘러싼 일련의 사건은 페이스북과 같은 플랫폼이 글로벌 정치의 중심이 되는 방식을 보여준다. 이는 정치적 논쟁과 토론, 유권자를 동원하고 설득하기 위한 캠페인 시도, 선출직 공무원과 유권자의 커뮤니케이션을 위한 중요한 포럼이다. 동시에 이는 선출된 지도자들이 선거 부정행위에 대한 허위 주장을 통해 투표함에서 자신의 사회적 책무를 뿌리째 흔들어놓게 한 시도와 공중 보건에 대한 오정보를 퍼뜨리려는 행위자들의 시도를 배태시켰다. 이는 선출직 공무원이 유권자와 연결될 수 있는 주요 기회를 제공하는 동시에 동일한 지도자와 지지자들이 민주주의를 훼손할 수 있는 수단을 마련하기도 한다. 이 모든 것을 통해 플랫폼의 엄청난 파워가 드러난다. 페이스북, 트위터, 구글은 재선에 실패한 미국의 전 대통령을 플랫폼에서 내보내려고, 2021년 1월 6일 이후 다른 언론들은 감히 취하지 않았던 조치를 취했다. 예를 들어 CNN에서 도널드 트럼프 보도는 금지되지 않았다. 앙겔라 메르켈 전 독일 총리를 포함한 전 세계의 지도자들은 소수의 기업에 막대한 파워를 집중시키는 것이 자국과 합법적인 정치적 통치에 어떤 영향을 미칠지 우려하며 트럼프 금지 조치에 반대하는 목소리를 냈다. 다른 사람들은 플랫폼이 자신에게 유리하게 작동하도록 노력했다. 예를 들어 2021년 9월 당시 브라질 대통령 자이르 보우소나루는 소셜미디어 기업의 콘텐츠와 계정 삭제를 차단하는 명령에 서명했다. 튀르키예는 앞서 100만 명이 넘는 이용자를 보유한 플랫폼이 필요할 때 콘텐츠를 삭제할 현지 담당자를 고용하도록 요구하는 새로운 법안을 도입했다. 트위터를 공식적으로 금지한 지 몇 달 후에 나이지리아의 인터넷 규제 기관은 2022년에 플랫폼 기반 콘텐츠를 규제하겠다는 제안을 내놓았다. 앞으로 더 많고 다양한 플랫폼이 있겠지만 정치에서 플랫폼이 수행하는 중심 역할을 고려할 때 이들의 영향력은 조만간에는 약화되지 않을 것이다. 다음의 제4장에서는 플랫폼이 공적 담론과 민주주의 거버넌스의 모든 주요 행위자가 공적 영역에 영향을 미치고, 정책과 기타 목적을 추구하며, 파워를 확보하고 휘두르기 위해 행동하는 방식의 핵심임을 보여준다. 그리고 제9장에서 설명하겠지만 플랫폼 거버넌스에는 다양한 메커니즘이 있다. 즉, 정책과 독립적 감독위원회를 통한 자체 거버넌스와 공적 규제를 통한 외부적 메커니즘이 있다.

추가 독서 목록

Bucher, T. 2018. *If ⋯ Then: Algorithmic Power and Politics*. New York: Oxford University Press.

Crawford, K. 2021. *The Atlas of AI: Power, Politics, and the Planetary Costs of Artificial Intelligence*. New Haven, CT: Yale University Press.

Gillespie, T., P. J. Boczkowski and K. A. Foot(eds.). 2014. *Media Technologies: Essays on Communication, Materiality, and Society*. Cambridge, MA: MIT Press.

Nielsen, R. K. and S. A. Ganter. 2022. *The Power of Platforms: Shaping Media and Society*. New York: Oxford University Press.

York, J. C. 2022. *Silicon Values: The Future of Free Speech under Surveillance Capitalism*. London: Verso Books.

제4장

플랫폼, 공적 영역, 여론

제4장은 정치 커뮤니케이션은 공적 영역, 즉 시민과 정치 행위자가 함께 모여 토론하고, 의견을 형성하며, 불만을 표명하고, 지지자를 찾으며, 문제를 해결하기 위해 동원하거나, 이해가 상충되는 사안들을 놓고 싸우는 네트워크 또는 공간에서 발생한다고 주장한다. 공적 영역은 조화로운 공간이 아닌 경우가 많지만, 공적 영역이 없으면 민주주의도 존재할 수 없다. 이 장에서는 공적 영역에 대한 다양한 아이디어를 제시하고 디지털 혁신을 설계한다.

독서 목표

- 공적 영역을 정의한다.
- 공중, 반反공중, 정서적 공중 개념을 이해한다.
- 플랫폼이 공적 영역을 어떻게 형성하는지 설명한다.
- 필터버블과 에코체임버가 무엇인지 설명하고, 실제로 존재하는지 토론한다.
- 여론의 다양한 의미를 설명한다.

1. 서론

코로나19 팬데믹이 가져온 많은 변화 가운데 하나로 예상치 못한 대규모 실험이 실행되었다. 아마도 인류 역사상 처음으로 공적 커뮤니케이션과 공적 생활의 많은 부분이 거의 완전히 미디어를 통해 이루어지게 된 것이다. 백신이 널리 보급되기 전까지 많은 국가에서 정부가 폐쇄 조치를 취했다. 사람들은 수 주 내지 수개월 동안 집에만 머물러야 했으며 필수적인 쇼핑, 진료 예약, 개 산책 등일 때만 외출할 수 있었다. 심지어 어떤 국가에서는 가족 이외 사람들과의 접촉 횟수도 제한해 일상 잡무는 두 명, 친족 모임은 여섯 명, 장례식은 30명으로 제한되었다. 그 결과 시민들이 카페에서 다른 사람을 만날 수도, 대중교통에서 대화를 엿들을 수도, 우연히 마주친 이웃과 대화를 나눌 수도 없는 등 언론 외의 공적 생활을 할 기회가 거의 없었다.

'공적 영역'은 학자들이 정치 커뮤니케이션의 심장이 뛰는 지점을 설명하기 위해 사용하는 개념이며, 플랫폼은 바로 여기서 중심적 역할을 한다. 그것은 얼추 보기에 직관적 의미임에도 불구하고, 실은 매우 추상적 개념이다. 학자들은 공적 영역을 포럼, 경기장, 시스템 및 네트워크 등을 가지고 개념화했다. 사회 전체, 심지어 전 세계에 걸쳐 하나의 통일된 공적 영역이 있는지, 혹은 '복수형으로서의 공적 영역들public spheres'을 용어로 사용해야 하는지에 대해 학자들 사이에 합의된 바는 없다. 공적 영역은 단순히 장소라기보다는 공간적 요소를 갖고 있다. 그것은 글로벌 통신 네트워크의 무질서한 세계에서 아이디어, 문제 및 논쟁을 담는 그릇을 은유하는 구체sphere가 아닐 수도 있다. 학자들이 적어도 10년 동안 공적 영역의 개념을 재개념화하려고 애썼고(Schäfer, 2015), 일부는 심지어 '후기 공적 영역post-public sphere'(Schlesinger, 2020)

또는 '반공적 영역anti-public sphere'(Davis, 2021)이란 용어까지 제시했기 때문에, '플랫폼의 부상이 공적 영역 이론에 도전했다' 정도로 말하는 것은 상당히 절제된 표현이다(Schäfer, 2015).

공적 영역이 정확히 무엇인지에 대해서는 많은 논쟁이 있겠지만, 그것이 사고 수단으로서 유용하다는 것은 분명하다. 지난 40년 동안 미디어와 테크놀로지의 큰 변화 속에서 공적 영역 개념은 그러한 변화가 정치 커뮤니케이션에 미치는 영향을 이해하는 가장 중요한 방법들 중 하나가 되었다.

독일의 철학자 위르겐 하버마스Jurgen Habermas는 1962년 자신의 유명한 저서 『공적 영역의 구조적 변형The Structural Transformation of the Public Sphere』(1989년 영문판 출간)에서 '공적 영역Öffentlichkeit'의 개념을 처음으로 제시했고, 그는 공적 커뮤니케이션의 가장 영향력 있는 이론가 중 한 사람으로 남아 있다. 하버마스는 공적 영역과 그것의 사회역사적 맥락을 사적 삶과 분리해 명명하고, 정치적 권위의 독립변인으로 이론화한 최초의 인물이다.

그러나 하버마스는 92세의 나이에 이르러서야 플랫폼이 민주주의에 어떤 영향을 미치는지에 대해 논평했다. 하버마스는 1430년대에 발명된 인쇄기가 모든 사람을 잠재적 독자로 만들 수 있었다고 주장한다. 그러나 그 후에 많은 국가에서 거의 보편적인 문해력이 달성되기까지 수 세기가 걸렸다(대부분의 유럽 민주주의 국가와 미국의 경우 1800년대와 1900년대임). 마찬가지로 플랫폼은 모든 사람을 잠재적 작가로 만들지만, 깊은 이해에 기초해 민주적인 공적 담론에 기여하는 글을 쓰는 방법을 배우기까지는 시간이 좀 걸릴 것이다. 하버마스는 "공적 영역의 인프라가 사회적 주요 쟁점들에 시민들의 관심을 주목시킬 수 없고 더 이상 경합적인 다양한 여론(즉, 필터링된 양질의 의견)을 만들지 못한다

면, 민주주의 시스템은 전반적으로 훼손된다"라고 주장했다(Habermas, 2021: 498). •

하버마스는 경력의 대부분을 그가 '민주적' 커뮤니케이션에 필요하다고 믿는 것에 관해 글을 쓰는 데 보냈다. 여기에는 시민의 관심 모으기, 주요한 쟁점의 인식과 제시, 토론이 필요한 경합적인 양질의 의견 개발 등이 포함된다. 이러한 과정에서 그는 플랫폼 시대에 정치 커뮤니케이션의 중심에 있는 깊은 긴장감을 포착하기도 했다. 비록 표현의 질적 측면, 실질적인 공적 토론을 어렵게 만드는 여건들, 지속적인 토론을 불가능할 정도는 아니지만 매우 어렵게 만드는 끝이 보이지 않는 새로운 위기에 대해 우려의 목소리는 있지만, 인터넷이 이처럼 많은 사람에게 민주적 표현을 위한 새로운 기회를 부여한 것은 정말 놀라운 일이다. 하버마스는 원래 상업화된 미디어가 민주주의에 미칠 수 있는 해악에 초점을 맞추었지만, 이제 그는 민주주의 사회에서 상업적 미디어를 포함해 공적 토론에 많은 목소리를 반영하고 여론의 합리적 형성을 가능케 하는 전문적인 레거시 미디어와 저널리즘을 유지하는 것이 중요하다고 주장한다.

제4장을 포함해 이 책의 전반에서 '공적 영역public spheres'이라는 용어를 복수형으로 사용한다. 이는 공적 담론을 위한 단 하나의 포괄적인 영역이 있는 것이 아니라는 점을 인정하는 것이다. 그 대신 우리는 공적 영역을 다중적이고, 중복되며, 연결된 것으로 이해할 수 있다. 크

• 　하버마스의 번역에 따르며 독일어 원문은 다음과 같다. "Ein demokratisches System nimmt im ganzen Schaden, wenn die Infrastruktur der Öffentlichkeit die Aufmerksamkeit der Bürger nicht mehr auf die relevanten und entscheidungsbedürftigen Themen lenken und die Ausbildung konkurrierender öffentlicher, und das heißt: qualitativ gefilterter Meinungen, nicht mehr gewährleisten kann."

고 작은 공적 영역이 존재할 수 있다. 모든 공적 영역은 다양한 커뮤니케이션, 테크놀로지 역학, 파워에 따라 형성되며 다양한 사람들, 미디어 및 플랫폼에 걸쳐져 있다. 더욱이 사회가 비지배적인 인종, 민족, 종교 집단, 여성들을 공적 삶의 측면에서 오랫동안 배제해 왔기 때문에 다양한 사회적 논의를 위한 다양한 공적 영역들이 존재해 왔다.

2. 공적 영역의 정의

'공적 영역'을 어떻게 정의할 수 있을까? 광의로 보면 공적 영역은 시민사회와 정치권력 사이에 위치한다. 시민사회란 공적 생활에서 집단과 이익을 대표하는 옹호 단체, 이익 단체, 노동조합 등의 공식적인 정치적·사회적 유대로 조직된 세계를 의미한다. 정치권력이란 인간의 사회적·경제적·정치적·문화적 삶의 측면을 조직하며, 법으로 위임된 공식 기관을 의미한다. 여기에는 행정기관, 국가 관료 조직, 정치조직, 정당 등이 포함된다. 이러한 실체는 인간 행동을 조직하고 규제하기 위한 권한을 부여하는 법적 및 정책 결정 수단에 의해 만들어진다.

반면에 공적 영역은 일반적으로 여론 형성을 위해 느슨하게 조직된 공간이다. 이것이 어떻게 작동하는지 이해하는 데 도움이 되도록 공적 영역을 국가, 시장, 사적 영역과 구별하는 것부터 시작하려고 한다. 비록 공적 영역이 이 모든 것들과 얽혀 있다고 하더라도 구분해 보는 것은 의미 있을 것이다. 공적 영역은 국가와 구별되며, 여론이 형성되고 다원주의 및 다양한 이해관계가 조율되는 공간이다. 공적 영역은 개념적으로 의회, 정부, 헌법재판소 등과 같은 국가기관과는 별개다.

공적 영역은 저절로 조직되며, 이상적이기는 하지만 공식 기관이나 권력관계에 의해 통제되거나 조종되지 않는다. 고전적 정치 이론에서 국가는 무력 사용의 독점과 같이 주권자들로부터 위임받은 권력으로 구성된다. 국가는 국민에게 세금을 부과하고, 법을 집행하며, 사람을 감금할 수 있고, 일부 국가에서는 사형을 집행할 수도 있다. 국가는 군대를 보유하며 다른 나라를 침공할 수도 있다. 한마디로 국가는 권력이다. 자유민주주의에서 국가와 공직을 점유하는 사람들의 절대적 권력은 법률에 의거해 제약된다. 법의 지배는 사회적 책무를 수반한다. 대표자들을 포함한 모든 국민은 법을 준수해야 하며 정치 행위자, 국가기관을 포함한 모든 국민에게 동일한 규칙이 적용된다.

공적 영역에 대한 국가의 역할은 복잡하다. 국가는 마을 광장, 공영 미디어, 공익적 차원에서의 미디어 면허 등 시민들이 모여 발언할 수 있는 공적 장소를 법으로 확보하는 동시에 공적 삶과 공적 토론을 알리는 많은 정보를 생산한다(Friedland et al., 2006; Schudson, 1994). 더욱이 많은 국가기관은 법에 따라 국가의 업무 수행에 대한 공중의 접근이나 논평 기회를 제공한다(예: 규칙 제정을 위한 공개 의견 수렴 기간). 이러한 사항을 관리하는 규칙은 중요하다. 국가가 공적 숙의 및 논쟁을 위한 공간을 가능케 하더라도 건전한 공적 영역은 여전히 국가로부터의 독립이 필요하므로, 국가기관이 할 수 있는 것과 할 수 없는 것(예: 내용 개입)에 제약이 있다.

주목할 콘텐츠

변화하는 테크놀로지, 특히 인프라 테크놀로지는 국가와 공적 영역 간의 관계에 대해 새롭고 당면한 질문을 제기한다. 공공 와이파이Wi-Fi, 안면 인식, CCTV와 같은 스마트시티 테크놀로지를 통해 수집된 데이터를 누가 통제해야 하는가? 서로 다른 집단 간의 정보 대칭성을 확보하는 것을 포함해 국가가 이러한 종류의 정보와 데이터에 시민들이 접근할 수 있도록 해야 하는 이유가 있다. 시민들은 책임을 묻기 위해 국가, 권력, 당국에 도전할 수 있어야 한다. 공적 영역의 기능은 민주주의의 전제 조건이고, 공적 영역은 국가로부터 독립되어야 하며, 동시에 많은 경우에 국가의 지원이 필요하다는 긴장감이 있다.

공적 영역은 시장과 구별된다. 고전 자유주의 정치철학에서는 '사상의 공개시장'이 사회의 중심에 있다. 이것은 자유로운 성인 남성 시민들이 모여 사회적 문제를 논의하던 그리스 도시국가의 시장 아고라로 거슬러 올라간다. 그러나 '시장'의 은유는 공적 영역이 아이디어가 상품화되고 거래되는 상업적 시장임을 의미하지 않는다. 규범적 측면에서 이상적 상황은 자유 시민이 합리적 의견을 나누고, 가장 강한 의견이 정치적 갈등에서 승리하는 것이다. 이는 결과가 권력, 돈과 같은 우월한 자원에 따라 결정되지 않음을 의미한다. 일상 언어에서 우리는 "누군가의 의견을 매수하다"와 같은 상업적 은유도 사용하기 때문에, 공적 영역과 상업적 시장을 구분하는 것은 중요하다. 공적 영역은 항상 상업적 장소와 연결되어 있었다. 그리스 시장, 비엔나 커피 하우스의 부르주아 토론 클럽, 상업신문, 광고 기반의 텔레비전 저널리즘, 그리고 이제는 이용자 데이터를 활용해 타깃 이용자를 광고주에게 판매하고 많은 것을 상품화하는 상업적 디지털 플랫폼이 있다.

즉, 공적 영역과 상업적 맥락 사이의 연결은 복잡하다. 이상적으로 공적 영역은 사회의 모든 구성원에게 열려 있지만, 시장이나 플랫폼의 독점 구조에서는 항상 그렇지 않다. 예를 들어 쇼핑몰 소유자는 많은 국가에서 노숙자와 특정 유형의 연설을 배제할 수 있다. 커피 하우스는 주문하지 않는 방문객을 금지할 수 있다. 플랫폼은 이용자를 지역이나 연령을 기준으로 제한할 수 있다. 반면에 진정한 공적 공간은 이상적으로 모든 사람에게 무조건 개방된다. 쇼핑몰이나 커피 하우스와 마찬가지로 플랫폼은 특정 이용자와 특정 형태의 발언을 실제로 배제할 수 있는 독점적 환경이다. 따라서 플랫폼에 대한 많은 논쟁은 바로 콘텐츠 조정의 쟁점 등 어떤 발언이 허용되어야 하는지, 누가 혹은 어떤 기관이 그 결정을 내려야 하는지에 관한 것이다.

동시에 상업 공간도 더 넓은 의미에서 공적 영역과 연결되는 경우가 많다. 공적 영역은 개념적으로 상업적 미디어 프로세스와 다르지만, 의심의 여지없이 상업적 미디어의 후원을 받는다. 이러한 점은 페이스북과 같은 플랫폼이나 ≪뉴욕타임스≫, ≪자메이카 글리너The Gleaner of Jamaica≫, 사우스아프리칸 방송South African Broadcasting Corporation과 같은 뉴스 조직이 공적 영역에서 중요한 행위자이지만, 공적 영역 자체를 포괄하지는 않는다는 것을 의미한다.

이는 공적 영역이 실제로 모든 사람에게 열려 있다는 의미는 아니다. 학자들은 오랫동안 비상업적인 공적 영역에서 여성(Fraser, 1990), 비지배적 인종 및 민족(Squires, 2002), 종교, 성 정체성, 성적 성향, 계급(예: Jackson et al., 2020) 등을 이유로 사회의 여러 집단을 배제해 왔다고 지적했다. 이러한 배제는 사회의 더 큰 파워 격차, 특히 공적 영역, 특히 가장 중요하고 영향력 있는 포럼에 대한 접근을 규제하는 권력자의 능력을 반영한다. 더욱이 공식적 배제가 없더라도, 강한 이해관계와 사회경제적 영향력이 큰 기관과 포럼에 대한 접근을 형성하고 공중과 대화할 수 있는 능력을 형성하는 비공식적 방법도 많다(Ananny and Finn, 2020). 이러한 맥락에서 때로는 상업 시장이 민주적 포용을 확대하는 중요한 동인이 되기도 했다(예: LGBTQIA+ 커뮤니티의 경우).

공적 영역은 사적 영역과 구별된다. 이미 그리스 도시국가에서는 공적 공간(아고라agora)과 사적 공간(오이코스oikos)의 구별이 매우 중요했다. 당시에는 공적 토론회에서 공적인 문제만 논의되고, 가족이나 집안 문제는 사적인 일일 뿐이었다. 이처럼 사회와 시대에 따라 다른 것이지 공적인 일과 사적인 일의 절대적 이분법은 결코 없다는 말이다. 실제로 우리가 제1장에서 자세히 설명했듯이, 정치적 삶의 중요한 측면은 시스템 문제를 해결하기 위해 사적 삶의 문제를 공적 관심사로 다루는 것이다. 우리 시대의 가정 폭력, 성별과 성적 지향, 경제, 계급 관계에 대해 생각해 보자. 이러한 것들은 한때 엄격하게 사적인 영역이었지만, 이제는 공적 정책에서 다루어야 하는 문제가 되었다. 활동가들이 권리를 확보하고, 평등을 추구하거나 그들이 정책을 통해 고쳐가야 할 문제로 만들었다. 더 넓게 보면 사회적 영역과 친밀한 영역으로 구분되는 사적 영역은 정치의 기초가 되는 주제, 관심, 태도, 정체성의 원천이 되기 때문에 공적 영역의 전제 조건이기도 하다.

플랫폼은 공적 영역을 더욱 복잡하게 만들었다. 우선 플랫폼은 공적인 것과 사적인 것의 경계를 허물거나 최소한 우리의 공적인 자아와 사적인 자아를 사람들 앞에서 더 가시화한다. 공개와 비공개의 차이는 뒤섞여 있고, 소셜미디어에서 공적·사적 쟁점이 병치되는 경우도 많다. 플랫폼 시대가 가져온 정보의 원거리 잠재력뿐 아니라 플랫폼에 의해 촉진된 '약한 연대'는 이러한 병치를 만드는 데 도움이 되었다. 그래노베터(Granovetter, 1973)는 그의 획기적인 연구에서 강한 연대(정서나 생각이 가장 비슷한 사람들)를 가진 사람들 사이에는 대부분 중복된 정보를 전달한다는 것을 보여주었다. 즉, 우리 사회에서 가장 가까운 사람들은 우리가 이미 알고 있는 것을 말해준다. 반면에 약한 유대 관계(이웃, 고등학교 친구, 친구의 친구 등 느슨한 지인)는 사회적으로 더 멀리 떨어져 있는 출처와 커뮤니티로부터 새로운 정보를 제공한다.

주목할 사례

자신의 소셜미디어 이용에 대해 생각해 보자. 틱톡으로 러시아의 우크라이나 침공(공적 이슈)에 대해 논평하고 나서 고양이가 변덕스럽게 테이블에서 물건을 떨어뜨리는 영상을 금방 게시할 수 있다. 플랫폼은 다양한 유형의 관계와 자아를 함께 묶는다. 페이스북에서는 여동생의 결혼 발표와 함께 삼촌의 정치적 횡설수설을 볼 수 있다. 이러한 공적 삶과 사적 삶의 혼합은 항상 공적 영역의 특징이었지만(순전히 공적 담론 공간이 있었다고 생각하는 것은 상상할 수 없음), 플랫폼은 우리 자신과 삶의 많은 측면을 가시화하고 다채롭게 보여준다. 온라인 플랫폼에서 사람들은 새로운 방식으로 다양하고 분산된 사회적·정치적·경제적·종교적 관계를 맺고 있다.

디지털 플랫폼에서 네트워크의 주요 부분을 구성하는 것은 바로 약한 관계다. 실제로 플랫폼의 특별한 특징은 어린 시절의 친구, 직업 및 직장 관계, 신앙 공동체 등 다양한 유형의 사회적 유대를 하나로 묶어준다는 것이다. 이러한 '맥락 붕괴'(Marwick and Boyd, 2011)는 과거에 개별적이었던 사람들(예를 들면 개인의 사생활)에 대해 많은 것을 알게 될 뿐만 아니라, 이제 그 정보가 네트워크를 통해 새로운 방식으로 점점 더 많이 유통되고 있음을 의미한다.

1) 공적 영역
이러한 고려 사항을 배경으로 공적 영역은 담론을 통해 여론이 형성되는 자기 주도적 포럼, 논의의 장 또는 네트워크로 이해할 수 있다. 원칙적으로 그들은 자신의 이익을 발견, 숙의 또는 대표하고, 불만을 표명하며, 공적 문제를 지목하고, 논쟁하며, 대의의 지지자와 동맹자를 찾고, 쟁점, 사람들 또는 집단을 대신해 동원하는 모든 사회 구성원의 참여에 열려 있다. 그러나 실제로는 공적 영역이 모든 사람에게 공개되는 경우는 거의 없다. 차별이나 괴롭힘 등의 문제를 겪는 문맹자나 비지배 집단의 구성원은 참여를 하려고 해도 장벽을 직면한다. 역사적으로 많은 국가에서 공적 영역에서 배제되는 법적·사회적 형태가 있었다. 게다가 공적 영역(특히 영향력이 있거나 유력한 공적 영역)은 합리성, 분노 등과 같은 사회적 권력의 형태를 영속시키는 특정 참여 스타일에 보상을 제공한다(Krzyzanowski, 2020; Rossini, 2019).

공적 영역은 민주주의의 핵심 인프라이기 때문에 누가, 어떻게 참여하는지가 중요하다. 스콰이어(Squires, 2002)가 요약한 것처럼 공적 영역은 "사람들이 정보를 수집 및 공유하고, 의견을 토론하며, 다른 참여자들과 정치적 이해관계 및 사회적 요구를 알아낼 수 있는 물리적 또는 매개 공간"으로 구성된다. 이는 "사회적·정치적 질서의 조직 원리"(Andersen, 2006: 219)다. 공적 영역의 중요한 기능이 사회와 국가 파워에 대한 공중의 감시라고 할 수 있다. 정치 엘리트와 정치 파워의 공적 공간이 여론과 논의를 지향하는 한 이들이 얼마나 잘해내는지 보기 위해서라도, 그것은 현대 민주주의 책무의 중심 형태라고 할 수 있다. 공적 영역은 또한 집단이 파워를 확보하려고 노력하거나 유지하기 위해 경쟁하는 공간이기도 하다.

오직 공적 영역을 통해서만 시민들은 공통 관심사에 대한 정보를 생성하고 획득하며, 다양한 의견과 주장을 듣고, 자신의 정체성, 선호, 불만을 구체화하고 목소리를 낼 수 있다(Moy, 2020). 이곳에서 이들은 정치, 정책, 정치 체계, 즉 사회가 어떻게 운영되는지, 어떤 쟁점이 시급한지, 누가 무엇에 대해서 어떻게 왜 싸우는지 등을 알게 된다. 공적 영역은 개인의 의견, 관심, 열정, 분노 등이 여론, 정책 관심사, 심지어 사회운동으로 결집되는 곳이다. 이곳에서 아이디어가 지지자를 찾고, 이해관계자들이 집단으로 모이며, 운동이 추진력을 얻는다. 또한 이곳에서 사람들은 자신을 정치 파워를 추구하는 사회집단들과 다르며 때로는 그것에 반대하는 사회집단의 구성원으로 여기게 되기도 한다.

공적 영역과 관련된 여러 개념이 있다. 공적 영역과 유사하지만 약간 다른 것으로 공중이라는 개념이다. 워너(Warner, 2002)가 주장했듯이 사회, 공동체, 국가, 그 안에 있는 모두를 포괄하는 공중이라는 개념이 있다. 이 개념은 공적 영역의 개념과 겹치지만, 공간을 덜 강조하고 행위자와 그들을 다루는 것에 더 중점을 둔다. 또한 "텍스트와 구독과 관련해서만 존재하는 유형"을 포함한 구체적 수용자로 구성된 공중도 있다(2002: 50). 이러한 의미에서 공중은 상호작용과 커뮤니케이션 등 집단 간 혹은 낯선 사람들 간의 관계에서 나타난다. 공중은 공적 영역보다 작다. 공중은 특정 쟁점을 중심으로 조직되고, 지속적으로 다양한 디지털 플랫폼을 활용해 국경을 초월해 커뮤니케이션을 하거나 특정 커뮤니티에 뿌리를 둔 비교적 지속성이 있는 초국가적 활동가 집단에서처럼 사건이나 쟁점을 중심으로 나타날 수 있다(Dewey, 1927).

공중이 있는 곳에는 반反공중도 발견된다. 이들은 지배적 공중에 반대하거나 충돌하거나 도전하는 공중을 의미한다. 페미니스트 학자 낸시 프레이저Nancy Fraser는 위르겐 하버마스의 자유주의 부르주아(또는 중간 이상의 중산층) 공적 영역의 이상화에 대한 유명한 비판에서, 역사적으로 비지배적 집단(여성, 민중, 비백인, LGBTQIA+ 등)이 대안적인 '병렬 담론의 장'을 형성하게 된 '하층계급 반공중subaltern counterpublics'이라는 개념을 도입했다(Fraser, 1990: 67). 워너(Warner, 2002) 등의 학자들이 지적했듯이 반공중은 단순한 대안적 공중 그 이상이다. 이들은 의식적으로 심지어는 고통스럽기도 하지만 자신들의 종속적 지위를 인식하고, 대안적 정체성을 협상하며, 지배적 공중의 정체성과 분리될 뿐 아니라 그것들과 경쟁하기 위해 자신들의 담론을 만들 공간을 찾는다.

반공중은 블랙 트위터(Freelon et al., 2018; Graham and Smith, 2016)처럼 인종적·민족적 정체성을 중심으로 등장하거나 '아랍의 봄'(Al-Rawi, 2014)처럼 독재와 부패에 반대하는 지속적인 거리 시위로 나타날 수 있다. 이들은 독일의 무슬림 블로거와 같은 종교적 공중일 수 있다(Eckert and Chadha, 2013). 지배적 담론에 대한 반응으로 다양한 쟁점들에 비중을 달리하면서 신문 웹사이트의 댓글로 나타날 수도 있다(Toepfl and Piwoni, 2015). 연구자들은 최근 극우 및 백인 우월주의 담론을 이해하기 위해 '반공중' 개념을 확장했으며, 그 과정에서 반공중이 반드시 친민주적이거나 민주주의 담론에 유익한 것은 아니라고 주장했다(Kaiser and Rauchfleisch, 2019; Tischauser and Musgrave, 2020). 이러한 접근의 문제점은 극우 또는 백인 우월주의 담론이 실제로 인종 및 사회의 근원적 질서에 어긋난다는 가정인데, 실상은 많은 서구 민주주의 국가에서 그렇지 않다.

공적 영역, 공중 및 반공중에 대한 연구 이외에도 스콰이어(Squires, 2002)는 사람들이 다양한 목표를 가지고 소속되며 한데 모이는 다양한 방식을 이론화했다. 특히 미국의 여러 흑인 공중을 분석하면서 스콰이어는 반공중뿐만 아니라, 특히 사람들이 공적 영역에 공개적으로 참여할 수 없을 때(국가 또는 사회적 억압의 맥락에서)(Van Duyn, 2020) 뿌리내리는 눈에 띄지 않는 '집단 거주지'도 있다고 지적한다. '위성' 공중은 정체성과 제도 구축을 지원하고 전략적 이익이 있는 특정 시점에 어떤 공중에 관여하기 위해 선택에 따라 지배적 공중 및 기타 공중으로부터 분리된다. 다시 말해 은폐된 집단 거주지의 공중은 억압의 위협 때문에 자신의 생각과 존재를 공중의 시야에서 숨겨야 하는 반면에 위성 공중은 지배적 공중에 대한 관여를 기꺼이 피하는 것을 선택한다. 학자들은 이러한 연구들에 기초해 위성 문화가 어떻게 지역 쟁점을 변형시키고 초국가화하며, 이를 유럽의 공적 영역으로 옮겨가는 데 어떻게 도움이 되었는지 보여주는 등의 쟁점을 다루었다(Volkmer, 2008).

3. 플랫폼 시대의 공적 영역

인터넷과 플랫폼은 새로운 규모, 새로운 시간대와 차원에서 공적 영역과 공중이 가능케 했다. 무엇이 바뀌었는지 잠시 생각해 보자. 20세기에 공적 영역은 항상 미디어 및 커뮤니케이션 테크놀로지와 밀접하게 연결되어 있었다. 공적 영역은 인터넷의 등장까지는 매스미디어가 지배했다. 매스미디어는 동일한 정보를 대중에게 일방향으로 제공하는 고도로 집중된 유력한 미디어 시스템이었다. 인터넷은 이러한 미디어 시스템을 혼란에 빠뜨리고 공적 영역에서 이용 가능한 정보와 그것의 출현 및 형성 방식을 모두 변화시켰다(Jarren et al., 2021). 이러한 혼란은 인터넷이 통신 비용을 더 큰 규모로 낮추고, 새로운 형태의 통신 흐름을 통해 공중의 관심을 끌 수 있게 되며 시작되었다. 인터넷은 매스미디어의 비즈니스 및 유통 모델을 구성하는 지배적인 경제주체로 등장한 플랫폼 기업의 부상을 촉진했다. 플랫폼은 또한 커뮤니케이션의 알고리즘 큐레이션, 필터링, 뉴스피드 및 검색엔진의 개인화 등 진정한 글로벌 규모로 공적 관심을 구조화시켰다.

그 결과 공적 커뮤니케이션은 (새로운 방식으로 구조화되었지만) 점차 탈집중화되었다. 정치 행위자들은 공적 영역에서 더욱 참여적이고 대화 형태인 상호작용을 실험했다. 사람들은 엄청나게 풍부한 정보와 커뮤니케이션을 손쉽게 이용하게 되었다. 예를 들어 매스미디어는 공적 의제를 설정하는 파워가 줄어들었다. 또는 차페와 메츠거(Chaffee and Metzger, 2001: 375)가 2001년 초 성명에서 말했듯이 의제설정이론의 핵심 문제는 미디어가 사람들에게 어떤 의제에 대해 생각할지를 말해주는 것에서부터 사람들이 언론에 어떤 의제에 대해 생각하고 싶은지를 말하는 것으로 변화해 왔다. 이는 실은 더 다루기 어려운 의미를 갖는 것으로 보인다. 어느 시대에나 돈이 있고 정치적·사회적 지위를 갖는다는 것은 매스미디어에 더 쉽게 접근할 수 있음을 의미했으며, 이는 공중에게 말할 수 있는 능력이 더 있음을 의미했다. 이는 오늘날에도 여전히 마찬가지지만, 수많은 미디어, 정치, 사회적 영향력의 결과로 사람들이 다른 사람들에게 하고 싶은 말을 할 수 있는 능력의 극적인 향상을 의미한다.

예를 들어 플랫폼은 놀라울 정도로 다양한 콘텐츠와 콘텐츠 제공 업체를 지원하며, 심지어 글로벌 규모로까지 확장된 쟁점들을 중심으로 소규모 공중의 출현을 촉진했다. 인터넷과 플랫폼은 커뮤니케이션의 새로운 흐름과 공중의 관심을 형성할 뿐 아니라, 다양한 사회 및 정치 운동의 가시성과 존재감을 증폭시키는 커뮤니케이션 수단 및 조직을 제공한다(Bennett and Segerberg, 2013). 그리고 인터넷은 사적 쟁점을 공적 쟁점화하는 새로운 수단과 함께 정치를 형성하는 새로운 형태의 상업, 소비, 오락을 촉진한다. 동시에 사람들은 플랫폼에서 정치적 콘텐츠를 전혀 소비하지 않을 선택을 포함해서 무엇을 소비할지에 대한 풍부한 선택권을 가지게 되면서 더욱 파편화된 공적 영역이 탄생했다 (Bennett and Iyengar, 2008; Dunaway and Graber, 2022).

인터넷과 플랫폼이 다른 요인들에 의해 구조화되고 형성되면서 이 모든 것들이 일어났다. 〈그림 1〉을 다시 생각해 보자. 경제(예: 인터넷 전달, 액세스 및 콘텐츠 제공을 위한 상업 모델), 규제(예: 표현 및 법적 책임에 대한 국가의 규칙), 사회 및 정치 제도(테크놀로지라는 제도하에서 작동함에도 불구하고, 인터넷은 사회가 이미 조직한 여러 방식으로 이용되는 경향이 있음) 등 모두 미디어와 플랫폼이 채택되는 방식과 이유를 형성한다. 이는 공적 영역이 단순히 미디어와 테크놀로지의 산물이 아니라, 항상 이를 낳은 다양한 요인에 의해 형성되고 구조화된 커뮤니케이션의 산물임을 의미한다.

예를 들어 플랫폼은 아이러니하게도 어떤 면에서는 정보의 중앙 집중화를 가져왔다. 2023년의 인터넷은 플랫폼을 통해 콘텐츠에 접근하는 방식이 점점 더 집중되고 있다는 점에서 2005년의 인터넷과 매우 다르다. 예를 들어 2005년에는 인터넷 이용자가 미디어의 URL로 직접 이동해 관심 있는 콘텐츠에 액세스할 수 있었다. 2020년에 대부분 인터넷 이용자는 틱톡, 페이스북, 왓츠앱 및 다양한 콘텐츠 제공 업체를 묶어 추천 알고리즘 기반의 큐레이팅 서비스를 제공하는 플랫폼에서 콘텐츠를 이용하는 데 많은 시간을 보냈다. 동시에 플랫폼은 우리가 일상에서 접할 수 있는 것보다 훨씬 더 광범위한 정보 흐름을 촉진하면서도 온라인에서의 사회적 상호작용을 집중화했다. 예를 들어 플랫폼은 친구 간의 직접적 커뮤니케이션, 개인이 소셜 및 전문 네트워크에 혹은 개인이 틱톡과 같은 알고리즘 프로세스를 통해 수많은 팔로어나 이용자들에게 하는 커뮤니케이션 등 다양한 형태의 커뮤니케이션을 결합했다.

요약하자면 인터넷, 특히 플랫폼은 공적 영역을 위한 인프라의 상당 부분을 제공한다. 공적 영역은 누가, 무엇을 증폭시키고, 거절하며, 필터링할지, 그리고 어떻게 형성하는지를 결정하는 설계와 알고리즘을 통해 이루어진다. 그러면 정치 행위자들은 미디어가 작동하는 방식에 맞추어 커뮤니케이션을 조정한다(Esser and Strömbäck, 2014; Mazzoleni, 2008a; Strömbäck, 2008). '미디어 논리'라는 개념은 미디어가 안정적인 제도적·구조적 관행에 따라 작동한다는 생각을 담고 있다. 즉, 게임에는 일정한 규칙이 있는데, 플랫폼 시대의 게임 규칙은 전통적 매스미디어는 물론이고 소셜미디어, 더 넓게는 네트워크 미디어와도 크게 다르다.

예를 들어 기존 연구들은 인터넷과 플랫폼이 정치 행위자들의 커뮤니케이션 논리를 어떻게 변화시켰는지 지적했다. 포엘과 반 다이크(Poell and Van Dijck, 2013)는 소셜미디어 논리가 매스미디어 논리와 다른 "특정 전략 및 메커니즘 세트"(2013: 5)를 갖는다고 주장했다. 소셜미디어는 프로그래밍 가능하며 인기, 연결성 및 데이터화의 원칙에 기초해 "지금까지 계량화된 적이 없었던 세계의 여러 측면을 데이터로 전환한다"(2013: 9). 클링거와 스벤슨(Klinger and Svensson, 2015; 2016)은 인터넷이 미디어 제작자가 콘텐츠를 만드는 방식(그리고 제작자가 누구인지), 정보가 청중에게 배포되고 전달되는 방식, 사람들이 미디어를 이용하는 방식을 변화시켰다고 주장했다. 전통적 매스미디어에서는 전문적 절차와 기준에 따라 저널리스트들이 업무를 수행하기 때문에 정보 선택은 저널리스트 고유의 영역이며 비용이 많이 든다. 네트워크 미디어 시대에는 누구나 개인의 취향과 선호에 따라 정보를 생산하며 뉴스의 생산자가 될 수 있다. 매스미디어의 정보는 알려진 수용자에게 방송함으로써 발생하는 반면에 네트워크 미디어에는 미리 결정된 수용자가 없고 (항상은 아니지만 종종) 같은 생각을 가진 사람들의 네트워크가 있는 경우가 많다. 마지막으로 전통적 매스미디어는 지역에 국한된 이용자들이(예: 이탈리아나 인도네시아의 텔레비전 시청자) 이용하는 반면에 네트워크 미디어는 상호작용하는 유사한 관심을 가진 전 세계 사람들의 네트워크에 의해 이용된다.

물론 이러한 변화는 정치 행위자가 소셜미디어 플랫폼과 같은 네트워크 미디어를 채택하고 적응하는 방식에 상당한 영향을 미쳤다. 매스미디어와 네트워크 미디어의 논리(인터넷으로 시작된)는 모두 중첩되고 얽혀 있다. 매스미디어 논리가 쓸모없거나 주변부로 밀려난 것은 아니다. 관련 정보는 여전히 대부분 저널리즘 콘텐츠 제작에서 유래했고, 기존의 매스미디어를 통해 배포되며, 일상적인 미디어 습관을 가진 개인들이 이용한다. 정치 행위자는 매스미디어와 소셜미디어의 영역을 모두 익혀야 함을 의미한다.

학자들은 공적 생활에서 감정의 중요성에 새삼 초점을 맞추었다. 학자들은 공적 영역이 숙고하고 합리적이며 냉철하고 사실에 기반을 두는 것만은 아니라고 오랫동안 지적해 왔으며, 플랫폼이 공적 생활에서 어떻게 감정의 역할 비중을 높이는지도 지적해 왔다(Lünenborg, 2019; Papacharissi, 2016). 공적 담론의 직관적·감정적·열정적 측면은 플랫폼 시대에 더욱 중요해졌다. 이는 부분적으로 경제적 이유를 포함해 이러한 종류의 표현과 콘텐츠를 선택하는 심리적·사회적 알고리즘 프로세스를 고려한 것이다. 학자들은 플랫폼 시대에 공중이 정서적 감정과 그것의 강도를 중심으로 어떻게 조직되어 있는지 주목해 왔다. "감정적 공중"은 감정 표현을 통해 동원되고 연결되며 식별되고, 잠재적으로는 단절되어 있는 네트워크로 연결된 공중이다(Papacharissi, 2016: 312). "감정의 강도"(2016: 318)는 지배적인 정치적 스토리텔링과 서사를 붕괴시킬 수 있다. 감정은 직감, 극화, 심지어는 대안적 현실에 대한 인식의 생성을 의미하기도 한다. 사회운동과 선거 캠페인은 항상 정서적 호소를 포함하고 있으며(예: Crigler, 2007; Derks et al., 2008; Rußmann, 2018), 소셜미디어, 이용자 생성 콘텐츠, 개인 네트워크를 통한 동원의 중요성과 즉시성이 증가하고 있다. 알고리즘 큐레이션은 정치적 삶에서 감정의 역할을 더욱 강화한다. 공격 메시지는 단순히 정책 정보를 게시하는 것보다 더 많은 참여와 상호작용을 낳게 되는 선거 캠페인 등의 정치 커뮤니케이션에 영향을 미친다(Boulianne and Larsson, 2023).

한 가지 분명한 것은 플랫폼 시대에 공적 생활에서 감정의 역할이 강화되었다는 것이다. 그리고 사람뿐만 아니라 플랫폼도 정서적 과정을 주도하고, 궁극적으로 공중의 가능성과 구조를 형성한다. 예를 들어 페이스북은 분노 반응처럼 특히 감정적 이모티콘에 추가적인 가치를 부여했다. 왜냐하면 반응 이모티콘을 더 많이 얻는 게시물이 이용자의 참여도를 높이는데, 페이스북의 비즈니스 모델은 바로 그 참여도가 높은 이용자를 기반으로 운영되기 때문이다. 저널리스트들은 감성적 콘텐츠가 플랫폼에서 보상을 받게 해주어 클릭베이트clickbait 헤드라인과 저널리즘 및 정치 커뮤니케이션 스타일이 더욱 증가한다는 사실을 학습했다(Munger, 2020). 이는 저널리즘과 정치 커뮤니케이션을 형성하는 플랫폼 파워를 드러낸다. 매스미디어 시대에는 냉철하고 전문적이며 이성적인 톤이 엘리트 저널리즘 장르를 지배했지만(사람들이 공적 생활의 드라마에 빠져들게끔 중요한 역할을 하는 케이블 뉴스, 토크 라디오, 범죄 및 성 관련 타블로이드 언론은 그렇지 않았음), 플랫폼의 커뮤니케이션은 감정에 의해 더 크게 주도되므로, 일부 정치 행위자, 저널리스트 및 뉴스 미디어는 커뮤니케이션 스타일을 조정해 왔다. 플랫폼은 감정을 통해 일어난 일들을 포함해 공적 영역에 참여할 새로운 기회를 창출하는 동시에 새로운 과제도 촉발했다. 성별, 계층, 교육에 따라 플랫폼에 대한 디지털 접근성의 차이는 커뮤니케이션 참여를 어렵게 만들 수 있다. 동시에 도시 거주자들이 경제적·사회적·정치적 조건을 개선하기 위해 새로운 통신 환경을 활용하고 있는 아프리카 국가 등 많은 국가에서 휴대폰 및 기타 테크놀로지는 이에 대응해 나갔다(Brinkman and De Bruijn, 2018; Mutsvairo and Ragnedda, 2018; Nothias, 2020). 기존 연구들은 우익 백인 남성 네트워크와 같은 동기를 가진 행위자가 혐오표현 등을 사용해 다양한 공적 영역에서 여성과 특정 인종 및 소수민족의 커뮤니케이션 참여를 차단하는 방식에 관심을 가졌다(Sobieraj, 2020). 하머와 서던(Harmer and Southern, 2021: 2012)은 트위터에서 일어나는 디지털 미세 공격digital microaggressions이 어떻게 여성과 소수자 국회의원을 괴롭히는지, 어떻게 여성 대표, 특히 유색인종 여성의 소외된 지위를 지속적으로 상기시키는 역할을 하는지, 어떻게 온라인 정치 공간을 여성에게 적대적인 환경으로 재구성하고, 어떻게 여성이 공직을 구하는 것을 방해하거나 여성 대표가 떠나도록 강요하는 심리적·기호학적 폭력의 형태로 개념화되는지를 보여주었다.

플랫폼은 이제 전 세계적으로 서로 모르는 사람들의 즉각적인 모임을 가능하게 하고 정보의 속도와 양을 증가시키고 있다(Vaidhyanathan, 2018). 우리는 공적 영역에 대한 긍정적 참여가 무엇인지를 이해하기 위해 더 많은 노력을 기울이고 있다. 예를 들어 큐어논과 같은 음모적 운동의 성장은 광범위한 참여에 따라 촉진되기도 했는데 신뢰, 진정성, 민주주의 지식(Freelon et al., 2022)을 뿌리째 흔들어놓는 (국가 후원을 받든 아니든 간에) 괴물이 성장하면서 민주주의의 숙의와 정치적 책무감이 훼손된다(Marwick and Partin, 2022). 이제 우리는 플랫폼 시대에 공적 영역에서 이러한 변화가 가져온 결과를 살펴보려고 한다.

4. 공적 영역을 위한 플랫폼의 중요성

플랫폼 시대 초기에 학계 및 공중 담론에서 민주적 열정과 테크놀로지 낙관주의가 많이 나타난 후에 정치 커뮤니케이션은 허위조작정보, 컴퓨터 프로파간다, 혐오 캠페인, 플랫폼 조작과 같은 파괴적 현상의 증가 탓에 어려움을 겪었다. 우리는 여기서 플랫폼이 공적 영역에 미치는 민주적 혹은 반민주적 영향을 광범위하게 연구하고자 한다. 공적 영역은 더 이상 18세기나 19세기에 그랬던 것처럼 지리적으로나 사회적으로 제약을 받지 않는다. 이전에는 공적 영역이 대부분 국가 또는 지역 미디어 시스템에 의해 제한되었다. 그러나 오늘날 플랫폼은 삶의 여러 영역에 걸쳐 더 분산화되어 새로운 규모로 커뮤니케이션이 작동할 수 있게 해준다. 페이스북과 같은 플랫폼은 알고리즘을 사용해 이용자가 어떤 관심사를 가졌든 간에 같은 생각을 가진 집단을 찾을 수 있도록 도와준다. 예를 들면 동물 애호가, 항공기 스포터spotter(항공기 추적 매니아), 활동가 또는 반유대주의자를 연결한다.

주목할 콘텐츠

미디어 시스템(따라서 공적 영역)이 초기에는 지역적이고 국가적이었다고 생각하는 경향이 있지만 매우 중요한 예외가 있다. 제국과 식민지 체제는 군대와 물품을 포함해 조정과 통제를 목적으로 행정구역을 하나로 묶는 커뮤니케이션 네트워크에 기초해 왔다. 이는 광범위한 규모에 걸쳐진 정보 흐름을 지원한다. 세계에서 가장 오래된 기관 중 하나인 가톨릭교회는 오랫동안 글로벌 커뮤니케이션 네트워크를 구축해 왔으며, 이는 종종 식민주의 및 제국 건설 프로젝트와 함께 진행되었다. 그리고 경제 무역은 전 세계적으로 사람과 상품의 흐름을 촉진하는 선박, 기차, 전보를 포함한 지역 및 글로벌 커뮤니케이션 네트워크를 오랫동안 전제해 왔다. 이는 우리 시대가 독특하게 상호 연결되어 있다고 생각하더라도, 미디어 시스템과 공적 영역이 오랫동안 초국적이고 글로벌한 차원에서 있어 왔음을 의미한다.

이것은 동전의 양면과도 같다. 사람들이 정치과정에 참여하거나 기후변화 반대 운동에 참여하도록 촉구하는 바로 그 플랫폼이 극단주의와 혐오를 조장하는 집단의 설립도 지원하는 것이다. 한 가지 예로 페이스북의 내부 연구에 따르면, 플랫폼의 알고리즘 기반 추천 시스템이 이용자를 극우 인종차별 집단에 적극적으로 몰아넣는 것으로 나타났다(Horwitz and Seetharaman, 2020). 시민들이 공동의 대의에 동참할 다른 사람들을 쉽게 찾을 수 있다는 점이 민주주의에 상당히 유익할 수 있는 반면에 동일한 역학에 따라 사람들은 음모론이나 프로파간다 서사를 중심으로 쉽게 결집할 수 있다는 점도 동시에 기억해야 한다. 이러한 것들은 항상 사회생활의 일부였지만, 미디어와 테크놀로지의 변화는 음모와 프로파간다의 규모에 영향을 미친다. 중세 도시에 사는 마을의 유일한 음모론자는 외로웠을지 몰라도, 매스미디어 시대에는 신문광고를 통해 동조자를 찾을 수 있게 되었고, 플랫폼 시대에는 자신의 신념을 강화하고 창조하며 지원하는 글로벌 커뮤니티를 찾을 수도 있다. 플랫폼은 기후, 성별, 인종, 민족적 차원의 정의를 위한 사회운동을 촉진하는 동시에 가장 극단적인 비주류 아이디어라도 국가 또는 전 세계에서 동조자와 추종자를 찾게 해준다.

지난 10년 동안 플랫폼 기업의 지속적인 내부 유출로 인해 플랫폼이 민주주의에 미치는 영향에 대한 재평가가 이루어졌다. 예를 들어 트위터는 최근 내부 연구에서 정치적 우파 및 우파 성향의 뉴스 미디어들이 플랫폼의 알고리즘에 따라 증폭된다는 사실을 발견했지만(Belli, 2021), 이러한 일이 발생하는 이유에 대해서는 밝히지 않았다. 한편 내부 고발자 프랜시스 하우건이 2021년에 유출한 페이스북 문서에는 무엇보다도 페이스북의 알고리즘이 양극화된 콘텐츠를 주도한다는 사실이 드러났다.

공적 영역에 대한 플랫폼 효과에 대한 다른 우려도 있다. 베네트와 페치(Bennett and Pfetsch, 2018)는 공적 영역이 미디어 및 저널리즘의 전통적 구조와 점점 더 차이를 보이고 있다고 주장했다. 플랫폼은 공적 영역에서 정보를 생산하는 주요한 기관을 약화시키고, 저널리즘의 신뢰와 정당성을 저하시킨다. 페치 등의 연구(Pfetsch, 2018; Pfetsch et al., 2018)는 정치적 삶의 중심에는 갈등이 있다는 점을 직시해야 하며, 정치 행위자가 합의, 숙의, 합리적 의사 결정, 융합 등을 추구한다는 생각을 버려야 한다고 주장했다(Pfetsch, 2018: 60). '부조화된 공적 영역'이라는 개념은 선출된 지도자, 정치조직, 정당 간에 중요한 정치적 주제에 관해 합의가 거의 이루어지지 않는 경우가 많다는 사실을 의미한다.

학자들은 부조화된 공적 영역을 의견의 불협화음뿐 아니라 "차이를 극복하며 커뮤니케이션할 수 없는 무능력"으로 보는데(Waisbord, 2016: 2) 이 점이 더욱 우려된다. 이 견해에 따르면 정치 행위자들은 합리적 담론에 참여할 수 없거나, 이해를 구하거나, 논쟁하거나, 현실에 대한 공통된 인식을 공유할 의지조차 없다. 특히 캠페인 기간이나 공적 삶의 과정에서 정치 행위자들은 합리적 논쟁을 자제한다. "그들은 이해하려고 하지도 않고, 숙의하거나 합의를 추구하지도 않는다"(Pfetsch, 2018: 61).

플랫폼이 공적 영역을 어떻게 변화시키는지에 대한 다른 측면도 분석되었다. 빔버와 드 주니가(Bimber and De Zúñiga, 2020)는 소셜미디어가 모호한 정보원, 기만적 커뮤니케이션, 조작된 사회적 신호 등에 대한 맥락을 제공하는 "편집되지 않은 공적 영역"을 만들었다고 주장한다. 모든 것이 소셜미디어의 잘못이라는 것은 아니다. 이 연구자들은 플랫폼이 민주주의 기계가 아닌 것처럼, 공적 영역도 일반적으로 "진실 기계"(2020: 708)가 아니라는 데 주목했다. 그러나 이 연구에 따르면 플랫폼의 어포던스, 알고리즘, 그리고 정치 행위자들이 대규모로 커뮤니케이션할 기회 때문에 공중이 진실과 거짓을 숙고하고 판별하는 것이 오히려 더 어렵게 되었다. 그들은 전문 저널리스트와 같은 제도적 지식 생산자가 제공하는 편집이 더 필요하다고 주장한다. 전문 저널리스트들은 "논쟁이 공적 영역에 진입하기 전에 논쟁에 대해 진실 발견용 필터를 작동하고, 필터를 통과한 허위 주장을 공개적으로 식별하며, 이해 당사자가 스스로 증거를 평가할 수 있도록 진실 주장의 출처를 제공하는" 일을 맡게 된다(2020: 710).

이러한 관점에서 볼 때 우리가 플랫폼에서 더 많이 커뮤니케이션할수록 민주주의 사회에서 양질의 저널리즘이 더 중요해진다. 이러한 관찰은 하이브리드 미디어 시스템의 개념과 매우 잘 일치한다. 인터넷이나 플랫폼은 전통적 미디어(또는 그 필요성)를 대체하지 않았다. 플랫폼은 정치 커뮤니케이션이 형성되고 공적 영역이 나타나는 네트워크를 다양화시키고 분산시켰다. 그러나 플랫폼은 사회적 관계를 통해 수익을 창출하는 데는 매우 뛰어나지만, 공적 영역을 육성하는 데는 특별히 뛰어나지 않다. 동시에 저널리스트와 기타 지식 생산 기관이 좋은 정보를 공적 공간에 제공한다는 단순한 사실만으로 사람들이 실제로 그 정보를 찾고 그것을 믿으며 신뢰하게 될 것이라고 생각하기는 어렵다. 기존 연구에 따르면 사람들은 자신이 이미 가진 신념과 일치하는 정보에 선택적으로 자신을 노출하고, 이미 가진 견해를 강화하는 방식으로 정보를 처리하려는 동기를 보유한 것으로 나타났다. 그리고 사람들이 자신이 얻게 되는 정치적 정보에 대해 훨씬 더 많은 통제력을 갖는 세상에서, 이러한 경향은 우려되는 점이다.

5. 필터버블과 에코체임버

이제 플랫폼과 그것이 공적 영역에 미치는 영향, 즉 소위 '필터버블'과 '에코체임버'의 출현에 대한 일반적인 우려를 언급하고자 한다. 이러한 개념의 기본 아이디어는 자율적으로 선택된 노출(이용자가 스스로 정보 획득을 위해 적극적으로 선택한 미디어 및 콘텐츠)과 플랫폼 알고리즘 노출(플랫폼이 이용자의 타임라인에 따라 선택한 콘텐츠, 흔히 수익 창출용 참여 기반 콘텐츠)이 일정한 성향을 강화하는 버블을 주도한다는 것이다(Möller et al., 2018; Borgesius et al., 2016). 논쟁 자체는 새로운 것이 아니다. 동조하는 정보를 선호하는 것은 인간 심리에 뿌리를 두고 있으며, 오랫동안 미디어는 정치적 견해에 맞추어져 왔다.

┌─── **주목할 사례** ───────────────────────┐

미디어가 효과적으로 대표성을 갖기 위해 정치적 관점들에 부합해야 한다는 생각은 오래되었다. 예를 들어 이탈리아의 구획화lottizzazione 시스템은 RAIRadiotelevisione Italiana 공영방송을 적절한 정당들에 배분했고, 그렇게 해서 1975년에 전적으로 정파적인 미디어 시스템을 도입했다. 훨씬 전에 네덜란드의 필라리제이션Pillarization은 사회를 종교와 정치적 신념에 따라 여러 집단으로 나누었는데, 각 집단은 자체적으로 미디어, 노동조합, 학교, 심지어 스포츠 클럽도 가지고 있었다.

그러나 디지털 환경에서 우려되는 점은 미디어의 자기 결정이 정치적 정보 수용 및 신념을 '강화시키는 나선'을 낳는 알고리즘적 편향과 딱 들어맞는다는 것이다(Slater, 2007; Young and Bleakley, 2020). 플랫폼에서는 이용자 자신의 선택은 물론 네트워크, 알고리즘, 모든 종류의 정치 커뮤니케이터의 선택이 이용자들이 알고 있는 정치적 정보를 형성한다. 연구자들은 이용자들이 자신의 생각과는 다른 콘텐츠를 거부하고, 다른 의견을 가진 사람들과 친구 관계를 끊을 수 있다는 점을 경계한다. 이용자는 플랫폼에서 자신의 정체성이나 이데올로기와 일치하는 정치적 정보를 얻기도 하고, 비슷한 의견을 가진 다른 사람들을 만날 기회도 갖는다(Wojcieszak et al., 2022). 이에 따르면 페이스북 이용자는 유사한 정치적 견해를 가진 친한 친구의 추천을 따르는 경향이 있으며, 이는 본질적으로 자기 강화적인 선택적 노출을 생성하는 것이다(Kaiser et al., 2021). 한편 알고리즘은 이용자가 이미 참여한 것과 유사한 콘텐츠를 더 많이 보여주는 경향이 있으며, 거기에는 이용자가 동의하지 않거나 별로 관심이 없을 정보도 포함되어 있다.

결과적으로 알고리즘과 이용자 자신의 행동은 이용자를 자신의 의견을 압도적으로 확인하고 강화하는 디지털 환경에 가두어놓게 만든다. 이러한 관점에서 이용자는 자신이 동의하지 않거나 기존의 생각에 의문을 던지는 콘텐츠를 접할 기회가 더 적어진다. 이러한 관점에서 보면 이용자들은 자신도 모르는 사이에 급진화되고, 정치적 차이를 뛰어넘는 커뮤니케이션 능력이 점점 더 약화될 것이라는 우려를 낳는다.

이는 실제로 공적 영역에 지장을 초래할 수 있다. 공유된 현실감이 거의 없다면 사회가 어떻게 공적 문제를 토론하고, 집단적 해결책을 찾으며, 심각한 쟁점과 관련된 사안들을 이해할 수 있을까?

다행히도 필터버블과 에코체임버에 대한 증거는 뒤섞여 있다. 필터버블에 대한 공중과 학계의 우려를 불러일으키는 데 큰 역할을 한 엘리 프레이저Eli Pariser의 유명한 책『생각 조종자들: 당신의 의사결정을 설계하는 위험한 집단The Filter Bubble: What the Internet Is Hiding from You』은 2011년에 출판되었다. 이후 학자들은 필터버블과 에코체임버 등 관련 현상의 실증적 증거를 찾으려고 노력해 왔으며, 처음에 생각했던 것보다는 우려를 덜어주는 몇 가지 완화 요소를 설명하기도 했다. 첫째, 정치 정보는 사람들이 실제로 온라인에서 소비하는 정보 중 소수에 불과하며, 사람들은 대체로 정치에 별로 관심이 없다는 것이 자명한 사실이다. 이념적으로 일치하는 정보를 선택하려면 자신의 신념이 무엇인지, 그에 대한 일관성이 무엇인지 알아야 하며, 이는 정치적으로 가장 정교하고 참여도가 높은 사람만이 규칙적으로 수행할 수 있다(Huttunen, 2021; Parvin, 2018; Wike and Castillo, 2018; Willems, 2012). 선별적 노출은 미디어 선택의 시대에 증가했지만(Arceneaux and Johnson, 2013; Stroud, 2011), 학자들은 정치적 정보에 대한 우연한 노출도 많다는 사실을 일관되게 발견했다. 사람들은 적극적으로 검색하지 않거나 뉴스에 관심조차 없을 때도 다양한 이념적 스펙트럼의 뉴스와 정치 정보를 접하고 있다(Weeks and Lane, 2020).

그리고 대부분의 인터넷 이용자는 갈등과 불일치를 피하지만, 일부는 힘든 토론의 재미를 즐기고 추구하기도 한다(Svensson, 2015). 한편 학자들은 인터넷 이용이 다른 정보환경보다 더 광범위한 미디어 소스를 찾고 그것에 노출되게끔 하는 것을 일관되게 입증했다(Fletcher and Kleis Nielsen, 2018). 더욱이 하이브리드 미디어 시스템은 동질적인 정치 정보환경과는 맞지 않는다. 예를 들어 사람들은 뉴스를 보기 위해 소셜미디어에만 국한되지 않으며 텔레비전, 라디오, 팟캐스트 등을 이용할 뿐 아니라 이웃이나 동료와 대화도 나눈다.

필터버블과 에코체임버에 관한 문헌을 요약하는 것은 복잡하다. 테런과 보르헤-브라보(Terren and Borge-Bravo, 2021)는 에코체임버에 대한 55개의 실증적 연구에 대한 메타 분석에서 연구 방법이 중요하다는 사실을 발견했다. 디지털 추적 데이터(예: 이용자 자신의 행동 및 노출에 기초함)를 기반으로 한 연구는 에코체임버 가설을 지지하는 경향이 있는 반면에 자기 보고식 데이터(예: 설문 조사)를 기반으로 한 연구는 그 가설을 거부하는 경향이 있었다. 브룬스(Bruns, 2019; 2021)는 필터버블과 에코체임버가 "훨씬 더 중요한 문제인 사회적·정치적 양극화 증가를 정면으로 다루지 않고, 편의에 따른 기술적 희생양(검색 및 소셜 플랫폼과 그 어포던스 및 알고리즘)을 제공함으로써 근거 없는 도덕적 공황을 조성한다"라고 주장했다(Bruns, 2021: 1). 한편 달그런(Dahlgren, 2021)은 필터버블 개념의 기본 가정을 연구한 끝에 이 개념이 선택적 노출에 대해 이전에 잘 확립된 지식과 모순된다는 결론을 내렸다.

간단히 말해 점점 더 개인화되는 정보환경 때문에 일부 사람들에게는 정보가 왜곡되고 강화될 수 있지만, 이것이 개인화가 정보 수준이나 사회 전체 수준의 양극화에 영향을 미친다는 의미는 아니다. 하지만 소수의 플랫폼 사용자에게 나타나는 위험한 현상에 대해서도 우려해야 한다는 점을 기존 연구들이 지적한 것은 맞다. 예를 들어 온라인에서 나선처럼 점차 급진화되면서 정치적으로 극단적 행동을 보이는 비교적 소수의 사람들은 여전히 민주 체제를 훼손하거나 정치적 폭력을 일으킬 수 있다. 그리고 소수의 글로벌 플랫폼 이용자들이라고 해도 수적으로는 수백만 명이 될 수도 있다. 더욱이 정치가 공중 보건과 같은 사회생활의 다른 영역으로 파급될 때 특별히 우려할 만하다. 이러한 일들은 수천 명의 목숨을 앗아갈 수 있는 마스크 착용 거부, 백신 접종 거부 등과 같은 정치적 운동에서 드러난다. 간단히 말해 대다수 사람들은 이념적 분열을 넘어서며 반드시 정치적 신념에 따르지는 않는 소셜 네트워크를 이용하는 반면에 어떤 사람들은 이념적으로 더 응집력 있는 세상에 살고 있다. 문제는 얼마나 많은 사람이 민주주의를 위협하는 폐쇄된 사회와 정치에 살고 있는지 하는 것이다.

결국 테크놀로지만으로는 사회를 결정할 수 없으며, 테크놀로지가 사람들을 버블에 가둘 수 있다는 주장은 테크놀로지의 힘을 과대평가하는 것이다. 그러나 테크놀로지는 의심할 여지없이 사회의 일부이므로 우리의 정치적·사회적 삶을 반영하고 구성하는 데 도움을 준다.

6. 여론

이 장에서 자세히 설명했듯이 공적 영역은 미디어와 테크놀로지에 의해 중요한 방식으로 변화되었다. 이는 또한 공중의 대표적이고 집단적 표현인 여론이 테크놀로지에 의해, 특히 우리 시대에는 플랫폼에 의해 형성됨을 의미한다. 플랫폼은 여론 형성을 위한 새로운 커뮤니케이션 기반과 이를 표현하는 새로운 수단을 모두 제공한다. 여론은 한 사회에서 사람들이 사회적 쟁점에 대해 어떻게 생각하는지에 대한 대략적인 것을 말하며, 사람들의 태도, 인식, 감정 및 신념을 측정하거나 평가하려는 연구자들의 노력을 통해 구성된다. 여론을 생산하는 다양한 방식은 수 세기 전으로 거슬러 올라가지만, 현대적인 투표와 여론조사는 20세기 초에 탄생했다. 1930년대와 1940년대에 컬럼비아 대학교의 폴 라자스펠드Paul Lazarsfeld의 연구와 미국의 선거에서 조지 갤럽George Gallup의 정확한 결과 예측과 함께 조사 방법의 표준이 된 여론조사 연구가 형성되었다(Donsbach, 2015).

정치인과 정치 행위자는 여론을 불러일으키고는 그것을 자연스러운 것이라고 주장하는 반면에 방법론적 접근은 일반적으로 태도와 신념을 소규모 표본(예: 포커스 그룹)에서는 질적으로 평가하고, 더 큰 모집단에 대해서는 정량적으로 평가하는 경험적 절차(예: 설문 조사, 온라인 여론조사 또는 모집단 기반 조사나 실험 등)를 전제로 한다(Mutz, 2011). 전통적으로 학자들은 유용한 설문지와 척도를 설계하고, 질문에 가중치를 부여하며, 신중하게 참가자를 모집하는 등으로 사람들의 태도에 대해 질문한다. 예를 들어 사회 전체에 대해 통계적으로 일반화하려면 연구자는 대표 표본(즉, 연령, 성별, 사회인구통계학적 패턴 및 가치 패턴 등과 유사한 무작위로 선별된 참가자 집단)이 필요하다. 그러나 때로는 조사 대상 집단이 작거나 참여하기 어려운 경우가 있다. 예를 들어 급진적 집단이나 불법 이민자처럼 숨겨진 인구의 조사가 그러하다. 이러한 경우에 학자들은 눈덩이 표집 방법snowballing sampling을 활용해 이전 참가자의 도움을 받아 다른 참가자를 모집한다. 이 방식을 이용하게 되면 접근 권한을 얻는 대신에 결과의 통계적 일반화 가능성은 다소 접어야 한다.

플랫폼 시대는 학자들에게 여론을 연구할 수 있는 새로운 방법론적 기회와 도구를 제공한다. 이제 사람들은 틱톡과 같은 플랫폼에다가 자신의 생각을 적는데, 이는 자신의 생각(또는 다른 사람들이 자기 생각으로 믿었으면 하는 바)을 소셜미디어 게시물, 댓글, 메시지를 통해 전달한다는 의미다. 그다음에 연구자들은 클릭, 공유, 다운로드, 스크롤 등 사람들의 행동을 관찰해 이들이 어떻게 생각하는지 추론한다. 전체적으로 볼 때 사람들의 온라인 행동은 여론을 추론하는 데 사용할 수 있는 풍부한 실시간 추적 데이터를 생성하는 것이다.

이것의 장점은 연구자들이 묻지 않고도 추론된 의견과 신념의 표현을 연구할 수 있고, 설문 조사와 여론조사에서의 자기 보고식 조사의 단점을 피할 수 있다는 것이다. 이러한 단점에는 사람들이 사건을 정확하게 기억하지 못하고 질문에 진실하게 답하는지 알 방법이 없다는 사실과 사회적 바람직성 편향(연구자가 듣고 싶어 한다고 응답자가 생각하는 답변을 제공함)과 같은 심리적 문제가 모두 포함된다. 이 모든 것들은 설문 조사 결과를 왜곡시킨다.

소셜미디어 플랫폼의 추적 데이터는 사람들이 자신의 행동을 통해 알게 된 정보에 대한 직접적 접근을 제공하는 것으로 보이지만, 한편으로는 복잡한 데이터 소스다. 우선 어떤 플랫폼에서 가장 활동적인 이용자가 사회 전체를 대표하지는 않는다. 예를 들어 트위터는 많은 국가에서 소수의 시민들만이 사용한다. 소셜미디어 플랫폼의 추적 데이터는 어떤 사안에 대한 이용자의 '동의'보다는 그저 '주목'을 보여준다 (Jungherr et al., 2017). 좋아요, 공유, 댓글은 무엇이 인식되는지 보여주지만 반드시 사람들이 정말로 좋아하고, 사랑하며, 원하는 것이 무엇인지 보여주지는 않는다. 트위터에서 정당이나 정치인을 팔로하는 것이 그들에게 투표하려는 의도를 의미하지 않는다. 어쩌면 그것은 단지 자신이 특별히 싫어하는 정당을 계속 주시하기 위한 혐오 팔로잉일 수도 있다(Ouwerkerk and Johnson, 2016).

7. 요약

　쉽지는 않지만 사람들의 의견과 태도 심지어 행동까지 바꾸는 것이 불가능하지는 않다. 그리고 정치 커뮤니케이션은 대체로 이러한 목표를 달성하기 위해 정치 행위자가 공적 영역에 어떻게 개입하는지에 관한 것이다. 제6장에서 전략적 커뮤니케이션에 관해 더 깊이 다루고, 제7장에서는 정당과 후보자가 사람들이 생각하는 것, 말하는 것, 누구에게 투표할지 등에 영향을 미치려는 의도로 캠페인을 어떻게 운영하는지를 살펴보겠다. 그러나 먼저 우리는 저널리즘이 정보의 가장 중요한 원천이자 공적 분야의 의견 형성에 영향을 미치는 것으로 본다. 실제로 플랫폼은 공적 영역에서 저널리즘의 역할뿐만 아니라 저널리스트가 공중에 대해 갖고 있는 이해력에도 중요한 변화를 일으켰다. 학자들은 저널리스트들이 어떤 여론이 조정되는지 알기 위해 소셜미디어를 이용할 뿐만 아니라, 정치 행위자와 공중으로 돌아와서 소셜미디어를 대표하기도 한다는 사실을 발견했다(McGregor, 2020). 이제 우리가 관심을 기울이는 것은 저널리즘의 변화하는 특징이다.

토의할 질문

- 일론 머스크는 트위터를 "사실상의 타운 광장"이라고 부른다. 이 비유는 무엇을 의미하는가? 이 은유의 어떤 측면이 적합하고 어떤 측면이 부적합한가? 트위터에 더 적합한 비유를 생각해 볼 수 있는가?
- 경험적 연구를 통해 소셜미디어가 필터버블과 에코체임버를 만들지 않는다는 사실이 계속 밝혀졌지만(사람들을 획일화된 생각을 가진 자들의 폐쇄 공간에 가두지는 않는다는 점), 이 아이디어는 공적 담

론에서 매우 지속적이고 널리 퍼져 있다. 왜 그런가?

추가 독서 목록

Bimber, B. and H. Gil de Zúñiga. 2020. "The unedited public sphere." *New Media & Society*, 22(4), pp. 700~715.

Bruns, A. 2019. *Are Filter Bubbles Real?* Cambridge: Polity.

Pfetsch, B. 2018. "Dissonant and disconnected public spheres as challenge for political communication research." *Javnost: The Public*, 25(1-2), pp. 59~65.

Wessler, H. 2019. *Habermas and the Media*. Cambridge: Polity.

제5장

플랫폼과 저널리즘

제5장에서는 정치 커뮤니케이션이 뉴스 제작 및 배포의 제도화된 형태인 저널리즘과 항상 밀접하게 연관되어 있었고, 지금도 그러함을 보여준다. 플랫폼이 부상하면서 여러 측면에서 저널리즘과 그 관행, 비즈니스 모델에 큰 변화가 일어났다. 플랫폼에서 유통되는 정치적 콘텐츠의 대부분은 저널리즘에서 유래하며, 저널리스트는 플랫폼을 필수적인 뉴스원 및 뉴스 테크놀로지로 사용한다. 이 장에서는 저널리즘과 플랫폼이 어떻게 밀접하게 얽혀 있는지 보여준다.

독서 목표

- 저널리즘을 정의한다.
- 플랫폼 시대의 저널리즘 비즈니스 모델을 제시한다.
- 데이터 저널리즘의 경향을 이해한다.
- 테크놀로지 변화를 활용하는 새로운 형태의 저널리즘에 대해 논의한다.

1. 서론

저널리즘은 위험한 직업이다. 기회가 된다면 멕시코 저널리스트들과 이야기를 나누어보기 바란다. 그들은 끔찍한 이야기를 들려준다. 언론 자유에 초점을 맞춘 비영리단체인 저널리스트 보호위원회Committee to Protect Journalists에 따르면, 2022년 1~5월 멕시코 저널리스트 11명이 표적 살해되었다. 2022년 5월 9일 예세니아 몰리네도Yesenia Mollinedo와 그녀의 동료 쉴라 조하나 가르시아 올리베라Sheila Johana García Olivera가 습격받아 살해되었을 때, 필립스와 에스페헬(Phillips and Espejel, 2022)에 따르면 영국 ≪가디언The Guardian≫의 특파원은 멕시코를 "비전쟁 지역 중에서 전문 저널리스트에게 가장 치명적인 국가"라고 불렀다. 멕시코 저널리스트들은 정치적 지지를 거의 받지 못한다. 안드레스 마누엘 로페스 오브라도르Andrés Manuel López Obrador 대통령은 저널리스트에 대한 경멸을 거침없이 드러낸다.

안타깝게도 멕시코는 저널리스트로 일하면서 정치 당국, 민병대, 언론과 표현의 자유에 대한 반대자 등과 문제를 일으킬 수 있는 많은 국가 중 하나일 뿐이다. 두 명의 여성 동료 저널리스트, 칠레인 프란체스카 산도발Francisca Sandoval과 알자지라Al Jazeera의 쉬린 아부 아클레Shireen Abu Akleh가 몰리네도와 가르시아 올리베라가 살해당했던 바로 그 주간에 다른 상황이기는 하지만 모두 근무 중에 살해당했다는 사실은 현대 사회에서도 저널리스트로 일하는 것의 위험성을 추가 입증하고 있다.

위험에도 불구하고 저널리즘은 여전히 중요하다. 어서(Usher, 2014)가 ≪뉴욕타임스≫에서 수개월 동안 수행했던 민속지학적 연구에서 결론을 내렸듯이, 오래된 뉴스의 가치에 큰 도전을 안겨줄 정도로 뉴스 제작 과정이 급격히 변화하고 있는 플랫폼 시대에도 저널리즘은 여전히 중요하다. 사실 우리는 그것 없이는 살 수 없다. 이 장에서는 그 이유를 보여주려고 한다.

저널리즘에 대한 다양한 정의가 제안되어 왔으며, 그중 일부를 이 장에서 논의한다. 실제로 저널리즘이 무엇인지, 저널리스트가 어떤 종류의 주장을 하는지, 저널리스트가 무엇을 알고 있는지, 저널리즘이 민주주의에 어떤 가치를 갖는지 등 저널리즘과 관련된 논의는 인터넷과 플랫폼 시대에 미디어 생산, 이용자 접근, 뉴스 배포 등의 비용이 감소하면서 활발히 일어났다.

많은 연구자가 저널리즘이 뉴스의 수집, 선택, 발표를 통해 진실을 추구하는 것이라고 단호하게 주장한다(Katz and Mays, 2019; Kovach and Rosenstiel, 2007). 특히 저널리즘이 높은 가치를 지닌 사회에서 저널리스트들과 이야기를 나누어보면, 그들은 이 직업에 종사하게 된 이유로 호기심과 진실을 찾고 보도하겠다는 결심을 꼽는다. 다른 한편으로는 공중을 위한 봉사인데, 진실을 말한다는 것은 정부와 사회의 기득권 세력에게 책임을 묻는 것을 의미한다.

이것이 저널리즘의 이상적 형태이며, 권력자들의 이익에 반하는 일이기도 하다. 물론 모든 나라가 민주적인 것은 아니며, 많은 국가에서 시민의 기본적인 표현권이나 통치 방식에 대한 문제 제기 발언을 존중하지 않는다. 퇴행적이거나 독재적 민주주의 체제에서 저널리즘은 지식과 사회적 책무를 지는 기관을 훼손하려는 사람들에게 주요 공격 목표가 된다. 민주주의 국가에서도 모든 정치인이 진실이 표현되는 것을 편안하게 받아들이지 않는다. 특히 저널리즘이 자신을 불편하게 할 때는 더욱 그렇다. 저널리즘은 정치와 분리할 수 없다는 단순한 이유 때문에 세계 여러 지역에서 위험한 직업으로 간주된다. 저널리즘은 본질적으로 정치적이다. 가장 객관적이고 모든 면에서 공정하다고 주장하는 저널리스트들조차도 여전히 무엇을 다룰지에 대해 선택을 하면서, 한편으로는 공중의 알권리를 근본적으로 옹호하는 작업에 참여하고 있다. 그보다 더 정치적인 주장은 없다.

저널리스트 사이에 이러한 공통된 성향에도 불구하고 "저널리스트가 사회에서 자신의 역할을 정당화하고 자신의 작업을 의미 있게 만드는 특정 아이디어와 관행"으로 정의되는 다양한 저널리즘 문화가 있다(Hanitzsch, 2007: 369). 플랫폼을 통해 퍼블리셔의 의미와 메시지의 생산 주체가 변화된 세상에서는 더욱 그렇다. 지난 수십 년 동안 저널리즘 학자들은 저널리스트가 다양한 환경과 맥락에서 어떻게 일하는지, 저널리스트라는 직업이 어떻게 구성되어 있는지, 어떤 윤리적 규범을 따르는지, 미디어와 테크놀로지의 변화가 어떻게 저널리즘 생산과 비즈니스 모델에 영향을 미치는지 이해하기 위해 인터뷰, 설문 조사 및 관찰을 수행해 왔다. 예를 들어 '저널리즘 세계의 연구Worlds of Journalism Study'는 편집 자율성, 저널리즘 역할, 윤리적 방향성 및 보도 관행을 포함해 (2013~2023년) 110개국의 저널리즘 문화를 비교하는 주요 학술 프로젝트다.

한 가지 중요한 발견은 그러한 저널리즘 관행이 미디어와 정치 행위자 간의 관계와 이들이 전략적으로 소통하는 방식을 형성한다는 것이다. 예를 들어 언론의 감시자(또는 책임) 역할을 강조하고 객관성에 대해 강한 규범을 갖는 문화에서 저널리스트는 정치인과 먼 관계를 유지한다(Norris, 2014; Waisbord, 2000). 다양한 문화에서 정치인, 사회운동 또는 정당은 미디어 조직과 가깝게 연계될 수 있으며, 저널리스트는 자신의 활동에서 정파성, 이데올로기성 또는 편향성을 받아들인다. 러시아의 국가 연계 미디어 모델을 예로 들 수 있는데, 이는 보다 개방적이고 민주적인 공적 영역을 위한 인터넷의 가능성에 제한을 가하는 모델이다(Oates, 2013). 이는 시간과 공간에 따라 다양한 정치 커뮤니케이션 문화가 존재함을 의미하며, 이 장에서 논의하듯이 플랫폼이 이를 형성한다.

제5장의 목적은 독자들이 플랫폼 시대의 저널리즘과 정치의 관계에 대해 더 깊이 이해할 수 있도록 돕는 것이다. 저널리즘과 정치를 정의하고 비평하는 다양한 학문적 개념과 이론을 고려하며, 사회적·정치적 질서에 도전하거나 유지하려는 유비쿼터스 운동을 포함해 정치 커뮤니케이션과 정치에서 저널리즘의 역할을 평가한다. 또한 이 장은 저널리즘과 정치의 긴밀한 관계가 부정적일 수 있는 이유를 광범위한 국제 사례를 통해 보여주고, 저널리즘 비즈니스 모델(특히 플랫폼 시대에 문제가 많음)을 통해 어떻게 저널리즘이 지식 생산 기관이 되고 권력을 유지하는 능력을 형성하는지 살펴본다.

2. 저널리즘이란 무엇인가?

무엇이 저널리즘을 구성하는지에 대한 다양한 견해가 있다(Ferrucci and Eldridge, 2022; McNair, 2003; Pavlik, 2001; Zelizer, 2005: 66). 듀즈(Deuze, 2005: 458)는 저널리즘의 이데올로기가 구성하는 가치에 초점을 맞추어 이를 정의하고자 했다. 그레스트(Greste, 2021)가 채택한 저널리즘 '4P'의 정의는 저널리즘이 어떻게 개념화되어야 하는지에 대한 더 포괄적 관점을 제공한다. 첫 번째 'P'는 개인Person(예를 들면 저널리스트)에 초점을 맞추고 수입원, 교육, 고용 상태와 같은 요소를 포함한다. 두 번째 'P'는 제품Product(저널리스트가 생산하는 것)을, 세 번째 'P'는 저널리스트의 목적Purpose이나 임무를, 마지막 'P'는 뉴스의 취재 과정 Process을 의미한다.

이 정의는 핵심적으로 전문적인 훈련을 받은 저널리스트가 공동체에 포함된 공중에게 정치적·사회적·문화적·경제적 발전에 대한 정보와 교육을 제공하기 위해 뉴스와 정보를 연구, 수집, 준비, 전파하는 방법을 의미한다. 아마추어 저널리스트는 언론기관에 속해 있지 않고 시장과 독립적으로 활동하는 경우가 많지만, 대체로 비슷한 일을 할 수 있다. 아마추어 저널리스트들은 특히 최소한의 자본으로 수용자를 확보하고 도달할 수 있는 다양한 플랫폼과 기술을 통해 저널리즘에 참여하고 있다.

아마추어 저널리스트도 '시민 저널리즘'(Mpofu, 2015; Nah and Chung, 2020 참조)의 정의를 따른다. 아마추어 저널리스트들은 공중에게 중요한 순간에 공적 사건을 목격하고 기록하는 사람을 의미한다. 시민 저널리즘, 참여 저널리즘(Mabweazara and Mare, 2021) 또는 정보의 병행 시장(Moyo, 2009)은 플랫폼 시대에 폭발적으로 성장했다. 2022년 러시아의 우크라이나 침공을 생각해 보자. 시민 저널리스트들은 방공호에서 보도했고, 민간인을 대상으로 집속탄을 사용하고 병원을 포함한 민간 목표물을 향한 파괴적 폭격 등의 전쟁범죄를 기록했다. 정보를 생산하고 전파하는 플랫폼을 포함한 디지털 기술을 통해 활성화되고 권한을 부여받은 시민 저널리스트는 전문 저널리스트가 접근할 수 없거나 전문 뉴스가 지역사회의 요구를 충족시키지 못하는 사건, 장소 및 상황에 대한 직접적 설명을 제공한다(Miller, 2019). 이런저런 사건들은 사람들을 시민 기자로 만든다. 예를 들어 미국에서 경찰이 흑인을 살해한 장면을 휴대전화로 실시간 기록한 것을 떠올려 보자(Richardson, 2020). 때로 시민 저널리스트는 활동가이거나 지역사회에 뿌리를 두어 독특한 관점을 지닌 경우도 있다. 또 다른 시민 저널리스트들은 적시에 적절한 장소에 있으면서 소셜미디어와 기타 디지털 네트워크의 출현을 최대한 활용해 정보와 뉴스를 보고하고 배포한다.

디지털 기술과 플랫폼은 아마추어와 시민이 이러한 역할을 수행할 수 있는 더 많은 기회를 제공하며 저널리즘에 혁명과 혼란을 일으키고 있지만, 언론기관의 목적은 거의 동일하게 유지되었다. 저널리스트는 공중의 일부에게 진실을 말해야 할 의무가 있다(Balod and Hameleers, 2021). 그러나 저널리스트가 진실을 말하는 방법은 뉴스 미디어, 이데올로기, 정체성에 따라 크게 달라질 수 있으며, 이는 저널리스트가 속한 정치 및 미디어 시스템에 따라 형성된다. 일부 저널리스트와 뉴스 미디어는 자신의 역할이 단순히 공중에 대한 팩트를 생산하고, 수용자에게 제공하는 것이라고 믿는다(그들은 애초에 어떤 것들이 '팩트'와 '공적 생활'로 간주되는 근거에 대한 정치적 측면을 무시함). 다른 사람들에게 진실을 전달하는 일은 논쟁을 벌이고 어떤 커뮤니티를 대표하는 것을 의미한다. 이들에게는 어떤 팩트가 중요하고 그것이 무엇을 의미하는지에 대한 관점을 갖는 것이 팩트 자체만큼 중요하다.

또 다른 사람들에게 저널리즘은 진실을 말하는 것뿐만 아니라 잘못된 점을 해결하기 위한 정책의 개입을 알리거나 정부의 조치를 촉구하기 위해 공중의 관심을 끄는 등 진실에 따라 행동하는 것이기도 하다. 저널리스트가 진실을 말할 수 있는 정도와 진실을 말하는 방법은 이들의 소속, 이들이 속한 국가의 정치 및 미디어 시스템, 저널리스트로서 가치, 경험 및 지위에 따라 달라진다. 예를 들어 테넨보임-와인블라트(Tenenboim-Weinblatt, 2014)는 이스라엘 저널리스트와의 인터뷰를 통해 2011년과 2012년 이스라엘의 시위 보도가 어떻게 광고주와 편집자의 영향을 받는지를 보여주었다.

진실되고 중요한 것이 무엇인지 확인하기 위해 저널리스트는 다양한 형태의 데이터를 분석하고, 정보원과 대화하며, 다른 뉴스 미디어가 보도하는 내용을 모니터링하고, 중요하고 뉴스 가치가 있다고 생각하는 내용을 선택하고 구성해 청중과 독자 네트워크에 전파한다. 전 세계 대부분의 저널리스트는 출처와 데이터를 주의 깊게 확인하는 것을 전제로 사실적이고 권위 있는 뉴스를 작성하는 프로젝트에 참여하고 있다. 이 모든 것은 특정 규칙과 규범을 따라 제도화되고 전문적인 뉴스 제작 방식으로 행해진다. 물론 저널리즘은 완벽하지 않으며 실수도 일어난다. 그러나 저널리즘이 진실을 약속하는 것보다 중요한 것은 없다. 진실이란 정보를 올바르게 게시하려는 의도, 정보를 게시하기 전에 신중하게 검증 및 확인하고, 사실과 의견을 분리하려는 의도를 의미한다. 그러나 이 과정에서 저널리즘의 핵심 질문은 누구의 진실인지와 무엇이 진실을 구성하는지다.

진실을 보도하는 것이 얼마나 복잡한지 이해하기 위해 선거를 살펴보겠다. 많은 나라에서 선거운동이 뜨거워지고 있다. 투표에 참여하는 많은 지도자와 후보자는 때로 증거 없이 민주 선거의 공정성과 적법성에 의문을 제기했다(예: 도널드 트럼프). 하지만 때로는 투표에 이의를 제기하는 것이 합법적인 경우도 있다. 2021년 대선에서 당선되어 이미 36년을 이어온 임기를 더 연장하려던 콩고공화국의 드니 사수 응게소 Denis Sassou Nguesso 대통령에 대한 투표가 조작되었다는 주장이 제기되었다. 두 경우 모두 저널리스트들은 중요한 결정을 내려야 했다. 유력한 정치 지도자들이 투표의 조작(트럼프), 혹은 투표의 공정(응게소)을 주장했다는 것은 사실이다. 저널리스트들은 두 당이 선거에서 승리했다고 주장하는 사실을 보도하는가? 아니면 선거 절차를 독립적으로 보도하고 공정성을 판단하는가? 투표에 참여하는 사람들을 초당파 선거 관리관과 동등하게 취급하는가? 아니면 한 목소리를 다른 목소리보다 더 잘 들리게 하는가? 이 모든 것들이 혼합되어 있는 것인가?

이는 저널리스트들이 매일 직면하는 질문이며, 때로는 심각한 결과를 초래할 때도 있다. 예를 들어 폴 비야 대통령이 1975년부터 집권하고 있는 서아프리카의 카메룬처럼 오랫동안 정치 선동가들의 본거지인 국가에서 진실을 추구하는 저널리스트들은 국가의 어용 민병대와 보안군의 표적이 된다. 비야와 그의 추종자들은 자신들만의 진실을 선호한다. 하지만 그 나라의 많은 저널리스트들은 그들의 지도자가 세계에서 가장 나이 많은 대통령 중 하나가 될 정도로 오랫동안 권력을 유지하게 되면, 진실은 대통령궁으로부터 나오지 않는다는 것을 분명히 알고 있다.

주목할 사례

2022년 3월 블라디미르 푸틴 러시아 대통령은 우크라이나 침공 직후에 새로운 미디어법을 도입했다. 이 법은 우크라이나 전쟁에 대한 '거짓 정보'를 게시한 혐의를 들며, 그 위반자들에게 15년의 징역형을 선고할 것이라고 위협했다. ≪뉴욕타임스≫의 표현처럼 처벌 대상인 거짓 정보에는 "전쟁"이라는 단어의 불법적 사용처럼 저널리스트들이 플랫폼에서 "새로운 극단적 검열"을 받으면서 하려는 주장들이 포함된다 (Troianovski and Safronova, 2022). 그 결과 많은 저널리스트가 러시아를 떠났고 독립 언론들은 문을 닫았다.

해마다 국경없는기자회Reporters Without Borders(〈그림 2〉 참조)는 전 세계의 언론 자유를 평가해 언론자유지수Press Freedom Index를 발표한다. 2022년 발표를 보면 미국(42위)과 영국(24위)은 이 지표에서 상위 20위 안에도 포함되지 않은 반면에 중앙아메리카 국가인 코스타리카는 상

그림 2 국경없는기자회의 언론자유지수(2022년)

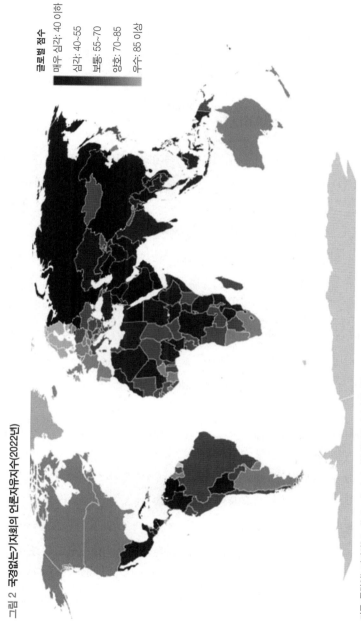

글로벌 점수
매우 심각: 40 이하
심각: 40~55
보통: 55~70
양호: 70~85
우수: 85 이상

자료: 국경없는기자회(http://rsf.org/en/index)를 참조해 저자가 작성함.

위 10위 안에 들었다. 175~180위(하위 6개 국가)를 차지한 국가는 중국, 미얀마, 투르크메니스탄, 이란, (아프리카의) 에리트레아, 북한이다. 미디어 자유와 연례 보고서 출판을 비교하는 다른 유용한 지표로는 프리덤하우스Freedom House의 언론자유지수Press Freedom Index와 인터넷자유지수Internet Freedom Index가 있다. 저널리스트가 보도로 인해 직면하는 결과에 대한 많은 예가 있다. 국경없는기자회는 2003~2022년에 전 세계적으로 1668명의 저널리스트가 살해되었다고 주장한다. 예를 들어 2020년 11월 미국의소리Voice of America: VOA를 비롯한 많은 국제통신사에서는 약 1000명의 저널리스트와 시위대가 벨라루스에서 체포되었다고 보도했다. 장기 집권 통치자인 알렉산더 루카셴코Alexander Lukashenko가 국제적 항의를 받으면서도 자신의 승리를 주장한 논란의 대선이 있은 지 불과 몇 달 후였다. 이 책을 쓰는 시점에도 여전히 교도소에 갇혀 있는 16명을 포함해 최대 60명의 저널리스트가 국가 요원의 구타에 대해 불만을 토로한 것으로 보고되었다(Plotnikova, 2020). 미국의소리는 저널리스트에 적용된 혐의로 '불법 불복종'이나 '미승인 행사 참여'가 포함된 것으로 보도했다(Plotnikova, 2020).

주목할 사례

1994년부터 집권한 벨라루스의 알렉산더 루카셴코는 유럽의 마지막 독재자로 반대 의견을 완전히 무시했다. BBC와 AP통신Associated Press 등 유명한 국제 언론 매체에서 일하는 저널리스트들은 과거 아이스하키를 좋아하는 권위주의적 대통령 체제하의 경찰에 의해 구금된 바 있다. 루카셴코는 벨라루스 당국이 반정부 저널리스트인 로만 프로타세비치 Raman Protasevichi를 체포할 수 있도록 라이언에어 항공기를 회항하도록 강제한 일로 2021년 6월 뉴스에 다시 등장했다. 가장 극단적으로 전체주의적인 국가 중 하나인 벨라루스는 미국과 유럽연합의 제재 목록에 들어 있다.

3. 저널리즘과 정치의 연관성

직업과 관련된 많은 위험과 공중의 신뢰 위기에도 불구하고, 저널리스트들은 자신의 이야기를 전달할 수 없는 사람들의 이야기를 전하는데 자신의 삶을 바치고 있다. 어떤 지역에서는 당연할 수 있지만 다른 지역에서는 항상 이용할 수 없는 것도 있으므로, 이러한 역할이 저널리즘에서 중요한 점이다. 실제로 자유주의 사회의 핵심 기관(그리고 저널리스트 자신)은 저널리스트를 표현의 자유와 관련한 핵심적 인권의 수호자로 보는데, 이는 저널리스트가 타인의 이야기를 들려주는 것을 포함한 일상적 실천을 통해 옹호하려는 것이다.

주목할 사례

2021년 노벨 평화상은 저널리스트 마리아 레사Maria Ressa(필리핀)와 드미트리 무라토프Dmitry Muratov(러시아)에게 수여되었다. 필리핀과 러시아는 저널리스트들이 자신의 업무를 수행했다는 이유로 비판을 받아온 두 국가다. 노벨 위원회는 "민주주의와 항구적 평화의 전제 조건인 표현의 자유를 수호하려는 그들의 노력"을 인정해 수상자를 선정했다고 밝혔다. 이는 특히 저널리스트들이 정치적·사법적 괴롭힘으로 인해 기자의 권리에 대한 지속적인 적대감에 직면하는 시대와 사회에서 저널리즘의 중요한 역할과 공중에 대한 헌신을 보여준다. 저널리즘을 억압하려는 사람들에게도 중대한 결과는 생긴다. 2018년 슬로바키아 총리 로베르트 피초Robert Fico는 탐사 보도 기자인 얀 쿠치악Ján Kuciak 과 그의 약혼자 마르티나 쿠스니로바Martina Kušnírová를 정치적 동기로 살해한 이후 사임했다.

아마도 공중에 대한 언론의 힘은 선출직 공무원과 정부 요원에게 책 임을 묻는 데 지속적으로 도움을 준다는 점에 있다. 세계의 유명 정치 인들도 저널리스트 실종 사건에 대한 조사가 진행되거나 이들의 사건 이 대대적으로 보도된 후에는 사임할 수밖에 없었다.

주목할 사례

몰타에서는 조지프 무스카트Joseph Muscat 전 총리의 비서실장인 키스 쳄브리Keith Schembri와 관광부 장관 콘라드 미치Konrad Mizzi가 2017년 탐사 취재기자 다프네 카루아나 갈리치아Daphne Caruana Galizia의 차량 폭탄 암살 사건에 연루된 조사를 받은 후 사임해야 했다. 오스트리아 에서는 제바스티안 쿠르츠Sebastian Kurz 총리를 뇌물 수수 및 횡령 혐 의와 연관시키는 언론 보도가 나오자 쿠르츠는 결국 2021년 10월 사임 했다.

아주 기본적인 수준에서 볼 때 저널리즘과 정치는 서로 영향을 미친 다. 저널리즘은 민주적 통치의 전제 조건이다. 정치적·사회적 맥락, 위 기, 정치적 문제, 공적 쟁점에 대한 신뢰할 수 있는 정보가 없으면 정부 및 정치 행위자, 이익 단체, 시민 등이 정책 의제의 우선순위를 정하고 결정을 내리며 협력해 문제를 해결하는 것이 더 어려워질 것이다. 실제로 저널리즘 없이는 사회의 실체를 즉각적으로 파악하기 어렵다. 저널리즘은 사회의 목소리와 불만을 모아 정치를 가능하게 하며, 사회에 다시 반영하는 핵심적 매개자 역할을 한다. 시민들은 또한 권력층에 책임을 묻고, 스캔들과 부패를 폭로하며, 국민의 요구에 대한 반응이 없는 사안들에 대해서는 관심을 끌고, 권위 있는 사람들의 행동을 불러일으키기 위해 저널리즘이 필요하다. 많은 연구는 저널리스트가 정치적 일상에서 게이트키핑Gatekeeping, 의제 설정, 프레이밍이라는 세 가지 필수 기능을 수행하는 방법에 중점을 두었다. 그리고 이러한 기능과 그 수행 방식은 플랫폼 시대에 변화가 있었겠지만(Entman and Usher, 2018) 여전히 중요하며 주목할 가치가 있다.

게이트키핑이란 공중이 세상에 대한 지식과 이해를 형성하는 중요한 결정을 내리는 저널리스트의 힘을 말한다. 저널리스트가 보도할 수 있거나 해야 하는 것보다 현실 속에서는 더 많은 일이 매일 일어난다. 시간은 제한되어 있으므로(이전의 시대에는 공간도 제한됨), 사회가 관심을 기울이는 부분에 대한 게이트를 지키고 공중의 관심 밖에 남아 있을 부분을 결정한다. 게이트키핑은 "특정 정보가 게이트를 통과하거나 언론의 관심에서 차단되는 방법과 이유를 설명하면서, 사건들이 매스미디어에 의해 다루어지는 강력한 과정을 설명한다"(Shoemaker and Vos, 2009: 1).

게이트키핑은 매우 유용한 과정이다. 저널리스트들은 공중의 관심을 받을 수 있고 가치가 있는 뉴스를 선택함으로써, 매일 공중의 의식에 쏟아지는 정보의 양을 줄이는 동시에 (이상적으로는) 정크, 어처구니없는 "헛소리"(Frankfurt, 2009)를 차단한다. 빔버와 드 주니가(Bimber and

De Zúñiga, 2020)는 이러한 현상을 두고 "인식론적 편집"을 수행한다는 표현을 썼다. 플랫폼 시대에는 신뢰할 수 있지만 언론기관이 아닌 소셜미디어의 뉴스 및 정보 큐레이터(예: 영향력 있는 사람 또는 특정 전문 분야의 오피니언 리더)를 포함해 게이트키핑에 관여하는 더 많은 행위자가 있다. 메라즈와 파파차리시(Meraz and Papacharissi, 2016)는 이것을 "네트워크화된" 게이트키핑이라고 부른다. 호주의 학자 브런즈(Bruns, 2005; 2018년에 업데이트됨)도 인터넷 시대에 게이트워칭gatewatching이라는 2차 관행이 등장했다고 주장했다. 이는 주류 미디어 저널리스트가 공중에게 전달되는 정보를 선택하는 반면, 다른 부류의 저널리스트, 시민 저널리스트, 블로거 및 소셜미디어 사용자들은 보도의 범위를 확장 또는 공유하면서 주류 미디어의 보도를 모니터링하고, 비판하며, 논평하고 있음을 의미한다.

의제 설정은 저널리스트의 뉴스 선택, 그리고 이것이 여론에 미치는 영향에 관한 것이다. 의제 설정은 미디어의 핵심 쟁점(저널리스트가 다루고 있으며 중요하다고 인식하는 주제)과 정치의 핵심 쟁점(공중이 생각하는 주제 또는 정치적 의제, 즉 정치 엘리트가 중요하다고 인식하는 주제) 간의 관계를 나타낸다. 콜리마넷 등(Colemanet al., 2008: 167)은 "의제 설정은 매스미디어가 특정 쟁점을 빈번하고도 현저하게 제시함으로써 다수의 공중이 해당 쟁점을 다른 쟁점보다 더 중요하다고 인식하게 되는 과정"이라고 설명했다. 다시 말해 쟁점이 더 많이 보도될수록 사람들에게 더 중요한 것으로 인식된다는 말이다.

의제 설정은 저널리즘 연구와 정치 커뮤니케이션에서 필수적 개념 중 하나다. 지난 수십 년 동안 이 이론은 연구자들이 '미디어 의제 설정'(가장 중요한 문제에 대한 인식을 엘리트 미디어에서 다른 미디어로 전달함)과 '2차 의제 설정'(미디어가 단순히 의제만 제시하는 것이 아니라 의제의 현저한 속성을 강조함)을 자세히 설명하며 더욱 확장되었다.

프레이밍은 미디어 이용자에게 뉴스나 정보를 해석하기 위한 프레임워크를 제공하는 반면에 2차 의제 설정은 정보의 특정 속성을 강조한다. 또한 의제 설정은 수량과 관련되어 있는데, 즉 미디어가 특정 문제에 대해 얼마나 자주, 얼마나 눈에 띄게 보도하고 이를 공중이나 정치 행위자의 의제로 만들어가는지에 관한 것이다. 의제 설정은 어떤 문제가 다른 문제보다 더 중요한지, 정치인이 더 긴급하게 처리해야 하는 문제는 무엇인지에 대한 인식 형성을 포함해 미디어 이용자가 정치와 세상에 대해 생각하는 방식에 영향을 미친다. 플랫폼의 등장으로 네트워크화된 형태의 의제 설정이 가능해졌다. 예를 들어 소셜미디어 게시물(예: 인기 있는 트위터 주제)이 국영 및 관영 미디어의 권위주의적 의제 설정에 도전하거나(Fu and Chau, 2014), 문제가 트위터와 방송 간에 순환되는 경우가 있다(Su and Borah, 2019).

프레이밍은 정치 커뮤니케이션 연구에서 매우 자주 사용되는 개념 중에 하나다. 넓은 의미에서 보면 프레이밍은 커뮤니케이션되는 내용에 관한 것이 아니라(Adams and Kreiss, 2021), 이야기가 전달되는 방식, 정보를 이해하기 위한 맥락에서 정보가 제시되는 방식에 관한 것이다(Scheufele and Iyengar, 2014; Scheufele, 1999 참조). 프레이밍 연구에서 가장 영향력 있는 학자 중 한 명인 엔트먼(Entman, 1993: 52)은 프레임을 만든다는 것은 "설명된 항목에 대한 특정 문제의 정의, 인과관계 해석, 도덕적 평가, 대책의 추천 등을 촉구하기 위해 인식된 현실의 일부 측면을 선택하고, 이를 텍스트에서 더욱 부각시키도록 만드는 것"이라고 주장했다. 프레임은 ① 문제를 정의하고, ② 원인을 진단하며, ③ 도덕적 판단을 내리고, ④ 대책을 제안한다. 엔트먼은 또한 프레임이 "다수의 사람이 문제를 어떻게 인지하고 이해하며 기억하는지, 그리고 어떻게 평가하고 선택하는지 등을 결정하기 때문에"(1993: 54) 프레이밍의 영향력을 강조했다.

예를 들어 시위를 생각해 보자. 시위에 대한 보도는 위태로운 문제(시민권 또는 기후변화)에 초점을 맞출 수도 있고, 시위 참가자를 교통 혼잡을 일으키고 거리에 쓰레기를 내놓는 말썽꾼으로 비출 수도 있다. 실제로 연구에 따르면 매스미디어는 특히 시위자가 비지배적 집단의 구성원인 경우 적대적이고 부정적인 프레임으로 시위를 다루는 경향이 있는 것으로 나타났다(Harlow et al., 2017; 2020). 아니면 이주를 사회적 문제로 생각해 보자. 저널리스트들은 이주에 대해 더 많은 다양성, 더 많은 노동력을 확보할 수 있는 사회의 기회로 묘사할 수도 있고, 통합 문제, 복지 시스템에 대한 압력 등 사회의 골칫거리로 쓸 수 있다.

이러한 예는 모두 프레임을 보여준다. 최근 학자들은 프레이밍이 매스미디어 시대보다 훨씬 더 다양한 행위자가 활동하는 소셜미디어 플랫폼에서도 발생한다는 사실을 보여주었다. 예를 들어 유명하거나 인기 있는 이용자는 네트워크 내에서 엘리트 지위로 승격될 수 있으며, '네트워크화된' 프레이밍(Meraz and Papacharissi, 2016)을 통해 현실을 인식하거나 지배적 프레임에 도전하는 프레임 '경쟁'(Knüpfer and Entman, 2018; Knüpfer et al., 2022)을 한다.

저널리스트는 여론을 형성하는 세 가지 핵심적이고 서로 얽힌 방식인 정치적 정보를 관리하고, 의제를 설정하며, 구성한다. ① 게이트키핑을 통해 대중에게 접근할 수 있는 정보(및 눈에 띄지 않는 정보를 포함함)를 선택한다. ② 선택한 문제를 자주 다루며 의제 설정을 통해 해당 문제에 중요성과 긴급성을 부여한다. ③ 그리고 마지막은 쟁점을 프레이밍하는 것인데, 이는 공중이 이해하는 방식을 형성하는 것이다.

플랫폼의 등장은 저널리즘의 영향력을 재편했다. 저널리스트들은 여전히 이러한 모든 기능을 수행하고 있다. 이들은 정보를 선택하고, 보도 빈도와 프레임을 결정한다. 그러나 이들은 이제 더 이상 혼자가 아니며, 공중에 대한 접근을 통제할 수 있는 위치라는 유일하고도 특권적 역할을 상실한 듯 보인다. 이제 저널리즘은 우회될 수 있으며, 소셜 미디어의 인기 있는 인플루언서 등의 새로운 게이트키퍼와 의제 설정자가 무대에 등장했다. 당파 및 이데올로기적 행위자와 같은 더 넓은 의미에서의 저널리스트도 마찬가지다. 집에서 틱톡 비디오를 스트리밍하는 10대들은 저널리스트보다 더 많은 청중을 가질 수 있고, 활동가들은 자신의 시위 사건을 취재하고 보도하며, 정치인들은 소셜미디어를 이용해 유권자와 직접 대화하고 있다. 매우 중요한 것은 저널리스트들의 관심을 끌 의제와 프레임을 설정한다는 점이다.

4. 저널리즘과 가짜 뉴스의 관계

더 많은 행위자가 미디어 생태계에 진입하면서 최근 몇 년간 연구자들은 가짜 뉴스 생태계fake news ecosystem, 허위정보pseudo information(Kim and De Zúñiga, 2020) 및 허위 저널리즘pseudo journalism의 증가하는 증거를 기록하고 분석했다(Egelhofer and Lecheler, 2019). 가짜 뉴스라는 용어는 방대하지만 여기서 다룰 가치가 있다. 어떤 차원에서는 가짜 뉴스란 연구자들이 문자 그대로 거짓 정보로 이해하는 것과 저널리즘의 이름하에서 선정적 정보, 반쯤 사실이거나 모호한 주장, 정치적 또는 경제적 이익을 위해서 청중을 오도하거나 속이는 행위 등 오정보 또는 프로파간다를 사용하는 것을 의미한다. 동시에 가짜 뉴스는 합법적 뉴스 조직과 정확한 보도를 '가짜'로 몰아 언론의 사회적 책임을 훼손하려는 정치 엘리트의 손에서 무기화되는 용어이기도 하다(Polletta and

Callahan, 2019). 학자들은 또한 과도하게 정파적인 저널리즘에 대해 우려하고 있다(Heft et al., 2020; Rae, 2021; Wischnewski et al., 2021). 미국의 맥락에서 머혼과 나폴리(Mahone and Napoli, 2020)는 이를 "주 및 지역 보도로 가장한 정파 언론"으로 정의하고 정부 관료, 정치 후보자, 정치활동위원회Political Action Committee: PAC, 정당 요원 등에게 자금을 지원하고 운영하는 400여 개의 정파 언론을 찾아낸다(Wischnewski et al., 2021).

학자들은 뉴스 미디어 생태계와 관련해 합당한 우려를 많이 지적했지만, 전략적 정치 행위자들은 팩트를 상대적이고 협상 가능하며 주관적인 것으로 만들면서, 또한 책임을 회피하기 위해 '대안적 사실'이니 '탈진실의 시대'니 하는 돼먹지 않은 개념을 사용한다(Ladd and Podkul, 2019; Waisbord, 2018). 제10장에서 허위조작정보에 대해 더 자세히 논의하지만 여기서는 전 세계 저널리스트들이 팩트 체크 운동을 통해, 지식 생산 기관과 직업을 향한 점점 커지는 도전에 대응해 왔다는 점에 주목하려고 한다. 팩트 체크는 독립적 검증 및 분석을 통해 정치 지도자의 주장을 평가(단순히 보고하는 것이 아님)하는 명확한 입장을 취한다(예: Walter et al., 2020). 이는 권력자들에게 책임을 묻기 위해 구체적으로 고안된 사실적이고도 권위 있는 보고를 수용하는 것이다.

5. 저널리스트와 공중의 관계

저널리즘과 뉴스가 만들어지는 방식에 대한 지식은 고품질 뉴스를 가짜 뉴스, 사이비 저널리즘, 허위조작정보와 구별하는 데 핵심일 뿐만 아니라 사람들이 뉴스 미디어를 선택하는 방법에도 중요한 역할을 한다. 슐츠 등(Schulz et al., 2022: 18)은 다음과 같이 쓰고 있다.

서구 다섯 개 국가의 온라인 설문 조사 데이터를 통해 볼 때, 우리는 뉴스 미디어가 뉴스를 생성하는 과정에 대한 지식은 소셜미디어를 뉴스 소스로 사용하는 것과 정적(+)으로 연관되어 있지만, 이를 기본 소스 혹은 유일한 소스로 사용하는 것과는 부적(-)으로 연관되어 있음을 발견했다. 뉴스 생성 과정에 대해 더 많이 알수록, 소셜미디어가 뉴스 미디어 레퍼토리를 확장할 기반이 될 뿐만 아니라 소셜미디어를 다른 정보 소스와 결합하는 것이 합리적이라는 것을 이해하게 되었다.

저널리스트는 전 세계 공중과의 관계에서 수많은 위기에 직면하기 때문에 이 점은 중요하다. 언론에 대한 강력한 자유가 있고, 표현에 대한 보호가 있는 국가에서도 저널리즘은 또 다른 위기에 직면하기 마련이다(García-Avilés, 2021; Nielsen, 2016; Russianal et al., 2015; Strömbäck et al., 2020; Williams, 2017). 특히 저널리스트에 대한 정치적 공격이 강화되는 중에 이러한 국가들에서의 저널리즘도 경제적 위기와 저널리스트에 대한 공중의 신뢰 하락을 경험한다(Reuters Institute for the Study of Journalism, 2022). 그럼에도 불구하고 학자들은 저널리즘에서 이러한 위기를 보편화하는 것에 대해 경고하기도 했다. 이러한 위기에 대한 논쟁을 무츠바이로 등(Mutsvairo et al., 2021)은 "장기적이고 지루한" 일이라고 말했고, 저널리즘의 세계화에 대한 위기감 때문에 인도, 아프리카 및 라틴아메리카 등 일부 지역에서 저널리즘이 활성화되고 있다는 점을 간과하고 있다고 주장했다. 저널리즘의 위기는 언제 어디서든 발생할 수 있지만 전 세계적으로 항상 같은 상황은 아닐 것이다.

그렇기는 하지만 많은 국가에서 저널리즘에 대한 공중의 신뢰가 하락하고, 저널리즘이 정치화되는 것은 부분적으로 미디어 및 기술의 변화와 관련이 있다. 온라인 콘텐츠 생산을 가능케 한 새로운 메커니즘

덕분에 디지털화는 전 세계 국가들에서 저널리즘이 운영되는 방식을 근본적으로 변화시켰다. 이용자 창작 콘텐츠User-Generated Content: UGC 는 시민 저널리즘과 나란히 존재하며, 이는 공중이 정보 출처를 파악하기 더 어렵게 되었음을 의미한다. 테크놀로지는 새로운 속도와 효율성, 배포 메커니즘, 여론 형성 등 저널리즘이 운영되는 방식을 빠르게 변화시키며 공중의 신뢰에 잠재적 영향을 준다(Braun, 2013; McGregor, 2019; Usher, 2016 참조). 그리고 오늘날의 저널리스트는 소셜미디어 플랫폼을 비롯한 테크놀로지로 형성된 영역을 탐색하기 위해 새로운 테크놀로지가 필요하게 되었고, 저널리즘은 디지털 광고로의 전환이 일어나고 있는 미국과 같은 국가에서 새로운 경제적 압력과 정치의 국유화에 직면하고 있다. 미국과 서유럽 일부 지역에서 지역 뉴스와 지방 뉴스가 줄어드는 중에(보조금을 통해 저널리즘 산업을 잘 보호하는 국가는 예외) 유력한 전국적 및 글로벌 규모의 매스미디어가 자리를 잡았고, 이는 엘리트 저널리즘과 엘리트를 위한 저널리즘이 되어가고 있다(Usher, 2021).

몇 가지 예를 살펴보겠다. 플랫폼의 어포던스는 저널리스트의 가치 변화를 가져올 정도로 업무에 영향을 미친다. 악명 높은 예로 '클릭베이트 저널리즘clickbait journalism'(Munger, 2020)이 있다. 큰 글자로 된 눈길을 끄는 헤드라인은 저널리즘에서 오랜 역사를 가지고 있는 반면에(거리의 신문 파는 아이들이 과장되거나 완전히 조작된 헤드라인을 가진 황색신문이나 타블로이드 신문을 팔려고 "호외요, 호외!"를 외치는 장면(DiGirolamo, 2019; Linford, 2022)을 생각해 보자] 디지털 미디어는 뉴스 독자가 어떤 존재인지, 어떻게 그들의 관심을 끄는지에 대한 생각을 바꾸는 데 도움이 되었다(Bosah, 2018; Molina et al., 2021). 20세기 대부분을 지배했던 인쇄 및 방송 저널리즘 시대에 출판사, 기자, 편집자들은 수용자의 크기와 구성을 매우 정확히 파악하고 있었다. 그러나 뉴스가 플랫폼에서 관심을 끌기 위해 경쟁하고, 비즈니스 모델이 고정 구독에서 광고 기반 클릭률로 전환되면서 기사의 헤드라인과 티저teaser가 이전보다 훨씬 더 중요해졌다(Hindman, 2018).

독자가 참조 기사를 클릭하도록 호기심을 부를 만한 정보를 제공하는 커뮤니케이션 전략인 '클릭베이트'를 입력해 보라(Lischka and Garz, 2021). 기사와 헤드라인에 대한 이러한 접근 방식은 기존의 매스미디어, 버즈피드Buzzfeed와 같은 온라인 뉴스 사이트, 타블로이드부터 유사 저널리즘, 급진적 당파 사이트에 이르기까지 모든 사람이 널리 사용한다. 모두가 이 전략을 채택하는 한 가지 이유는 이 전략이 효과가 있기 때문이다. 연구에 따르면 이용자가 헤드라인이나 티저를 읽지도 않은 채, 심지어는 콘텐츠를 클릭하지도 않은 채 소셜미디어 플랫폼에서 콘텐츠를 공유하는 것이 매우 일반적인 일이 되었다(Gabielkov et al., 2016). 2020년에 트위터는 이용자가 링크를 공유하기 전에 먼저 읽도록 유도해 이러한 행동을 완화시키려는 시도까지 했다(Hern, 2020).

저널리스트에게 클릭베이트란 미디어에 클릭 수를 늘려 이용자 수를 늘리고 수입을 늘리는 등 단기적으로는 유익할 수도 있고, 신뢰도와 평판에 위험을 초래할 수 있기 때문에 해로울 수도 있다. 타블로이드 형식의 보도는 공중이 갖는 저널리즘에 대한 신뢰를 감소시켰다는 연구도 있다(Ladd, 2012). 아마도 이 때문에 저널리즘 미디어가 클릭베이트를 제한하고, 클릭베이트의 장단점의 균형을 맞추려고 노력하는 것으로 보고 있다. 예를 들어 리스차카와 가즈(Lischka and Garz, 2021)가 37개 독일의 기존 뉴스 미디어와 트위터, 페이스북에 게시된 기사를 분석한 결과, 클릭베이트 콘텐츠가 빈번하지 않은 것으로 나타났다("페이스북 게시물 중 2~28퍼센트, 트위터에서는 1~3퍼센트"). 클릭베이트의 생산 측면에서 뉴스 미디어마다 큰 차이가 있다. 이들은 또한 "중간 수준의 클릭베이트가 극단적인 것들보다 오히려 더 효과적"임을 보여주었다. 따라서 클릭베이트 저널리즘은 일부 저널리즘 미디어가 어떻게 플랫폼과 이용자 행동의 어포던스를 활용해 하이브리드 정보 생태계에 적응하고, 관심과 도달 범위를 극대화하는 동시에 신뢰성과 평판을 유지하려고 애쓰는지 보여주는 예시가 된다.

앞서 자세히 설명했듯이 플랫폼의 가용성 증가로 사람들은 중요한 정치적 문제에 과거보다 훨씬 더 다양한 목소리를 접할 수 있게 되었다. 특히 비민주적 사회에 살거나 공적 영역에서 배제된 사람들에게는 권한을 부여받은 느낌이 들게 한다. 전통적으로 저널리스트들은 뉴스를 생산하고, 전파할 수 있는 충분한 특권을 가진 유일한 집단이었다. 비민주적 정권은 일단 저널리스트를 침묵시키면 권력을 유지하기 더 쉽다는 것을 알고 있다. 한편 전문 저널리즘에 접근할 수 없는 집단의 경우 그들이 제기한 쟁점들은 정치적 의제가 되지 못했다.

21세기로 접어들면서 역학 관계는 상당히 변화했다(Broersma, 2022; Heinrich, 2012). 우선 저널리즘은 더 이상 정치 지도자들에게 사회적 책임을 묻기 위해 노력하는 주요 정보 제공자가 아니며, 디지털 사회운동과 협력할 수 있게 되었다. 예를 들어 수단의 오마르 알 바시르Omar al-Bashir는 소셜미디어에서 조직된 시위를 비난하고, 그러한 시도가 자신을 권좌에서 몰아내지 못할 것이라고 단언했다. 그러나 활동가와 저널리스트 간의 정보 공유에 부분적으로 힘입은 대규모 시위가 2019년 4월 군부가 주도한 그의 축출에 큰 역할을 했다.

저널리즘은 플랫폼 시대에도 여전히 중요한 역할을 하고 있다. 특히 일부 쟁점(Boydstun, 2013)과 목소리를 증폭시켜, 이를 선출직 공무원, 정치 후보자, 다른 저널리스트, 비정부 조직, 유엔과 같은 국제기구, 외국 정부 등의 미디어 수용자 앞에 제시함으로써 여전히 큰 역할을 하고 있다. 저널리즘은 여전히 후보자의 정치적 신뢰도와 선출직의 지위를 결정하는 중요한 소스가 된다. 저널리스트가 정치인들을 띄워줄 수도 침몰시킬 수도 있기 때문에, 기민한 정치인이라면 저널리스트와 좋은 관계를 유지하는 것이 얼마나 중요한지 알고 있다. 저널리스트가 생산하는 뉴스(소셜미디어에서 향상 및 증폭시키는 내용을 포함함)는 공적 관심을 집중시키고, 중요한 내용을 알리며, 매일 일어나는 뉴스의 믿을 만한 정보 소스를 제공하고, 정치 지도자가 공중을 대표하는 등의 역할을 수행하는 데 있어 여전히 중요하다. 저널리즘은 사회 구성원들이 토론할 아이디어를 형성하고, 정치적 참여의 현실과 목적을 형성하는 데 도움이 된다. 소셜미디어 활동가, 공중, 시민 저널리스트가 생산하고 공유한 뉴스(Allan and Hintz, 2019)는 전문 뉴스 미디어에 의해 증폭되어 여론 형성에 도움이 되며, 정부의 관심거리와 정당의 정책 결정에도 영향을 미친다.

6. 플랫폼 시대 저널리즘의 비즈니스 모델

전 세계 많은 국가에서 저널리스트는 미디어 기술, 소비자 습관 및 광고 모델의 변화로 인한 수익 감소와 싸우면서 어려움에 직면해 있다. 비즈니스 모델은 기업의 수익 모델에 관한 플랜을 제공한다. 전 세계 뉴스 미디어는 생존을 위해 수익원을 점차 다양화해야 했다. 전통적으로 저널리즘의 비즈니스 모델(상업 미디어의 경우)은 세 가지 수익 흐름, 즉 상업광고, 안내광고, 구독에 기반을 두고 있다. 케이블 미디어 시스템의 성장과 미디어 선택의 증가에 따라 1970년대 이후 많은 국가에서 텔레비전 저널리즘과 신문의 광고 수익이 계속해서 감소해 왔다.

인터넷, 크레이그리스트와 같은 웹사이트, 이베이eBay, 에어비앤비 Airbnb, 틴더Tinder와 같은 전문 플랫폼의 출현에 따라 안내광고는 점차 온라인으로 이전되었다. 구글과 메타 같은 기업은 수용자의 시간, 관심 및 매출 등의 큰 부분을 차지하며 광고주도 이를 수용한다. 그리고 많은 국가의 시민들이 뉴스 사이트의 무료 콘텐츠에 익숙해지고, 소셜 미디어 플랫폼에서 "뉴스가 나를 찾아주는" 방식에 익숙해졌으며, 뉴스 웹사이트의 검색을 중단하고, 정보가 풍부하다는 압도적인 인상을 받거나(Bergström and Belfrage, 2018), 재정적 어려움을 겪게 되면서(비록 이러한 현상이 국가마다 존재하는 정도는 매우 다양하지만)(Reuters Institute for the Study of Journalism, 2022 참조) 많은 뉴스 미디어의 구독이 불안정해졌다(De Zúñiga et al., 2017). 예를 들어 「로이터디지털뉴스보고서Reuters Institute Digital News Report」(Reuters Institute for the Study of Journalism, 2022: 19)에서 조사한 20개 시장 중 평균 17퍼센트의 시민만이 온라인 뉴스에 돈을 지불했는데, 노르웨이가 41퍼센트로 가장 높았고 영국이 9퍼센트로 조사 대상 20개국 중 가장 낮았다.

따라서 기술, 비즈니스, 수용자의 변화에 따라 레거시 미디어가 수십 년간 수익을 얻어온 방식이 붕괴하기 시작해, 관련자들이 생존 방안을 모색하게 되었다(Marín-Sanchiz et al., 2021). 이에 대응해 여러 디지털 혁신이 실험되었다(Pavlik, 2022). 반 데르 베켓 등(Van der Beeket et al., 2005)은 유료 콘텐츠와 페이월Paywall(유료 구독자가 아니면 기사 열람을 차단하는 시스템)이 저널리즘의 미래를 지배할 것이라고 오랫동안 예측했으며, 이는 우리가 지금 보고 있는 현실이 되었다. 앞서 설명했듯이 미국의 버즈피드와 같은 일부 미디어는 클릭베이트 헤드라인을 수용해 대규모 이용자를 구축했다(Lischka and Garz, 2021). ≪뉴욕타임스≫ 등 다른 회사는 이벤트를 수용하고 레거시 신문과 함께 다양한 이메일 뉴스 레터, 팟캐스트, 퍼즐, 요리 및 운동 라이프 스타일 브랜드와 같은 전문 콘텐츠를 생산하는 광대한 멀티미디어 제국으로 성장했다. 또 미국에 본사를 둔 악시오스Axios의 '똑똑한 간결함smart brevity'과 같이 저널리즘의 형태 자체도 실험되었다. 동시에 전 세계적으로 작가들은 구독하는 독자들과 개별적으로 수익을 창출하는 관계를 구축하기 위해 이메일 뉴스 레터로 눈을 돌렸다. (지난 몇 년 동안 유럽의 많은 국가에서 미디어에 대한 정부 지원이 감소하고 있음에도 불구하고) 일부 국가에서는 정부가 어려움을 겪고 있는 미디어를 유지하기 위해 언론 보조금을 두 배로 늘렸다(Neff and Pickard, 2021).

또 다른 저널리즘 미디어는 기반을 둔 지역사회와 더욱 긴밀하게 협력하기 시작했다. 글레이저(Glaser, 2020)는 영국 브리스톨 케이블Bristol Cable•이 협동조합으로 변모해 회원들이 자금을 조달할 수 있게 하고 출판과 관련된 주요 결정에 발언권을 갖게 한 사례를 소개한 바 있다. 일부 신생 기업과 신문 및 기타 미디어는 대안적 비즈니스 모델로 비영리단체를 수용하고 있다. 많은 국가에서 비영리단체는 공적 책무를 수행하면서 면세 혜택을 누린다. 비영리 벤처가 된 ≪솔트레이크트리뷴Salt Lake Tribune≫, ≪시카고리더Chicago Reader≫ 등의 신문이 그 예다 (Glaser, 2020). 루케(Rourke, 2019)는 독자의 충성도에 보상하는 혁신적 기술을 언급했다. 예를 들면 인도에서 ≪타임스 인터넷리미티드Times Internet Limited≫는 독자의 기사 읽기, 비디오 시청, 댓글 달기, 게시물 공유 등에 대해 타임포인트timepoint로 보상하는데, 이는 나중에 여행, 음

• 2014년 영국 브리스톨에서 시작한 독립 미디어다. 탐사 저널리즘을 추구하며 인쇄물과 웹사이트를 통해 지역 뉴스를 독자에게 무료로 제공한다(https://the bristol cable.org) _ 옮긴이 주.

식, 패션, 라이프 스타일 등의 매력적인 옵션에서 쓸 수 있다. 블록체인blockchain 기반의 플랫폼을 활용한 커뮤니티 기반의 참여 이니셔티브는 미디어 산업의 지속 가능한 성장을 위한 또 다른 방법이다(Voinea, 2019 참조). "분산되고 변경 불가능하며 누구나 공개적으로 이용할 수 있는 방식으로 거래를 기록하는 테크놀로지"(Erkkilä, 2018: 3)로 정의된 블록체인은 저널리즘에 더 많은 투명성을 보장할 잠재력이 있는 것으로 이해된다(Ivancsics, 2019).

기부 기반의 저널리즘도 가시화되고 있다. 크라우드펀딩crowdfunding은 추가적(대부분의 경우에 이것이 유일한 수입원은 아님) 수익원이 되었다. 이 방법의 장점은 분명한데, 다수의 소액 기부를 통해 전체 조직이 아닌 특정 콘텐츠 제작을 지원하고 수익을 쉽게 축적할 수 있는 방법을 제공한다. 이를 통해 저널리스트는 잠재적인 기사가 공개되기 전에 공중의 관심을 어느 정도 불러일으키는지 평가할 수도 있다(Aitamurto, 2019). 크라우드펀딩 뉴스 미디어의 대표적인 예로 네덜란드의 (2013년 설립된) 드코레스판던트deCorrespondent와 우크라이나의 (2022년 설립된) ≪키이우인디펜던트Kyiv Independent≫가 있다. ≪키이우인디펜던트≫는 뉴스 룸을 통제하려고 한 소유주에 대항해 편집 독립성을 수호했다는 이유로 ≪키이우포스트Kyiv Post≫에서 해고된 저널리스트들이 만든 우크라이나의 영어 뉴스 미디어다. 설립 3개월 만에 ≪키이우인디펜던트≫는 2022년 러시아의 우크라이나 침공에 대한 전 세계 독자들의 핵심 정보원이 되었고, 해당 기간에 고펀드미GoFundMe에서 2만 7000명의 개인 기부를 통해 160만 파운드를 모금했다(2022년 8월 1일 기준).

광고 및 구독 비용의 경쟁이 더욱 치열해지면서 정책 결정은 금전적 이익을 따라간다. 거대 미디어 간의 충돌 속에서 최근 호주 정부는 자국의 콘텐츠 게시자가 제공한 콘텐츠에 대해 비용을 내도록 페이스북에 강제하는 조치를 취했는데, 이에 대한 대응으로 페이스북은 호주의 사용자가 플랫폼에서 콘텐츠를 공유하거나 이용하는 것을 차단해 버렸다(Isaac et al., 2021). 페이스북에서 뉴스를 복원하기 위한 합의가 이루어졌음에도 불구하고 이러한 정책 조치와 논쟁은 뉴스 및 정보 시장을 둘러싸고 미디어 산업의 기존 기업과 플랫폼 간의 경쟁이 불가피함을 보여준다. 또한 규제는 궁극적으로 유력한 행위자들의 엇갈리는 주장을 판단하는 어려운 결정을 수반한다. 페이스북이 호주에서 콘텐츠에 대한 비용을 지불하기로 합의했기 때문에(Leaver, 2021), 캐나다와 유럽연합에서도 유사한 법안이 마련될지 시선이 모이고 있다.

프랭클린(Franklin, 2011)의 예측처럼 저널리즘은 어려운 미래에 직면하고 있다. 저널리즘 미디어가 자선적 자본, 정부 또는 지역사회의 지원 또는 유료 고객으로부터 수익을 얻으려면, 저널리즘 기업이 신뢰성과 평판을 유지하고 향상시키는 것이 중요하다(Franklin and Carlson, 2011). 저널리즘의 지속가능성을 보장하기 위해서는 신뢰가 핵심이다(Knudsen et al., 2021).

7. 데이터 저널리즘

저널리즘에 대한 신뢰의 상실은 만연한 일이며 그 원인도 다양하다. 이 문제에 대한 한 가지 잠재적 해결책은 '데이터 저널리즘'이라는 기치 아래 구체화되었다. 이 주장의 지지자들은 시민들에게 정보를 제공하는 혁신적 방법이자 새로운 비즈니스 전략으로 데이터 저널리즘을 제시했다. 데이터 저널리즘의 개념은 오래되었다. 뉴스 보도에 컴퓨터를 활용한다는 아이디어는 1970년대부터 시작되었으며 컴퓨팅, 네트워킹 테크놀로지 및 처리 능력의 발전으로 새로운 형태의 뉴스 보도에 대한 관심이 폭발적으로 증가했다(Meyer, 2002).

디지털 시대에 저널리즘은 새로운 양적 차원을 갖게 되었다. 학자들은 이를 데이터 저널리즘, 컴퓨터 저널리즘, 컴퓨터 지원 보도 등으로 다양하게 설명했다(Coddington, 2015). 정의는 다양하지만 이 책의 서론의 연구 목적에 따르면 데이터 저널리즘은 프로세스이자 상품인데, 이는 저널리즘 행위의 창조를 위해 데이터를 수집, 정리, 분석, 시각화하고 출판하는 전 과정을 포함한다(Howard, 2014: 4). 데이터 저널리즘은 데이터를 통해 스토리를 찾고 전달하는 것을 의미한다. 데이터 저널리즘이 어떻게 새로운 통찰력을 제공하는지 보여주는 사례들 중에는 코로나19 통계나 소셜미디어의 선거 캠페인과 같은 복잡한 문제를 시각화하는 뉴스 포털의 많은 대시 보드가 있다(Westlund and Hermida, 2021). 데이터 저널리즘을 통해 어떤 기사가 보도되는지, 저널리스트가 이것을 어떻게 구성하는지, 공중에게 어떻게 공개하는지 등에 관한 수용자 분석의 큰 성장이 있었음은 말할 것도 없다(Cushion et al., 2017; Nelson, 2021; Nguyen and Lugo-Acando, 2016).

물론 저널리스트들은 언제나 다양한 형태로 데이터를 사용해 왔다(Anderson, 2018). 데이터에는 공중 보건 통계와 같은 정량적 데이터와 인터뷰와 같은 정성적 데이터가 모두 포함된다. 즉, 많은 저널리스트가 사회생활과 프로세스에 대한 정량적 데이터를 생성하기 위해 플랫폼 앱, 방대한 데이터 세트를 수집하고 분석하기 위한 클라우드 컴퓨팅 등의 다양한 새로운 도구를 사용하고 있다. 데이터는 또한 저널리즘의 실천과 직업에서 기술과 기술자의 역할을 변화시켰다(Weber and Kosterich, 2018 참조). 정보 테크놀로지 전문가는 더 이상 보좌관이나 문제 해결사, 저널리스트가 테크놀로지에 대처하는 데 도움을 주는 정도의 보조 직책이 아니다. 이들은 뉴스 제작에서 핵심 역할을 한다. 최상의 데이터 저널리즘을 통해 저널리스트는 통계와 대규모 데이터 세트를 모아 아시아 지역에서의 코로나19 확산과 미국에서 총기 폭력에 따른 사망을 그래픽으로 시각화하는 등 새로운 방식으로 기사를 전달할 수 있다.

한편으로 데이터 저널리즘과 관련해 유의해야 할 점이 있다. '객관적 데이터'에 대한 신화는 계속 폭로되어 왔다(예: Hong, 2020). 데이터는 사실과 수치의 중립적 모음이 아니라 구성되고 조작화된 결과(복잡한 개념을 정량화가 가능한 관찰로 변환함)이자 근사치다. 데이터는 세상 자체가 아닌 세상의 스냅 숏이라는 점에서 불확실하고 복잡하며 표현된 것에 불과하다. 데이터는 항상 불완전하며 이론, 분석, 기타 데이터와 연계되어야 한다(Hong, 2020). 더욱이 데이터 저널리즘이 공적 담론에 양질로 기여하려면 저널리스트는 양질의 데이터를 처리하고, 데이터와 결과를 모두 이해하며, 비평할 수 있는 자원과 기술에 접근할 수 있어야 한다. 따라서 데이터 저널리즘은 모든 미디어가 이용할 수는 없는 매우 전문적 분야다. 예를 들어 지역 신문은 데이터 저널리즘에 참여할 수 있는 재정적 수단이나 인적자원을 거의 보유하고 있지 않다.

주목할 사례

데이터 저널리즘의 두드러진 사례 중 하나는 파나마 페이퍼스Panama Papers를 중심으로 한 국제 저널리즘 공조인데, 국제탐사보도저널리스트협회International Consortium of Investigative Journalists: ICIJ가 공식 웹사이트에서 "1150만 개 이상의 금융 및 법률 기록의 대규모 유출"이라고 표현한 바로 그 사건이다. 이 사건은 "비밀 해외 기업에 의해 숨겨진 범죄, 부패, 불법행위를 가능하게 하는 시스템"(ICIJ, 2021a)을 세상에 노출시켰다. 이어서 이들은 2021년 10월에 해외 비밀 계좌를 보유하고 있는 유력 정치인, 연예인, 억만장자, 사업가들을 폭로한 판도라 페이퍼스Pandora Papers를 공개했다(ICIJ, 2021b). 저널리스트들은 전산 분석 도구와 기술을 사용해 유출된 데이터를 파악하고, 이러한 대규모 데이터에서 관련 기사를 식별해 데이터에 숨겨진 이야기를 전 세계에 알렸다. 실제로 데이터는 그 자체로 말할 수 없다. 데이터를 게시하는 것 자체에는 강력한 책임이 없다. 저널리스트는 데이터를 뉴스 수용자를 위한 정보와 지식으로 변환하기 위해 데이터를 이해하고, 해석하며, 이야기를 만들고, 시각화하려고 노력한다.

8. 알고리즘 저널리즘

디지털 사회의 많은 분야와 마찬가지로 저널리즘도 여러 면에서 테크놀로지와 얽혀 있다. 데이터 저널리즘은 정량적 데이터와 시각화 테크놀로지를 사용하는 새로운 형태의 작업을 포함하는 반면에 알고리즘 저널리즘은 콘텐츠 제작의 자동화와 콘텐츠 배포를 위한 알고리즘의 최적화를 의미한다. 검색엔진, 뉴스피드, 소셜미디어 플랫폼의 알고리즘 큐레이션을 통해 사람들은 자신이 보는 정보를 더욱 개인화할 수 있게 되었다(Zamith, 2019).

알고리즘 저널리즘에는 자동화된 콘텐츠 제작, 데이터 마이닝data mining, 뉴스 보급, 콘텐츠 최적화의 네 가지 주요 영역이 있다(Kotenidis and Veglis, 2021). 자동화된 콘텐츠 제작은 실제로 뉴스를 만들기 위해 알고리즘을 사용하는 것을 의미한다. 인공지능의 일종인 NLGNatural Language Generation(자연어 생성)를 기반으로 날씨나 지진 관련 보도, 증권

거래소 뉴스, 스포츠 이벤트 보도 등 다소 단순하고 반복적인 뉴스에 관한 텍스트를 생성하는 기술을 사용하는 뉴스 미디어가 점점 늘어나고 있다.

　뉴스에 대한 이러한 접근 방식은 논란의 여지가 있다. 한편으로는 일상적 작업을 자동화 작업으로 아웃 소싱하는 것은 매우 효율적이다. 그리고 많은 뉴스 룸이 고통스러운 예산 삭감에 직면했다는 점을 고려하면, 이는 비용을 절감하는 데 중요하다. 또한 시간과 자원이 부족한 저널리스트들이 복잡하고 실질적인 문제에 집중할 수 있는 자유를 준다. 반면에 저널리스트의 일자리 상실 가능성, 잘못된 데이터로 인한 오정보를 얻을 위험, 저널리즘 자체가 위축되어 전문적 저널리스트로부터 뉴스 생산 라인으로 옮겨갈 가능성 등에 대한 우려를 표명한 비평가들도 있다(Latar, 2018; Firat, 2019). 즉, 저널리스트 역시 이를 자신들의 작업에 대한 대체가 아닌 보완으로 간주하고 있다(Schapals and Porlezza, 2020). 학자들은 저널리스트들이 여전히 저널리즘을 창조적 과정으로, 그리고 독특한 개인적 전문 기술로 보고 있음을 언급했으며, 정보 수신자가 그에 따라 정보를 맥락화할 수 있도록 배경과 맥락을 추가해야 한다고 보았다(2020: 24).

　알고리즘 저널리즘의 다른 측면은 논란의 여지가 적지만, 여전히 언론과 공적 생활에 중요한 의미를 갖는다. 데이터 저널리즘의 핵심인 데이터 마이닝은 데이터 가용성이 어떻게 완전히 새로운 보도 방식을 가능하게 했는지를 말한다. 알고리즘은 이제 뉴스 전파의 기본이 되었다(Thurman et al., 2021). 이것은 저널리즘 웹사이트가 뉴스 가치에 대한 저널리즘 차원의 평가뿐만 아니라 참여, 좋아요, 공유를 기반으로 콘텐츠를 제시하는 방법이다. 마지막으로 콘텐츠 최적화는 뉴스 조직이 알고리즘을 사용해 헤드라인 및 페이지 형식의 선택 등 디자인 및 제시 방법을 결정하는 방식을 의미하며, 이는 사람들이 콘텐츠를 클릭하고 소비하며 공유할 가능성을 높인다.

닉 디아코포로스Nick Diakopoulos는 『뉴스 자동화Automating the News』 (2019)에서 미래는 테크놀로지, 저널리즘, 사회의 협력과 공진화에 달려 있다고 주장했다. "자동화, 알고리즘, 하이브리드 시스템을 통해 달성할 수 있는 한계가 계속 확장되면서 저널리스트는 복잡한 커뮤니케이션, 전문가적 사고, 윤리적 판단과 관련해 여전히 추가해야 할 것이 많을 것이다"(2019: 40). 결국 발전하는 제도와 테크놀로지가 저널리즘의 실행 방식을 변화시키는 중에도 알고리즘과 이와 관련된 업무 관행을 만들고 유지하는 것은 결국 인간이다.

9. 요약

이 장에서 우리는 사회에서 저널리즘의 이론적·실무적 역할을 확인하고, 저널리즘이 사회마다 다른 의미를 갖는 이유를 자세히 설명했다. 민주주의와 저널리스트로서의 직업윤리와의 관계, 저널리즘의 역할과 기능 등에 대해 논의했다. 또한 저널리즘 기관이 어떻게 새로운 테크놀로지를 받아들이고 그에 따라 변화하는지 보여주었다. 이는 저널리스트가 생산하는 콘텐츠, 뉴스와 미디어의 보급, 공중의 창출과 유지에 대한 의미를 담고 있다.

저널리즘은 민주주의에서 일당제 국가에 이르기까지 다양한 사회와 정치 체제에 뿌리를 두고 있다. 여기서는 전자에 초점을 맞추었지만, 언론과 표현의 자유를 크게 제한하는 국가에서 저널리즘이 여전히 시행되고 있다는 점은 주목할 만하다. 실제로 이들 국가의 저널리즘에는 당국과의 협상, 보도할 수 있는 내용과 방법에 대한 세부적 제한, 규범

차원의 책임, 자유로운 조사, 공중 대표보다 국가 안정성과 사회적 연대를 우선시하는 것 등이 포함된다. 따라서 글로벌 저널리즘(예: 미국과 남반구의 탈식민지 지역) 간에는 맥락상 큰 차이가 있다.

> **토의할 질문**
>
> • 플랫폼과 인터넷의 등장은 저널리즘의 전통적인 비즈니스 모델을 완전히 붕괴시켰다. 플랫폼 시대에 저널리즘의 수익성을 높이기 위한 새로운 비즈니스 모델을 찾는 것이 왜 그렇게 복잡한가?
>
> • 자동화된 텍스트 생성을 위한 인공지능과 테크놀로지가 놀라운 속도로 등장하고 있다(예: 오픈에이아이OpenAI의 챗GPT). 이러한 것들이 저널리즘을 어떻게 변화시킬까?

추가 독서 목록

Diakopoulos, N. 2019. *Automating the News*. Cambridge, MA: Harvard University Press.

Hanitzsch, T., F. Hanusch, J. Ramaprasad and A. S. de Beer. 2019. *Worlds of Journalism: Journalistic Cultures around the Globe*. New York: Columbia University Press.

Scott, M., K. Wright and M. Bunce. 2022. *Humanitarian Journalists Covering Crises from a Boundary Zone*. London: Routledge.

Usher, N. 2021. *News for the Rich, White, and Blue: How Place and Power Distort American Journalism*. New York: Columbia University Press.

Wahl-Jorgensen, K., A. Hintz, L. Dencik and L. Bennett(eds.). 2020. *Journalism, Citizenship and Surveillance Society*. London: Routledge.

제6장

플랫폼과 전략적 정치 커뮤니케이션

제6장은 정치 마케팅, 광고, 홍보, 로비, 외교 등 다양한 분야를 포함하는 전략 커뮤니케이션을 독자들에게 소개한다. 서구 민주주의 국가에서 이러한 관행의 역사를 이론적·윤리적 기반과 함께 논의하고, 플랫폼이 전략 커뮤니케이션을 어떻게 변화시켰는지 자세히 설명한다. 이 장에서는 선거나 대의와 직접 관련이 없는 전략 커뮤니케이션을 중심으로 다룬다. 선거 캠페인과 대의 역시 전략 커뮤니케이션이지만, 각각 해당하는 장(제7장과 제8장)에서 다루기로 한다.

독서 목표

- 플랫폼 시대의 전략적 정치 커뮤니케이션에 대한 개요를 파악한다.
- 전략 커뮤니케이션과 여론 변화에 대한 깊은 지식을 가지게 된다.
- 정치적 마케팅을 이해한다.
- 홍보 및 외교에 대한 평가를 제공한다.
- 위기 커뮤니케이션과 같은 개념을 설명한다.
- 디지털 로비에 대해 논의한다.

1. 서론

전략적 정치 커뮤니케이션은 인간의 역사만큼이나 오래되었다. 사람들은 항상 이야기를 만들고, 호소하며, 다른 사람을 설득하고, 동원하며, 공동의 목적을 창출하고 추구하기 위해 집단성과 연대의 형태를 구축하려고 노력해 왔다. 통치자, 정당, 정치 체제를 정당화하려는 시도, 정치적 쟁점에 대해 시민들을 설득하려는 시도, 정책에 대해 옹호단체를 설득하려는 시도, 공적 쟁점, 혹은 누군가가 공개하고 싶어 하는 쟁점과 관련된 행동 및 진술의 의미를 주장하려는 시도 등이 모두 전략적 정치 커뮤니케이션이다.

'전략적'이란 정치적·사회적 혹은 커뮤니케이션의 목표를 추구하며 권력을 정당화하거나 설득하거나 확신시키거나 경쟁하거나 권력을 확보하거나 간에 커뮤니케이션 이면의 의도가 있어야 함을 의미한다. '전략'이라는 개념은 정부, 캠페인 조직, 정치 지도자, 비정부 조직, 시민 등 커뮤니케이션을 수행하는 이라면 누구든지 간에 자신이 성취하고 싶은 것이 있어야 한다는 의미다. 이는 상호 또는 일반적 이익을 위해 공유된 목적에 도달하는 것이 목표인 '숙의'의 과정과는 다르다. 전략 커뮤니케이션은 공유된 목적과 일반적 이익을 사람들에게 최고로 설득할 수도 있고 자기 이익, 개인적 목적 또는 타인에 대한 권력을 달성하기 위한 것일 수도 있다. 전략 커뮤니케이션은 제7장에서 중점을 두는 선거 캠페인을 훨씬 뛰어넘기 때문에 이 책에서 별도의 장으로 다룰 가치가 있다.

이 장은 목표를 정의하고 달성하기 위한 커뮤니케이션 전략과 전술을 개발하고 추구하는 정당, 규제 기관, 사회운동, 선출된 지도자 및 정부 등 광범위한 정치 행위자에 관한 것이다. 옹호 단체, 로비스트, 시민, 활동가, 지방정부, 심지어 게릴라 단체까지 전략적 정치 커뮤니케이션에 참여한다. 목표로 삼는 것, 목표 달성을 위한 수단, 커뮤니케이션의 공개 정도, 커뮤니케이션을 통해 합법적으로 수행하는 여러 일 등 다양하다. 모든 전략적 커뮤니케이션이 공중의 시선에서 이루어지는 것은 아니며, 커뮤니케이터가 자신의 목표 달성을 위해 항상 주류 공중의 관심을 활용하는 것은 아니다. 예를 들어 로비스트는 특히 자신이 홍보하는 내용이 인기가 없거나 평판이 좋지 않은 경우에는 공중의 관심을 피하는 경우가 많다. 예를 들어 담배나 무기 산업에 종사하는 로비스트는 정책 결정에 영향을 미치거나 국가 규제를 피하기 위해 공개적 캠페인보다는 정치인과의 직접적 관계를 선호하는 경우가 많다. 정치 단체는 공중의 관심을 이용해 의사 결정자에게 정치적 압력을 가하고, 그들의 목표를 공익을 위한 시급한 쟁점으로 제시하거나(예: 기후 활동가), 도덕적 질서를 위반한 특정 사건에 대한 즉각적인 조치를 촉구하기도 한다(예: 경찰 폭력에 반대하는 시위대). 다른 집단은 권력을 추구하거나 확보하기 위해 정체성 집단(예: 종교 세력)에 보다 좁게 타깃팅한 설득을 시도할 수도 있다.

즉, 목표의 성격과 행위자의 유형이 행위자가 전략적 커뮤니케이션에 참여하는 대상, 방법, 시기, 이유를 결정한다. 사회에 구조와 질서를 제공하는 광범위한 문화적 의미 역시 마찬가지다(Adams and Kreiss, 2021). 21세기 전략적 정치 커뮤니케이션은 매우 다양한 형태를 취할 수 있는데, 이는 미디어를 통해 구체화되는 경향이 있다. 실제로 기념관과 정부 건물의 건축은 합법적 통치와 공적 권력의 강화를 위해 구축된 미디어이자, 전략적 정치 커뮤니케이션의 한 형태라고 볼 수 있다(Peters, 2016; Sonnevend, 2016). 그러나 이 장에서는 디지털 미디어와 테크놀로지 플랫폼 시대에 전략적 커뮤니케이션의 변화하는 양상에 초점을 맞추고자 한다. 여론과 저널리즘에 영향을 미치기 위한 투쟁, 심지어 정치적 토론까지 온라인에서 점점 더 많이 진행되면서 홍보, 정치 마케팅, 정치광고, 공적 외교는 새로운 양상을 보여주고 있다.

2. 플랫폼 시대의 전략적 커뮤니케이션과 여론

전략적 커뮤니케이션은 결국 설득에 관한 것이다. 무력에 의한 강제가 없고, 다른 형태의 정치적 권위(종교적 권위 등) 대신 민주주의는 일반적으로 비강제적인 형태의 정치적 동의를 전제로 한다. 정치적 동의 확보는 다양한 선출직에서 공중을 대표하기 위한 경쟁을 통해 이루어진다. 입법자와 규제 기관이 여론에 반응해야(적어도 그렇게 하는 것처럼 보이도록) 할 필요성, 정부 기관, 법원, 공무원이 업무 수행에서 어느 정도 투명성과 책임성을 갖고 있다는 기대, 그리고 정부가 공중의 요구에 부응할 것이라는 희망이 있다. 그리고 플랫폼 시대에는 광범위한 정치적·사회적·상업적 행위자에 대한 투명성과 책임에 대한 공중의 새로운 요구가 많다. 이것은 이상이며, 실제로 많은 민주주의 국가에서 선거는 돈과 당파심에 따라 형성되고, 지도자와 입법부는 공공의 정책 선호에 충분히 민감하지 않으며, 공직의 투명성과 책임성에서 불평등을 보인다(예: Hacker and Pierson, 2020). 여러 국가에서는 다양한 행위자로 구성된 적대적 모니터링 시스템을 만드는 것을 포함해, 이러한 문제를 해결하기 위해 다양한 접근 방식을 취했지만(Keane, 2018), 모든 민주주의 국가는 일상적 거버넌스의 상당 부분이 강제가 아닌 동의를 전제로 할 필요가 있음에 대해 공통된 방향성을 공유한다.

이처럼 전략적 커뮤니케이션은 민주주의의 핵심이다. 거버넌스 과정에서 정치 행위자는 공중에게 자신의 행동을 정당화하고, 자신이 그러한 행동을 취한 이유를 설명하며, 이를 방어해야 한다. 이는 소셜미디어에 점점 더 적극적으로 참여하는 것을 의미한다. 선거와 같은 민주적 경쟁에서 경쟁자들은 왜 자신이 공중을 대표하고 시민 생활을 보호할 수 있는 가장 좋은 위치에 있는지, 그리고 왜 상대방은 그렇지 않은지에 대한 주장을 만들어내야 한다(Dayan and Katz, 1992). 그리고 정치 행위자가 뭔가 잘못했거나 실수했다는 비난을 받을 때, 이들은 책임을 추궁하는 기관과 행위자로부터 자신을 방어해야 한다(Alexander, 2011). 이러한 모든 것은 전략적 커뮤니케이션, 즉 공적 사건과 쟁점에 대한 사람들의 인식을 형성하려는 시도를 전제로 한다(Couldry et al., 2009; Scannell, 1995).

전략적 커뮤니케이션 전쟁터의 중심은 결국 여론이다. 여론은 점점 더 디지털 및 소셜미디어 플랫폼을 통해 형성되고 대표되며 경합하고 있다. 여론을 표현하고 전략적으로 야기하고 변경하는 등 여론에 대한 기본적 관심들이 전략적 커뮤니케이션이나 홍보와 같은 전문적 실천의 중심에 있다(Strömbäck and Kiousis, 2019). 여론은 복잡하고 혼란스러운 개념일 수 있지만(제4장의 확장된 논의를 참조), 여기서는 광범위하게 이를 비엘리트 집단의 태도나 신념을 나타내는 의미로 사용한다.

간단하게 요약하면 다음과 같다. 여론은 월터 리프먼Walter Lippman이 1922년 그의 획기적인 책에서 말했듯이 '머릿속의 그림'에 관한 것이다. 여론은 시민들의 개별 의견과 그것들의 평균이 '공중'이라는 두 가지 모두가 관계된 내부 모순을 담고 있다. 여론은 다양한 목적을 위해 생산되고 표현될 수 있다. 즉, 선거 결과를 예측하고, 사람들의 필요에 부응하는 정책을 만들며, 정치인과 정치적 결정의 인기 혹은 비인기를 평가하고, 시민들이 다른 국가 및 해당 국가와 그들과의 관계를 어떻게 인식하는지 밝히는 것이다. 이러한 측정의 질은 경험적 방법과 해당 방법이 얼마나 잘 적용되는지에 따라 달라진다. 예를 들어 설문 조사나 여론조사는 측정하려는 태도를 갖고 있는 인구를 대표하는가? 유효한 결과를 창출하는가? 즉, 질문이 실제로 측정하려는 내용을 나타낼 수 있는가 등과 같은 항목들을 말한다.

몇 가지 사항을 살펴보겠다. 첫째, 일반적으로 여론은 기관이나 엘리트에게는 적용되지 않는다. 이 책은 '엘리트 의견'(전략적 커뮤니케이션의 대상이기도 함)(Tedesco, 2019 참조)과 같은 문구를 사용하거나 엘리트와 기관이 진술하거나 믿는 것에 구체적으로 초점을 맞춘다. 동시에 우리는 여론의 표현에 관심을 갖고 있다. 앞에서 논의한 것처럼 모든 여론은 어떤 방식으로든 표현되기 마련이다(예: Law, 2009). 기후변화에 대한 공중의 태도에 관한 설문 조사를 생각해 보자. 연구자들의 질문은 "무엇이 여론을 형성하는가"다. 공중의 태도와 신념은 설문 조사를 통해서만 가시화된다. 일부 공중이 모여 구성원들 사이에서 공동 성명서를 작성하더라도, 이는 여러 대안 중에 선택한 것이므로 여전히 그들이 믿는 바를 대변했을 뿐이다. 실제로 수많은 정치 행위자가 여론을 대변하고 있다(예: Herbst, 1998). 저널리스트는 공중을 대신해 글을 쓰고, 로비스트는 정책 입안자들에게 법안 통과를 촉구하며, 정치 후보는 공중이 원하는 무언가를 주장하고, 사회운동은 단결된 국민은 결코 패배하지 않는다고 외친다.

이 점을 더 자세히 설명하면, 여론은 전략적 커뮤니케이션을 이해하는 데 핵심적이기 때문에 이를 표현하는 방식과도 필연적으로 연결되어 있다. 예를 들어 공중이 어떻게 생각하는지, 그들의 의견이 무엇인지, 우리가 어떻게 알 수 있는지 생각해 보자. 공중은 스스로 이러한 사실을 우리에게 말할 수 없다. 의견은 다양한 방식으로 표현되어야 한다. 역사적으로 투표와 여론조사는 통계적으로 대표되는 일부 사람들이 가진 쟁점, 태도, 신념, 가치 및 우선순위에 대한 관심의 범위를 나타내는 중요한 방법이었다(Igo, 2007). 하지만 여론을 이해하는 방법은 그 외에도 많다. 입법자들은 로비스트, 옹호 단체, 이익 단체가 주목시키는 관점을 통해 여론을 이해하는 경우가 많다. 저널리스트는 기사 제작을 통해 엘리트와 공중의 여론을 대변한다. 결과적으로 소셜미디어는 행위자가 여론을 생성하고 표현하는 핵심적 장이 되었다(McGregor, 2019). 플랫폼은 특정 형태의 사회성과 커뮤니케이션을 생성하고 조직하는 방식인 어포던스를 통해 여론의 형태를 생성한다. 또한 정치 실무자에게 제공하는 분석과 같은 특정 방식으로 여론을 표현한다(Kreiss and McGregor, 2019). 이것이 바로 플랫폼이 전략적 커뮤니케이션의 핵심이자 권력을 위해 경쟁하는 정당, 캠페인, 후보자 및 정치 지도자의 중심이 되는 이유다.

전략적 커뮤니케이션은 여론에 영향을 미치는 행위일 뿐만 아니라 전략적 목적을 위해 공중을 창출하는 행위이기도 하다(Aronczyk, 2013; Aronczyk and Powers, 2010; Cronin, 2018). 전략적 정치 커뮤니케이터의 업무 중 대부분은 개인이나 협회를 공적 존재로 전환하고, 그들의 이익을 창출하며 정의하는 것을 돕는 것이다. 예를 들어 환경론자들은 종종 소비자들에게 보다 지속 가능한 생활 방식을 선택하도록 호소한다. 소비자가 그러한 선택을 하게 되면, 이들은 공적 쟁점(예: 지속가능성)에 대해 공중으로서 정치적 행동을 하는 것이다. 공중은 또한 계속 존재하고 지속될 수 있다. 조직화된 종교 단체가 스스로의 가치와 이익을 주장하고, 때로는 수십 년에 걸쳐 정의된 '공중'으로서 일련의 정책적 주장을 발전시키는 방식을 생각해 보자(Morehouse, 2021). 이러한 지속성은 공중을 지지하고, 자원과 정의를 제공하며, 일관된 방식으로 그들의 관심을 형성하고 표현하는 기관, 조직 및 미디어를 전제로 한다

(Aronczyk and Espinoza, 2021). 실제로 공중은 커뮤니케이션을 통해 만들어지기도 한다. 이는 사람들이 정치적 의미를 지닌 공유된 이해관계를 인식하고 목표를 정의하며 목표를 발전시키기 위해 함께 모여 협력하도록 설득되거나 사람들이 대의에 이끌려 사회적·상징적으로 이에 참여할 때 발생한다(Pacher, 2018).

그렇다면 전략적 커뮤니케이션은 공중을 형성하고, 소집하며, 동원하고, 설득하며, 유지하고, 조작하는 것과 깊이 관련되어 있으며, 그것이 형성되는 미디어 시스템과 밀접하게 연결되어 있다. 미국과 같은 국가에서는 1900년대 초반부터 관료주의 국가의 성장과 인구 증가에 따라 정치 및 거버넌스와 관련된 커뮤니케이션이 더욱 복잡해지기 시작했다(Greenberg, 2016). 이는 20세기 동안 많은 서구 민주주의 국가에서 매스커뮤니케이션 테크놀로지의 발전과 저널리즘 및 마케팅 산업의 전문화 및 제도화에 따라 더욱 촉진되었다(Carlson et al., 2021). 뉴스 보도가 다양한 사건과 정치 커뮤니케이터의 역할을 표준화하는 저널리즘적 비트 시스템beat system(범죄, 비즈니스, 총리 등 저널리스트가 다루는 사회적 분열 및 반복적인 일상 차원)이 되어버리는 순간, 미디어 테크놀로지의 발전은 공중과의 커뮤니케이션이 특화된 커뮤니케이션 장르를 가진 차별화된 미디어를 통해 일어난다는 것을 의미한다.

공중에게 메시지를 전달하거나 메시지에 의미 있는 영향을 미치기 위한 필요성은 늘 있었지만, 전략적 커뮤니케이션은 20세기를 거치면서 점점 더 전문화되고 미디어를 이용하게 되었다. 예를 들어 20세기 초반의 전문 상업광고는 공무 수행에 크게 영향을 미쳤다(Fowler et al., 2021a). 1950~1960년대 미국 등 국가에서는 광고가 심리학적 연구에 기반을 두게 되었고, 텔레비전의 광범위한 사용으로 잠재적 광고 채널의 완전히 새로운 세계가 등장했다(Fowler et al., 2021a; Kaid and Johnston,

2001). 1970년대부터 정치 광고주와 디렉트마케팅 담당자는 디렉트메일이나 케이블 텔레비전 광고를, 그리고 나중에는 인터넷 및 플랫폼을 이용해 대중의 관심을 끄는 등 점점 더 정교해지는 데이터 기반 수단들을 개발했다(Baldwin-Philippi, 2019).

이러한 것들이 미치는 영향에 대해 오랫동안 논쟁과 우려가 있었다. 처음에는 많은 정책 입안자, 학자, 전문가들이 매스미디어가 사람들의 생각에 큰 영향을 미친다고 믿었다. 1938년 오슨 웰스Orson Welles의 외계인의 지구 침공을 다룬 뉴스 형식의 라디오 프로그램 〈우주전쟁The War of the Worlds〉이 방송된 직후, 공포에 질려 도망친 사람들에 대한 신화 같은 이야기를 떠올려 보자. 이 얘기는 그렇게 흘러가는데, 누군가가 공포에 빠졌다는 증거는 거의 없다(Schwartz, 2015). 이 신화는 1930년대와 1940년대 나치 프로파간다에 깊은 관심을 갖고 있던 저널리스트와 대중 사이에서 반향을 일으켰다. 많은 사람들은 그때나 지금이나 광고와 기타 형태의 전략적 정치 커뮤니케이션이 사람들의 머릿속에 직접 파고들어 그들의 행동을 조작할 수 있다고 믿었다. 이러한 상황은 영국의 브렉시트 국민투표 이후 캠브리지 애널리티카에 대한 도덕적 패닉과 2016년 미국 대선 등과 크게 다르지 않았다(Jamieson, 2020 참조).

동시에 학술적 연구들은 항상 미디어 메시지에 단순하게 속는 사람들보다 훨씬 더 복잡한 그림을 그렸다(Neuman, 2014). 예를 들어 학술적 연구들은 사람들이 자신에게 영향을 미치는 소셜 네트워크에 어떻게 빠져들며 자신의 정체성, 가치 및 신념과 이미 일치하는 것을 계속 믿기 위해 "동기가 부여된 추론"에 어떻게 빠져드는지를 일관되게 보여주었다(Vegetti and Mancosu, 2020).

3. 플랫폼 시대의 전략적 커뮤니케이션

전략적 커뮤니케이션이 옛날부터 있었던 것이라면, 오늘날 그것이 이루어지는 맥락은 조금 다르다. 실제로 전략적 커뮤니케이션은 지난 20년 동안 훨씬 더 복잡해졌다. 이는 테크놀로지 및 미디어의 변화뿐만 아니라 플랫폼에서 형성되는 전략적 커뮤니케이션의 사회적·전문적 수행과도 관련이 있다. 예를 들어 20세기 대부분의 기간에 전 세계 국가에서 전략적 커뮤니케이션은 매스미디어를 통해 실행되었다. 이는 대규모 인쇄 출판물(신문과 잡지 등), 라디오, 텔레비전을 의미한다. 대중이 형성된 이유를 일반적으로 말하자면, 지리적으로 흩어져 있는 수많은 사람에게 다가가기 위해서다. 물론 청원서, 전단, 팸플릿, 뉴스레터, 지역 방송사, 지역 기업들의 신문과 잡지를 포함해 소규모 집단들 사이에서 창작, 유지 또는 소통하는 소규모 미디어가 항상 존재해왔다. 그리고 특히 사회집단의 다양한 구성에 기반한 미디어 시스템을 갖춘 국가에서는 이념적으로 구분되고, 당파적이며, 다양한 정체성 집단 등을 포괄하는 수용자를 대상으로 하는 대량 유통 미디어가 항상 존재해 왔다. 즉, 대중적이고 차별화되지 않은 미디어는 20세기에 걸쳐 많은 국가에서 지배적이지는 않더라도 핵심적인 특징이 되었으며, 전문화된 전략적 커뮤니케이션의 전문적인 수행은 이를 반영했다.

매스미디어를 통해 수용자 구성은 대체로 일상화되었다(Davis, 2002; Maloney and McGrath, 2021). 전문 저널리스트들은 표준화되고 일관된 방식으로 뉴스 기사를 정기적으로 제작했다. 비트 시스템은 저널리스트가 다음 날 뉴스가 무엇인지 알지 못하더라도 이를 찾을 수 있는 곳이 입법부, 법원, 행정 사무소, 경찰 본부 등 정부 권력의 중심지라는 것을 의미했다. 전략적 커뮤니케이터로서 이러한 기관의 대표자는 저널리스트에게 정보를 제공함으로써, 뉴스를 지원하는 동시에 전략적으로 유리한 관점에서 해당 기관을 대표하려고 노력한다. 정치인들은 유권자들과 커뮤니케이션하고, 자신들의 활동이 호의적으로 보도되기 위해 언론 수단(커뮤니케이션 디렉터, 언론 비서 등)을 개발했다. 무역 협회, 옹호 단체, 이익 단체 등의 조직은 언론 관리를 자체적으로 해나가고 있으며, 저널리스트와 정기적 관계를 구축해 정책 문제에 대해 교육하고, 언론 보도가 자신들이 선호하는 입장에 대해 호의적으로 표현되도록 했다.

이러한 매스미디어 시스템은 사라지기보다는 새로운 미디어, 특히 디지털 미디어가 그 위에 겹겹이 쌓이게 되었다. 이는 미디어 시스템이 새로운 기술과 오래된 기술을 병치한다는 의미에서 '혼성적'임을 보여준다. 이러한 성층layering은 전략적 커뮤니케이션과 관련된 몇 가지 사항을 의미한다.

첫째, 정치적 삶에서 정보의 속도가 빨라지고 있음을 의미한다. 많은 국가에서 매일 24시간 뉴스 주기는 지속적이고 빠른 정보 흐름에 따라 결코 끝나지 않는 "항상 켜져 있는" 뉴스 주기로 전환했다(Elmer et al., 2012).

둘째, 공중의 확산과 정치적 정보의 복잡한 흐름을 의미한다. 전문 저널리즘은 공공 업무에서 수용자와 공중을 조직하는 데 여전히 중요하지만, 이와 함께 사회생활을 형성하는 커뮤니케이션을 통해 유지되는 새로운 집단과 수용자가 끝도 없이 많다(Bennett, 2021; Entman and Usher, 2018). 여기에는 인구통계학적 또는 소속된 이해관계를 중심으로 구성된 페이스북 집단, 사회적 연대를 중심으로 구축된 정치적 정보의 네트워크 흐름, 관심과 정체성을 중심으로 엄선된 흐름 및 집단, 커뮤니케이션의 감정적 흐름에 따라 형성되는 '정서적 공중'이 포함된다(Papacharissi, 2015).

셋째, 전문적 커뮤니케이터뿐 아니라 비전문적 커뮤니케이터의 수가 많아졌다. 인터넷, 특히 플랫폼은 정치적 정보를 생산하고 공중과 커뮤니케이션하는 데 소요되는 비용과 자본을 극적으로 낮추었다. 이는 포괄적 의미를 갖는다. 이러한 변화에 따라 불분명한 저널리즘 또는 다른 편집 기준을 가졌거나, 극단적 당파 및 이익집단 지향성을 갖거나, 이데올로기와 정체성을 중심으로 조직된 완전히 새로운 퍼블리셔가 정치 정보의 시장에 진입하는 것이 가능해졌다(Tandoc, 2019). 한편 지금까지 공중, 특히 권력에서 멀리 떨어진 사람들에게 발언할 기회를 사실상 가질 수 없었던 사람들에게도 정치 커뮤니케이션의 문이 열렸다(Richardson, 2019).

넷째, 이와 관련해 커뮤니케이션 비용이 극적으로 낮아지면서, 개인과 공적 집단이 정치 커뮤니케이션의 핵심 행위자로 부상하게 되었다. 새롭게 커뮤니케이션 능력을 갖춘 사람들이 사회운동을 조직하고, 책임을 묻기 위해 디지털 증언에 참여하며, 일상적인 정치 표현을 생산하게 되었다(Chouliaraki, 2015).

이 모든 것은 구조화된 현상인 여론이 점점 더 파편화되고, 다양해졌으며, 다양한 방식으로 대표된다는 것을 의미한다. 이러한 모든 변화는 훨씬 더 힘든 전략적 커뮤니케이션 환경을 의미하지만, 공중에게 영향을 미칠 새로운 기회가 되기도 한다.

우선 전략적 커뮤니케이션 캠페인에는 항상 목표가 있고, 이는 정치 조직의 더 큰 목표에 의해 형성된다. 목표는 정치적 행위자(비정부 조직, 사회운동 단체, 정당 또는 관련된 사람들)와 전략적 커뮤니케이션이 형성되는 맥락에 따라 많은 것을 수반한다. 예를 들어 공중 보건 커뮤니케이터의 경우, 공중 보건의 목표는 코로나19 팬데믹 기간에 사람들이 백신을 접종하도록 설득하는 것이고, 전략적 커뮤니케이션 목표는 사람들이 보건 조치에 참여할 수 있도록 백신의 안전성에 대한 오정보에 대응하거나 친사회적 메시지를 개발하는 것일 수 있다.

정치 커뮤니케이터는 특정 방식으로 영향력이 있는 소규모 집단에 영향을 미치려는 목표를 가질 수도 있다. 예를 들어 입법에 영향을 미치려는 로비스트는 쟁점에 대한 주요 입법자의 마음을 바꾸거나 저널리스트로 하여금 입법부에 압력을 가하는 방식으로 보도하게끔 해서 자신이 원하는 결정이 나오도록 하거나 인스타그램 인플루언서 또는 블로거와 협력하는 등의 전략적 커뮤니케이션 목표를 가질 수 있다. 전략적 정치 커뮤니케이터는 정책이나 공개 토론에 새로운 아이디어를 도입하려는 목표를 공유한다. 예를 들어 우리가 관심을 가져야 할 바로 그 쟁점과 관련해서 그것을 위해 해야 할 일들 또는 하지 말아야 할 일들을 말한다. 또는 전략적 커뮤니케이터의 목표는 기후변화가 공중 보건의 문제인지, 장기적 경제 안정의 문제인지, 인도주의적 위기인지, 자연적 위기인지 등과 같은 특정 쟁점에 대해 이야기할 때, 우리가 가지고 있는 지배적 프레임에 이의를 제기하는 것일 수 있다. 프레이밍 경쟁의 결과는 쟁점에 대한 특정한 정의를 낳기도 하고, 이에 대한 솔루션에도 영향을 미친다(Knüpfer and Entman, 2018).

주목할 콘텐츠

전략적 커뮤니케이터는 집단 간의 구분이나 자신의 이익을 창출하려는 목표를 가지고 있다. 여기서 목표는 차이를 만든다. 정치 엘리트는 국가의 역사, 그들 안에 살고 있고 살아야 하는 사람들의 유형, 그들이 대표할 집단, 시민과 외부 세계의 관계 등에 관한 이야기를 들려준다.

이렇듯 정치 엘리트들은 자신들의 목적을 추구하기 위해 전략적으로 정치적 정체성을 창조하고 내세우기 위해 노력한다. 이러한 "국민의식의 이야기"(Smith, 2003)는 정치의 근본적 부분이며, 정치는 사회에서 집단 간 관계에서 핵심적이다. 즉, 누가 (경제적·문화적·사회적·정치적) 권력을 가지고 있고, 누가 권력을 가져야 하는지, 그리고 어떤 방식으로 권위와 사회적 책임을 행사하는 것이 합법적인지 등을 말한다. 정치 및 사회 엘리트가 제시한 구분은 정치 커뮤니케이션과 국가의 근본과 관련된다.

예를 들어 지난 20년 동안 많은 서구 민주주의 국가를 괴롭혔던 난민과 이민을 둘러싼 모든 정치적인 갈등을 생각해 보자(Benson, 2013; Chavez, 2001). 다양한 당파적·이데올로기적 관점을 가진 전략적 커뮤니케이터들은 국가 정체성을 전달하는 것과 관련해 대조되는 목표를 가지고 있다. 즉, 정치적 우파의 경우는 더욱 제한적이고 문화적으로 동질적인 국가를 위한 비전을, 정치적 좌파의 경우는 더욱 포용적이고 광범위하며 다문화적인 비전을 갖는다. 일상적인 정치 사건의 과정에서 전략적 커뮤니케이터는 자신의 접근 방식이 옳다는 것을 공중에게 확신시키려는 목표를 가지고 국가가 무엇인지, 국가가 무엇을 해야 하는지에 대한 더 큰 이야기에 자신의 전술을 적용한다. 이는 본질적으로 누가 시민권을 부여받고, 누가 시민인지에 대한 논쟁이다. 예를 들어 미국과 같은 국가는 다민족 민주주의 국가로, 매우 짧은 역사 동안 차별과 사회적·정치적 권력에 대한 논쟁에 휩싸였다. 예전에 미국은 오랫동안 법과 사회규범에 따라 시민의 인종 및 민족에 따른 불평등한 권력관계를 보장했다. 한편 긴 식민지의 역사를 지닌 유럽 강대국들은 종교적·인종적·민족적 차별을 통해 세계 정복을 정당화했을 뿐만 아니라, 그들이 식민지화한 국가에 깊은 사회적 균열을 만들었고, 그것은 오늘날에도 이어져 권력을 구성하는 유산이 되었다.

구별하는 기술과 실행은 정치적 정체성에만 국한되지 않는다. 전략적 정치 커뮤니케이터의 목표에는 많은 차이가 있다. 그들은 자신과 자신이 대표한다고 주장하는 사람들의 목표와 이익을 향상시키기 위해 이해관계, 이데올로기, 지리에서부터 직업, 정책 선호도 및 가치에 이르기까지 다양한 차원에 걸쳐 자신과 다른 사람 사이에 상징적인 구분선을 만들려고 노력했다. 예를 들어 정당은 대중의 관심사가 무엇인지 만들고, 무엇보다 중요한 것은 이러한 것이 왜 중요한지, 이에 대해 무엇을 해야 하는지에 대한 논쟁을 정의한다(Aldrich, 2011). 의회 기록에서 정당은 다른 정당과의 관계를 통해 자신들의 쟁점과 이념을 밝히고, 유권자에게 이러한 차이를 바탕으로 투표에서의 선택권을 제공한다.

즉, 정치 커뮤니케이터가 지향하는 목표와 이를 달성하기 위한 전략은 무수히 많다. 결과적으로 정치 커뮤니케이터는 특히 플랫폼 시대에 다양한 정보 수단들을 사용할 수 있다. 넓게 보아 우리는 정치광고(이에 대해서는 다음 장에서 훨씬 더 자세히 논의하고, 여기서는 간략히 다룸), 정치 마케팅, 홍보, 그리고 정부 목적을 위한 공적 외교에 대해 생각할 수 있다. 이러한 것들은 20세기 동안 서구 민주주의 국가에서 등장했지만 미디어 변화와 함께 극적으로 변했다. 이는 또한 캠페인을 전제로 하며, 이는 지속 가능한 전략적 정치 커뮤니케이션 활동을 의미하고, 다양한 미디어와 플랫폼에 걸쳐 형성되어 커뮤니케이터가 달성하고자 하는 목표와 결과를 지향한다. 목표를 알리고, 목표 달성을 향한 진행 상황과 특정 전술의 효율성을 측정하며, 전략적 커뮤니케이터가 캠페인 중에 전술과 목표를 조정할 수 있도록 하는 광범위한 연구와 데이터가 필요하기도 하다.

전략 커뮤니케이션의 몇 가지 영역을 더 자세히 살펴보려고 한다.

4. 정치 마케팅

플랫폼은 관여도를 높이는 방향으로 선택한다. 플랫폼은 관심과 시간을 통해 수익을 창출하기 위해 사람들이 플랫폼을 계속 이용하도록 노력한다. 이는 정치 조직 및 집단이 소셜미디어에서 홍보하는 가장 매력적인(가장 극단적이거나 감정적이거나 정체성에 기반하거나 이념적으로 일관성이 있는) 콘텐츠에 플랫폼이 인센티브를 제공함을 의미한다. 정치 마케팅을 이해하는 데 있어 핵심은 플랫폼이 정치 콘텐츠를 배포하는 중립적 수단이 아니며, 정치 행위자에게 인센티브를 제공함으로써 특정 방식으로 콘텐츠를 형성한다는 점을 인식하는 것이다. 이러한 인센티브는 플랫폼에 경제적으로 가장 유리한 영향을 끼친다.

이러한 역학은 플랫폼이 어떻게 정치 마케팅의 중심이 되었는지를 보여준다. 정치 마케팅이란 정치 커뮤니케이터가 자신의 정책이나 아이디어를 홍보하고, 여론을 바꾸며, 정치적 지위나 권력을 확보하거나, 대중 토론, 정책 결정 또는 거버넌스를 보다 광범위하게 형성하려는 모든 시도를 의미한다. 이는 상업 마케팅의 이론, 방법, 도구가 정치 커뮤니케이션에 스며들면서, 20세기에 걸쳐 많은 민주주의 국가에서 전략적 커뮤니케이션이 거버넌스 및 선거에서 훨씬 더 중심이 되었다는 사실을 반영한다(Henneberg and Ormrod, 2013; Lees-Marshment, 2012). 더욱이 이는 후보자와 정당부터 옹호 단체와 이익 단체에 이르기까지 전략적 커뮤니케이션에 일상적으로 참여하는 다양한 정치 행위자가 있다는 사실을 반영한다. 이러한 모든 주체가 전략적 커뮤니케이션에 참여하며 플랫폼은 이러한 집단이 수행하는 거의 모든 활동의 중심이 된다.

보다 일반적인 전략적 커뮤니케이션과 마찬가지로 정치 마케팅은 관여된 조직에 따라 달라지는 일련의 목표를 향해 진행된다. 이러한 목표는 유권자를 설득해 특정 후보에게 투표하도록 하거나 국민투표에서 특정 문제를 지지하도록 하는 것부터 주정부의 지출 문제에 대한 여론을 바꾸는 것, 기후변화 또는 공중 보건 조치를 다루는 것까지 모든 것을 포괄할 수 있다. 정치 행위자는 입법부에서 특정 법안에 대한 지지를 구축하거나, 경찰이나 규제 기관과 같은 유력 기관에 사회적 책임을 부여하거나, 중요 쟁점과 관련해 소수의 유력 입법자 집단이나 정당 지도자의 마음을 바꾸기 위해 정치 마케팅을 사용할 수 있다.

이러한 서로 다른 목표는 결국 서로 다른 전략이나 전술을 낳는다. 마케팅은 조직의 목표를 전략적으로 발전시키는 방식으로 특정 후보자, 대의, 조직 또는 정당을 다른 분야와 관련해 배치하는 총체적인 접근이며, 다음과 같은 항목을 포함한다. ① 조직의 목표 고려, ② 동맹과 적의 영역, ③ 대결의 상태 분석, ④ 상징적으로나 자원 측면에서나 조직의 강점과 약점 등이 있다. 정치 마케팅에는 목표를 향한 진전을 일부 공중에게 설득하려는 시도로 보고, 조직을 상징적으로 포지서닝하는 전략적 접근이 포함된다. 이를 위해 전략적 커뮤니케이터는 광고부터 브랜딩, 영향력 있는 인물의 활용부터 정당 지도자의 연설까지 다양한 수단을 사용한다.

자신의 목표를 염두에 두고 정치 커뮤니케이터는 누구를 필요로 하고, 누구를 설득하고 싶은지, 어떻게 그들에게 접근하고 호소하는 것이 가장 좋은지, 어떤 종류의 커뮤니케이션이 가장 효과적일지, 그리고 어느 시점에 행할지 등을 파악한다. 이들은 또한 자신의 목표를 달성하는 데 도움이 되는 새로운 공중, 정체성 또는 쟁점 등을 만드는 방법에 대해 광범위하게 생각한다. 정치 마케팅에는 광범위한 커뮤니케이션 전술을 통해 목표 달성을 위해 공중에 전달되도록 설계된 일관성 있는 서사와 메시지 세트의 개발이 포함된다.

　이것을 분석해 보자. '일관성 있는 서사와 메시지 세트'란 이를 전달하는 다양한 유형의 커뮤니케이션이나 메시지가 있더라도, 그중에 통일된 주제 또는 테마 세트가 있음을 의미한다. 캠페인이나 대의에 하나의 주제가 있을 수는 없지만(결국 몇 가지가 있을 수 있음), 무한하지도 않고 모순되어서도 안 된다. 이것은 중요하다. 캠페인과 대의는 근본적 수준에서 스스로를 정의할 수 있어야 하고, 이는 구분하는 것을 의미한다. 특정 후보가 어떤 사안에는 찬성하지만, 다른 사안에는 반대하기도 한다. 특정 대의는 어떤 일은 일어나도 괜찮고, 어떤 일은 금지된다는 것을 의미한다. 후보와 대의는 몇 가지 다른 사항이 수반될 수 있지만, 일반적으로 이러한 사항은 일관성이 있어야 하며 제한적이어야 한다. 명확하게 식별할 수 있는 핵심 요소가 있는 메시지가 설득과 관심을 끄는 데 가장 성공적이라는 연구들이 많다(Green, 2021).

　물론 정치적 삶은 이보다 더 복잡하다. 정치인들은 쟁점에 대해 강한 입장을 취하는 것을 피하거나 공개 발표에서 전략적으로 모호한 입장을 취한다. 이는 진화하는 상황에 대응할 수 있는 최대한의 유연성을 제공하거나 잠재적 지원의 가장 광범위한 기반을 보존하기 위해 그렇게 한다. 이것이 한동안 효과가 있을 수 있지만, 자신만의 차별점을 만들려고 호시탐탐하는 적들이 먼저 정의해 버릴 위험이 있다는 결점이 있다. 그들은 정책에 대한 입장 자체가 아니더라도, 약하고 헌신적이지 않으며 우유부단하고 영합한다는 이유로 비판받을 수도 있다.

　후보나 대의 뒤에 있는 주제 혹은 주제의 선택은 목표를 반영한다. 목표가 후보자를 당선시키는 것이라면 그것이 목표이며, 주제 선택은 달성해야 할 것(예: 과반수 투표)과 이를 달성하는 최선의 방법에 대한 명확한 이해를 바탕으로 결정된다. 선거를 말하자면, 이는 기존의 여론, 당파성, 정치 문화 및 세계의 사건과 같은 사항을 설명하는 것을 의미한다. 대의의 경우에는 공중의 현재 정서, 적대자의 영역, 그들의 이익과 동기, 그들을 설득할 수 있는 목표와 기회 등에 대한 분석을 의미한다.

'특정 청중에게 전달'이란 정치 마케팅 과정의 중요한 부분을 의미한다. '청중'은 다소 모호하더라도 캠페인과 대의를 참고해 누구에게 접근해야 하는지, 그들에게 접근하는 최선의 방법이 무엇인지에 대한 감을 가지게 된다. 플랫폼 시대의 주요 변화 중 하나는 공중에게 다가갈 수 있는 수단이 이전에 상상할 수 있었던 것보다 훨씬 더 많다는 것이다. 실제로 우리에게는 많은 새로운 공중이 있다. 팬 커뮤니티나 플랫폼 활동처럼 관심과 친밀감을 중심으로 구축된 커뮤니티를 예로 들 수 있다. 정치 마케팅 담당자는 저널리스트에게 근본적인 호소력을 발휘해 보도에 영향을 미치고 후보자나 쟁점에 대한 공중의 인식을 제고할 수 있다. 또는 국회의원들이 특정 쟁점에 대해 조치를 취하도록 압력을 가하는 방법으로 언론을 여론의 표현을 위해 활용할 수도 있다. 이들은 인플루언서를 통해 팬 커뮤니티에 직접 접근하거나 후보자 또는 대의의 상징을 자신의 정체성으로 채택하고, 소셜 네트워크 내에 확산하도록 호소할 수 있다(Penney, 2017). 이들은 특정 의원의 선거구에서 세간의 이목을 끄는 행동을 취하고, 동맹을 형성하거나 연합을 구축하는 방식으로 특정 입장을 취하거나, 의원의 디지털 담당 직원에게 영향을 미치는 수단으로 소셜미디어에서 공중의 정서 형성을 위해 노력할 수 있다.

이 모든 것은 현재 정치적 삶에 전개되고 있는 광범위한 커뮤니케이션 전술을 보여준다. 텔레비전 출연부터 저널리스트의 취재에 영향을 미치는 무대 행사까지, 소셜미디어 감성을 형성하기 위한 트위터의 보여주기식 사용부터 당파적이고 사회적 정체성을 전달하는 방식의 대의의 브랜딩까지, 디지털 정치광고부터 틱톡 게시물에 이르기까지 캠페인 및 대의는 목표의 맥락에서 활용할 수 있는 커뮤니케이션 수단에 대해 총체적으로 생각한다. 그렇다면 정치 마케팅은 어떤 커뮤니케이션이 정치 행위자들의 목표 달성에 가장 도움이 될지 결정할 때, 이러한 모든 사항을 고려하는 과학이자 예술이다. 이러한 커뮤니케이션 전술에는 메시지와 프레이밍뿐만 아니라 브랜딩을 통한 캠페인 및 대의의 전략적 표현, 즉 정치적 상징을 중심으로 문화적·사회적 의미를 창출하는 과정이 포함된다.

5. 홍보 및 공적 외교

홍보(정치 실무자들 사이에서는 커뮤니케이션 또는 간단히 '컴즈comms'라는 넓은 개념을 가진 용어를 쓰기도 함)는 정치 조직, 캠페인, 명분 또는 후보에 대한 긍정적인 공적 이미지를 만들고 유지하는 전략적 작업이다 (Saffer et al., 2013). 이는 주요 이해관계자(저널리스트, 오피니언 리더, 영향력 있는 사람, 다양한 공중 등)와의 관계 생성 및 유지를 통해 수행된다. 커뮤니케이션 전문가는 목표 달성을 위해 사용할 수 있는 광범위한 도구를 고려한다. 언론 브리핑, 기자회견, 저널리스트의 의제와 정치 논의에 사용하는 프레임을 설정하려는 보도 자료 등 일부 수단들은 상당히 잘 확립되어 있다. 홍보에는 저널리스트와의 관계를 구축하고 공적 문제에 대해 교육하거나 전략적 방식으로 보도 패턴에 영향을 미치려는 광범위한 비하인드 스토리 언론 작업도 포함된다. 또한 커뮤니케이션 전문가는 TV 쇼를 포함해 자신의 캠페인이나 주창하는 바를 공개적으로 또는 기타 방식으로 노출시키고, 주요 이해관계자의 연설을 조정하며, 공중의 참여를 유도해 언론의 긍정적 관심을 끌기 위한 집회 및 이벤트를 계획하기도 한다.

플랫폼 시대에는 홍보 전문가들이 후보, 캠페인, 조직 및 대의 등에 대한 긍정적인 공적 이미지를 만들고 가꾸기 위해 새로운 커뮤니케이션 능력을 활용하는 방법이 점점 더 많아지고 있다. 예를 들어 보도 자료는 이제 저널리스트만을 위한 것이 아니다. 최신 보도 자료는 소셜미디어에서 이 콘텐츠에 참여하고 공유할 수 있는 지지자 네트워크를 포함해 더 많은 대중의 관심을 끌기 위해, 다양한 플랫폼(이용자의 기대에 따라 다양한 커뮤니케이션 장르에 맞게)에 걸쳐 재작업된다.

유력한 환경 플랫폼을 바탕으로 공직에 출마하고, 자연재해의 여파 속에서 선거운동을 하려는 정치인을 생각해 보자. 홍보 전문가들은 재난에 대한 후보자의 대응을 자세히 설명하고, 재난의 잠재적 원인을 밝히며, 다시는 이러한 일이 발생하지 않도록 하거나 지구가 더 잘 대비할 수 있도록 잠재적 해결책을 제안하는 보도 자료를 저널리스트에게 배포할 것이다. 이러한 보도 자료의 세부 사항은 페이스북과 트위터에서 볼 수 있도록 설정되어 이메일을 통해 전송된다. 이러한 캠페인 전문가들은 저널리스트에게 적극적으로 연락해 쟁점에 대해 교육할 것이다. 정치인은 이벤트를 개최해 저널리스트, 선출직 공무원 및 공중을 초대할 수도 있다. 이는 개별 이해관계자에게 직접 이메일을 보내는 방법과 페이스북이나 트위터와 같은 플랫폼을 통한 프로모션을 통해 이루어질 수도 있다. 그들은 미디어와 지지자의 목록을 작성하기 위해 추가할 수 있는 이메일을 캡처하는 과정에서 사람들에게 회신을 요청하고 싶을 수도 있다. 이벤트에서 정치인은 연설하고(그 자체가 전략적 커뮤니케이션의 한 형태임), 사람들이 가지고 있거나 소셜미디어에 게시한 이해의 수준에 그치지 않고, 언론이 쟁점을 어떻게 이해하고 보도할지를 잠재적으로 정해나간다.

그다음에 정치인의 디지털 커뮤니케이션 팀은 인스타그램 및 페이스북과 같은 플랫폼에 행사 사진을 공유하고, 트위터에서 정치인의 말을 인용하며, 유튜브에 동영상을 게시한다. 여기에는 복잡한 젠더 역학이 작용한다. 예를 들면 여성 정치인은 자신의 사진을 게시할 때 더 많은 '좋아요'를 받는다(Brands et al., 2021). 캠페인은 지지자들이 자신의 소셜 네트워크 내에서 이 텍스트와 비디오를 공유해 커뮤니케이션 범위를 크게 확장하기를 희망하며, 특히 정치에 관심이 덜 있는 사람들이 우연하게라도 정치적 정보에 노출될 수 있기를 바란다(Scheffauer et al. 2021). 시청자가 매스미디어를 외면할 수 있는 선택권이 거의 없어 특정 콘텐츠의 우연한 시청자가 있기 마련인 시대(2007년 이전)에서 시청자 선택의 시대(Lau et al., 2021)로 소비 습관의 변화가 있었다. 오늘날에는 시청자가 미디어를 언제, 어디서, 얼마나 소비하는지에 대한 선택의 폭이 넓다.

플랫폼 시대의 커뮤니케이션 가능성과 홍보 전문가가 이해관계자와 관계를 구축하고 캠페인 및 대의의 긍정적 대외 이미지를 형성할 수많은 새로운 가능성이 과소평가되기도 했다. 보도 자료는 오랫동안 하나의 장르로 자리 잡았지만, 플랫폼 커뮤니케이션의 모든 가능성과 플랫폼 자체가 얼마나 빠르게 변화하는지를 생각해 보자. 페이스북은 그래픽과 비디오 또는 둘의 조합으로 구성되며, 비디오는 유튜브에서 라이브로 스트리밍(및 보관)될 수 있다. 캠페인은 저널리스트를 포함해 잠재적으로 수백만 명에게 도달할 수 있는 일련의 콘텐츠를 플랫폼 전반에 걸쳐 공개할 수 있다. 트윗을 스레드thread(원래의 게시 글에 이어 댓글들이 실처럼 달리는 방식)해 이벤트에 대한 상황에 맞는 관점을 제공할 수 있으며, 인스타그램의 스토리story는 보다 서술적인 스토리를 제공할 수 있다. 틱톡은 정치적 이야기를 애니메이션화하는 혁신적 콘텐츠로 수백만 명에게 다가갈 수 있다(Literat and Kligler-Vilenchik, 2023). 한편으로 이러한 플랫폼이 제공하는 감정 분석과 같은 다양한 형태의 데이터는 메시지 효과에 대한 이해를 통해 향후 메시징 전략 수립에 도움을 주면서, 홍보 전략의 효과가 실시간으로 드러날 수 있음을 보여 준다.

홍보를 국제적 차원에서 말하자면 공적 외교는 외국 정부에 정치적 압력을 가하고 타깃의 태도에 영향을 미치려는 의도를 갖고 외국 국민이나 국제 공중을 대상으로 하는 국가의 전략적 커뮤니케이션을 의미한다(Manor, 2019). 공적 외교는 경제적 이유를 포함해 다른 국가의 공중을 대상으로 한 국가의 이미지와 평판을 긍정적으로 형성하기 위한 국가 브랜드화에도 사용될 수 있다(Miño and Austin, 2022). 이러한 목표를 추구하기 위해 많은 국가에서 텔레비전이나 라디오 프로그램을 외국어로 방송한다. 러시아투데이Russia Today는 악명 높은 사례인데, 독일의 도이체벨레Deutsche Welle, 이슬람 국가들의 알자지라, 미국의 미국의소리 및 2022년 러시아 침공 이후 우크라이나에서 단파 채널 두 개를 재가동한 BBC 월드서비스도 마찬가지다.

디지털 시대에 봇bot과 국가 연계 트롤 농장troll farm(가장 유명하기로는 러시아의 인터넷 연구 기관이 전 세계 선거 또는 국민투표에 영향을 미치려는 시도가 있음)(Howard et al., 2018)은 공중과 다른 나라의 선거 역학에 영향을 미치려는 국가 차원에서 행한 시도의 명백한 사례다. 이는 정보 역학을 자국에 유리하게 활용하는 데 전략적 이점이 있다고 생각하는 많은 국가들의 일상화된 참여 형태 중 가장 극단적 예일 뿐이다. 예를 들어 페이스북, 구글, 트위터와 같은 주요 플랫폼의 분기별 투명성 보고서는 국가 후원 네트워크가 외국의 공중을 악의적으로 조작하려고 시도했다는 실질적 증거를 제공한다. 이러한 보고서는 플랫폼에서 적발하고 제재한 사례에만 국한된다.

디지털화가 공적 외교에 영향과 변화를 주는 보다 일상적인 방식도 있다. 디지털화는 "사회생활의 많은 영역들이 디지털통신 및 미디어 인프라를 중심으로 재구성되는 방식"을 의미한다(Brennen and Kreiss, 2016). 외교관들은 외부 커뮤니케이션을 위해 소셜미디어에 의존했으며, 내부 커뮤니케이션에도 어느 정도 사용했다. 매너(Manor, 2019)는 유엔 대사가 왓츠앱 커뮤니티를 사용해 투표와 결의안을 조정하거나 국가가 '셀카 외교'를 위해 이미지를 사용하는 예를 보여주었다. 디지털 플랫폼이 NGO, 소규모 활동가 집단, 심지어 테러리스트 집단을 포함하는 다방면의 행위자들에게 국내외 공중과 대화할 수 있는 기회를 제공했다는 점이 중요하다.

극단적인 예를 생각해 보면 양측이 전쟁을 자신들에게 유리하게 만들어가기 원하므로, 전쟁 시의 전략적 커뮤니케이션과 공적 외교에 주목해 보아야 한다. 전쟁이 나면 첫 번째 사상자가 바로 진실이라는 속담을 들어보았을 것이다. 이것은 분쟁 당사자들 간의 전략적 커뮤니케이션의 치열한 수준을 보여주며, 동시에 사건에 대한 누구의 해석이 우세한지에 대한 싸움을 보여준다. 전쟁은 합법적인가? 전쟁인가 아니면 단지 특수 군사작전인가? 누구의 책임인가? 그것은 공격적 행위인가 아니면 정당방어인가? 거짓말은 몇 개까지 셀 수 있나? 승자는 누구인가? 전쟁에서 패한 사람은 누구인가?

그러나 디지털 환경에서는 사건을 제시하고 해석하며 전달하는 게임에 정부, 전문 언론, 군 관계자뿐만 아니라 시민단체, 개인 이해관계자, 활동가, 당파적 네트워크, 심지어는 연예인까지도 참여한다.

아놀드 슈워제네거Arnold Schwarzenegger는 우크라이나 전쟁이 진행되는 중이던 2022년 3월 17일 트위터에 러시아 국민을 향한 영상을 올렸다. 동영상에서 할리우드 스타이자 전 캘리포니아 주지사인 그는 먼저 러시아와의 관계와 사랑, 러시아 역도 선수를 만났던 어린 시절의 추억, 제2차 세계대전 참전 군인인 아버지의 트라우마에 대해 이야기했다. 그런 다음에 그는 (러시아인으로 추정되는) 공중에게 우크라이나에서 벌어지고 있는 전쟁과 폭력에 대해 오정보를 받았다고 말했다. 그는 러시아 군인들을 향해 아버지처럼 전쟁범죄를 저질러 육체적·정신적으로 망가지지 말라고 호소하며 간접적으로 탈영을 요청한다. 공중의 신뢰를 얻고 듣고 싶지 않은 메시지에 대한 그들의 탄력성을 깨기 위해 심리적 기술을 사용하는 설득력 있는 커뮤니케이션의 좋은 사례다. 흥미롭게도 그는 블라디미르 푸틴 대통령에게 직접 연설하기도 했다. 어쨌든 @Schwarzenegger는 러시아 대통령의 공식 트위터 계정인 @KremlinRussia_E가 팔로잉하는 단 22개의 계정 중 하나다.

6. 위기 커뮤니케이션

위기 커뮤니케이션은 "위기 과정에서 정보와 의미를 관리하고자 말과 행동을 전략적으로 사용하는 것"으로 정의할 수 있다(Coombs, 2018). '위기 과정'이라는 개념은 위기에 여러 단계가 있으며, 단계별로 전략적 커뮤니케이션에 대한 다른 접근이 필요함을 의미한다. 코로나19와 같은 팬데믹을 생각해 보자. 보건상의 위기 때문에 모든 국가들이 봉쇄나 백신 의무화와 같이 시민의 자유에 영향을 미치는 조치를 취하도록 강요했다. 팬데믹이 진화하고 테스트 및 백신과 같은 완화 수단이 개발되면서 정부의 위기 커뮤니케이션도 변경되었다. 과학은 새로운 지식을 자주 전달하기 때문에 그에 맞추어 메시지와 조치를 조정해야 하고, 때로는 이전에 하던 것과는 반대되는 메시지나 조치를 내리기도 했다. 이러한 경우에는 커뮤니케이션이 일관적이지 않고, 끊임없이 진화하는 현 상황을 반영해야 하며, 위기에 대해 새롭게 통찰해야 하므로, 전략적 커뮤니케이터에게 매우 어려운 일이다.

그 예로는 국가별로 다르게 채택된 마스크 의무를 들 수 있다. 대부분의 과학자는 팬데믹이 시작될 때 마스크가 크게 도움이 되지 않을 것이라고 믿었지만, 나중에 많은 국가에서 보건 위험을 통제하는 주요 수단이 되었고, 이들 국가의 정부는 정책 변화를 시민들에게 설명해야 했다. 간단히 말해 위기는 전략적 커뮤니케이션의 가장 핵심적인 필수 요건들 가운데 하나인 일관된 메시지를 어렵게 만든다. 위기는 "유동적이며 위기 상황이 변화함에 따라 커뮤니케이션 요구도 바뀔 수 있다" (Coombs, 2018).

더욱이 팬데믹 상황은 보건 위기에만 머물지 않고 사회의 다른 부분에도 영향을 미친다. 코로나19 대유행은 곧 많은 국가에서 실업률과 불안정한 노동의 급격한 증가와 함께 경제 위기, 홈 스쿨링과 학교 폐쇄에 따른 공교육 위기, 취약 집단에서의 가정 폭력, 고립, 우울증 증가 등 사회적 위기, 정부가 공중 보건과 개인의 자유 사이에서 적절한 균형을 찾기 위해 고군분투하며 생기는 정치적 위기 등이 발생했다. 이러한 각 위기에는 나름의 커뮤니케이션 전략이 필요해 정부 및 이해관계자의 대응도 복잡성을 더했다.

위기 커뮤니케이션의 또 다른 측면은 기업, NGO 및 정부가 스캔들에 직면하고 평판과 신뢰를 잃을 때 발생하는 조직의 위기와 관련이 있다. 위기 커뮤니케이터는 위기에 대한 책임 귀속을 기반으로 평판 위협에 대응하기 위해 다양한 커뮤니케이션 전략을 사용할 수 있다. 조직이 피해자로 지목되는지 가해자로 지목되는지에 따라 고발자를 공격하고, 희생양을 찾아내며, 변명하거나 정당화하고, 책임을 수용하고 변화와 책임을 제안하는 것에 이르기까지 효과적인 대응 프레임이 잘 확립되어 있다(Coombs, 2018). 위기가 전개되는 가운데 커뮤니케이터는 시시각각 바뀌는 정보의 흐름과 트위터와 같은 플랫폼에서 전개되는 여론에 대응해야 한다. 그들은 필사적으로 이를 파악하고 심지어 공중의 이해와 위기에 대한 대응을 위해 직접 노력해야 한다. 또한 실시간 공중 및 이해관계자 의견을 모니터링하고 이를 구체화하는 동시에 위기 대응에 대한 트윗과 성명을 발표해야 한다. 위기와 과실 여부에 따라 조직은 소셜미디어를 사용해 정보를 자체 공개하고, 사과하며, 상황을 해결하려고 노력할 수도 있다.

즉, 소셜미디어는 정치적 위기 커뮤니케이션을 위한 새로운 맥락을 창출해 낸다. 효과적인 소셜미디어 위기 커뮤니케이션에 관한 100개 이상의 학술 논문을 대상으로 한 메타 분석에서 에릭슨(Eriksson, 2018: 526)은 다섯 가지 핵심 전술을 발견했다. ① 소셜미디어의 잠재력을 활용해 대화를 만들고 올바른 메시지, 소스 및 타이밍을 선택함, ② 위기 대응 사전 작업을 수행하고 소셜미디어 논리에 대한 이해를 발전시킴, ③ 소셜미디어 모니터링을 사용함, ④ 위기 상황에서 전통 미디어를 계속해서 우선시함, ⑤ 전략적 위기 커뮤니케이션에 소셜미디어를 사용함 등의 핵심 전술이 있다. 소셜미디어는 통신 속도의 발전과 2016년 이탈리아 지진과 같은 자연재해 발생 시에 메시지 전달과 상황 대응 등의 가능성을 보여주어 실제로 게임 체인저가 될 수도 있다(Splendiani and Capriello, 2022).

볼로디미르 젤렌스키Volodymyr Zelensky 우크라이나 대통령은 2022년 2월 러시아의 우크라이나 침공에 맞서 서방 민주주의의 지지를 모으기 위해 트위터를 찾았다. 그의 메시지는 간단했다. 우리는 여기에 있고, 정부는 여전히 머무르며 일하고 있고, 민주주의는 자신의 것을 지킬 책임이 있다. 그는 플랫폼과 뉴미디어를 통해 영상 메시지를 공유하고, 트위터로 외국의 의회와 정부에 호소해 성공적으로 지원을 구하고, 러시아와 우크라이나 사이에 일어나고 있던 상황을 프레이밍하는 권한과 상징적 힘을 확보하게 되었다.

7. 디지털 로비

로비 활동은 프로세스에 직접 참여하지 않고 정책 결정에 영향을 미치려는 시도를 의미한다(Hoffman, 2015). 따라서 이는 이해관계자 집단과 정치권력자들 사이에서 발생한다. 로비에는 다양한 형태가 있지만, 전문직인 로비스트는 자신에게 돈을 지불하는 이익 단체나 업계의 이익을 대변한다. 이들은 이들의 정치적 네트워크와 설득의 재능으로 고객의 이익이나 불만을 영향력 있는 정치인들에게 대변한다.

역사적으로 '로비 활동'이라는 용어는 호텔 로비, 의회 건물의 대기실 또는 연기가 자욱한 밀실에서 유력한 인물과 국회의원들이 공중의 눈을 피해 거래나 흥정을 진행하는 것을 의미한다. 실제로 로비 활동은 민주적 절차와 공공선을 위한 정책 결정을 훼손하는 나쁜 관행으로 간주되기도 한다. 그러나 민주주의는 다원주의, 즉 아이디어 시장에서 서로 경쟁하고 충돌하는 다수의 특정 이해관계가 공존하면서 번영한다. 따라서 자신이 속한 집단이나 공동체의 이익을 대신해 의사 결정 자에게 청원하는 것은 민주 사회에서 기본권으로 볼 수 있다. 로비스트는 자신이 대표하는 쟁점과 집단에 대한 정보, 전문 지식 및 네트워크를 정치인들에게 제공하는 기능도 한다. 대부분의 민주주의 국가에서 로비는 법적으로 규제되며, 일반적으로 로비스트 조직이나 개인 로비스트는 의회에 등록해야 한다. 사실상 로비는 민주주의 국가에서 상당히 만연해 있다. 예를 들어 미국에서는 활동하는 로비스트의 수가 거의 일정하게 유지되고 있지만, 의회와 연방 기관에 대한 로비로 지출된 돈은 1998년 이후 약 두 배로 늘어났다(2022년 기준으로 미화 37억 달러)(Opensecrets, 2022).

갈등적 쟁점의 양측에 로비스트가 활동하고 있다. 낙태에 대한 반대 단체와 찬성 단체를 위해 일하는 로비스트, 공중 보건 기관과 담배 생산자를 위해 일하는 로비스트 등을 생각해 보자. 전통적으로 로비는 대인 커뮤니케이션의 한 형태지만 미디어를 이용하기도 한다. 로비 활동은 집회, 시위 등 대규모 군중을 직접 동원하려는 노력은 좀처럼 하지 않지만(물론 이러한 활동은 목표물에 압력을 가하기 위해 로비 활동과 병행되기도 함), 로비스트는 플랫폼을 사용해 로비의 타깃인 정치인과 긴밀하게 접촉할 수 있다.

예를 들어 플랫폼의 출현으로 로비(정책 입안자에 대한 직접적 호소라는 측면에서 광범위하게 정의됨)의 비용이 감소해, 소규모 이익 단체나 지역 커뮤니티도 정치인과 직접 접촉하는 것이 더 쉬워졌다. 결국 모든 사람이 전문 로비스트에게 비용을 지불할 여유는 없지만, 플랫폼을 통하면 정치인의 관심을 끌기 위해 유료 로비스트를 통하지 않고도 정치인에게 직접 접근하는 것이 훨씬 쉬워졌다.

이것을 설명하는 한 가지 사례로 인터뷰 기반의 한 연구(Tine Ustad

Figenschou and Kjersti Thorbjørnsrud, 2020)에서 분석한 2017년 만성질환 자녀를 둔 노르웨이 어머니들의 '우리는 숫자 이상이다We are more than numbers'라는 캠페인이 있다. 이들 가족의 복지 소득을 줄이려는 제도안에 항의하는 어머니들의 네트워크는 총리와 보건 및 사회 장관들의 페이스북에 '가슴 아픈 공개편지'를 게시했다. 이 네트워크는 개인화되고 감성적이며 진정성 있는 스토리텔링에 참여하고 자녀의 침대 옆에서 셀카를 찍고 자녀의 불만 사항을 직접 설명하는 어머니들로 구성된 소규모 임시 네트워크다. 이들은 페이스북에 게시물을 올리고 태그를 지정해 정치인을 직접 타깃으로 삼았지만, 전략적으로는 페이스북 이용자의 참여와 그에 따른 언론 보도를 목표로 두었다. "가혹하게 들리겠지만 아픈 아이들이 '팔아요'. 우리의 이야기를 공유하고 다른 사람들도 자신의 이야기를 공유할 수 있기 때문에, 아마도 이것은 우리의 가장 강력한 카드일 것입니다. 이러한 방식으로 우리는 참여, 좋아요, 공유를 대규모로 만들어냈죠. 이는 불공평하고 스스로를 옹호할 수 없는 어리고 무력하며 순진한 어린이들에게 영향을 미치기 때문에 강한 감정을 불러일으키게 되죠"(Ustad Figenschou and Thorbjørnsrud, 2020: 174). 이 연구의 저자들은 이것이 강력하기는 하지만, 참여한 어머니들은 자녀의 사생활 침해와 같은 도덕적 딜레마를 직면하게 되었고, 부모로서의 역할과 활동가로서의 역할의 타협을 고려할 수밖에 없다고 결론지었다.

디지털 옹호의 논리를 분석하며 요한손과 스카라무치노(Johannsson and Scaramuzzino, 2019)는 소셜미디어 플랫폼이 정치적 영향력을 추구할 뿐만 아니라 정치적 입지를 구축하는 새로운 로비 방식을 열었다고 주장했다. 전통적으로 로비는 정치인과 직접 협상하는 것을 의미했는데, 이제 디지털 미디어는 이익 단체가 정치인과의 관계를 보여주고 중폭시킴으로써 스스로 정치적 행위자가 될 수 있게 해주었다. "영향력의 논리a logic of influence는 핵심 메시지의 전달을 추구하는 반면에 실재의 논리a logic of presence는 '주장하는 바'를 알리는 것보다는 '당신이 누구인지'를 홍보하는 것을 지향한다"(2019: 1542).

8. 요약

이 장에서 전략적 정치 커뮤니케이션이 플랫폼 시대에 얼마나 방대하게 일어나는지 살펴보았다. 저널리스트를 위한 보도 자료가 실시간으로 트윗되는 시대에 전략적 정치 커뮤니케이터는 여론의 역학에 맞추어 '항상 켜져' 있어야 한다. 이들은 트위터와 같은 사이트에 대한 변화와 쟁점에 대응할 수 있어야 하며 다양한 전략, 전술, 미디어 및 플랫폼을 사용해 메시지를 전달하고 전략적 목적을 위한 언론 보도를 만들어내야 한다. 그리고 이들은 복잡하게 전개되는 여러 사건과 다양한 유형의 갈등에 대응하며 목표를 실현할 수 있는 유연성을 가져야 한다. 이들은 새로운 수용자에게 다가가기 위한 유료 플랫폼 커뮤니케이션 등의 다양한 새로운 수단을 마음껏 사용하며, 그러한 전략적 플랫폼은 유력한 타깃들에게 압력을 행사하기 위한 캠페인에 영향을 미친다.

> **토의할 질문**
> - 전략적 커뮤니케이션과 정치 커뮤니케이션의 차이점은 무엇인가?
> - 전략적 커뮤니케이션은 본질적으로 설득에 관한 것이다. 플랫폼을 통한 설득과 방송을 통한 설득은 어떤 차이가 있는가?

추가 독서 목록

Figenschou, T. U. and N. A. Fredheim. 2020. "Interest groups on social media: Four forms of networked advocacy." *Journal of Public Affairs*, 20(2), pp. 1~8.

Holtzhausen, D. and A. Zerfass(eds.). 2015. *The Routledge Handbook of Strategic Communication*. New York: Routledge.

Jamieson, K. H. 2017. *The Oxford Handbook of Political Communication*. Oxford University Press.

Lilleker, D., I. A. Coman, M. Gregor and E. Novelli. 2021. *Political Communication and COVID-19: Governance and Rhetoric in Times of Crisis*. London: Routledge.

Strömbäck, J. and S. Kiousis(eds.). 2019. *Political Public Relations: Concepts, Principles, and Applications*. New York: Routledge.

제7장

플랫폼과 캠페인

제7장은 민주주의 국가의 정치 행위자가 어떻게 선거와 국민투표 기간에 경쟁하고 지지를 결집하는지에 초점을 맞춘다. 즉, 정치적 지지자에게 어떻게 정보를 제공하고 동원하는지, 그리고 정적政敵의 지지자들을 어떻게 해산시키는지에 관한 논의다. 기존 연구들에 따르면 캠페인 기간의 정치 커뮤니케이션은 선거가 없는 '정상적인' 시기와 결정적으로 다르다. 정치 행위자들의 캠페인 방식은 이들이 형성하는 정치 및 미디어 시스템의 역동성과 같은 상황적 요인에 따라 크게 달라진다. 디지털 플랫폼은 캠페인 실행 방식을 크게 변화시켜 데이터 기반의 개인화된 캠페인 시대를 열었다.

독서 목표

- 플랫폼 및 선거에 대한 개요를 제공한다.
- 캠페인이 변화해 온 국면을 네 단계로 설명한다.
- 선거와 선거 시스템의 관계를 설명한다.
- 선거에서 플랫폼의 역할에 대해 논의한다.
- 관심 끌기, 상호작용, 설득, 동원 등 캠페인 전략을 이해한다.
- 플랫폼에서의 캠페인 트렌드를 이해한다.

1. 서론

2020년 11월 끔찍한 유권자 사기 스캔들이 뉴질랜드를 뒤흔든 일이 있었다. 선거 공무원들이 채워진 투표함을 발견했다. 동일한 IP 주소를 사용하는 가짜 이메일 주소에서 사기로 추정되는 1500개의 투표지가 들어왔다. 다행히 국회의원이나 총리 선거가 아니라 매년 개최되는 올해의 새bird 경연 대회를 위한 선거였다. 하지만 뉴질랜드에서는 참여할 5만 5000명의 투표자를 동원하기 위해 캠페인과 방문 유세도 벌이고, 정치인과 유명 인사가 자신이 좋아하는 후보 새를 지지하는 등 매우 큰 행사다. 결국 '뚱뚱하고 날지 못하는' 야행성 앵무새인 카카포(Picheta, 2020)가 '놀랍게도 작은 점박이' 키위를 제압했다. BBC가 보도했듯이 분노한 조류 애호가들이 나서서 대회 결과를 '완전한 코미디', '도둑맞은 선거'라고 칭하고 더 입에 담을 수 없는 용어들도 사용하며 트위터에서 새소리를 냈다. 이 대회는 긴 논란의 역사를 가졌다. 2018년에는 선거 보안을 담당한 데이터 과학자들이 360개의 모호한 표를 발견해 삭제했고, 2019년에는 러시아의 개입 의혹이 제기되었는데, 이는 결국 러시아 조류 애호가들의 정당한 투표로 드러났다. 그해에는 '아름답지만 반사회적인 펭귄' 호이호가 우승을 차지했다(Graham-McLay, 2019).

유머러스한 이 사례는 몇 가지 중요한 점을 보여준다. 첫째, 정치에서 캠페인과 선거는 패배한 정당과 그 지지자들이 보편적으로 수용할 수 있는 합법적 결과를 만들기 위해, 특히 상황이 혼란스러울 때는 더더욱 공식적이고 제도적인 절차를 따라야 한다. 둘째, 캠페인은 정서적이고 감정적인 경우가 많다(Ridout and Searles, 2011).

민주주의 선거는 사람들이 비폭력적 방식으로 지도자를 선출하고 교체할 수 있도록 하기에 인간이 개발한 가장 중요한 제도 중 하나다. 선거는 법으로 정의되고 제한된 기간 동안 지도자에게 권력이 주어지며, 지도자는 투표를 통해 자신의 행동에 대해 사회적 책무를 질 수 있다. 그러나 모든 선거가 자유롭고, 공정하며, 반복되고, 투명하며 합법적인 결과를 가져오는 민주적인 선거는 아니다. 유권자의 표현권이 보장되는 조건하에서 행해지는 선거가 오히려 훨씬 적다. 예를 들어 전 세계 많은 국가에서 선거가 계속 실시되지만, 권위주의 통치를 은폐하고 합법화하는 무화과나무 이파리* 역할만 한다.

이 장은 플랫폼이 민주주의 선거에서 캠페인을 어떻게 형성했는지에 초점을 맞춘다. 이는 정당과 후보자가 유권자의 관심을 끌고 설득하며 동원하는 방법과 상대방 지지자의 마음을 바꾸고 해산하는 방법 등을 다룬다. 민주주의 체제는 제도의 안정성과 질 측면에서 상당히 다양하며, 준민주적·혼합적·비민주적 체제 등 다양한 형태가 있다. 민주주의는 탄생하고, 번영하며, 갈등으로 고통받고, 죽을 수도 있다. 평화로운 권력 이양을 의미하는 선거라는 민주주의의 핵심 제도도 마찬가지다. 민주주의의 핵심 메커니즘인 선거는 도전받고, 훼손되며, 조작될 수 있다. 민주주의 퇴보에 관한 연구에 따르면 쿠데타와 같은 오래된 형태의 불법적 권력 장악은 행정권의 무책임한 확장, 야당에 대한 초법적 괴롭힘, 선거의 전략적 조작(Bermeo, 2016) 등과 같이 권력의 평화적 이양을 무력화하려는 합법적 시도로 대체되었다(예를 들면 튀르키예의 레제프 타이이프 에르도안Recep Tayyip Erdoğan이나 헝가리의 오르반 빅토르Orbán Viktor 등)(Pirro and Stanley, 2021).

---

* "이에 그들의 눈이 밝아져 자기들이 벗은 줄을 알고 무화과나무 잎을 엮어 치마로 삼았더라." 『신약』 「창세기」 제3장 7절 참조 _ 옮긴이 주.

선거가 자유롭지 않고 공정하지 않다거나 야당이 합법적이지 않다거나 삶의 방식에 실존적 위협을 가한다는 전략적 주장으로 인해 선거의 사회적 책무가 무력화될 수 있다. 엘리트는 여기서 중요한 역할을 맡는데, 역사는 정치 지도자와 정당이 선거 과정과 평화적 권력 이양의 보호 혹은 훼손에서 절대적으로 중요한 역할을 하고 있음을 보여주었다. 이것이 바로 오늘날 많은 민주주의 국가가 긴장을 겪고 있는 이유다. 민주주의 체제의 안정성은 민주주의가 대체로 최선의(또는 가장 덜 악한) 정치체제라는 지도자(Rosenblum, 2010)와 시민(Bermeo, 2016)의 믿음에 달려 있다. 이들은 미래에 선거 게임을 할 수 있다는 믿음을 가져야 한다. 즉, 오늘은 패할 수 있지만 내일은 여전히 승리할 기회가 있으며, 상대방이 이러한 약속을 존중할 것이라는 믿음을 가져야 한다. 따라서 정당과 당파는 자신이 선호하는 정당이나 후보가 패배하더라도 선거 결과를 존중해야 한다. 정적이 원수로 변한다면, 선거는 민주적 정당성의 아킬레스건이 되어 선동가들에게 취약한 표적이 된다. 사람들이 선거의 정당성에 대한 믿음을 잃거나 정치인들이 선거의 안전과 보안에 대한 인식을 훼손하려는 냉소적 주장을 무분별하게 한다면 민주주의는 위험에 처하게 된다.

2. 캠페인 변화 국면의 네 단계

비디오가 라디오 스타를 죽이지 못했던 것처럼 플랫폼이 전통적인 캠페인 전략이나 커뮤니케이션 방법을 대체할 수는 없다. 정당들은 여전히 집회를 열고, 정치인들은 공적 공간에서 유권자들을 만나 인사하며, 사회운동가들은 사람들의 현관문을 두드리고, 정당은 깃발과 티셔츠를 인쇄하며, 홍보용 배지, 잔디 표지판, 펜 등을 나누어준다. 시민들이 플랫폼을 통해 뉴스와 정치 정보를 많이 얻고 있음에도 불구하고 매스미디어는 여전히 캠페인의 핵심 역할을 하고 있다. 하지만 이러한 다양한 수단과 전략을 어떻게 보다 체계적으로 설명할 수 있을까?

정치 커뮤니케이션 연구에는 캠페인의 다양한 변화 국면을 유형화하기 위한 여러 가지 접근이 있다. 각 접근에는 고유한 지배적 논리, 조직 형태, 수단 및 전략이 있다. 새로운 시대가 이전 시대를 완전히 지워버리지는 않는다는 것을 이해하는 것이 중요하다. 한 시대를 지배하는 수단, 조직 유형 및 전략은 새로운 시대로 확장되지만, 각 시대는 나름의 주요한 맥락과 테크놀로지에 따라서 형성된다. 블루머와 캐버노(Blumler and Kavanaugh, 1999)의 연구가 제시한 정치 커뮤니케이션의 세 유형에 기초해서 이 책은 현대 캠페인의 변화 국면을 네 단계로 구분한다(이 책은 20세기와 21세기만 다룸)(Blumler, 2016; Kreiss, 2016; Magin et al., 2017; Römmele and Gibson, 2020; Semetko and Tworzecki, 2017). 이러한 시대는 사회과학자들이 실제 유형이 아닌 '이상형'이라고 부르는 유형을 보여준다. 실제로는 정당과 후보가 모든 시대의 요소들을 혼합하고 연결시킨 다양한 방법을 구사하지만, 이상적 유형은 한 시대의 주요 특징과 변화 가능한 것(또는 변하지 않는 것)을 체계적으로 반영하는 추상적 개념이다.

1) 정당 중심 캠페인

정당 중심 캠페인 시대는 19세기 후반부터 1950년대까지 많은 선진화된 민주주의 국가에서 선거 정치의 조직적 기반을 제공했던 유력한 정당 기구를 통해 발생한 정치 커뮤니케이션에 기초하고, 신문과 방송에 힘입은 선거운동, 캠페인 수단 및 전략을 보여준다. 캠페인은 일반적으로 당 지도자와 이들 조직의 직원이 계획하고 조정했으며, 이들이 지지하는 정치적 메시지도 마찬가지였다. 또한 이 시대의 캠페인에는 사회적 측면이 강한데, 특정 정당에 참여한다는 사회적 정체성이 이데올로기와 같은 다른 많은 사항보다 중요하게 고려되었다. 또한 정당은 자신의 당파에게 일자리와 같은 물질적 보상도 제공했다.

2) 매스미디어 중심 캠페인

1950년대와 1960년대에 전 세계 많은 국가에서 텔레비전이 엔터테인먼트와 뉴스의 지배적 미디어가 되었을 때, 정당들은 취재 장르와 매스미디어 저널리스트의 요구에 따라 매스미디어에 영합하기 시작했다. 이는 정당이 초반부터 캠페인을 계획하기 시작했고, 호소력을 제고하고 전략을 수립하기 위해 여론조사와 광고 전문가를 고용했으며, 정당의 논리(예: 정책 내용 및 공중과 제휴된 파트너와의 직접적 커뮤니케이션)보다는 미디어 논리(예: 선정주의, 사운드 바이트soundbite, 소비자에 대한 호소력 등)에 따라 메시지를 개발했음을 뜻한다(Rinke, 2016). 이는 여론조사뿐 아니라 텔레비전 시청률을 통해 여론을 표현하고 이해하기 위한 통계적 접근이 증가한 것과 맥락을 같이한다. 예를 들어 캠페인은 종종 사운드 바이트를 방송하고, 후보가 텔레비전 생방송 토론 등 가능한 한 텔레비전에 자주 출연하도록 하며 공중에게 다가가려고 했다.

정당이 '매개화'라고 불리는 매스미디어의 논리에 적응하는 긴 과정은 정치 커뮤니케이션에서 폭넓게 연구되었다(Esser and Strömbäck, 2014). 이는 마졸레니와 슐츠(Mazzoleni and Schulz, 1999), 스트룀백(Strömbäck, 2008) 등이 테크놀로지 중심 시대에 미디어와 정치의 변화하는 관계를 포착하는 데 사용한 개념이다.

인터넷과 플랫폼이 뉴스와 정치 정보의 주요 소스가 되면서 다음의 두 시대는 특히 흥미롭다.

3) 타깃 집단 중심 캠페인

1970년대 이후 많은 국가에서 수백 개의 케이블 및 위성 텔레비전 채널을 사용하면서 타깃 유권자 집단에게 디렉트메일을 보내는 데이터 중심 캠페인이 점점 더 활발해지고, 디지털 광고, 이메일, 디지털 뉴스레터 등 새로운 인터넷을 활용한 수단이 등장했다. 1990년대에는 웹사이트와 함께 학자들이 내로캐스팅narrowcasting이라고 부르는 서비스가 나란히 자리 잡았다. 더 이상 모든(또는 많은) 시민에게 하나의 획일적 메시지를 전달하는 데 만족하지 않고, 정치 행위자들은 사전에 정의된 대상 집단(당파, 소비자 범주, 인종 및 민족, 종교, 지리, 사회적 소속 등을 기반으로)에게 맞춤형 메시지를 제공하려고 했다. 정당은 덜 명확하게 정의된 대중을 상대하기보다는 관련 대상 집단을 명확히 하기 위한 다양한 커뮤니케이션 채널과 마케팅 기법을 사용했다. 이 기간에 있었던 더 큰 변화는 데이터와 이를 관리하기 위한 기술 시스템의 중요성이 커졌다는 것이다. 크레이스(Kreiss, 2016)는 캠페인의 모든 작업에는 기본적 테크놀로지, 데이터, 인프라가 전제되어 있다고 보았는데, 이를 "테크놀로지 집약적" 캠페인으로의 이동이라고 칭했다. 예를 들어 어떤 집단에 어떻게 접근해 무엇을 말해야 하는지를 이해하기 위해 미국의 정당들은 대규모 데이터 인프라와 이를 관리하고 분석하는 전문적 기법을 개발했다. 이는 수많은 미디어와 웹사이트에 걸쳐 사람들의 관심이 점점 더 분산되면서 더욱 시급해졌는데, 이는 결국 사람들에게 다가가 그들의 관심을 끌기가 더 어려워졌음을 의미했다.

4) 개인 중심 캠페인

캠페인에서 데이터의 중요성이 커지는 추세가 되면서 테크놀로지와 소셜미디어 플랫폼이 부상했는데, 처음에는 미국에서 그리고 2008년을 경계로 해서 세계적으로 크게 확대되었다. 정당과 후보자들은 유권자의 온라인 행동 및 커뮤니케이션 활동, 소셜 네트워크, 온라인 설문조사 및 여론조사를 포함해 공공·정당·상업 데이터베이스와 소셜미디어 플랫폼의 데이터를 마이닝, 취합, 통합해 보다 개인화된 메시지를 유권자에게 보낼 수 있게 되었다. 미국에서는 수많은 데이터 포인트 분석을 기반으로 개별 시민의 투표 성향을 점수로 매기고, 특정 쟁점에 대한 입장을 분석해, 그 결과에 근거해서 실행하는 미디어 혹은 대인 방식의 캠페인이 증가했다. 정치광고는 미리 결정된 인구통계학적 또는 소비자 범주를 기반으로 하는 것이 아니라 특성, 태도 또는 경향성 등을 공유하는 유권자 집단의 점수를 기반으로 세부적으로 타깃팅되었다. 한편 정당은 수많은 맞춤형 메시지를 실험하고, 각 메시지에 대한 공유, 좋아요, 기부, 댓글, 이메일 가입 등 추적과 같은 메시지 전략을 평가하고 조율했다(Karpf, 2016). 플랫폼에서 개인 중심 캠페인에서 중요하게 보아야 하는 점은 미래의 메시지가 이전 메시지에 대한 유권자의 반응(예를 들면 정치광고와 관련한 관여)에 따라 형성된다는 것이다.

플랫폼 시대의 핵심 캠페인 전략으로 정치광고에 대해 앞으로 더 자세히 논의하겠지만, 여기서는 현대의 디지털 광고를 마케팅, 데이터 중심적 논리와 묶어 생각할 수 있다는 것만 언급하면 충분하다. 특히 시민 데이터를 보호하는 개인정보보호 규정이 취약한 국가에서는 더욱 그러하다. 정당은 데이터 과학자를 고용해 테크놀로지 부서가 기술적 문제 해결만 맡는 지원팀이 아니라 캠페인 전략화 및 최적화를 위한 중심 조직으로 만들고 있다.

뢰멜레와 깁슨(Römmele and Gibson, 2020)은 이 네 번째 단계(개인 중심 캠페인)를 '과학적 유형'과 '파괴적 유형'이라는 두 가지 유형의 캠페인으로 분류했다. 과학적 유형은 데이터 과학, 알고리즘, 기계 학습을 통합적 미디어 전략의 일부로 사용하는 반면에 파괴적 유형은 허위정보의 확산, 매스미디어를 적으로 묘사하는 소셜미디어의 무기화, 파괴적인 외국의 간섭 등 음모적 테크놀로지의 활용에 해당한다.

캠페인의 사회적 커뮤니케이션 전략으로의 뚜렷한 전환도 주목할 가치가 있는데, 캠페인은 개인이 사회에 근착하고 있음을 반영하고 있다. 크레이스(Kreiss, 2018)는 캠페인을 유력한 정당 시대에 흔히 볼 수 있었던 옛날 방식의 정치적 참여 형태와 데이터 기반 수행과의 혼합으로 개념화했다. 페니(Penney, 2020)는 캠페인이 '시민 마케팅'의 형태로 자원봉사자와 지지자의 양성을 통해 메시지를 전략적으로 전파하는 방식이라고 말했는데, 소셜미디어 플랫폼에는 정치 참여자들이 정당과 후보자의 정체성, 상징, 메시지 전략을 채택하는 것이 그대로 다 나타나 있다. 이는 허위정보와 프로파간다를 전파하는 전략적 노력인데, 캠페인과 정당에서 시작될 수도 있고, 소셜 네트워크를 통해 진행될 수도 있다. 이에 대해서는 제10장에서 더 논의하고자 한다.

전체적으로 볼 때 인터넷, 특히 소셜미디어 플랫폼은 정당과 후보가 새로운 테크놀로지, 선택 폭이 확장된 정보환경, 복잡한 정치 커뮤니케이션 생태계 등에 적응함에 따라, 캠페인이 조직되고 실행되는 방식, 심지어 캠페인에 참여하는 사람까지 크게 변화시켰다. 그러나 제2장에서 제시한 모델처럼 이러한 테크놀로지의 효과는 플랫폼을 둘러싼 정치 및 미디어 시스템에 따라 결정된다.

3. 플랫폼과 선거 결과

실제로 한 가지는 분명하다. 선거는 소셜미디어로 인해 승패가 결정되지 않는다는 것이다. 2008년 대선에서 버락 오바마Barack Obama 전 미국 대통령이 승리한 것을 소액 기부금 모금 등 신흥 소셜미디어 플랫폼을 훌륭하게 활용한 덕분으로 보는 것, 도널드 트럼프가 트위터에서 지지자들을 성공적으로 동원했기 때문에 당선된 것으로 보는 것은 일종의 신화다. 물론 이러한 것들이 도움은 되었을 것이다. 오바마가 공식 정당 채널의 밖에서 온라인으로 얻을 수 있었던 캠페인 자원이 아니었다면, 당시 상원의원 힐러리 클린턴Hillary Clinton을 상대로 예비선거에서 승리하는 것을 상상하기란 어렵다. 즉, 텔레비전, 민주당 연합, 총선 기간 유권자의 당파적 구성, 경제 상황 등 많은 요소가 다 중요했다. 마찬가지로 트럼프는 확실히 트위터를 통해 미디어의 의제를 설정하는 데 도움을 받았다. 이것은 공화당 예비선거에서 특히 중요했지만(Wells et al., 2020), 예비선거에서 그가 경쟁했던 정당의 분열된 모습과 그가 총선 당시 여당과 대항해 싸우고 있었다는 사실을 포함해 다른 많은 요인도 중요했다.

많은 요인이 선거 결과에 영향을 미치는 것이 현실이다. 특히 경제 상황, 유권자의 당파성 분포 등 구조적 요인이 주요한 영향을 미친다. 캠페인은 특히 후보자가 처한 상황과 투표할 때 유권자가 생각하는 맥락을 만들어주는 커뮤니케이션을 담당하고 있어 특히 중요하다. 캠페인은 주어진 맥락에 맞추어 대응하는 것이며, 효과적인 캠페인 전략은 일반적으로 후보자와 정당에 유리한 쟁점(예: Vavreck, 2009)과 다수를 모으는 것에 필요한 유권자 내 정체성을 향해 공중의 담론(Kreiss et al., 2020)이 형성될 수 있도록 하는 것이다.

주목할 사례

오바마는 그에게 기회를 부여한 더 큰 정치적·사회적 맥락에서 캠페인

도구로 플랫폼을 활용했다. 오바마는 예비선거 기간에 디지털 모금을 받으며 비용 절감을 이루어내 인기 없는 정당 지도자 후보(힐러리 클린턴)에 성공적으로 도전했다. 선거 기간에 그의 캠페인은 플랫폼을 사용해 희망, 단결, 금융 위기 극복에 대한 메시지를 증폭시켰을 뿐만 아니라 캠페인 자원을 생성하고, 그를 위한 문을 두드리는 데 기꺼이 많은 시간을 쓰고 있는 전국의 수많은 자원봉사자를 조정했다.

트럼프는 플랫폼을 능숙하게 활용해 오바마의 출생지에 대한 인종차별적 질문을 하며 자신의 지명도를 쌓았고, 트위터를 통해 언론 보도를 유도하며 메시지를 증폭시키기는 했지만(Su and Borah, 2019), 그는 소셜미디어가 출현하기 오래전부터 이미 공중의 주목을 받고 있었다(Baym, 2019). 활발한 논쟁에도 불구하고 소셜미디어 참여가 직접적으로 투표로 이어진다고 입증된 바는 없다(Jungherr, 2013). 그럼에도 소셜미디어는 영향력이 크다. 소셜미디어는 진입 장벽이 낮고 다수에 대한 높은 접근성을 가지고 있어 현직과 도전자, 자원이 풍부한 후보와 부족한 후보 간의 균등화를 가져오고, 소형 신당을 위한 공평한 경쟁의 장을 마련하는 데 도움이 될 수 있다. 이는 앞에서 논의한 소셜미디어 플랫폼의 어포던스와 보상에 적응한 정당에게는 특히 그러하다. 상당한 자원을 보유한 탄탄한 대형 정당도 디지털 전문 지식과 데이터에 대규모 투자를 할 수 있는 역량을 고려할 때, 디지털 미디어의 혜택을 충분히 누릴 수 있다. 심지어 여러 국가들에서는 플랫폼이 스스로 광고비를 대가로 캠페인을 지원한다는 증거도 있다(Kreiss and McGregor, 2018).

이 책이 제시한 모델에서 밝혀진 바와 같이 이러한 모든 역학은 특정 정치 및 미디어 맥락에서 형성된다. 따라서 플랫폼과 소셜미디어가 선거 결과에 미치는 영향을 명확하게 설명하는 것은 불가능하다. 연구에 따르면 이러한 모든 역학은 상황에 따라서는 표면적으로 모순되기도 하는 것으로 나타났다(Schradie, 2019). 예를 들어 잘 확립된 많은 정당의 경우 소셜미디어는 캠페인을 위한 별도의 부차적 수단이지만, 상황에 따라 많은 연합 구성원 간의 신중한 조정이 필요한 제도적 문제 탓에 소셜미디어를 사용하는 데 더 제약이 있을 수 있다. 신규 이민자와 약자도 이탈리아의 오성운동The Five Star Movement과 같은 소셜미디어의 혜택을 누릴 수 있지만, 항상 또는 모든 상황에서 그런 것은 아니다(이민, 경제 등과 같은 정치적 요인에 따라 차등적 기회가 제공됨). 소셜미디어는 때때로 후보 지명과 같은 정당 내부 프로세스를 형성해 외부인이 권력을 획득할 수 있게 하며, 트럼프의 사례처럼 민주주의에 부정적 효과를 초래할 수도 있다. 그러나 이는 정당의 분열과 같은 맥락에서만 발생한다. 실제로 대부분의 연구에 따르면 제도적 엘리트들이 연합하면, 외부인이 소셜미디어에서 많은 관심을 받더라도 후보 경선을 돌파하거나 승리하는 경우가 거의 없는 것으로 나타났다.

요약하면 캠페인은 후보자가 유권자에게 표를 얻기 위해 호소해야 한다는 점에서 커뮤니케이션 활동이며, 다른 많은 구조적·제도적 요인도 선거 결과에 중요하다. 많은 국가에서 캠페인을 진행하는 데 돈이 많이 든다는 점이나 현직이 선거운동(예: 지방 선거)에 도움이 된다는 점(Lev-On and Steinfeld, 2021)을 플랫폼이 근본적으로 바꾸지는 못했다. 플랫폼은 유권자를 동원하기 위해 집집마다 방문하고 이익 단체와 옹호 단체, 정당 지지자들에게 호소하는 노력이 여전히 정치 생활의 중심이라는 사실을 바꾸지 못했다. 플랫폼 시대에도 여전히 캠페인 기간에는 거버넌스 및 정책 문제가 부각되며 비선거 기간과는 다르다.

플랫폼 시대에 정당과 정치인이 마치 늘 선거운동을 하듯이 밀도 높은 커뮤니케이션을 한다는 의미에서 정치가 상설 선거의 시대로 바뀔 것이라는 생각이 1982년 이래 반복적으로 제기되었다. 플랫폼 덕분에 언제든 많은 게시물을 올리는 것이 이제 매우 쉬워졌지만, 정치의 상설 선거화가 현실이 되지는 않았다(Ceccobelli, 2018; Larsson, 2016; Vasko and Trilling, 2019).

사회학자 쉬래디(Schradie, 2019)는 이데올로기, 계급, 자원, 조직, 기술 및 관행, 정치적 맥락을 포함해 캠페인 및 옹호 단체가 디지털 및 소셜미디어를 활용하는 방식을 형성하는 몇 가지 요소를 제시했다. 그렇게 함으로써 쉬래디는 정보 비용, 기술적 어포던스, 디지털 사회성에 초점을 맞춘 집단적 행동에 대해 디지털과 관련해서만 분석하는 것을 넘어, 사회적·정치적·경제적 측면의 형태를 설명하는 훨씬 더 미묘한 분석 프레임워크로 나아갔다. 쉬래디는 미국에서 좌파와 우파의 국가 차원의 정치를 사례로, 겉으로 하는 혁명적 약속이나 민주주의 목적을 달성하기 위한 새로운 디지털 테크놀로지의 등장에도 불구하고 상대적으로 오래된 형태의 권력이 여전히 남아 있음을 보여주었다. 많은 학자가 '조직 없는 조직화'(예: Bennett and Segerberg, 2013)와 같은 현상을 이론화했는데, 이러한 새로운 형태는 굳건한 권력과 다른 형태의 자본 앞에서 소심해 보인다.

더욱이 다양한 종류의 선거가 있으며 그 종류에 따라 선거에서 플랫폼의 역할이 달라진다. 이것은 정치 행위자가 플랫폼과 미디어를 사용하는 배경이 되는 정치 시스템의 특징이다. 전국적으로 치러지는 대통령 선거와 국회의원(또는 기타 입법부) 선거는 일반적으로 정당과 시민 모두에게 가장 중요한 선거로 인식된다. 따라서 정당들은 이러한 캠페인에 상대적으로 더 많은 투자를 하고, 유권자 투표율도 지방선거에 비해 상대적으로 높다. 정당, 후보자, 유권자는 그러한 선거에 중요한 쟁점과 엄청난 정치권력이 걸려 있음을 알고 있다. 지역 선거와 지방선거도 있으며 유럽연합과 같은 초국가적 선거도 있는데(Reif and Schmitt, 1980), 이러한 선거는 일반적으로 덜 중요하다고 인식되며 유권자 투표율도 낮다. 또한 모든 캠페인과 투표가 공직자 선출만 하는 것은 아니다. 2016년 영국의 유럽연합 탈퇴 국민투표처럼 국민 대상의 캠페인도 있고, 2021년 스위스에서 세금이나 마스크 금지와 같은 쟁점에 대한 국민투표 캠페인도 있었다.

안타깝게도 국가 간의 시간 경과에 따른 플랫폼 간 캠페인 비교연구는 여전히 상대적으로 적고(Bossetta, 2018; Haßler et al., 2021; Klinger et al., 2022a; Yarchi et al., 2021), 남반구 개발도상국들에서는 훨씬 더 적다(Jaidka et al., 2019). 정치 커뮤니케이션에 관한 연구의 다수는 전국적 차원의 선거(대통령 선거 또는 국회의원 선거) 캠페인에 초점을 맞추고 있다. 플랫폼 간 비교연구는 게시 타이밍, 시각적 콘텐츠가 유권자 관심을 높이는 방법, 반응형 게시물(예: 정당이 댓글에 반응할 때)이 더 많은 반응을 낳는지 여부(예: 더 많은 공유와 댓글) 등 플랫폼 어포던스가 시민 참여에 어떻게 영향을 미치는지 분석할 수 있다(Koc-Michalska et al., 2021). 대부분의 연구는 트위터나 페이스북에 중점을 두고 있으며 같이 다룬 경우도 있다(Stromer-Galley et al., 2021). 연구자들은 역사적으로 다른 플랫폼보다 데이터를 더 쉽게 이용할 수 있었기 때문에, 트위터에 중점을 두었다. 또한 페이스북은 많은 국가에서 가장 인기 있는 플랫폼이거나 사회생활의 중심이기 때문에 빈번히 연구되었다.

그럼에도 불구하고 우리는 한 신생 연구 기관으로부터 통찰력을 얻을 수 있었다. 지방선거에서 소셜미디어 플랫폼은 전국적 선거에 비해 역할이 적은 편이다. 즉, 지역 정치인과 행정관은 선거가 더 치열하고 규모가 크며 부유한 지방자치단체일 때 소셜미디어를 더 많이 사용한다(Silva et al., 2019). 지역 미디어가 존재하는 지역(Darr et al., 2021)에서는 지역 미디어가 여전히 가장 중요한 커뮤니케이션 채널로 남아 있다(Elvestad and Johannessen, 2017). 정치인들이 소셜미디어를 써서 저널리스트를 공격하고 미디어에 대항하는 모습만 보아도, 플랫폼 시대에도 매스미디어의 중요성이 여전함을 알 수 있다(Rossini et al., 2021).

주목할 사례

유럽의회European parliament: EP 선거에서는 유럽연합 27개 국가 모두가 기본적으로 동일한 제도적 환경에서 일반적으로 같은 날 투표해 4억 5000만 명의 시민을 대표하는 의회를 선출한다. 그러나 캠페인은 다양한 미디어 시스템과 정치 문화에 따라 다르게 전개된다. 그럼에도 불구하고 공통점도 많다. 예를 들어 과거(2009, 2014, 2019년) 선거에서 유럽의회 캠페인은 대부분 국가적 쟁점에 대해 국가 차원의 정당이 운영하는 국가 차원의 캠페인으로 머물렀다. 연구 관점에서 볼 때 여러 국가와 여러 선거 주기에 걸쳐 플랫폼에서의 캠페인을 비교하는 역량은 학자들이 단일 사례연구(예: 덴마크 선거에서 트위터 또는 이탈리아 선거에서 페이스북)를 넘어 연구 결과를 일반화하는 데 도움이 되기 때문에 중요하다.

---

4. 캠페인 및 광고

정치광고는 민주주의 국가에서 후보자가 유권자나 유력한 엘리트, 저널리스트, 오피니언 리더에게 자신의 메시지를 전달하는 확고한 방법이다. 미국에서 정치광고의 역사는 대략 1800년대 중반 선거를 위한 첫 번째 캠페인이 있었을 때로 거슬러 올라간다(Schudson, 1999). 여기에 초점을 맞춘 이유는 미국이 상대적으로 규제되지 않은 캠페인 재원 시스템과 그 규모로 인해 역사적으로 정치광고 발전의 중심지였기 때문이다. 정치광고는 공중의 참여를 유도하는 데 필수였다. 많은 기존의 연구는 미국의 혁신이 비록 새로운 정치·미디어·제도적 맥락에서지만, 상이한 정치 시스템으로 전이되기도 했음을 지적했다(McKelvey and Piebiak, 2018; Negrine and Papathanassopoulos, 1996).

정치광고란 유권자의 관심에 접근할 수 있는 미디어와 광고주 간의 유료 또는 기타 보상관계를 말한다. 기본적으로 광고주는 유권자에게 자신의 메시지를 전달하고 관심을 끌기 위해 비용을 지불한다. 유권자의 관심을 끌 수 있다는 것은 광고주의 희망 사항이다. 광고 메시지를 접한 사람들이 모든 메시지를 알아차리는 것은 아니다. 정치광고에는 사람들에게 다가가기 위한 미디어 공간의 현물 기부와 같은 것도 포함될 수 있다.

미국과 서구 민주주의 국가의 정치광고는 1800년대 중반부터 시작된 상업적인 매스 마켓 뉴스 모델, 특히 신문의 발전과 함께 성장했다. 제5장에서 언급했듯이 신문이 일반적으로 정당의 부속물이었을 때 공직 후보자는 자신의 메시지를 전달하기 위해 비용을 지불할 필요가 없었다. 광고 역시 미디어와 마찬가지로 진화했다. 예를 들어 신문광고는 20세기에 라디오와 텔레비전 광고로 이어졌다. 정치 커뮤니케이터는 대규모 뉴스 독자에게 접근하기 위해 광고비를 지불했다. 실제로 20세기의 대부분 기간 미국과 같은 국가에서 광고는 캠페인 및 기타 관심사를 불특정 다수에게 전달할 수 있는 핵심적 매스미디어 수단이었다.

앞에서 언급한 바와 같이 미국의 대중에 대한 이러한 관심은 1970년

대부터 1990년대까지 케이블 뉴스, 라디오, 그리고 인터넷 등의 등장으로 바뀌기 시작했다. 이들 미디어는 상대적으로 작지만, 정치적으로나 기부금 차원에서나 더 유력한 수용자 집단에게 제공되었다. 케이블 뉴스, 토크 라디오, 인터넷이 더 많은 사회적·이념적·당파적 관심 커뮤니티를 제공하면서, 후보자와 대의는 공무와 저널리즘에 가장 관심이 많고 더 좁게 정의된 수용자 집단에게 전달될 수 있게 되었다. 후보자의 관점(민주주의는 아닐 수도 있음)에서 볼 때, 더욱 좋은 점은 오프라인과 온라인의 당파적 미디어가 성장함에 따라, 캠페인이 이미 이념적으로나 정치적으로 깊이 관여한 수용자 집단의 관심을 끌 수 있다는 것이다. 플랫폼은 콘텐츠와 데이터의 독특한 연결을 통해, 이러한 경향성을 증폭시켰다. 본질적으로 정치 캠페인은 온라인 이용자에 대해 생성된 데이터를 통해 지지자나 설득될 수 있는 유권자가 어떤 디지털 미디어와 플랫폼을 이용하는지 알아낼 수 있다. 그다음에 정당과 캠페인은 이러한 데이터를 유권자에 대한 대규모 데이터 세트와 병합시켜, 효과적인 타깃팅 및 메시징 전략을 만든다.

플랫폼 시대에는 유권자에 대한 데이터가 폭발적으로 증가했다. 이는 미국의 현대 캠페인의 핵심이다. 이러한 점은 더 강력한 데이터보호 및 개인정보보호법을 가진 다른 국가에서는 미국에서만큼은 아니지만 그래도 여전히 중요하다(Römmele and Gibson, 2020; Kefford et al., 2022). 많은 서구 민주주의 국가의 현대 캠페인은 데이터 및 분석 집약적 활동이 되었다. 이를 통해 정치 전문가는 유권자에 대한 수많은 데이터 포인트를 생성하고 처리해, 선거에서의 성공을 극대화하기 위해서 어떤 유권자에게 어떻게 접근해 무엇을 말해야 할지 파악하기 위해 점수를 매긴다.

비록 전 세계 국가에서 디지털 광고가 데이터 기반 관행으로 바뀌는 추세지만, 정치 및 규제 상황에 따라 디지털 광고의 활용 및 실행에는 상당한 차이가 있다. 정당 및 기타 단체가 저장해 캠페인에 활용할 수 있도록 허용하는 데이터의 범위는 국가마다 다르다. 미국은 데이터 프라이버시 관리와 캠페인 관행에 대해 느슨한 규제와 법률을 갖고 있으며, 이 스펙트럼의 극단에 있다. 미국에서 이러한 것들은 대체로 법적으로 보호되는 정치적 언론 활동의 범주에 속한다. 이와 대조적으로 독일은 정치 데이터의 사용 및 캠페인 활동을 규제하는 더 강력한 법률을 보유하고 있다. 예를 들어 캠페인에서 한 소스의 개인 수준의 데이터를 다른 데이터베이스의 추가 정보와 결합하는 일은 허용되지 않는다. 개인이 명시적으로 동의한 경우에만 데이터를 수집할 수 있다. 장기간 데이터를 저장하는 것은 법적으로 금지되어 있다. 정당은 인종이나 민족, 정치적·종교적·철학적 신념에 대한 데이터를 저장해서는 안 된다. 이러한 제한 때문에 미세 타깃팅이나 개인 단위로 점수를 매기기가 불가능해진다(Kruschinski and Haller, 2017). 그리고 국가 수준의 법적 맥락 외에도 연방 후보자와 지역 후보자 간에는 자금, 직원의 수, 데이터 운영, 정치광고 등에서 큰 차이가 있다. 지역 후보자는 연방 후보자에 비해 더 적은 자원을 가지고 있고, 정당 혹은 (미국의 경우) 상업적 컨설팅사에 더 의존할 수밖에 없다.

여러 국가에서 명확한 경향이 나타나고 있다. 첫째, 방송 광고와 다르게 디지털 미디어에 지출되는 광고비는 전 세계 많은 국가에서 지난 10년 동안 기하급수적으로 증가했다(Fowler et al., 2021b). 둘째, 디지털 미디어와 플랫폼의 성장은 정치광고를 형성하는 새로운 주체를 의미했다. 페이스북(메타)과 구글은 많은 국가에서 상업용 디지털 광고 시장을 장악하고 있으며, 따라서 정치적 디지털 광고도 마찬가지다. 이는 또한 이들의 정책이 정치 행위자가 유권자 앞에서 연설하기 위해 비용을 지불하는 방식에 크게 영향을 미친다는 것을 의미한다(Barrett, 2021). 아마존, 넷플릭스, 애플, 디즈니Disney, 스포티파이 등의 스트리밍 서비스가 텔레비전 및 라디오 시장에서 큰 역할을 맡기 시작한 시대에 지배적 플랫폼도 변화하고 있다.

셋째, 정치 후보자가 자신의 데이터를 테이블에 가져오지 않더라도 플랫폼은 전 세계 여러 국가에서 이를 대신할 수 있다. 즉, 플랫폼은 광고에 참여할 가능성이 높은 유권자가 수익을 창출할 수 있게 하고, 알고리즘을 통해 참여도를 촉진시키며, 그것을 증가시키는 광고를 만들도록 동기를 부여한다(Kreiss and McGregor, 2018).

넷째, 디지털 정치광고는 데이터 기반 캠페인 전략의 한 부분으로 볼 수 있다. 캠페인이 광고를 사용해 사람들에 대해 더 많이 배우고, 지속적으로 사람들을 추적할 수 있는 데이터베이스를 구축하며, 광고와 특정 메시지의 효과를 모니터링하고 있다는 점에서 그러하다. 이 모든 메시지는 전통적 방법(예: 정책 발표, 연설, 집회 등)과는 다르지만, 그 자체가 캠페인 커뮤니케이션으로 볼 수 있다.

많은 서구 민주주의 국가의 캠페인은 디지털 정치광고를 사용해 유권자에게 메시지를 전달할 뿐만 아니라, 데이터베이스에 메시지를 가져오고, 사람들이 생일 카드와 자원봉사 및 기부 청원서에 서명하는 데 이르기까지의 모든 작업을 수행하려고 클릭할 때 이메일 주소를 캡처한다. 실제로 플랫폼 시대에는 전략적 정치 커뮤니케이터가 선거에서 이득을 얻기 위해 유권자에게 접근하고 동원할 수 있는 새로운 기회가 많다. 정치 커뮤니케이터는 디지털 광고를 사용해 유권자 집단이 이데올로기, 당파성, 지리적 지역, 인구통계, 라이프 스타일 또는 동질 집단 관심사 등 무엇에 기반하든지 간에 잠재적 지지자를 찾아낸다(자체 데이터 또는 플랫폼 자체의 타깃팅 어포던스를 통해 캠페인에서 활용함).

새로운 운동화나 재킷을 검색하면 관련 디지털 광고를 끝도 없이 제공하는 바로 그 기술이 디지털 정치광고에 활용되는 것이다. 그리고 캠페인이 데이터를 사용함으로써 지지자와 설득될 수 있는 사람들을 찾고, 이들에게 호소하며, 이들로부터 금전이나 자원봉사 혹은 그 두 가지 모두를 제공받는 관계를 지속적으로 구축할 뿐만 아니라, 캠페인의 효율성을 측정한다. 캠페인과 대의는 원하는 결과를 얻기 위해서 분석을 활용해 광고효과를 극대화하기 위한 실험(A/B 테스트라고도 함)을 지속적으로 실행한다(Karpf, 2016).

실제로 캠페인과 대의명분은 어떤 요소의 조합이 가장 잘 수행되는지 확인해 보기 위해 이미지의 색상과 모양, 글꼴, 콘텐츠, 레이아웃, 디자인을 다양하게 하는 매우 많은 버전의 디지털 광고를 만들어낸다. 모든 조작되는 것들이 다 그렇다! 여기서 '수행'이란 사람들이 정치광고를 보고 해주었으면 하는 모든 캠페인(링크 클릭, 돈 기부, 청원서 서명 등)을 사람들이 하도록 영향을 미치는 것을 의미한다. 전통적 미디어에 기초한 매스미디어 광고로부터의 변화는 캠페인이 메시지 노출부터 행동으로 나타나는 결과에 이르기까지 광범위한 잠재적 결과에 걸쳐 사람들이 실제로 정치광고에 어떻게 반응하는지 파악하는 역량을 향상시켜 왔다.

혹은 지각적 차원의 결과도 있다. 캠페인은 사람들의 머릿속에서 무슨 일이 일어나고 있는지 반드시 알 수는 없지만, 사람들이 메시지에 반응하는 방식을 형성하려는 시도를 통해 추측할 수는 있다. 상업 및 정치의 광고주는 행동 측정 이상의 광고효과를 확인하기 위해 다양한 도구를 활용한다. 예를 들어 이들은 광고에 노출된 사람들을 대상으로 설문 조사를 실시해 광고를 인지했는지, 광고를 기반으로 의견을 바꾸었는지, 또는 심리적으로 반응했는지를 알아낸다. 이는 플랫폼이 디지털 광고에 사용할 수 있는 것과 동일한 여러 도구를 통해 이루어지며, 결과는 향후 광고 결정에 영향을 미친다.

5. 캠페인 플랫폼 전략: 관심 끌기, 상호작용, 설득, 동원 및 동원 해제

1) 관심 끌기와 상호작용

인터넷 초기에 후보자들은 웹사이트를 주로 유권자에게 메시지를 전달하는 일방적인 대중 커뮤니케이션 채널로 취급했다. 이러한 상황은 2000년대 초·중반에 후보자들이 상호작용적이고 소셜미디어적 요소를 캠페인에 가미하면서 변화하기 시작했다. 현재 소셜미디어 플랫폼, 즉 미트업Meetup, 오르컷Orkut, 프렌드스터Friendster, 마이스페이스MySpace와 같은 1세대 소셜 도구에서 실행된 첫 번째 캠페인에서 정치 행위자와 학자 모두 캠페인과 지지자 사이, 그리고 지지자들 사이에서 일어날 수 있는 상호작용과 대화에서 큰 잠재력을 보았다. 특히 2000년대 초반 미국에서는 후보자와 지지자들이 자원봉사, 모금, 후보자 메시지의 홍보를 위해 테크놀로지 어포던스를 수용하기 시작했다. 즉, 이것들은 캠페인과 정당이 목표를 위해서 구조화(Kreiss, 2016)하거나 통제(Stromer-Galley, 2019)하는 상호작용의 형태들이다.

캠페인에 변화하는 테크놀로지를 활용하는 것은 불가피한 일이 아니다. 모델을 자세히 설명하면 정치제도, 이용자 행동 패턴을 유발하는 사회적 역학, 상업적 맥락 등이 모두 특정 방식으로 테크놀로지 활용에 영향을 미친다. 예를 들어 미국의 경우 1990년대 중·후반에 캠페인이 디지털 테크놀로지의 보다 상호작용적이고 사회적인 요소를 채택하지 못할 이유가 없었다. 그 대신에 이들의 모델은 메시지가 유권자에게 일방적으로 전달되는 매스미디어 모델이었다. 비슷한 방식으로 1990년대 미국의 캠페인은 자원봉사자들을 광고 중심 접근으로 전환시켰다(Nielsen, 2012). 다른 많은 사례가 있는데 오스트리아에서는 2013년이 되어서야 모든 정당이 소셜미디어를 캠페인 도구로 사용하기 시작했다. 그 이유를 묻는 질문에 캠페인 관리자는 뉴 테크놀로지 활용 이면의 사회적 요소를 드러내는 일련의 복잡한 기회와 우려 사항을 언급했다. 예를 들어 정당, 후보자, 시민 간의 상호작용이 더 많아질 가능성을 언급했지만 그와 동시에 부담감, 부정적 언론 보도에 대한 두려움, 트위터나 페이스북을 잘 사용하지 못하거나 그럴 때 조롱당할 것에 대한 두려움, 가짜 정당 계정에 대한 긴장감 혹은 현대 캠페인의 기회를 놓치거나 실패하는 데 대한 긴장감 등을 표현하기도 했다(Klinger and Rußmann, 2017).

더욱이 테크놀로지가 채택되는 방식은 제도적·사회적·문화적 맥락에 따라 형성된다. 예를 들어 선거 시스템은 매우 중요하다. 정치 행위자들은 개인화된 소셜미디어 장르와 수용자의 기대를 고려할 때, 소셜미디어가 정당보다 후보에게 더욱 강력하다고 생각한다(Holtz-Bacha et al., 2014; McGregor, 2018; Metz et al., 2020). 캠페인 전문가들은 소셜미디어가 후보자 약력, 정치 스타일, 다양한 청중과 플랫폼의 어포던스, 수용자가 기대하는 장르, 선거 주기에서의 시점 등이 적합할 때, 소셜미디어가 가장 잘 작동한다고 본다(Kreiss et al., 2018). 이들은 또한 진정성이 중요하다고 인식한다. 이는 궁극적으로 캠페인의 실행이 '실제'이고 '사실'임을 수용자에게 확신시키는 것이다. 실제로 정당은 학자들이 말하는 '진정성의 환상'을 만들어내고, 수용자에게 '진정성'을 확신시키기 위해 후보자의 자기표현에서 진위성 표시를 전략적으로 사용하고 이벤트를 준비한다(Enli, 2016).

이와 관련해 상호작용에 대해서 더 생각해 보자. 일반적으로 소셜미디어의 잠재적 어포던스에도 불구하고, 정당과 후보의 캠페인 전략을 분석한 기존의 실증적 연구는 캠페인에서 상호작용적 미디어보다 방송이 더 중요함을 보여주었다(Stromer-Galley, 2000; 2019). 오늘날에도 정당과 캠페인에서는 소셜미디어를 시민과의 양방향 또는 다자간 교류보다는(Filimonov et al., 2016; Kalsnes, 2016) 전략적으로 상정된 수용자에게 일방적으로 메시지를 전달하는 또 하나의 채널로 사용하는 경우가 많다(Litt and Hargittai, 2016). 왜 그런가 하면 정당과 캠페인은 선거에서 더 많은 표를 받는 것뿐만 아니라 자원봉사자와 캠페인 자금을 확보하는 것도 주요 목적이기 때문이다. 또 다른 이유로는 감당할 수 있는 역량의 문제인데, 잠재적 지지자들과 상호작용하고 이들을 참여시키는 것이 심히 자원 집약적이기 때문이다. 이러한 이유로 정당과 캠페인은 자원봉사자들이 활동할 수 있는 역량을 구축하는 모델을 더 조직화하는 데 투자한다. 사회운동으로까지 비유되는 일부 캠페인(예: 미국 버니 샌더스Bernie Sanders의 대선 캠페인)은 디지털 미디어를 사용해 조직화 역량을 자원봉사자에게까지 미치게 한다. 동시에 캠페인은 시간적 제약이 큰 활동이므로, 역량을 구축하고 정치적 소명감을 유지하는 장기적인 역량을 제한한다. 이러한 장기적인 역량은 정당에 더 적합하지만, 장기적인 조직화 작업에는 캠페인에서 볼 수 있는 유권자의 에너지와 헌신이 부족하다. 이 모든 것들은 선거의 맥락에서 소셜미디어를 활용하게 되었을 때 상호작용의 유용성을 제한하는 방향으로 작동한다.

결국 캠페인은 많은 전략과 미디어를 동시에 활용해 유권자의 관심을 끌고, 지지자들이 캠페인에 더 많이 투자하며, 잠재적으로 돈과 표로 전환될 수 있는 상호작용을 촉진한다. 유럽 12개국의 캠페인 관리자들과의 인터뷰를 토대로 릴리커 등(Lilleker et al., 2015)은 국가별 차이를 발견했을 뿐 아니라 기존의 도구 및 플랫폼과 새로운 도구를 캠페인 전략으로 통합하려는 뚜렷한 경향을 발견했다. 이는 소셜미디어와 미세 타깃팅된 광고가 결코 전통적 캠페인 기법을 죽이는 것이 아니며, 실무자들이 선거에 참여하기 위해 사용하는 전략적 무기를 추가하고 있다는 사실을 강조한다.

2) 설득

캠페인 커뮤니케이션은 항상 전략적 커뮤니케이션의 형태이며, 설득력 있는 커뮤니케이션을 시도한다. 캠페인은 시민의 태도, 신념, 의견, 심지어 그들의 정체성과 감정까지 변화시켜 정당이나 후보자에게 투표하고, 돈을 기부하며, 자원봉사하도록 설득하기 위해 전략적이고 의도적으로 행해진다(Barden and Petty, 2012). 이러한 일들은 단기적으로는 어렵다. 정치체제가 안정적이라면(항상 일관적이지는 않더라도), 일반적으로 정치적 정체성(특히 당파적 성향), 태도, 이데올로기적 신념 등도 매우 안정적이다. 이러한 것들은 더 광범위한 사회화 과정을 통해 형성되고 양육, 사회적 정체성, 사회 및 경제적 환경, 주변 사람들과의 연대를 반영하고 있다(Huddy and Bankert, 2017; Jennings, 2007). 70년 이상의 연구 결과에 따르면 가족, 친구, 지인, 직장 동료, 이웃과의 대인 커뮤니케이션은 매스미디어보다 정치적 태도와 행동에 더 중요한 영향을 미치는 것으로 나타났다(Hopmann, 2012).

연구들에 따르면 이러한 더 큰 구조적 요인을 고려할 때, 단기적 캠페인 커뮤니케이션은 쟁점과 정체성을 부각시키도록 조작하는 데 가장 효과적이라는 사실이 일관되게 나타났으며, 비록 장기간에 걸쳐 정체성과 신념이 미디어와 사회화 과정을 통한 커뮤니케이션에 의해 조건화되는 경우에도 마찬가지다. 이것은 자신에 대한 이해와 애착, 다양한 사회집단의 이해, 신념(Genner and Süss, 2017) 등과 같이 시간이 지나면서 자신과 타인에 대한 신뢰감을 형성해 주는 미디어 환경을 포함한다. 어떤 쟁점에 대한 사람들의 의견을 바꾸기란 어렵지만 불가능하지는 않다(Slothuus and Bisgaard, 2021).

이러한 맥락에서 소셜미디어는 캠페인 전문가들에게 강력한 수단이 되었고, 캠페인에서 설득의 핵심이 되었다. 소셜미디어는 일방향 매스미디어를 사회적 확산, 관심 및 설득 프로세스와 통합한다. 대부분의 사람들은 플랫폼(Reuters Institute for the Study of Journalism, 2022)도 정치광고도 신뢰하지 않기 때문에, 이는 중요하다. 그러나 소셜미디어에서는 가족, 지인, 친구, 친구의 친구 네트워크의 피드feed에 정치적 메시지가 나타나는 경우가 많다. 따라서 사람들은 약한 유대 관계를 통해 공유되는 매스미디어 메시지를 포함해 온라인에서의 개인 간 정치 커뮤니케이션을 접하게 된다. 이는 정치적 메시지가 후보자나 정당으로부터 직접 전달되는 것이 아니라 개인적 또는 친밀한 관계를 공유할 수 있는 사람들 사이에서 페이스북이나 왓츠앱 그룹을 통해 사회적으로 전달되는 경우가 점차 증가함을 의미한다. 이것이 중요하다. 연구에 따르면 유세 중의 개인적 교류와 같은 대인 캠페인 커뮤니케이션이 효과적일 수 있으며(Johann et al., 2018), 소셜미디어를 통해 전달되는 정보는 젊고 경험이 없는 생애 첫 투표하는 유권자에게 선택의 확실성을 높이는 것으로 나타났다(Ohme et al., 2018).

이러한 맥락에서 소셜미디어는 다양한 정체성과 쟁점의 설득을 위한 캠페인에서 더 중요해지고 있다. 시민들은 상충되는 정체성, 이데올로기, 이해관계를 갖고 있다. 정당은 이러한 것들을 대표할 뿐만 아니라 구체화하기 위해 경쟁한다. 후보자와 정당은 특정 정치적 정체성과 쟁점을 부각시키기 위해 노력하고, 유권자들이 후보자와 정당을 이러한 방식으로 보아주기를 원하며(Jardina, 2019), 이를 기반으로 투표의 우선순위를 정하도록 설득하려고 한다. 이것은 복잡하다. 예를 들어 당파성은 인종, 종교, 계급 등과 항상 발을 맞추고 있지는 않다. 투표할 때가 되면 시민들은 어느 정도는 정치적으로 가장 부각된 것에 우선순위를 부여하는 한편, 정치인들은 시민들이 특정 방식으로 그러한 선택을 하도록 설득하려고 한다(Baysu and Swyngedouw, 2020; Weller and Junn, 2018).

정치적 쟁점에서도 비슷하게 작동한다. 유권자들은 기후 보호, 보편적 의료 서비스, 낮은 세금을 선호할 수 있다. 백신에 대해서는 "내 몸, 내 선택"이라고 말하면서 동시에 낙태에 대한 강력한 규제를 선호할 수도 있다. 이들은 사회적·문화적 문제에서는 진보적일 수도 있지만, 경제나 세금 문제에서는 완고한 보수주의자일 수도 있다. 대부분의 국민은 외교나 통신 정책 등 복잡한 문제에 대해 자신의 선호도조차 알지 못할 수 있다. 실제로 유권자들은 비합리적 선택을 하며(Caplan, 2011), 정치에 대해 잘 알지 못하거나 관심을 두지 않는 경우가 많다. 이러한 맥락에서 정치인은 입장을 정하고, 이러한 특정 쟁점(예: 후보자가 실행하는 것)이 중요하며, 자신의 입장(지각된 문제를 해결하기 위해 후보자가 제안하는 것)이 옳다고 유권자를 설득하려고 한다.

실제로 현시점에서 우리는 거의 100년에 걸친 연구를 통해 사람들이 정보를 모르거나 오정보를 받는 경우가 많으며(Lindgren et al., 2022), 정치에 대한 본질적 관심이 거의 없고, 다채로운 스펙트럼의 쟁점들에 걸쳐 일관된 정치적 정체성과 입장(연구자들이 '이데올로기'라고 부르는 것)을 갖는 이들은 가장 적극적으로 참여하는 사람들 정도라는 사실을 알고 있다. 정치적으로 현실적인 견해는 사람들이 정치, 특히 당파성에서부터 수많은 사회적 파당에 이르기까지 정치적 정체성에 대해 추론하는 근거인 경험 혹은 고정관념에 따라 정치를 본다는 것이다. 이는 '좋은 시민권'이 무엇을 수반해야 하는지에 대해서 고민하는 학자들에게 도전을 제기했다. 이미 1999년에 저널리즘 학자인 마이클 슈드슨 Michael Schudson은 정보 풍요의 시대에 이상적인 것은 '정보를 가진 시민'이 아니라, 큰 위기 상황에서 주의를 기울일 수 있는 지식을 가진 '감시하는 시민'이 되어야 한다고 주장했다. 그의 설명에 따르면 역사적으로 '정보를 가진 시민' 개념은 미국과 그 외 지역에서 비교적 최근에 나온 발상이며 사회계층, 사회성 및 권리를 존중하는 정치는 다른 모델이다.

정치 정보가 풍요로운 플랫폼 시대에 사람들이 정치에 대해 항상 잘 알지는 못하거나 관심을 두지 않는 것이 민주주의적 관점에서 보아 나쁜 것만은 아니다. 사람들은 가족을 돌보고 생계를 유지하기 위해 바쁘게 일하고 있다. 이들은 정치를 따르는 데 있어 서로 다른 동기와 관심을 가지고 있다. 이들은 대선보다 자신들의 일상적인 삶에 밀착해 영향을 미치는 지역사회나 복지 기관의 업무에 훨씬 더 관심을 가질 수 있다. 사람들이 누구에게 투표할지 도무지 판단할 수 없을 때 이들은 당파심과 같은 휴리스틱heuristics에 의존하게 된다. 그러한 것이 아니라면 이들은 서베이에서 좀처럼 측정되지 않는 방식(예: 실업 대책 기관이 일하는 방식)으로 자신의 삶에 영향을 미치는 정치에 대한 지식을 갖게 되었을 수도 있다. 수동적이고 감시적인 관점에서 소셜미디어에 의존해 뉴스를 접하는(사건이 일어날 때 자신에게 정보를 주는 네트워크를 신뢰해 '뉴스가 나를 찾는다'라고 하는 현상) 사람들은 정치적 지식과 관심이 감소하게 되고, 시간이 지나면서 낮은 투표율을 보이는 것으로 나타난다(De Zúñiga and Diehl, 2019). 한편 정치적 대표성과 선호되는 정책 결과를 볼 수 있는 가장 명확한 경로는 투표율이다. 다시 말해 '감시'는 정치적 삶에 대한 시민들의 태도를 현실적으로 포착할 수 있지만 권력 구축을 위한 도구는 아니다.

결국 많은 국가에서 선거는 당파적 행동이 안정되고, 소수의 유동층이 캐스팅보트를 쥐는 치열한 접전이 되어가고 있다. 이러한 상황에서는 현직 대통령이 경제와 위기를 어떻게 관리했는지, 문화적으로 정치적으로 경제적으로 그리고 그들의 이익을 가장 잘 대표하는 사람이 누구인지, 누가 국가의 미래를 이끌 수 있게 잘 준비되어 있는지 등에 대해 전체가 아닌 작은 부분의 유권자에게만 적극적 설득이 필요하다.

3) 동원 및 동원 해제

설득의 또 다른 형태는 지지자들을 동원하는 것이다. 특히 강한 당파성의 시나리오에서 캠페인이 행하는 설득의 임무는 동원이다. 즉, 정체성을 강화하고, 외부 집단을 포지셔닝하며, 정당의 행동과 지도자의 명성을 방어하거나 정당화하는 전략적 호소를 통해 유권자를 자신의 편으로 끌어모으는 것이다. 단순한 이유 때문에 전 세계의 선거운동에서 동원의 중요성이 커졌다. 이미 확신을 가진 지지자들이 실제 투표에 참여하도록 활성화하고 동원하는 것보다 결정을 내리지 못한 시민들에게 특정 정당이나 후보를 선택하는 것이 옳다고 확신시키는 것이 훨씬 더 어렵다.

후보자들은 공격적 은유(Kalmoe, 2019), 방송 및 인터넷의 표적 광고(Haenschen and Jennings, 2019), 갈등적 쟁점(Heinkelmann-Wild et al., 2020), 심지어 성차별주의(Valentino et al., 2018)까지 사용해, 당파적 정체성을 활성화하고 부각시키며 증폭시키는 캠페인으로 지지자를 동원한다. 플랫폼 시대에 캠페인은 개인적·사회적 유대를 통해 지지자를 동원하고자 한다. 2010년과 2012년 페이스북의 내부 연구는 유권자가 플랫폼에서 친한 친구로부터 강한 영향을 받고 있음을 보여주었다. 실시간 실험에서 페이스북은 2010년과 2012년 미국 선거에서 "투표했어요!" 버튼의 효과를 측정한 결과, 사회적 규범과 사회적 압력이 투표 동원에 강한 영향을 미친다는 사실을 발견했다(Bond et al., 2012; Jones et al., 2017).

이러한 실험은 오프라인 상황에서 얻은 결과를 반영하며, 이는 사회적 압력과 사회적 규범이 유권자 참여를 높이는 데 큰 역할을 한다는 것을 보여준다. 이 실험은 사회적 실험에 대한 투명성이나 행동에 대한 사회적 책임 없이 대규모 선거에 개입할 수 있는 페이스북의 잠재적 힘을 보여주고 있어(Barrett and Kreiss, 2019), 논쟁을 불러일으켰다. 다른 연구에서도 유사한 결과가 발견되었는데, 소셜미디어 플랫폼이 사회적 압력을 통해 유권자 투표율을 높일 수 있는 잠재력이 있음을 강조했다(Haenschen, 2016). 여기서 중요한 것은 이러한 사회적 규범과 압력의 신호가 사람들에게 애초에 의향이 없었던 일을 하도록 유도하는 것은 아니라는 점이다. 즉, 이러한 실험도 투표 자체와 마찬가지로 사람들이 기존에 가진 정치적 정체성, 이해관계 및 성향과 일치한다.

정치 커뮤니케이션을 통해 자신의 지지자들을 동원하는 것뿐만 아니라 상대방 지지자들을 해산시키려는 시도도 캠페인 전략이다. 16년 동안 독일 총리였던 앙겔라 메르켈과 기독교민주당은 이 전략으로 매우 성공적인 캠페인을 벌였다. 핵심은 반대를 불러일으킬 수 있는 도발적·논쟁적 양극화를 피하는 것이다. 이들은 정적政敵의 지지자들의 투표 의욕을 떨어뜨리기 위해 선거 캠페인을 가능한 한 지루하게 만들려고 노력했다.

민주적으로 더 문제가 되는 또 다른 전략은 부정적 캠페인을 통해 유권자를 해산하는 것이다. 이는 학술 문헌에서 오랫동안 연구되고 논쟁이 되어왔는데, 부정적 광고가 사람들을 무력화시킬 수 있다는 실험 연구(예: Iyengar and Simon, 2000)가 있는 반면, 다른 연구에서는 그 효과가 혼합되거나 오히려 정적을 동원하기도 하는 것으로 나타났다. 일부 학자는 모든 형태의 네거티브 광고가 정당의 정치인과 지지자들 사이를 갈라놓기 때문에 반민주적이라고 주장하기도 한다. 김영미 등(Kim et al., 2018)은 러시아의 인터넷 연구 기관이 미국 민주당 유권자들에게 부정적 광고를 제공함으로써 2016년 미국 대선에 영향을 미치려는 시도에 대해 논한 바 있다. 적극적 캠페인이나 누락을 통해 캠페인이 일상적으로 수행하는 많은 작업(앞의 메르켈 사례를 참조)이 이 주장에 들어맞는 듯하다.

선거의 정당성에 도전하기 위한 후보자나 지지자의 활동에 초점을 맞춘 연구들도 있다. 2018년 예루살렘 지방선거를 다룬 한 흥미로운 사례연구(Kligler-Vilenchik et al., 2021)는 예루살렘 트위터 공간이 지배적 동원 서사를 지닌 히브리 영역과 지방선거를 팔레스타인 대의에 대한 배신으로 묘사하고 선거 보이콧을 조장하며 투표 거부를 사회적 규범으로 확립하려는 팔레스타인 영역으로 나뉘어 있음을 보여주었다. 그 사회적 규범이란 "투표는 자신의 민주적 권리를 실현하는 것과 정반대다. 그것은 자신의 집단적 정체성을 배신하는 행위다"(2021: 575)와 같은 것이다.

대체로 소셜미디어는 후보자, 정당, 정치 행위자, 매스미디어, 대인 커뮤니케이션의 동원 및 해산의 메시지가 함께 모이는 지점이다. 이것은 네트워크 내에서 표시되고 공유되며, 알고리즘에 의해 선별, 여과 및 증폭되고, 사회적 담론을 통해 변형된다.

6. 요약

이 장에서는 민주주의의 핵심 제도인 선거에 초점을 맞추었다. 선거는 시민들이 정치인에게 책임을 물을 수 있는 주요 방법이다. 언젠가는 선거에서 기꺼이 패배할 수 있는 정당 간의 평화로운 권력 이양이 민주주의가 제공하는 자유의 핵심이다.

선거에서 경합하려면 캠페인이 필요하다. 캠페인은 후보자 연설, 텔레비전 토크쇼 출연부터 이메일 및 소셜미디어 플랫폼 게시물에 이르기까지 다양한 커뮤니케이션 도구를 활용해 유권자가 자신의 후보자를 선택하거나 반대쪽에 투표하지 않도록 설득하는 조직적 노력이다. 규제 환경뿐 아니라 다양한 선거 및 미디어 시스템은 캠페인을 조직하고 자금을 조달하는 방식, 캠페인이 만드는 메시지, 후보 및 정당 간의 차별화를 형성한다.

소셜미디어(더 일반적으로는 플랫폼)와 캠페인 간의 관계는 복잡하다. 플랫폼은 경쟁적 선거를 구성하는 국가 시스템에 내장되어 있을 뿐만 아니라 공직에 도전하는 사람들에게 테크놀로지와 인센티브를 제공한다. 그 결과 데이터 사용, 개인화, 정체성 호소identity appeals, 부정성nega-tivity 등 플랫폼 시대에 증폭되는 캠페인의 여러 가지 중요한 트렌드가 드러났다. 이들 중 어느 것도 플랫폼에서 시작된 것은 아니지만 플랫폼이 이를 촉진시켰음이 분명하다.

결국 플랫폼은 선거 제도와 관련해 복잡한 역할을 한다. 플랫폼은 후보자에게 점점 더 개인화된 방식으로 유권자에게 다가갈 수 있는 다양한 새로운 수단을 제공했으며, 이에 따라 많은 국가에서 정치 참여가 분명히 증가했다. 그리고 플랫폼은 공적 쟁점에 대한 인식을 바꾸고 유권자의 선택에 영향을 미칠 수 있는 사회운동(다음 장의 주제)을 촉진시킨다(Mutz, 2022). 동시에 이들은 반민주적 행위자들이 정당의 공천 경선을 장악하고 유권자를 혼란시키며 조작할 새로운 기회도 창출했는데, 이에 대해서는 제10장에서 살펴보겠다.

토의할 질문

- 플랫폼과 알고리즘은 정당이 부정적 콘텐츠와 스타일을 이용해 공격적 메시지를 게시하도록 조성한다. 이러한 게시물은 더 많은 반응, 공유 및 댓글을 생성하는 경향이 있기 때문이다. 소셜미디어를 활용하면서 시민들과 보다 긍정적이고 정책 지향적인 커뮤니케이션을 원하는 정당에 어떤 조언을 할 수 있는가?
- 정당과 정치인은 새로운 틈새 플랫폼을 지속적으로 실험하고 있다. 아직은 대중적인 정치적 효과가 낮은 마스토돈 같은 소규모 플랫폼이나 캠페인 활동가가 본격적으로 채택하지 않은 핀터레스트Pinterest 또는 레딧 같은 플랫폼에서의 캠페인 전략을 고안해 보자.

추가 독서 목록

Bossetta, M. 2018. "The digital architectures of social media: Comparing political campaigning on Facebook, Twitter, Instagram, and Snapchat in the 2016 US election." *Journalism and Mass Communication Quarterly*, 95(2), pp. 471~496.

Bruns, A., D. Angus and T. Graham. 2021. "Twitter campaigning strategies in Australian federal elections 2013~2019." *Social Media + Society*, 7(4), pp. 1~15.

Ceccobelli, D. 2018. "Not every day is Election Day: A comparative analysis of eighteen election campaigns on Facebook." *Journal of Information Technology & Politics*, 15(2), pp. 122~141.

Haßler, J., M. Magin, U. Rußmann and V. Fenoll(eds.). 2021. *Campaigning on Facebook in the 2019 European Parliament Election: Informing, Interacting with, and Mobilising Voters.* Cham: Palgrave Macmillan.

Stromer-Galley, J. 2019. *Presidential Campaigning in the Internet Age.* New York: Oxford University Press.

제8장

플랫폼과 사회운동

제8장에서는 사회운동을 다룬다. 이를 통해 사회운동의 작동 방식과 그 잠재적 힘에 대한 이해를 심화시키려고 한다. 이 장에서는 사회운동이 옳다고 생각하는 비전을 성취하고자 디지털 정보환경을 탐색하고 활용하는 방법들을 통해 사회운동의 유형과 이론, 사회운동이 직면한 과제, 사회운동의 전술 및 방법, 미디어 및 정부와의 관계 등을 자세히 설명한다.

독서 목표

- 사회운동에 대한 개요를 제공한다.
- 사회운동에 대한 이해를 형성하는 이론에 대해 토론한다.
- 디지털 시대의 시위 문화를 이해한다.
- 사회운동의 미래에 대해 생각해 본다.

1. 서론

2020년 10월 젊은 나이지리아인들이 경찰의 만행에 항의하기 위해 트위터를 사용했을 때, 아프리카 대륙에서 인구가 가장 많은 국가인 나이지리아의 정치적 논란에 대해 들어본 사람은 이 나라 밖에서는 거의 없었다. 트위터 덕분에 나이지리아의 폭력적인 SARSSpecial Anti-Robbery Squad(나이지리아 경찰 부대의 일종)에 반대하는 시위가 '#EndSARS'라는 배너 아래 전 세계적으로 눈에 띄게 되었다는 평가가 많았다. 결속의 메시지는 미국 워싱턴 DC, 인도 뭄바이, 칠레 산티아고 등 멀리 떨어진 지역사회에 전달되어 사회운동으로 주목받는 데 도움이 되었으며, 대중적 인기가 없는 이 경찰 부대의 예기치 않은 해산을 이끌어내기도 했다.

플랫폼은 사회운동의 일부가 된다는 것이 무엇을 의미하는지, 사회운동이 어떻게 출현하고 세력을 얻고 사라지는지, 사용할 수 있는 자원과 직면한 과제가 무엇인지 등에 관한 생각을 결정적으로 변화시켰다. 활동가들은 불의에 대해 플랫폼에서 해시태그로 스포트라이트를 비추어 세계를 연결시킴으로써, 투쟁을 빠르게 세계화시켰다. 플랫폼은 권력자에게 사회적 책무를 물을 수 있는 매스미디어의 관심과 세계의 관심이 미치지 않는 청소년층과 주변적 지역에 힘을 실어줄 수 있다. 플랫폼은 전 세계 이용자들을 사회운동에 적극적으로 참여시키기도 하며, 적어도 운동에 활력을 불어넣는 지지자나 증인을 만들 수 있다. 이 장에서는 어떻게 현대 사회운동이 어포던스, 공유된 상징 및 의미 형성, 그리고 집단적·연대적·정서적 활동의 기회 등을 통해 점점 더 적응하고 구체화되는지 자세히 설명한다. 결국 플랫폼은 미디어와 정치 시스템의 중심 행위자로서, 사회 변화를 위해 투쟁하거나 이를 방지하기 위해 투쟁하는 현대 사회운동에 필수 불가결한 요소다.

사회운동은 어디에나 있고 거기에 필요한 것은 사람이다. 사람이 생기면 온갖 종류의 사회운동이 생겨날 가능성도 높아진다. 물론 사회운동은 사람들이 컴퓨터, 전화기, 이 책의 주제인 플랫폼 등을 소유하기 전부터, 심지어는 그러한 것들을 소유한 사람을 보기도 전부터 존재했다. 그렇기는 하지만 플랫폼 덕분에 지난 20년 동안 사회운동의 가시성과 힘이 폭발적으로 증가해서 사회운동이 정치적·사회적 삶의 거의 모든 측면을 변화시키고 있는 것처럼 보인다.

이 장에서는 다양한 사회적·정치적·종교적·경제적·환경적 이유로 변화를 추구하거나 이를 저지하려는 집단을 포함할 수 있는 디지털 사회운동의 세계적 물결을 살펴본다. 모든 사회운동에는 변화를 성취하거나 저지하려는 집단적 정체성, 신념, 추진력 및 결단력을 공유하는 사람들이 있기 마련이다. 사회운동은 이 책에서 이미 말했듯이 다양한 조직적 형태를 취할 수 있지만, 참여자들이 정체성을 공유하고 목적의식을 갖고 있다면 사회운동이라고 할 수 있다. 그리고 사회운동의 중요성이 점점 더 커지는 것 같다. 인종적 불의, 성차별, 기후변화, 정신건강부터 실업, 해외 이주, 코로나19 팬데믹에 이르기까지 가시화된 다양한 쟁점이 지배하는 이 시대는 사회운동에 대해 논의하기에 더없이 적절하다. 실제로 이러한 사회 쟁점들 중 상당수는 오랫동안 존재해 왔지만, 사회운동은 이를 정치적으로 해결해야 할 쟁점으로 이해하는 데 도움을 주었다.

사회운동은 대체로 변화를 추구하는데(기존 질서를 보호하려는 운동인 경우에는 변화의 저지를 추구하기도 함), 목표를 달성하기 위해 다양한 전술과 방법을 사용한다. '사회운동'은 그 범위가 상당히 넓은 개념이다. 사회운동이 추구할 수 있는 목적은 다양하지만(예를 들어 종교운동 대인종 정의 운동), 연구자들은 일반적으로 공통 관심사인 삶의 영역에 변화를 일으키거나 저지하려는 운동을 '사회운동'이라고 부른다(Bennett, 2005; Kavada, 2018; Tuchman, 1978). 사회운동은 공적 쟁점(또는 사회운동이 공적 관심사로 만들고자 하는 쟁점)에 관심을 갖는다. 사회운동에는 다양한 종류가 있다. 사회운동은 캠페인 모금에 대한 세금 관련 법 등을 통해 사회나 정치의 권력 분배에 변화를 주려는 의미에서 공공연하게 정치적 목적을 추구하기도 한다. 사회운동은 환경 운동에서처럼 정책 변화와 함께 개인의 생활 방식에 변화를 가져옴으로써 지속가능성을 높이고자 하는 경우도 있다.

사회운동은 폭력적 혹은 비폭력적 수단을 통해 변화를 추구하고 요구하거나 이를 좌절시킬 수 있다(Useem and Goldstone, 2022). 공식적 조직(예: 제도화된 방식으로 활동하는 '사회운동조직')이나 비공식적이고 탈중앙적 조직의 시위, 행진 같은 행동들을 특징으로 할 수 있다. 일반적으로 사회운동은 공식적 요소와 비공식적 요소, 조직적 요소와 비조직적 요소의 양면을 모두 갖고 있다. 사회운동은 민주적이거나 권위주의적 환경에 뿌리를 내릴 수 있지만, 권위주의적 환경은 체제 안정에 위협이 되는 사회운동을 공식적으로 억압하는 경우가 많다. 반대 의견이 종종 처벌되는 비민주적 사회에서 사회운동 집단은 "일반인들이 생존하고 자신의 삶을 개선하기 위해, 그동안 침묵하고 지연되었지만, 부유층, 권력자, 공중 속으로 침투해 가는 진전"(Bayat, 2013: 46)을 의미하는 "조용한 침입"(2013: 15)을 전개한다. 그러나 정치체제와 관계없이 사회운동은 항상 눈에 띄는 것은 아닐지라도 어디에나 존재한다. 모든 사회에는 사회운동이 있는데 어떤 것은 목소리를 높이고, 어떤 것은 미묘한 것을 선호하거나 필요로 한다.

이 장에서 살펴보겠지만 사회운동은 오랫동안 사회 변화에 핵심적 역할을 해왔으며, 플랫폼 시대에 더욱 눈에 띄게 성장했다. 많은 국가에서 의료 서비스에 대한 접근권은 모든 사람에게 부여되는 권리가 아니다. 사람들은 투표권을 빼앗기기도 한다. 인종, 성별에 따른 불평등과 아동 학대에 대한 조사가 증가하고 있다. 조직적이든 아니든, 평화적이든 폭력적이든 사회운동은 변화를 지지하거나 이에 맞서 싸워왔다. 사회운동은 다양한 사회가 직면한 도전과 그 권력을 제한하려는 세력을 해결하기 위해 역동적이어야 한다. 더 많은 사람이 온라인으로 일상생활을 영위하는 변화하는 미디어 및 기술 환경에서 기존의 사회운동과 새로운 사회운동은 집단행동의 새로운 디지털 레퍼토리를 개발했다(Freelon, 2014). 이 장에서 강조하는 것처럼 플랫폼 시대에 사회운동은 새로운 역동성, 프로세스, 새로운 규모를 통해 꽃을 피웠다.

2. 사회운동의 정의

로렌츠 폰 슈타인Lorenz von Stein의 『프랑스 사회운동의 역사, 1789~현대History of the French Social Movement from 1789 to the Present』[1964(1848)]가 '사회운동'이라는 용어를 사용한 최초의 연구로 인용되지만, 운동 자체는 이 용어보다 훨씬 이전에 만들어졌다. 미국독립혁명(Tilly, 2004)을 포함해 수많은 확실한 사례를 생각해 볼 수 있다.

학술 문헌에서 사회운동에 대한 다양한 정의를 볼 수 있다. 예를 들어 디아니(Diani, 1992: 1)는 사회운동을 "공유된 집단적 정체성을 바탕으로 정치적·문화적 갈등에 참여하는 다수의 개인, 집단, 조직 간의 비공식적 상호작용의 네트워크"로 정의한다. 이 정의는 사회운동이 개인과 조직의 상호 연결된 '네트워크'라는 점에 중점을 두며, 상호작용이 공식적이기보다는 (조정할 수 있음에도 불구하고) 비공식적으로 이루어지는 경우가 많다는 점을 자세히 설명한다. 이 정의는 갈등이 어떻게 끝났는지에 관계없이 사회운동의 핵심에 갈등이 어떠한지를 말해준다. 그리고 마지막으로 이 정의는 사회운동에 대한 집단적 정체성의 중요성을 말한다. 이와 관련해 다른 학자들은 사회운동이 어떻게 동맹을 형성하고, 현상 유지를 비판하며, 설정된 쟁점에 대한 해결책을 제공하고, 변화를 달성하기 위한 정치적 행동을 정당화하는 신념 구조를 개발하는지에 초점을 맞추어왔다(Gillan, 2008: 247). 이는 사회운동이 서로 연대할 수 있음을 말해준다. 두 집단의 목표를 달성하기 위해 조직된 환경 운동 단체와 노동계가 전략적으로 힘을 합치는 경우가 그 예가 될 수 있다.

기존의 관련 연구들에 기초해 이 책은 가장 넓은 의미에서 사회운동을 "현상 유지나 현재보다 낫다고 믿는 것을 추구하거나 다른 운동이 실행되는 것을 저지하는 수렴된 정체성과 이해관계를 중심으로 조직된 행위자들의 네트워크"로 본다. 우리 시대의 민주주의는 긴장 상황에 처해 있는데(Repucci and Slipowitz, 2021), 이는 사회운동의 원인이자 결과이기도 하다. 사회운동은 의도적이건 아니건 간에 민주주의를 불안정하게 만든다. 예를 들어 유럽의 이민을 배척하는 일부 우익 운동은 합법적 이민과 같이 인구통계학적 변화를 초래하는 민주적 절차에 의도적으로 도전하려고 한다. 또 다른 사회운동은 보다 민주적 국가를 추구함으로써 사회를 긴장시킨다. 이러한 식으로 법에 따른 모든 시민의 평등, 즉 평등한 민주적 대표성을 추구하는 민주화 운동은 기존의 사회질서에 대한 도전을 저지하려는 사회운동을 촉발할 수도 있다. 예를 들어 100여 년 전 민주적 남북전쟁 재건 시대의 백인 해체를 떠올리면서 미국의 '블랙 라이브스 매터' 운동에 대한 백인들의 불안정하고 반민주적인 반발이 있었다(Hooker, 2016).

부르키나파소에서 벨라루스에 이르기까지 활동가들은 정치적 변화를 요구하고 있으며, 일부는 공중의 눈에 띄기 위해 막대한 대가를 치르고 있다. 코로나19 팬데믹과 같은 최근의 어려움은 동남아시아를 포함한 세계 여러 지역에서 활동가들에게 변화를 요구할 기회를 제공했다. 예를 들어 코르푸즈(Corpuz, 2021)는 전염병을 맥락에 맞게 활용하고 '블랙 라이브스 매터' 시위와 같은 이런저런 사건들에 힘입어 태국, 인도네시아, 필리핀 및 기타 아시아 국가의 시민들이 시민적·정치적 권리에 대한 국가 주도의 제한에 맞서 싸우기 위해 온라인 및 오프라인 노력을 강화하고 있다고 주장했다. 팬데믹은 스위스와 같은 국가의 활동가들에게 자신의 권리를 위해 투쟁할 대안적 방법을 개발할 기회를 제공했다(Rauchfleisch et al., 2021). 하지만 다른 많은 사회에서는 변화가 쉽지 않다. 이것이 바로 많은 활동가가 그들이 꿈꾸던 더 나은 세상을 살아생전에 보지 못하는 이유다. 미국의 정치 및 사회 운동가인 마틴 루터 킹 주니어Martin Luther King Jr.가 바로 그러한 사례다. 미국의 인권 운동을 성공시키며 널리 인정받고 주목받을 만한 역할을 했음에도 불구하고, 킹은 1968년 4월 4일 암살당하면서 인종 분리주의에 맞서 오랫동안 지속해 온 비폭력 저항의 결실을 누릴 기회를 잃었다.

사회운동은 사회를 변화시킬 수 있는 잠재력을 갖고 있다. 사회운동은 좋든 나쁘든 국가의 정치적·사회적 심지어 경제적 방향까지 형성한다. 그것은 지도자와 구성원의 헌신, 기관, 저널리스트, 정치단체를 포함한 지원 네트워크, 국가 및 지역의 상황, 특히 반대 의견에 대한 관용, 대의를 홍보하고 지지자를 확보하며 동원하기 위한 미디어의 사용을 통해 성장한다. 어떤 경우에는 미디어를 통해 전달되는, 국경을 초월한 연대도 형성한다.

사회운동에는 사회운동조직Social Movement Organization: SMO이 수반되
는 경우가 많다. 사회운동조직은 공식화되고 중앙에서 조직된 집단(예:
옹호 단체 또는 비영리단체)으로 쟁점 또는 대의를 기반으로 한다. 예를
들면 가족계획연맹Planned Parenthood(미국의 낙태권 옹호자)과 같은 주류
조직, 소말리아 안팎에서의 대담한 테러 활동으로 유명한 알샤바브Al
Shebab와 같은 급진적 정치단체, 네덜란드에 본사를 둔 환경보호 단체
인 그린피스GreenPeace와 같은 활동가 집단도 있다. SMO는 또한 환경
적·정치적·경제적·문화적·사회적 변화를 촉진하거나 저항하려고 노
력하며 다른 활동가들과 협력해 이를 수행한다. 공식 조직으로서 이들
은 자원(예: 자금 지원), 자원봉사자, 사람, 미디어의 관심을 일상적 방
식으로 통제할 수 있으며, 따라서 운동에서 조정 또는 리더십의 역할
을 맡는 경우가 많다. 또한 정부, 자금 지원 기관, 언론계, 정계 차원의
협력자들과의 관계를 발전시키고 유지함으로써, 더 넓은 범위의 운동
을 촉진하는 데 도움을 줄 수 있다. SMO는 "사회에서 무엇이 잘못되었
는지(진단), 이 잘못이 어떻게 개선되어야 하는지(예측), 필요한 변화를
위해 무엇을 해야 하는지(동기부여)"를 말로 표현하는 상당한 힘을 가
지고 있다(d'Anjou and Van Male, 1998). SMO는 개별 활동가나 집단의

비공식 네트워크에 비해 강력한 조직이므로, 사회운동의 미래와 방향에 관해 긴장을 유발할 수도 있다. 잃을 것이 적고 유연하며 더 순수한 이념을 가진 소규모 집단과 비교해, 자원이 풍부한 대규모 조직은 자신의 위치와 지위를 보호하고, 더 신중하고 보수적인 행동 방침을 옹호할 수 있다.

실제로 많고 다양한 유형의 집단 네트워크로서 사회운동은 동질적인 실체로 간주되어서는 안 된다. 이것은 더 큰 공동의 목표를 추구하면서도 변화, 갈등, 느슨한 조정을 하는 역동적인 네트워크다. 사회운동이 목표와 정체성을 정의하기 위해 노력함에 따라 내부 리더는 운동을 대표하기 위해 경쟁한다. 사회운동은 또한 정당과 같은 제도적 정치 채널을 통해 활동할 수 있으며, 그 과정에서 사회운동을 목표 추구의 수단으로 전환할 수도 있다. 이들은 파괴적 행동이나 보다 확산된 형태의 문화적 변화를 통해 목표를 추구할 수 있다. 반면에 정치 지도자들은 자원 동원을 위한 사회운동과 동맹을 맺으려고 하는 경우가 많다. 그리고 사회운동이 정치적일 수도 있지만 항상 그런 것은 아니다. 예를 들어 미국에서 20세기 후반에 걸쳐 오랫동안 지속된 종교운동의 일부였던 백인 복음주의 개신교도들은 일반적으로 공식적 정치와 정치제도에서 벗어나 미국 공화당의 미디어를 통해 공산주의, 인종 정치, 성교육 등에 대한 관심을 발전시켰다(Butler, 2021; Williams, 2012).

정치 행위자들이 미디어를 사용해 아이디어를 전파하고 자신의 정체성, 관심, 가치 및 목표를 만들어가기 때문에 미디어는 SMO와 사회운동의 중심이 되기도 한다. 사회활동가들은 또한 미디어를 사용해 공적 영역에서, 그리고 민주주의의 정치제도를 통해 자신의 목표를 추구하는 활동을 조정한다. 미디어와 소셜미디어는 많은 사회운동에 매우 중요한데, 외부인이 자신의 합법성과 힘을 평가하는 데 사용하는 가치, 단결성, 숫자 및 공약 등을 보여주고 있다(Freelon et al., 2018; Tilly, 1999; Tufekci, 2014; Walgrave et al., 2022; Wouters and Walgrave, 2017).

3. 사회운동에 대한 이해를 돕는 이론들

몇 가지 주요 이론의 렌즈를 통해 사회운동을 살펴보면 사회운동과 그것의 변화하는 역학 및 역할을 이해하는 데 도움이 된다.

1) 자원동원이론 Resource Mobilization Theory: RMT

1960~1970년대에 사회운동은 전 세계적으로 진지한 연구 대상이 되기 시작했다. 초기에 학자들은 자원이 사회운동 과정에서 핵심적 역할을 한다고 지적했다. 예를 들어 성공적으로 시위를 조직하려면 사회운동에 적절한 자원이 필요했다. 매카시와 잘트(McCarthy and Zald, 1977)가 주장한 것처럼, 자원동원이론은 사회운동이 성공하기를 원한다면 자원을 획득하고 동원하는 데 효율적이어야 한다고 강조한다. 충분한 자금, 시간, 인적자원 및 조직적 기술이 없으면, 집단은 경찰이나 정보기관 등 상대적으로 막대한 자원을 사용할 수 있는 국가나 기타 강력한 이해관계에 맞서 성공적으로 조직할 수 없다. 자원을 얻기 위해 사회운동은 특정 국가에서 민주적 변화를 진전시키기 위한 일상적 방법인 재단과 같은 NGO 등의 연계 집단에 의존한다. 물론 이는 정당과 같은 연계 조직으로부터 자금 및 조직적 지원을 끌어낼 수 있는 비민주적 또는 심지어 반민주적 집단에도 적용된다(Ziblatt, 2017). 그리고 이념에 관계없이 사회운동은 활동을 유지하기 위해 시간과 에너지를 현물로 지원하는 사람들과 지지자들의 기여에 의존한다. 충분한 자금이 없으면 독재 정권에 맞서 싸우는 것은 거의 불가능하다. 변화를 추진

하려는 이들의 결정에 적절한 자금과 이를 지원하는 조직적 메커니즘
이 없으면 소외된 집단은 목소리를 내기 어렵다. 실제로 조직은 자금
조달, 커뮤니케이션, 동맹을 포함한 자원을 일상화하는 데 도움이 되
기 때문에 매우 중요하다.

▎주목할 콘텐츠

재단의 좋은 예는 미국의 억만장자 조지 소로스George Soros가 설립한
오픈소사이어티 재단Open Society Foundations: OSF이다. 이 재단의 사명
은 전 세계의 시민사회 단체, 특히 교육, 공중 보건, 독립 언론 및 사회
정의의 증진을 추구하는 단체에 자금 조달의 수단을 제공하는 것이다.
이러한 일들을 하면서 소로스와 재단은 종종 반연대주의 음모론의 대
상이 되기도 한다(Langer, 2021). 다른 유명한 미국의 사례로는 포드
재단Ford Foundations과 록펠러 재단Rockefeller Foundations이 있다.

---

2) 신사회운동이론New Social Movement Theory

1960년대 말까지 학자들은 자원의 중요성을 넘어 운동의 다른 차원
에 주목했다. 특히 유럽 학자들은 산업 경제로의 전환이 많은 국가에
서 중요하다는 점을 지적하며, 사회운동의 방향이 계급 문제 등에서 문
화와 정체성으로 바뀌고 있다고 보았다. 이러한 쟁점들에는 전 세계 국
가에서 동성애자 권리와 같은 인권을 위한 다양한 투쟁이 있다. 그리
고 수십 년 동안 노동자 운동이 사회운동의 지배적 지향점이었던 반면
에 성별, 인종, 민족, 청소년, 성적 취향, 영성, 반문화적 가치, 환경보
호주의, 동물 권리와 같은 여러 쟁점도 이 기간에 계속해서 등장했다
(Buechler, 2013). 그러나 많은 사람이 이러한 문화적 쟁점과 정체성 쟁

점들을 고려하지만, 이러한 새로운 운동의 방향에 대해 생각하는 또 다른 방법은 민주주의라는 렌즈를 통해서다. 정체성 기반의 운동은 역사적으로 배제된 비지배 집단의 평등, 형평성 또는 정의를 달성하는 데 중점을 둔다. 예를 들어 정치(권리 및 대표성)와 문화(미디어 및 엔터테인먼트)의 강화 측면에서, 여성의 동등한 지위를 달성하려는 페미니즘 운동을 생각해 보자. 또는 공식적 권리(예: 경찰의 폭력 종식)와 사회복지(예: 보건과 관련된 불평등)의 쟁점으로 평등한 지위를 추구하는 인종 정의 운동도 있다. 이러한 새로운 사회운동의 방향은 1990년대와 2020년대에 전 세계적으로 새로운 노동운동의 활동이 폭발적으로 증가한 것과 맥락을 같이한다.

3) 박탈이론Deprivation Theory

많은 사회운동에 대한 이러한 새로운 방향에도 불구하고, 사회나 공동체의 일부 사람들이 이것이 사실이든 인식이든 자신이 박탈당했음을 인식하지 못한다면 핵심적으로 이야기할 사회운동은 없을 것이다. 여기에는 계급 불평등이 포함될 수 있지만, 더 일반적으로는 사회적·정치적 평등이나 포용 등의 기본권이 박탈되는 것도 포함될 수 있다.

변화를 추구하는 사람들은 (인식적이든 실제적이든) 일련의 불만이 있기 때문에 뭔가 조치를 취한 것이다. 어떤 사회에서나 특권을 받은 사람과 덜 받은 사람이 있기 마련이다(Opp, 1988). 절대적 박탈은 사회에서 그 집단의 위상과는 별개로 해당 집단의 지위에 중점을 두는 반면에 상대적 박탈은 한 사회에서 다른 집단에 비해 특정 집단의 불리한 위치나 지위에 초점을 맞춘다(Sen and Avci, 2016). 물론 모든 박탈이 사회운동으로 이어지는 것은 아니다. 표현과 연대의 기본권을 존중하는 사회에서도 집단적 행동을 취하는 데에는 많은 장벽이 있다.

서구 사회는 여성이 운전할 권리를 인정하지 않는 사우디아라비아의 사례를 인권침해로 간주해 왔다. 2018년 6월 여성에게 운전할 권리를 부여하기로 결정하기까지, 이러한 법을 가진 세계 유일의 국가였던 사우디아라비아는 이 금지가 '와하비즘Wahhabism'으로 알려진 이슬람 율법의 엄격한 종파와 맥락을 같이한다고 주장했다. 분명히 그러한 법은 여성 운전자들에게 불이익을 주었지만, 사우디아라비아 당국은 이것이 (여성 운전 금지를 주장하는 세계에서 유일한 국가임에도 불구하고) 종교 율법이라고 주장했다. 운전권이 부여되자 언론은 이 획기적 결정에 집중했지만, 여성 인권 운동가들의 투옥을 포함한 다른 쟁점들은 그다지 관심을 끌지 못했다.

4) 정치과정이론Political Process Theory

학자들은 사회운동의 역학, 특히 성공은 정치적 기회에 따라 좌우된다고 주장해 왔다. 다시 말하자면 권력자들과 권력의 안배(예: 정부 내 당파)가 중요하다는 것이다. 매우 억압적인 정부하에서 사회운동은 극단적 상황과 성공에 대한 장벽을 직면하게 된다. 다양한 견해에 대해 보다 관용적인 정부는 상대적으로 반대의 목소리가 활성화되도록 허용해 사회운동이 활발해질 가능성을 더 크게 남겨둔다(Tilly, 1978). 모든 유형의(민주주의를 포함함) 정권에서 정치 엘리트들 간의 역동성은 사회운동조직, 집단행동, 궁극적으로는 성공에 중요한 영향을 미친다(Farthing, 2019; Holdo, 2020; Pettinicchio, 2017). 정치 엘리트들이 대체로 의견이 일치되고, 특정 사회운동의 반대편에서 단결하는 국가에서는 국가에 반하는 표적화된 행동이 실패할 가능성이 높다. 성공의 가능성이 사실상 거의 없다고 사람들이 생각하면 동원하는 것조차 어려워진다. 그러나 엘리트들이 분열되면 사회운동은 엘리트들 중 일부를 그들의 편으로 끌어들이고, 그들의 어젠다를 발전시킬 수 있는 더 큰 기회를 갖게 된다. 이와 관련해 국외의 환경은 정말 중요하다. 예를 들어 외교정책에 대한 고려는 사회운동에 대응하려는 엘리트들의 심사숙고에 크게 영향을 준다.

4. 플랫폼 맥락에서의 사회운동

사회운동에 대한 우리의 이해는 현대사회에서 급변했다. 디지털화는 이러한 변화의 큰 부분에 영향을 미쳤다. 디지털화 사회에서는 집단행동을 조직하고 공중에게 메시지를 전달하는 데(비록 집단행동과 공적 관심을 유지하는 것도 그에 못지않게 힘든 일이지만) 더 적은 자원이 소요된다(Tufekci, 2017). 한편 국가가 문제를 봉쇄하기 위해 정보 운영을 혁신했음에도 불구하고, 시민과 조직은 새로운 가능성 속에서 새로운 조직 방식을 고안해야 했다.

먼저 디지털 기술 이전의 사회운동의 역학을 고려해 이러한 변화를 살펴보겠다. 사회운동은 특정 쟁점, 이데올로기, 정체성 또는 일련의 불만 사항들을 중심으로 사람들을 조직한다는 것을 기억하자. 많은 사람이 갈등이나 해결책의 결과에 관심을 공유하거나 이해관계자가 될 수 있으며, 그 원인을 지지 혹은 반대하는 것 등으로 공유 지점을 가질 수 있다. 그러나 사람들을 조직해 정체성을 지닌 집단으로 만들어 행동에 나서도록 하는 것은 어렵다. 우선 사람들은 불만이나 원하는 목적을 가질 때는 혼자가 아니라는 점, 공통점이 있다는 점, 집단의 일원이라는 점을 인식할 필요가 있다. 그다음에 이들은 다른 사람들과 함께 조직을 만들고, 쟁점에 대한 불만이나 지지를 공식화하며, 목소리를 내야 한다. 이는 종종 부정적 결과에 직면할 때도 있다. 억압적 국가에서 이들은 투옥되거나 심하면 목숨을 잃을 수도 있고, 불만을 표현할 권리를 인정하는 민주주의 국가에서도 사회적으로 배제될 수 있다(Van Duyn, 2021). 거기에서 사람들을 거리로 끌어내기까지는 아직 갈 길이 멀다. 모여서 항의하는 것이 안전하더라도 여전히 시간, 에너지, 관심이 필요하다. 사람들이 참여하려면 인센티브가 필요하다. 결국 기꺼이 행동하려는 사람들에게 무임승차하는 편이 비용이 덜 드는 경우가 많다(Bimber, 2017). '집단적 행동'에 관한 고전적 이론은 일찍이 다음과 같은 문제를 제시했다(Olson, 1965). ① 사람들이 목표를 공유하더라도 함께 조율된 방식으로 행동하지 않을 수 있다. ② 대규모 동원은 목표를 공유한다고 인식하지만 아무런 기여 없이 타인의 노력으로부터 혜택을 얻는 무임승차자를 낳기도 한다.

이러한 맥락에서 공식적 집단행동의 조직은 사회운동을 유지, 조정, 통제, 일상화하고 자금 지원에 중요한데, 예를 들면 그린피스, 국제사면위원회, 세계야생생물기금World Wildlife Fund: WWF 등이 있다. 사회운동에는 집단행동에 참여하는 데 도움이 되는 다양한 자원이 필요하다. 여기에는 이벤트를 조직하고, 전략을 설정 및 정의하며, 회원이나 지지자를 연결하고, 미디어와 대화하며, 캠페인을 작성하고, 자금을 모으는 핵심 조직이 있다. 팸플릿을 인쇄하고, 사무실 공간을 임대하며, 컴퓨터 및 기타 정보 기술 도구를 구입하고, 전화, 와이파이 및 전기 요금을 지불해야 한다. 대부분의 민주주의 국가에서는 시위를 신고하거나 정부와 조율 내지는 허가를 받아야 한다. 청원서의 경우에는 서명을 모아야 한다. 결국 사회운동에는 많은 돈, 시간, 노력이 필요하다. 이것이 바로 사회운동이 전통적으로 지도부, 전문가, 유급 직원, 은행 계좌를 갖는 조직에 의존하는 이유이기도 하다.

그러나 디지털 플랫폼은 이러한 사회운동의 역학을 변화시켰다. 베넷과 세게르베르그(Bennett and Segerberg, 2013)가 '월스트리트 점거운동Occupy Wall Street'(뉴욕에서 시작해 전 세계적으로 확산된 사회적·경제적 불평등에 대한 항의 시위) 등의 사회운동에 대한 연구에 근거해 주장했듯이, 플랫폼은 자기 조직화하는 네트워크 형태로 연결 행위를 가능케 했으며, 조직화할 수 있는 네트워크와 같은 집단 행위와 연결 행위의 하이브리드 형태를 가능하게 했다.

주목할 사례

'미래를 위한 금요일Fridays for Future'은 기후 위기에 맞서 더욱 강력한 조치를 취하기 위해 전 세계를 동원하고 있다. 모든 것은 오페라 가수이자 배우의 딸인 그레타 툰베리Greta Thunberg라는 15세 스웨덴 여학생으로부터 시작되었다. 그녀는 스웨덴 의회 앞에서 '기후를 위한 학교 파업'이라는 팻말을 들고 홀로 시위를 시작했다. 곧 더 많은 학생이 그녀에게 합류했고, 이러한 저항에 대해 소셜미디어 콘텐츠는 '미래를 위한 금요일'을 세계적 대중운동으로 변화시키는 데 도움을 주었다. 수많은 젊은이가 온라인뿐 아니라 그들 나라의 수도의 거리 등에서 시위를 했다. 툰베리는 2018년과 2019년에 유엔에서 연설했고, ≪타임Time≫의 올해의 인물로 선정되었으며, 여러 차례 노벨 평화상 후보로 지명되었다. '미래를 위한 금요일'의 속도, 규모, 전 세계적 확산은 매스미디어 시대에는 불가능했을 것이다.

툰베리가 설립한 '미래를 위한 금요일'은 성장했고, 추진력을 얻었

으며, 초기에 공식적 조직의 지원 없이 소셜미디어를 통해 매주 전 세계 수많은 사람을 거리로 불러들였다. 처음에는 스웨덴 의회 밖에서 툰베리의 시위가 인스타그램과 기타 플랫폼의 저명한 인플루언서 덕분에 가시화되었지만, 곧 사회운동 자체가 온라인을 통해서 유명해졌다. 이 사건은 소셜미디어 플랫폼을 통해 주로 지원되는 분산형 구조와 매스미디어의 얼굴 역할을 하거나 그렇지 않을 때는 배경에만 머무는 소수 대변인의 연결 행위가 보여주는 특성을 모두 갖추고 있다. 이는 이전 시대의 사회운동과 주요한 차이점을 보여준다. 이는 공식적이고 유력한 조직이 조정하는 중앙 집중식 집단 행위 메시지(또는 프레임)를 통해서가 아니라, 소셜미디어를 통해 공유된 우려와 긴급함이 개인적 표현으로 확산된 것이다. 이는 전 세계 수백만 건의 유사한 외침으로 울려 퍼졌다. 물론 동일한 역동성과 패턴이 정치적 스펙트럼의 반대편에서도 작용한다. 극우 극단주의 운동도 연결 행위를 통해 활성화되었다. 실제로 이러한 집단은 제한적이기는 하지만 공개적으로 운영되면서, 조직의 주요 형태로 역할하기 위해 분산형 미디어 이용의 선구자적 역할을 했다(Belew, 2018).

주목할 사례

독일의 극우 운동인 PEGIDA('서구의 이슬람화에 반대하는 애국적 유럽인들'의 약어)는 2014년 독일 동부 드레스덴에 있는, 소규모 친목 네트워크인 비공개(나중에 공개됨) 페이스북 그룹에서 탄생했다. 이들은 2014년 12월 '저녁 산책'으로 위장한 야간 시위를 시작했고, 이는 곧 1만 5000명이 넘는 대규모 집회로 성장했으며, 외국인 이주에 반대하는 항의와 정부, 민주주의, 국가에 대한 경멸로 단결했다.

플랫폼을 통한 연결 행위가 공식 조직을 통한 비교적 오래된 형태의 집단 행위의 필요성을 완전히 대체하지는 않았다는 점을 여기서 주목하는 것이 중요하다. 두 가지 형태 모두 공존하고 엮이며 중첩된다. 하이브리드 미디어 시스템에서의 사회운동은 다양한 단계의 중앙 집중화와 탈집중화를 택할 수 있다. 소셜미디어 플랫폼에 의존할 수 있지만 여전히 조직의 핵심, 사무실 및 여러 모금 수단을 보유하고 있다. 대부분의 경우 집단 행위와 연결 행위의 조합이 특히 강력하다는 것을 알 수 있다. 연결 행위와 디지털 플랫폼은 국제사면위원회나 옥스팸Oxfam과 같은 극소수의 운동과 NGO만이 전 세계 대중의 관심을 얻고 유지하는 데 성공한 바로 그러한 문제들을 길고 느린 정책 결정 과정에서 해결하지 못했다. 그리고 디지털 공적 영역의 파편화로 인해 소규모 운동과 NGO가 대중에 알려지기 어렵게 되었다(Thrall et al., 2014).

5. 플랫폼과 사회운동 커뮤니케이션

플랫폼은 사회운동이 조직되는 방식뿐만 아니라 메시지를 배포하고 상징적으로 지지를 동원하는 방식도 변화시켰다. 연결 역학 및 동원 역학과 전통적 집단 행위 사이에는 커뮤니케이션 맥락에서 사회운동 커뮤니케이션의 구조적 패턴, 네트워크화된 게이트키핑 및 슈퍼 전파자의 역할, 플랫폼 간 역학 등 세 가지 주요 차이점이 있다.

소셜미디어 플랫폼에서의 동원은 중심에서 주변부로 동심원을 그리며 성장하지 않고 선형적으로 성장하지도 않는다. 베넷 등(Bennett et al., 2018)은 '주변부 네트워크'가 동원의 핵심임을 보여주었다. 주변부 네트워크를 통해 쟁점을 만들고 정체성과 불만을 생성시킨다. 사람들을 사회운동으로 끌어들여 동원하는 메시지는 조직적 사회운동 파워의 중심으로부터 떨어져 있는 주변부 어디에서도 올 수 있다. 네트워크화된 동원은 핵심 집단에서 가장 가까운 지지자, 지지자의 친구 등으로 확산되지 않는 경우가 많다. 사회적으로 멀리 떨어져 있는 커뮤니티는 네트워크를 활성화시키고, 이를 집단이나 대의에 연결시킨다. 예를 들어 베넷 등은 영화배우, 작가, 정치인 등 유명인과 이들의 팬 네트워크가 '월스트리트 점거운동'과 이 운동의 중심적 메시지 구성 및 재구성에 중요한 역할을 했음을 보여주었다. '월스트리트 점거운동'의 핵심은 부패와 은행 규제에 초점을 맞춘 반면에 이러한 주변 행위자(다른 영역에서 영향력을 행사하는 많은 사람)들은 대중과 언론의 관심을 사회 불평등 쟁점으로 돌리는 데 기여했다.

　주변부 네트워크의 개념은 제4장에서 논의한 '약한 유대'와 유사한 오래된 개념이다. 견인력을 얻으려면 쟁점이 주변부 네트워크를 통해 이동해야 하며, 해당 문제에 헌신하는 핵심 집단과 사회적으로 멀리 떨어져 있어야 한다. 이는 치어리딩 역할을 하는 유명인(예: 정치적 운동이나 쟁점을 홍보하는 인스타그램 인플루언서)뿐만 아니라, 제도 정치와 극단주의 조직을 연결하는 광범위한 네트워크에도 적용된다. 유엔 글로벌 협약UN Global Compacts for Migration(국제 이주에 대한 공통 접근에 관한 유엔의 첫 포괄적 글로벌 협약)에 반대하는 극우 시위 캠페인을 추적하는 연구에서 클링거 등(Klinger et al., 2022)에 따르면 주변부 네트워크는 유명인과 정치인을 중심으로 하는 네트워크가 아니라, 서로 지지를 밝히거나 직접 커뮤니케이션할 수 없는 극단주의 운동과 급진적 우파 정당 간에 유사한 콘텐츠를 전달하는, 정치적으로 맥락을 같이하지만 아직은 서로 다른 위치에 있는 집단이다.

　네트워크화된 동원의 또 다른 핵심 요소는 과잉 활동가, 즉 '슈퍼 전파자'의 역할이다. 온라인 참여는 '롱테일 배포long tail distribution'라고 불리는 방식과 같다(Helles, 2013). 소수의 이용자만이 댓글과 공유가 활발할 뿐 대부분의 이용자는 '잠복'하는데, 이들은 내용을 읽고 클릭하지만 공유하거나 댓글은 거의 쓰지 않는 이른바 '롱테일'이다. 결과적으로 가장 활동적인 소수 이용자가 소셜미디어 플랫폼의 메시지 배포에 압도적 영향을 미친다. 앞서 언급한 이주 반대 극우 캠페인에 관한 연구를 보면, 트위터 이용자 표본의 단 0.27퍼센트가 전체 상호작용의 21퍼센트를 차지했다(Klinger et al., 2022b). 마티니(Martini, 2020)는 트위터에서 독일의 '#metoo' 네트워크 연구에서와 유사한 패턴을 보고했다. 케네디 등(Kennedy et al., 2022)은 2020년 미국 대선 기간에 확산된 허위정보에서 이와 유사한 패턴을 발견했다. 파파키리아코폴로스 등(Papakyriakopoulos et al., 2019)은 페이스북 이용자 표본의 74퍼센트가 단 한 개의 댓글만 작성했으며, 세 개 이상 댓글을 쓰는 이용자라면 이미 '과잉 행위자'로 간주될 수 있다는 사실을 발견하면서, 온라인 참여가 얼마나 극도로 편향되어 있는지를 지적했다.

이 패턴은 플랫폼 알고리즘에 의해 더욱 부각된다. 페이스북과 같은 플랫폼이 이용자 참여를 유발하는 보상 게시물 등의 '의미 있는 사회적 상호작용' 원칙을 기반으로 구축되면, 실제로 소수의 과잉 활동자는 바로 알고리즘을 구축하는 것이다. 그 결과 소수의 영향력 있고 함부로 말하며 공격적인 이용자가 다른 이용자들이 플랫폼에서 무엇을 볼지 말지에 막대한 영향력을 끼치게 된다. 힌드만 등(Hindman et al., 2022)에 따르면 페이스북은 '슈퍼 유저 우월성' 문제를 가진 반면에 소수의 슈퍼 유저는 민주화 투쟁을 주도할 수도 있다.

사회운동에서 역동성은 적어도 두 가지를 의미한다. 첫째, 플랫폼은 큰 목소리를 내는 소수를 가능케 하고, 실제 존재하는 것보다 더 큰 사회운동이라는 인상을 쉽게 조성한다. 소규모 집단을 확대하고 그 규모와 중요성을 인위적으로 부풀리는 일이 매우 쉽다. 둘째, 소규모 운동이 이러한 구조적 기회를 전략적으로 활용한다면, 대규모 군중을 동원하기 전에(또는 심지어 동원하지 않고도) 빠르게 성장하고 영향을 미칠 수 있다. 그러한 한 가지 예를 많은 국가에서 마스크나 백신 등의 코로나19 규제에 저항한 일부 시위에서 볼 수 있다. 독일에서는 10퍼센트도 안 되는 소수의 시민이 정치적 쟁점과 정치적 의사 결정자에게 결정적 압력을 가할 만큼 큰 소리를 냈고, 전염병이 실제로 끝나기 훨씬 전에 감염률이 사상 최고치를 기록했을 때 백신 의무를 회피하고 규제를 취소시켰다.

마지막으로 동원 역학은 플랫폼 전반에서 발생한다. 시민들은 왓츠앱이나 텔레그램에서 유튜브 동영상 형식으로 사회운동에 관한 정보와 메시지를 접할 수 있다. 사회운동 콘텐츠는 기존 미디어 포털로부터 URL 링크를 타고 트위터나 페이스북을 통해 전달되고, 메신저 서비스나 위키피디아와 같은 크라우드 편집 아카이브 등으로도 전달된다. 메시지를 전파하고 언론사의 의제를 설정하기 위해 미국의 우파가 이러한 역학을 전략적으로 활용하는 방법(Marwick and Lewis, 2021) 등 크로스 플랫폼 역학(예: Theocharis et al., 2021)에 대한 연구가 불행하게도 아직 거의 없다. 방법론적 측면에서 다양한 데이터 형식의 정보 흐름과 동원을 추적하기 어렵고, 플랫폼은 대체로 제한된 데이터만 공유하기 때문에 연구하기가 쉽지 않다. 그러한 이유로 2023년 4월까지 트위터가 다른 플랫폼들보다 연구용 데이터에 대한 접근이 용이하도록 허락해서 지금까지의 연구는 주로 트위터에 집중되었다.

6. 사회운동에 반대하는 국가 활동

제도 정치의 지도자와 국가는 사회운동에 반대하는 동맹을 맺기도 한다. 현대 민주 사회에서도 정부와 사회운동 단체 사이의 충돌은 꽤 흔하다. 그 이유는 사회운동이 국가기관에 반하는 주장을 하고, 이에 저항할 수 있기 때문이다(Dobson, 2017). 국가는 조처할 수 있는 다양한 종류의 억압 방법을 갖고 있다(Martin, 1986). 법적 메커니즘에는 감시, 경찰의 잠입 수사 활동, 사회운동의 신용을 떨어뜨리기 위한 언론 성명 및 인터뷰와 같은 미디어의 사용, 범죄 혐의로 지도자 및 집단을 표적으로 삼거나 금융자산을 압류하는 것, 명성에 손상을 가하는 중상모략 등이 포함된다. 초법적 메커니즘에는 경찰의 협박 전술, 구타 및 폭탄 테러를 포함한 폭력, 주요 인사에 대한 초법적 체포, 사회운동을 겨냥한 총격 사건 등이 있다. 그리고 물론 국가는 사회운동을 겨냥한 이러한 행위를 합법화하기 위해 표면적으로는 합법적인 것처럼 보이는 핑곗거리를 고안할 수도 있다.

주목할 사례

안타깝게도 사회운동에 대한 국가의 탄압 사례는 많다. 네덜란드 경찰은 2021년 10월 그린피스 선박에 탑승해 로테르담 항구의 쉘Shell 정유공장 앞에서 평화적 시위를 벌이던 활동가 20여 명을 체포했다. 1989년 천안문광장 학살 희생자들을 추모하는 연례행사를 개최하는 지역사회운동 단체인 '중국의 애국민주운동을 지지하는 홍콩연맹'은 자금 출처와 관련된 세부 정보 공개를 거부하자 경찰이 지도자들을 체포했다고 보고했다. 미국에서는 '블랙 라이브스 매터' 활동가들이 반복적으로 표적이 되었다. 사회집단의 유명 인사들도 실직 위협을 겪을 수 있다. 예를 들어 전 세계의 대학에서는 논란이 되는 사회운동을 지원하거나 적극적으로 참여한다는 이유로 교직원을 위협하거나 심지어 해고했다.

또한 국가는 사회운동이 의존하는 통신 인프라를 표적으로 삼을 수도 있다(Howard, 2020; Karpf, 2019; Ndlovu-Gatsheni, 2021; Segura and Waisbord, 2016; Taberez, 2018). 이는 정권의 관점에서 모호한 성공을 거둔 '아랍의 봄'에 대한 국가 차원의 대응 특징이었다. 전술로는 국경 내에서 인터넷을 제한, 감시 또는 완전히 차단하는 것이 포함된다(Earl et al., 2022; Joshua and Edel, 2021). 카푸르(Kapur, 2022)에 따르면 스리랑카는 정부에 대한 대규모 시위를 예상하고 2022년에 페이스북, 트위터, 유튜브, 왓츠앱의 사용을 금지해, 소셜미디어를 금지한 11번째 아시아 국가(2022년 4월 기준 총 30개 국가에서 금지됨)가 되었다. 디지털 감시는 정부가 활동가들을 위협하는 기본적 방법이 되었다. 2017년에 짐바브웨 대통령 로버트 무가베는 사이버 보안, 위협 탐지 및 완화 담당 장관을 임명한 세계 최초의 지도자 중 한 명이 되었다. 비평가들은 새 장관이 시민의 자유, 특히 남부 아프리카 국가들에서 헌법으로 보호되는 언론의 자유에 어떤 영향을 미칠지 우려를 표명했다.

잠입은 정부가 사회운동의 위협을 제거하기 위해 사용하는 또 다른 전술이다. 사회운동 지도자들 사이에 잠재적 갈등을 촉발하는 첩보 활동의 메커니즘은 분파주의를 조성하고 사회운동을 무력화하는 것이다. 당국은 반체제 인사의 이메일을 읽고, 휴대폰을 해킹하거나 감시해 이들의 활동에 대한 중요한 정보를 찾는 것으로 알려져 있다. 정보를 수집하기 위해 비밀 요원이 사회운동 내에 잠입해 있으며, 정보 제공자는 정보기관에 정보를 판매하거나 대가를 받고 불필요한 소문을 퍼뜨린다. 이러한 활동은 조직에 원하지 않는 분열을 만들어 조직을 약화시킨다. 또한 이미지를 훼손시키고자 인신공격을 하는데, 정부에 반하는 사회운동의 지도자들이 동성애자, 강간범, 매춘부라는 비난을 받는 등 신뢰를 얻지 못하는 경우도 흔하다.

이러한 정보활동은 사회활동가들 사이에 편집증을 불러일으킬 수 있으며, 이는 회원들이 사회운동에 대한 집중력과 관심을 잃게 하거나, 대응에 들어가는 비용이 감당할 수 없이 높아져 떠나게 만든다. 사실상 IP 주소 실명 정책이 실시되는 플랫폼, 안면 인식과 같은 감시 도구가 개인 데이터를 오염시킬 수 있기 때문에, 디지털 기술로 인해 사회활동가들이 익명을 유지하는 것이 훨씬 더 어려워졌다. 디지털 행동주의는 결코 비효율적이거나 위험부담이 없는 그런 것이 아니다(Madison and Klang, 2020).

7. 사회운동과 저널리즘

저널리즘과 사회운동의 관계를 분석한 학자들은 1960년대부터 일반적으로 전문 미디어와 사회운동이 복잡한 관계를 갖기 시작했다는 점을 지적해 왔다. 예를 들어 시민권 운동과 미국의 베트남 반전운동에 대한 고전적 연구는 사회운동이 그들의 대의를 홍보하고, 지지자를 얻으며, 국회의원에게 압력을 가하기 위해 어떻게 매스미디어 보도에 의존하고, 특히 외국 정책과 관련해 어떻게 국가에 영향력을 행사하는지를 보여주었다(Kennis, 2021). 그럼에도 불구하고 전문 미디어는 사회운동을 선정적으로 전달하고, 사회운동 자체와 동떨어진 자체 의제를 갖고 있으며, 사회운동을 약화시킬 수 있는 프레이밍을 선택하고,

카리스마와 미디어 정교함에 근거해 그들만의 사회운동 지도자를 치켜세운다. 사회학자 소비에라예(Sobieraj, 2011)에 따르면 언론은 많은 사회운동에 기자회견이나 행사 없이 '진정성'을 가질 것을 요구하면서도, 한편으로는 사회운동이 보여주는 전문 미디어와의 관계 부족에 대해 불평한다.

실제로 민주주의 체제에서는 전문적 관행과 동기에 따라 시위 중 돌을 던지는 등의 폭력 행위, 혼란, 엄청난 광경 등 사건의 가장 선정적 측면에 저널리스트들이 초점을 맞추어 사회운동에 대한 신뢰가 떨어질 수 있다. 이스라엘의 한 연구에 따르면 2011~2012년 생계비 상승에 항의하는 시위에 대해 저널리스트들이 처음에는 공감했음에도 불구하고, 전문적 가치와 조직의 경제적 고려에 따라 이를 무시한 소속 언론사의 편집 방향에 빠르게 동조하게 되었다(Tenenboim-Weinblatt, 2014). 그루버(Gruber, 2023)는 영국에서 26년간 시위를 다룬 주류 언론의 보도를 체계적으로 분석한 결과, 대부분의 보도가 시위와 사회운동을 무시하거나 이에 적대적 태도를 보여주었다. 그러나 일부 학자는 점점 더 많은 뉴스 항목이 최근 합법화 패턴을 보이면서, 시위대의 불만 사항과 쟁점의 배경에 대한 정보를 제공하고 있다고 주장해 왔다. 예를 들어 브라질에서는 트위터에서의 항의를 다룬 저널리스트의 보도가 직업적 가치보다 저널리스트의 개인적 태도를 따랐으며, 우경화 시위보다 좌경화 시위에 대해 더 호의적으로 보도했음을 보여주었다(Mourão and Chen, 2020).

국가는 특정 사회운동이 주도하는 활동에 관한 여론에 영향을 미치고자 미디어를 사용할 수 있다. 그러한 전술에는 저널리스트가 시위행진과 같은 사회운동에 대한 취재를 보류하거나 왜곡 보도하도록 직접적으로 위협하거나, 심지어 어떤 상황에서는 정부 활동에 대한 긍정적 보도를 위해 저널리스트에게 돈을 지불하는 일도 있다(Wallace, 2020). 문(Moon, 2019)의 르완다 연구에서 알 수 있듯이 권위주의적 맥락에서 국가는 저널리스트에게 무엇을 해야 할지 간단히 지시할 수 있으며, 저널리스트는 자율성이라는 직업적 가치를 바탕으로 이러한 지침과 타협해야 한다. 이러한 역학 때문에 저널리스트는 보복을 받을 것을 우려해 사회운동에 대한 옹호 활동을 과소 보도할 가능성이 커진다.

8. 요약

플랫폼 시대에는 사회운동이 어떤 곳에든 있으며, 사회질서와 제도 정치를 형성하고 있다. 학자들은 국가 억압에 저항하거나 정치적 수단을 통해 사회운동의 목표를 이행할 수 있는 능력과 관련된 지속성뿐 아니라 동원의 속도, 규모, 역학에 관련된 주요 질문들을 제시했다. 종합해 보면 플랫폼은 사회운동이 일어나는 맥락을 근본적으로 변화시켰다. 다음 장에서는 플랫폼 거버넌스에 대해 살펴보는데, 이는 사회운동이 조직 및 담론 전략을 구조화하는 데에 함의를 갖는다.

토의할 질문

- 연결 행위 및 주변부 네트워크의 논리는 큐어논 운동의 확산을 이해하는 데 어떻게 도움을 주는가?
- 표현의 자유 대 접근의 자유: 슈퍼 전파자가 큰 목소리를 내는 소수자 집단을 형성해 풀뿌리 운동에 대해 잘못된 인상을 주는 허위 동원이 발생할 때, 플랫폼이 어떻게 개입할 수 있는가 혹은 개입해야 하는가?

추가 독서 목록

Bennett, W. L. and A. Segerberg. 2013. *The Logic of Connective Action: Digital Media and the Personalization of Contentious Politics*. Cambridge University Press.

Brown, D. K. and R. R. Mourão. 2021. "Protest coverage matters: How media framing and visual communication affects support for Black civil rights protests." *Mass Communication and Society*, 24(4), pp. 576~596.

Harlow, S., D. K. Brown, R. Salaverría and V. García-Perdomo. 2020. "Is the whole world watching? Building a typology of protest coverage on social media from around the world." *Journalism Studies*, 21(11), pp. 1590~1608.

Poell, T. and J. van Dijck. 2018. "Social media and new protest movements." in J. Burgess, A. Marwick and T. Poell(eds.). *The SAGE Handbook of Social Media*. Los Angeles, CA: Sage, pp. 546~561.

Treré, E. and A. Mattoni. 2016. "Media ecologies and protest movements: Main perspectives and key lessons." *Information, Communication & Society*, 19(3), pp. 290~306.

제9장

플랫폼 거버넌스

제9장은 플랫폼과 미디어 전반이 진공 상태에서는 작동하지 않음을 논한다. 정도의 차이는 있지만, 법적·경제적·정치적 맥락에 따라 플랫폼이 어떻게 작동하는지, 어포던스는 어떤지, 이용자들은 플랫폼을 어떻게 이용하는지, 플랫폼의 글로벌 영향력이 어떠한지 등이 정해진다. 국가적 조직뿐 아니라 유럽연합과 같은 초국가적 조직은 미디어와 플랫폼을 관리하는 법적·정책적 틀을 마련한다(혹은 미국의 경우처럼 법적·정책적 틀을 충분히 마련하지 못함). 한편 이 장에서는 플랫폼 기업이 커뮤니티 표준, 광고 콘텐츠 관련 지침, 타깃팅 어포던스 등 이용법을 자체 관리하는 내부 규칙을 도입하고 수정해 가는 방법을 제시한다.

독서 목표

- 플랫폼 거버넌스의 개념을 이해한다.
- 미디어 거버넌스의 형태와 문제를 이해한다.
- 플랫폼이 전 세계적으로 어떻게 관리되는지 이해한다.
- 플랫폼 자율 규제 메커니즘에 대해 논의한다.
- 페이스북 감독위원회를 이해한다.

1. 서론

2014년 5월 한 스페인 시민(곧 논의할 예정이므로 여기서는 이름을 언급하지 않음)이 유럽연합 사법재판소에서 중대한 판결을 받았다. 그의 문제는 누군가가 모르는 사람에 대해 알고 싶으면 그 사람을 구글에서 검색하게 되는데, 그 검색 결과로 나타난 내용이 이 스페인인의 삶에 큰 혼란을 초래할 수 있다는 것이었다. 이 사례에서는 오래된 신문 기사가 검색 결과의 상위에 뜨면서 그의 집이 빚을 갚기 위해 1998년 압류 경매에서 팔렸다는 사실이 드러나게 되었다는 것이다. 그는 금융 컨설턴트였기 때문에 이 오래된 감추어진 이야기가 그의 직업 경력에 해롭다고 느꼈다.

법원은 인터넷에서 '잊힐 권리'가 있으며, 검색엔진은 결과에 표시되는 콘텐츠에 대해 책임이 있고, 이와 관련해 유럽연합의 개인정보보호법을 준수해야 한다고 판결했다. 규정 시행 첫날에 플랫폼 거버넌스인 구글은 1만 2000건이 넘는 유사한 불만 사항과 검색 결과에서 개인 데이터를 삭제해 달라는 요청을 받았다. 이 사건은 모두에게 놀라운 결과를 가져왔다. 이 모든 일을 시작한 스페인 시민은 소송에서 승리했고, 그의 이야기는 구글 검색에서 삭제되었으며, 그의 부채에 대한 이야기는 잊힐 수 있었다. 그러나 이 이야기를 후속 보도로 다룬 언론 때문에 많이 보도되어 결국 기록으로 남았다. 이것은 소위 '스트라이샌드 효과Streisand effect'다. 정보를 의도치 않게 계속 떠올리게 하는 것인데, 캘리포니아 해안 기록 프로젝트에 노출된 자신의 말리부 집 사진을 숨기려고 했던 미국의 유명 가수 겸 배우 바브라 스트라이샌드Barbra Streisand의 이름을 따서 명명되었다. 그로 인해 사진에 큰 관심이 집중되었다. 플랫폼의 경우 이 사건은 콘텐츠 규제를 형성하는 데 있어 정부와 법원의 역할에 대한 또 다른 문을 열었다. 그리고 이 판결 이후 전 세계 여러 나라의 법원에 이와 비슷한 불만이 접수되기 시작했다.

　논쟁의 핵심은 여전히 논란의 여지가 있다. 사람들이 불륜, 파산, 사생아 등 자신의 약점을 비공개로 유지하고 평판과 경력에 영향을 미치는 경우 공개 대상 기록에서 제외하기를 원하는 것은 이해할 수 있다. 하지만 부패, 성적 학대, 전쟁범죄와 관련된 정치인(또는 정치인 지망생)과 권력자의 스캔들에 관한 역사 기록을 보관하고, 사람들에게 책임을 물으며, 누가 권력을 쥐어야 할지 평가하는 등에 대해서는 시민의 알 권리도 있지 않을까? 판사와 입법자는 다툼이 있는 이해관계와 가치 사이에서 판결하는 합리적 규칙과 규정을 개발하기 위해 이러한 까다로운 쟁점에 직면하고 있다. 플랫폼은 다양한 국내법을 준수하고 다양한 이해관계자(예: 저널리스트, 사용자)의 갈등적 요구를 충족하는 동시에 정부 규제와 비즈니스 모델의 간섭을 피하려고 한다.

　'플랫폼 거버넌스'라는 개념은 광범위하며 이러한 사례를 포괄한다. 이는 혐오표현 및 허위정보 등을 관리하는 플랫폼 자체의 규칙뿐 아니라 플랫폼 해지, 메시지 삭제, 계정 신고 등 플랫폼 자체의 노력 등 콘텐츠 조정에 대한 다양한 접근을 의미한다. 또한 플랫폼이 준수해야 하는 규칙을 설정하거나 플랫폼이 다른 영역에서 개발한 법률(예: 혐오표현 및 테러리스트 콘텐츠 금지)에 대해 사회적 책임을 묻기 위한 다국적 기관 및 국가의 노력도 다루고 있다.

2. 개념으로서의 거버넌스

　거버넌스는 질서를 확립하고 유지하기 위한 광범위한 메커니즘을 가리키는 큰 개념이다. 여기서 사용하는 것처럼 거버넌스는 정부와 같은 국가 운영자를 넘어 규제 및 규칙 제정의 범위를 확장한다. 예를 들어 정치학에서 글로벌 거버넌스는 국제기구, 무역 협약, 조약 등 민족국가를 넘어선 실체에 의한 규제를 포함하는 모든 형태의 규제를 의미한다(Zürn, 2018). 유럽연합과 그 집행위원회와 같은 다국적 조직은 유럽의 5억 시민 모두에게 영향을 미치고 구속력을 갖는 결정을 내린다. 그리고 이러한 결정은 플랫폼을 포함한 기업이 유럽의 국경 너머까지 운영되는 방식을 결정하는 경우가 많다. 국제조약은 법적 구속력이 없는 경우가 많지만, 국가 운영자가 준수하는 질서를 창출한다는 점에서 거버넌스의 한 형태다.

거버넌스에서 가장 분명한 부분은 규칙의 제정이다. 모든 조직에는 뚜렷한 거버넌스가 필요하다. 거버넌스는 조직이 운영되는 구조를 다음과 같이 제시한다. 구성원, 경영진, 심지어 시민이 책임을 지는 방법, 이해관계자가 준수해야 할 적절한 관계 및 절차, 제도적 프로세스의 운영을 모니터링하기 위한 프레임워크 등의 사항을 정의한다. 시스템과 구조는 정책과 절차를 생성하고 관리하며, 거버넌스가 수반하는 내용을 효과적으로 정의한다. 거버넌스는 이해 상충, 형평성 또는 포용성 등의 문제와 관련된 규칙이나 법률을 만든다. 거의 모든 조직에는 주주 문서, 직원 핸드북, 윤리 규정과 같은 거버넌스 규정이 있다. 그렇지 않으면 법적으로나 기능적으로 운영할 수 없다. 그리고 거버넌스는 규칙의 설정뿐 아니라 규칙을 시행하고 위반에 대한 제재도 다룬다. 실제로 규칙을 시행했는데 불복종을 처벌할 수 없다면, 규칙을 수립하는 것이 무슨 의미가 있겠는가? 그리고 거버넌스는 다차원적이다. 다양한 거버넌스 시스템이 교차하고 중첩된다. 이는 특히 플랫폼 거버넌스와 관련해 중요한 사항이며, 이 장에서 논의하게 된다.

미디어 거버넌스의 개념은 구체적으로 특정 상황에서 미디어의 행위를 관리하고, 이에 영향을 미치기 위한 일련의 규칙을 의미한다. 카 첸바흐(Katzenbach, 2013: 400)가 말했듯이 "거버넌스라는 포괄적 용어 하에서 연구자들은 특정 분야에서 행위자의 행동 범위를 촉진, 제한 및 조정하는 다양한 구조와 프로세스의 출현, 통합 및 변형에 관심을 가져왔다". 미디어 거버넌스는 플랫폼이 정치 시스템에 등장하고 기능하는 방식에 영향을 미치는 동기 및 제한 사항과 같이 미디어와 플랫폼이 작동하는 여건을 설정한다.

주목할 사례

많은 국가들에서 극단적인 거버넌스 사례가 있다. 러시아는 콘텐츠 삭제 요구 등 페이스북, 구글, 트위터 등 미국 플랫폼 기업들에게 온라인 상에서 표현의 자유를 제한하도록 하는 압력을 오랫동안 가해왔다. 벨라루스는 저항운동과 관련된 행사의 실시간 스트리밍을 금지했으며 인도는 집권당에 반대하는 콘텐츠를 숨기기 위해 트위터 등을 공격적으로 사찰했다. 실제로 2022년 7월 트위터는 기업이 특정 유형의 콘텐츠를 삭제하고 계정을 차단하도록 요구하는 검열법을 놓고 인도 정부를 고소했다. 이는 오정보를 방지한다는 구실로 통과되었지만 플랫폼 콘텐츠를 정치적 동기로 통제하려는 시도로 유명하다(Singh and Conger, 2022).

현재 정부가 정치적 발언에서 플랫폼의 역할에 기울이는 관심은 공중 담론과 정치를 형성하는 플랫폼의 파워, 즉 정부가 미디어 거버넌스를 통해 지향하는 파워에 대한 가장 명확한 신호로 보아야 한다.

3. 국가 규제 및 자율 규제

일반적으로 레거시 미디어의 경우 더 다양하고 복잡한 기술이 관련 될수록 국가가 규제에 더 많이 개입한다. 예를 들어 신문은 많은 국가 에서 소유권과 관련해 국가의 규제를 거의 받지 않는다. 반면에 텔레 비전은 역사적으로 종종 국가 거버넌스에 의해 형성되었다. 특히 역사 적으로 방송 스펙트럼의 희소성(기술적으로 제한된 수의 채널만 간섭 없 이 허용되는 경우)과 매스미디어로서의 파워를 고려할 때 더욱 그렇다.

방송용 주파수대역이 제한적인 경우에는 주파수를 누가, 어떤 목적 으로 사용할 수 있는지 할당하기 위해 거버넌스가 필요하다. 이러한 논 리에 따라 시민들이 제한된 무선 스펙트럼에서 현명한 정치적 선택을 하는 데 필요한 만큼의 정보를 얻을 수 있도록 보장하는 공공서비스 방송뿐만 아니라, 상업방송과 공공방송에 접근하는 이들이 공중의 이 익을 위해 미디어를 활용하도록 하는 규제 표준도 등장했다.

많은 국가에서 텔레비전 방송국을 운영하려면 라이선스를 신청해야 한다. 예를 들어 영국에서 인쇄미디어는 완전히 자율 규제의 영역이라 법적 규제와는 독립적으로 운영되지만, 방송은 1990년 방송법(Fielden, 2016; Ruth, 2019)을 준수하며, 독립텔레비전위원회Independent Television Commission: ITC 및 전파청Radio Authority: RA 등의 규제를 받는다.

반면에 멕시코에서는 커뮤니티 라디오방송이 법적으로 인정받기 위 해, 그리고 방송 라이선스의 획득 및 유지와 관련된 규제 프레임워크 를 부여받기 위해 수십 년 동안 싸워왔다. 멕시코의 저널리스트 디벨 라(DiBella, 2005)가 말했듯이 멕시코의 커뮤니티 방송은 법적 회색 지 대에서 "출생증명서 없이(hijos naturales)" 운영되었다. 규칙이나 공식 적 등록 절차가 없고 면허를 취득할 수 있는 투명한 방법이 없는 경우,

모든 커뮤니티 방송국은 권력자의 임의적 선의에 따라 운영된다. 다른 라틴아메리카 국가의 커뮤니티 라디오 방송국들은 법적 승인을 받기 위한 오랜 싸움을 하면서 느린 미디어 개혁 과정에 빠진 경우가 많다. 예를 들어 아르헨티나에서는 군사정권의 권위주의적 미디어법을 대체하는 데 26년이 걸렸다(Harlow, 2016; Klinger, 2011; Lugo-Acando, 2008). 이러한 사례가 보여주는 것은 국가의 비규제 역시 파워 행사와 억압의 도구가 될 수 있음을 보여준다.

많은 미디어 시스템에서 거버넌스는 자율 규제, 즉 미디어 조직이 자체적으로 설정하고 시행하는 규칙을 의미하며, 규정을 준수하지 않는 경우 규칙 위반자를 제재한다. 전 세계 대부분의 저널리스트는 전문 저널리즘 협회와 언론 위원회에서 제정한 윤리 강령에 따라 활동한다. 저널리스트는 일반적으로 자신의 행동과 전문적 활동의 가이드가 되는 윤리 규범과 원칙을 갖는다(Hafez, 2002; Hanitzsch et al., 2019; Limor and Himelboim, 2006; Yang et al., 2016).

미디어 조직은 미성년자 보호 등 여러 종류의 사항에 대해 자율 규제하며, 일부 국가에서는 허위 또는 비윤리적 보도에 대한 이용자 불만 사항을 처리하는 권위 있는 기관을 설립했다. 자율 규제는 국가 개입의 위협을 막고, 국가로부터 저널리즘과 미디어 조직의 자율성을 보호하기 위해 고안된다. 예를 들어 많은 국가에서 특정 유형의 정보(예: 폭력, 포르노 등)는 어린이에게 유해한 것으로 간주되며, 스웨덴의 법은 심지어 12세 미만의 어린이를 대상으로 한 텔레비전 광고 방송도 금지하고 있을 정도다. 문제는 상황에 따라 어린이를 보호하는 것이 합법적 정보에 대한 억압이나 검열이 될 수도 있다. 더욱이 많은 국가는 명예훼손을 유발하는 허위 보도를 법률로 금지하고 있으며, 이를 통해 정치 행위자가 언론을 침묵시킬 수 있다. 따라서 미디어 행위자들은 전문가적 판단에 따라 정부로부터 독립해서 지침을 제공하거나 선을 긋는 독립적인 전문 협회를 갖는 것이 중요하다고 주장한다. 그럼에도 불구하고 비교연구들에 따르면 저널리스트들은 국가의 개입을 피하려고 하지만, 동시에 미디어 산업 조직은 미디어의 사회적 책무를 수용하거나 그것에 투자할 동기가 부족하기 때문에, 기존의 자율 규제만으로는 불충분하다고 인식하고 있는 것으로 나타났다(Fengler et al., 2015).

│ 주목할 사례 │

윤리 강령과 자율 규제만으로 항상 잘 작동하는 것은 아니다. 좋은 예시로 영국의 악명 높은 전화 해킹 스캔들이 있다. 2011년 미국에서 가장 오래된 주간지 중 하나인 ≪뉴스오브더월드News of the World≫의 기자들은 정치인과 유명 인사의 휴대폰을 해킹하고 기사를 얻기 위한 뇌물 수수 등 기타 비윤리적 행위로 기소되었다. 이 스캔들의 결과 이 신문은 창간 170여 년 만에 문을 닫아야 했다. 이 스캔들은 언론의 문화, 관행, 윤리에 대한 조사로 이어졌고, 그 결과 언론의 독립 규제 기관인 독립언론표준기구Independent Press Standards Organization: IPSO가 설립되었다. 그러나 ≪파이낸셜타임스Financial Times≫와 ≪가디언≫ 등 일부 언론은 이 기구에 참여하는 것을 거부하고 대신에 자체적으로 불만 처리 전담 기구를 설립하는 방식을 택했다(Greenslade, 2014).

---

1) 기타 주요 플레이어

미디어 거버넌스는 정부 당국과 미디어 조직 그 이상을 포함한다. 시민사회 행위자는 플랫폼이나 미디어 규제와 관련된 공적 정책에 영향을 미치는 역할을 한다. 참고로 시민사회는 비정부 조직, 대학, 이익 단체 및 무역 단체 등 공중과 정부 사이에 있는 기구를 의미한다. 시민사회 조직은 플랫폼이 언론을 규제할 때 취해야 할 조치를 포함해 거버넌스 문제에 대해 시민들에게 알릴 수 있다. 이는 공중의 이익에 부합한다고 생각되는 방향으로 정책 토론을 이끌어가는 데 도움이 될 수 있다. 민주주의와 기타 정치제도를 훼손하기 위해 고안된 음모 이론, 혐오표현, 가짜 뉴스의 환경에 대응하기 위해서는 활기차고 조직화된 시민사회를 구성하는 것이 중요하다.

과학자와 사회과학자들이 주도하는 과학적 발견과 주장도 미디어와 플랫폼에 대한 규제 및 거버넌스 쟁점을 추진하는 데 중요한 역할을 한다. 사회과학자들은 정치인과 정책 입안자들이 이상적으로 규제와 관련된 법안을 알리고, 초안 작성을 위한 기반 연구를 생산한다. 그러나 국가에 따라서는 국립대학 연구자들이 정부를 공개적으로 비판하거나 거슬리게 할 수 있는 공적 연구를 수행하는 것이 그렇게 자유롭지만은 않다.

주목할 사례

극단적인 경우 사회과학자들은 그들이 수행한 연구 때문에 해고, 투옥 혹은 살해될 수도 있다. 아프가니스탄 카불 대학교의 존경받는 정치학 및 법학 교수인 파이줄라 잘랄Faizullah Jalal이 소셜미디어에서 탈레반 지도부를 비판한 혐의로 2021년 1월 체포되었다고 프랑스24France24와 알자지라 잉글리시 등이 보도했다. 미국의 여러 주에서는 최근 몇 년 동안 주립대학교 소속 학자들이 국가의 입장에 반하는 법정 증언, 인종 불평등에 대한 교육 등의 활동을 하는 것을 저지하기 위해 노력해 왔다.

미디어 거버넌스에서 또 다른 중요한 플레이어는 디지털 반체제 인사와 내부 고발자다. 소셜미디어 플랫폼과 같은 디지털 기술이 보급되면서, 특히 권위주의 국가에서 중요한 반체제 정보의 배포와 함께 정부 및 기업에 대한 내부 고발이 용이해졌다. 페이스북 직원이었던 프랜시스 하우건과 같은 내부 고발자들은 거대 테크놀로지 기업들이 개인 데이터의 사용을 불안하게 만들었고, 전 세계의 민주적 절차를 약화 및 손상시켰다고 비난하는 일의 중심에 섰다. 민주주의 국가에서 내부 고발자는 권력자에게 책임을 묻는 데 중요한 역할을 한다. 이는 "민주주의 사회에서 용납할 수 없고, 시민에게 해로운 불규칙성과 관행에 대해 사회에 경고"하는 데 도움이 된다(Høedt-Rasmussen and Voorhoof, 2018: 3). 실제로 루이스와 반디커크호브(Lewis and Vandekerckhove, 2011)는 투명성과 책임성이 건전한 민주주의에 중요하므로, 불법행위의 폭로는 용인되어야 한다고 주장한다. 그러나 정보기관, 정부 및 기업에 대한 가공할 만한 반대자인 현대의 반체제 인사와 내부 고발자들은 공익적이라고 믿은 내부 정보를 폭로하거나 단순히 변화를 요구한다는 이유로 괴롭힘을 당하거나 축출되거나 투옥되기도 했다.

4. 국가적 차원 및 초국가적 차원의 미디어 거버넌스

미디어 거버넌스에는 지역적·국가적·초국가적 차원이 있다. 유엔이 채택한 세계인권선언 제19조는 표현과 정보의 자유를 보장한다. 원칙적으로 이 선언은 표현과 정보의 자유를 보장하는 법적 근거를 제공하지만, 다른 국제 조항처럼 법적 구속력은 없다. 유엔과 같은 국제기구는 규범을 확립할 권한이 있지만, 이를 강제하거나 불복종에 대해 제재할 수단은 그리 많지 않다. 여러 국가들이 수용할 수 있는 보편적 구속력이 있는 규칙을 만드는 것부터 매우 어렵다. 미국에서는 잘 작동하는 것이 유럽에서는 효과가 없을 수 있고, 유럽의 쟁점에 대한 규제 솔루션이 아시아나 아프리카 국가에는 잘 적용되지 않을 수 있다.

실제로 이러한 규제 차이 때문에 거버넌스 회색 영역과 경제적 기회가 열린다. 예를 들어 미디어 조직과 디지털 플랫폼은 저세율 국가에 본사를 둔다든지, 비즈니스의 중요한 영역에 대한 규제가 거의 없는 국가로 이전할 때 경제적 이익을 얻을 수 있다. 한 예로 아일랜드가 유럽의 규제로부터 안전한 피난처를 제공하기 때문에, 알파벳(구글)은 아일랜드를 유럽 본사로 선택했다. 아일랜드가 개인정보보호법을 시행하는 데 강경하지 않아(Murgia and Espinoza, 2021), 알파벳은 유럽연합 개인정보보호법의 제약 없이 경제적으로 성장할 수 있었다. 글로벌 사업을 운영하는 기업이 본사를 다른 국가로 이전함으로써 국가별 규제에서 벗어나려고 한다면 이를 상대로 법적 규제를 확보하기란 매우 어렵다. 예를 들어 메신저 서비스인 텔레그램은 국가 차원의 규제를 회피하는 것으로 악명이 높다. 설립자이자 러시아계 기술자인 억만장자 파벨 두로프Pavel Durov(이전에 러시아 플랫폼 프콘탁테를 설립해 2014년에 공동 운영자인 알리셰르 우스마노프Alisher Usmanov에게 매각함)는 크렘린이 그에게 데이터를 넘겨달라고 압력을 가하자, 2017년 본인의 거주지와 텔레그램 본사를 두바이로 옮겼다. 두바이에는 개인소득세가 없다. 그 후 두로프는 다양한 국가에서 시민권을 획득했지만(Descalta, 2022), 텔레그램은 앞으로도 영구적으로 한곳에 정착하지 않을 가능성이 높아 보인다(Durov, 2018).

5. 거버넌스 쟁점: 미디어 다원주의

미디어 거버넌스는 민주주의의 초석인 언론과 미디어의 가용성을 높이기 위한 프레임워크를 만드는 것을 포함해 다양한 차원을 가지고 있다(Brogi, 2020). 미디어 다원주의의 이면에 있는 규범적 이상은 민주적 정치 체계에서 다양한 의견을 가지는 것이 시민들로 하여금 자신이 살고 있는 세상에 대한 폭넓은 견해와 관점을 얻게 하고, 궁극적으로 자신에게 영향을 미치는 쟁점에 관해 정보에 입각한 선택을 내릴 수 있도록 하는 것이다. 미디어 다원주의는 미디어 콘텐츠의 내용 다양성(내부 다원주의), 사용 가능한 채널과 소스의 다양성, 그리고 소유주의 다양성(외부 다원주의) 등으로 이해될 수 있다.

주목할 사례

미디어계 거물인 루퍼트 머독Rupert Murdoch은 국제 미디어계의 다양성에 대한 잠재적 위협의 좋은 예다. 머독은 뉴스코퍼레이션News Corporation을 통해 ≪더선The Sun≫, ≪더타임스The Times≫, ≪더선데이타임스The Sunday Times≫를 비롯한 영국 최고의 전국지를 다수 갖고 있다. 그는 또한 미국의 ≪월스트리트저널The Wall Street Journal≫, ≪뉴욕포스트New York Post≫를 갖고 있으며, 호주의 ≪오스트레일리안 어소시에이티드 프레스Australian Associated Press≫, 뉴스닷컴News.com.au, ≪위크엔드 오스트레일리안Weekend Australian≫을 비롯한 많은 신문을 갖고 있다. 그의 미디어 보유 범위는 텔레비전 채널, 온라인 기반의 콘텐츠 제공 업체, 잡지사, 출판사까지 폭넓다. 미국에서 그는 공화당 계열의 뉴스 미디어인 폭스뉴스를 포함한 뉴스코퍼레이션을 갖고 있다.

민주적 관점에서 볼 때 미디어 집중의 문제는 적은 수의 기업이 많은 미디어를 소유하고 운영할 때 잠재적으로 내·외부의 다원성이 줄어든다는 것이다. 그리고 미디어 소유자가 자신의 이익을 위해 미디어 보도 및 정책 토론에 개입하기로 마음먹으면, 엄청난 정치적 힘을 가질 수 있다. 머독과 이탈리아 전 총리 실비오 베를루스코니Silvio Berlusconi는 특히 악명 높은 사례다. 그러나 경제적 관점에서 볼 때 미디어 집중은 기업에게 시너지 효과와 규모의 경제 효과를 통한 성장과 이익을 가져다주기 때문에 충분히 납득이 된다. 영화관 체인, 영화 스튜디오 및 다양한 텔레비전 채널을 소유하고 있다면 제작, 배급, 홍보, 크로스 플랫폼 거래 제안 등 전체 체인을 제어할 수 있다. 불행하게도 비즈니스에서 잘 작동하는 것이 공적 토론에서는 다양한 목소리와 의견을 제한하기 때문에 민주주의에는 이상적이지 않은 경우가 많다. 또는 공적 서비스 지향의 가치를 지닌 올바른 소유권하에서 수익성 있는 기업은 민주적으로 중요한 기업에 보조금을 지급할 수 있다(예를 들면 미국 ≪워싱턴포스트The Washington Post≫의 소유주로 있는 한 아마존 창립자 제프 베이조스Jeff Bezos의 종신 임기 보장을 옹호한 것). 그럼에도 불구하고 많은 경우 미디어 집중은 우연히 발생하지 않았다. 이것은 거버넌스 태만(미디어 시장을 규제하지 않음)이나 심지어 정치적 의도(멕시코는 제도혁명당 Partido Revolucionario Institucional이 집권하는 70여 년 동안 정권에 호의적 보도를 하는 대가로 소유권 규제를 하지 않음)의 결과다.

디지털 미디어, 인터넷, 플랫폼의 부상은 처음에는 신문, 라디오, 텔레비전 방송 등 전통적 미디어 시장에서의 미디어 집중에 대한 해독제, 즉 기존 미디어 권력의 붕괴로 간주되었다. 디지털 방송이 더 이상 전파나 위성의 물리적 경계에 얽매이지 않게 되면서, 선택의 폭이 넓은 미디어 환경이 되었다(Van Aelst et al., 2017). 유토피아 옹호자들에게 인터넷은 모든 사람에게 접근과 발언권 부여, 정보 부족 시대의 종식을 약속했다. 즉, 미디어 거버넌스의 핵심 근거를 제공했던 물리적으로 제한된 전파와 기존 케이블 및 위성 방송의 힘의 종식을 의미했다. 인터넷의 등장으로 사회가 정보 부족의 시대에서 정보 풍요의 시대로 바뀌었다는 주장이 있는데, 심지어는 정보 과잉의 시대라는 주장도 있다.

하지만 소유권 문제와 다원주의에 대한 위협은 쉽게 사라지지 않았다. 오늘날 글로벌 인터넷의 주요 자산에 대한 소유권은 매우 소수의 거대 기업이 거대한 디지털 플랫폼을 통제하는 것으로, 고도로 집중된 전통적 미디어 시장과 매우 유사하다. 서구 중심의 거대 플랫폼들 중 다수는 상장 기업이지만, 한 개인이 고도의 통제력을 갖는 경우도 많다(예: 메타의 마크 저커버그, 애플의 팀 쿡Tim Cook, 2022년 10월 트위터를 비공개 기업으로 전환한 일론 머스크). 더욱이 다원주의 관점에서 반 엘스트 등(Van Aelst et al., 2017)은 정보가 풍요롭다고 해서 반드시 정보가 더 다양해지는 것은 아니라고 주장한다. 미디어 소비자는 더 적은 수의 소스에서 더 많은 것을 얻을 수 있으며(다양성 역설), 다양한 정보에 대한 수요는 규범적 가정이 제안하는 것만큼 높지 않다. 그렇기는 하지만 많은 연구는 뉴스 플랫폼을 사용하면 방송보다 소스와 콘텐츠가 훨씬 다양해지며, 정치 뉴스와 정보를 전달하는 소셜 네트워크의 규모와 범위는 정치적 콘텐츠를 위한 인류 역사상 유례가 없는 굳건하고 다양한 생태계가 조성되었음을 보여주었다. 거기에는 다음 장에서 자세히 설명하게 될 오정보와 허위조작정보의 문제가 수반되기도 한다. 동시에 기존 플레이어나 다른 미디어에서 확고하게 입지를 다진 많은 플레이어가 온라인에서 자신의 도달 범위를 확보하고 파워를 행사하고 있음이 분명하다. 2016년 미국 대선 이후 폭스뉴스에 대한 연구에 따르면(Benkler et al., 2018), 폭스뉴스는 케이블방송을 시청하는 수준을 훨씬 뛰어넘어 온라인으로 더 많은 사람에게 메시지를 전달했다.

내부 및 외부 미디어 다원주의는 실증적으로 측정할 수 있으며, 미디어 규제에서 다룰 수 있다. 정책 입안자들에게는 다양한 선택권이 있다. 하나는 공영방송사(예: 글로벌 BBC)나 신문(스웨덴의 현지 출판사에 대한 보조금)에 보조금 등을 지급해 고품질의 다양한 정보 공급을 늘리는 것이다. 많은 국가에서 규제 기관은 시장 경쟁의 규칙뿐만 아니라 다원성을 보호하기 위해, 대형 미디어 회사의 합병 건에 대해서는 승인 절차를 거친다. 미디어 다원주의는 시대와 국가에 따라 비교해 볼 수 있다. 예를 들어 미디어 다원주의 모니터Media Pluralism Monitor는 다원주의 보호, 시장 다원성, 정치적 독립성, 미디어의 사회적 포용성에 초점을 맞추어 여러 국가의 미디어 시장을 비교한다(Centre for Media Pluralism and Media Freedom, 2022 참조). 전 세계 민주주의의 질을 비교하는 모니터링 이니셔티브Monitoring initiatives에는 지속 가능한 거버넌스 지수Sustainable Governance Indicators, 프리덤하우스의 미디어자유지수 Media Freedom Index 등 미디어 다원주의 지표가 포함된다. 이것들의 가정은 다원주의가 건강한 민주주의에 필수적이라는 것이다. 하지만 다음 장에서 자세히 설명할 오정보, 허위조작정보, 프로파간다의 문제가 커지면서, 실제 내용을 고려하지 않은 다원주의는 국가 지원을 받는 반민주적 행위자에 대한 권한 부여, 타국의 내정간섭, 극단주의적 콘텐츠, 지식 생산 기관의 근간을 흔드는 주장 등 부작용을 초래할 수 있음을 시사한다.

6. 플랫폼 거버넌스의 역사

공간으로서의 인터넷에 대한 초기의 열정적 주장은 그것이 미국 냉전 시대의 군사기술과 학술 기관에 근간을 두고 있음에도 불구하고 매우 자유주의적이었다(Turner, 2006). 최초의 글로벌 인터넷은 미국에서 시작했지만, 다른 분산형 컴퓨터 네트워크(프랑스의 미니텔Mintel 시스템)와 다른 정치 시스템도 다소 성공적으로 경합을 벌이고 있었다(Peters, 2016). 테크놀로지로서의 미국 인터넷은 냉전 시대의 군사작전(핵 공격에 대한 대비책으로 설계된 분산형 구조)과 캘리포니아의 낙관주의 이데올로기와 초기 실리콘밸리의 공동체주의 대항문화가 교차하는 지점에서 등장했다(Svensson, 2021; Turner, 2010). 그러나 1990년대에 이르러 인터넷과 사이버공간은 수사학적으로 완전히 자유롭고 규제할 수 없는 공간으로 묘사되었다. (미국의 록밴드) 그레이트풀 데드Grateful Dead의 작사가 존 페리 발로John Perry Barlow가 다보스Davos에서 쓴 엄청난 인기와 영향력을 지닌 "사이버 스페이스 독립선언문A Manifesto for the Declaration of Independence of Cyberspace"은 표현의 새로운 자유, 풍부한 정보, 조화로운 새로운 형태의 수평적인 사회적 관계가 형성되는 비교적 개방적이고 접근 가능한 정신의 공간(사이버 스페이스)을 육신의 세계에서 신체와 사고의 하향식 통제와 대조하며 네트워크 컴퓨팅의 이러한 정신을 정제해 냈다. 이러한 정신은 또한 2000년대 초·중반에 실리콘밸리에서 등장한 수많은 새로운 플랫폼을 형성했으며, 표현을 관리하는 명시적 규칙을 거의 채택하지 않았다. 이러한 접근은 음란물, 위협, 혐오표현 및 불만을 고려할 때 곧 실행 불가능한 것으로 판명되었다.

그러나 혼란스러운 초창기에도 인터넷에는 여전히 거버넌스 형태가 있었다. 미국 법학자인 로런스 레시그Lawrence Lessig는 다른 형태의 규제가 없더라도 "코드가 곧 법이다"라는 영향력 있는 주장을 했다. 레시그(Lessig, 2000)는 테크놀로지의 설계와 코드는 인터넷이 무엇인지, 이용자가 사이트와 플랫폼에서 무엇을 할 수 있는지를 정의하는 데 효과가 있다고 주장했다. 다른 거버넌스 메커니즘도 있었는데, 미국에서는 1996년 '통신품위법Communications Decency Act' 제230조가 사람들이 게시한 내용에 대한 중개 책임으로부터 플랫폼을 보호하는 중요한 입법이 었으며, 이는 플랫폼 성장의 핵심이었다(Citron and Wittes, 2018). 그 밖에 다른 형태의 규제 가능성에도 불구하고 디지털 플랫폼은 21세기 초 많은 국가에서 거의 규제받지 않았다. 한 가지 이유는 이들이 미디어 기업이 아니라고 주장하며 사업의 성격을 난독화하는 데 꽤 성공했기 때문이다. 실제로 플랫폼이라는 용어 자체가 규제를 피하는 데 도움이 되었다. 이는 콘텐츠에 대한 책임이 없고, 기존의 통신 및 미디어 규정을 벗어나는 개방적이고 중립적인 중개 서비스를 의미했다(Gillespie, 2010).

일반적으로는 인터넷, 특히 플랫폼에 적용되는 다양한 형태의 거버넌스가 있음이 이제 분명해졌다. 현대 학자들은 인터넷을 거버넌스의 잠재적 포인트를 지닌 많은 레이어layer로 구성된(Bratton, 2016) '스택stack' 측면에서 생각한다. 인터넷 서비스를 제공하는 데 필요한 모든 테크놀로지와 행위자에 대해 생각해 보자. 인터넷 자체의 애플리케이션 레이어에 있는 모든 플랫폼 및 페이지 외에도, 넓은 지리적 공간을 연결하는 해저케이블, 웹페이지를 가능하게 하는 물리적 인프라(예: 서버), 하드웨어 장치 및 소프트웨어, 도메인 호스팅 기업, 인터넷 서비스 제공 업체, 국제인터넷주소관리기구(도메인 네임을 할당함) 등의 국제기관, 테크놀로지 간의 혹은 테크놀로지와 이용자 간의 커뮤니케이션 방식을 관리하는 프로토콜 및 표준 등이 필요하다(DeNardis et al., 2020). 인프라 개발을 관리하는 규칙부터 도메인 네임 공급자의 정책에 이르기까지 스택의 모든 레이어에 거버넌스가 있다. 실제로 포챈4Chan과 같은 전 세계 극단주의자를 호스팅하는 사이트는 호스팅, 도메인 네임 할당, 결제 시스템 등에 관계된 중간 단계의 기업들이 자체 정책을 플랫폼에 적용해 왔기 때문에, 인터넷에 대한 액세스가 얼마나 불안정할 수 있는지 오래전부터 알고 있었다.

플랫폼은 누가 어떻게 규제해야 하는가? 어떤 목적으로 무엇을 규제해야 하는가? 민주적이든 비민주적이든 많은 사회에서 최근에 소셜미디어를 규제하기 시작했고, 그 수행 방식은 국가마다 상당히 다르다. 일부 국가는 반대의 목소리를 억제하는 방법으로 소셜미디어 규제를 사용했다는 비난을 받았다. 튀르키예가 좋은 예인데, 2021년에 도입된 소셜미디어 법안은 하루 사용자가 100만 명 이상인 플랫폼에게 법원 명령에 따라 콘텐츠를 삭제하는 임무를 맡은 현지 대리인을 임명하도록 강제하고 있다. 또한 플랫폼이 튀르키예 국경 너머로 이용자 데이터를 가져가는 것을 금지한다.

이 법에 반대하는 사람들은 정부의 데이터 지역화 시도를 시민, 특히 여당에 반대하는 사람들을 감시하기 위한 핑계로 본다. 인도와 우간다도 유사한 법안을 도입했다. 파키스탄은 2022년에 자체적으로 사이버 범죄법을 도입했는데, 비평가들은 이 법안이 정부에 반대하는 사람들을 상대로 사용될 가능성이 있다고 말한다. 2021년에 도입된 쿠바의 소셜미디어법은 정부를 비판하기 위해 플랫폼을 사용하는 사람들을 처벌한다. 심지어 호주가 제안한 소셜미디어(트롤링 방지) 법안은 소셜미디어 기업이 명예훼손으로 간주될 수 있는 게시물을 게시한 익명 이용자의 신원을 공개하도록 했는데, 이를 두고 여당의 반대 세력은 국가가 비판자들을 침묵시키려고 한다고 비난했다.

독일과 오스트리아는 소셜미디어 플랫폼에서 혐오와 범죄를 단속하는 법률을 채택했다. 2017년 '독일 네트워크 시행법German Network Enforcement Act'은 새로운 규정을 도입하지 않았지만, 독일에서 200만 명

이상의 이용자를 보유한 플랫폼은 혐오표현, 아동 포르노, 나치 문양 등에 이르기까지 명백한 불법 콘텐츠를 24시간 안에 삭제하도록 규정했다. 프랑스에서 진행된 유사한 시도는 위헌으로 간주되며 벽에 부딪혔다. 정부 규제의 또 다른 쟁점은 뉴스 게시자의 저작권 문제와 관련되어 있다.

이전에 많은 국가에서 시도했지만, 호주는 2021년에 국내에서 운영되는 대형 테크놀로지 플랫폼에게 이용자가 플랫폼에서 공유한 뉴스 콘텐츠에 대해 뉴스 게시자에게 비용을 지불하도록 요구하는 법안을 성공적으로 통과시켰다. 2017년부터 플랫폼의 경제적·정치적 영향력의 증대, 공정한 경쟁, 소비자 보호를 둘러싼 정치적 논의가 진행되는 가운데, 플랫폼이 저널리스트와 저널리스트가 생산한 콘텐츠로 수익을 창출하는데 정작 언론사는 어려움을 겪고 있다는 점이 근거다. 실제로 점점 더 많은 광고 수익이 플랫폼으로 들어가면서 전통적 미디어의 비즈니스 모델은 압박을 받고 있다. 점점 더 많은 시민들이 뉴스 미디어나 출판사에서 직접 뉴스를 얻는 대신에 소셜미디어에서 뉴스를 직접 얻는다. 호주에서는 인터넷 이용자의 73퍼센트가 이에 해당한다 (Reuters Institute for the Study of Journalism, 2021). 이는 기업들이 뉴스 웹사이트나 라디오방송보다 구글이나 페이스북에 광고하려는 동기를 증가시킨다.

주목할 사례

호주의 '뉴스미디어 및 디지털플랫폼 의무교섭법News Media and Digital Platforms Mandatory Bargaining Code'이 통과되기 전에, 이 문제에 대한 의회에서의 폭넓은 정치적 합의에도 불구하고 페이스북과 구글의 거센 반대에 직면했다. 이 기업들은 호주를 완전히 떠나겠다고 위협했을 뿐만 아니라 실제로 페이스북은 호주 뉴스 미디어의 페이스북 페이지에서 모든 콘텐츠를 삭제하고, 2021년 2월 약 일주일 동안 전 세계 이용자가 호주 뉴스 사이트의 콘텐츠를 공유하지 못하도록 막았다(Bailo et al., 2021b). 페이스북의 뉴스 금지는 법과 마찬가지로 뉴스에 대한 광범위한 정의를 사용했다. 페이스북은 산불과 전염병이 발생한 경우에도 기상청과 공중 보건 기관의 접근을 금지했다. 구글은 새로운 법의 결과에 대해 호주 시민들에게 경고하는 검색엔진 사이트에 팝업을 삽입했다. 이러한 움직임은 호주 정치인들의 심한 비난을 불렀고, 결국 페이스북은 호주 정부와 계약을 맺었다고 밝히며 정상으로 돌아왔다.

호주의 접근은 중재 원칙에 따라 작동한다는 점에서 혁신적이다. 이를 위해서는 플랫폼과 언론사가 거래를 성사시켜야 하며, 이들이 실패할 경우 공적 중재자가 협상 논의 과정 없이 최종 보상 결정을 내리게 된다(이를 '진자振子 중재'라고도 함). 플랫폼이 이러한 최종 중재 메커니즘을 통해 성실하게 협상하고 더 많은 금액을 지불한다는 아이디어다. 결과적으로 구글, 메타/페이스북 등 주요 플랫폼은 다양한 게시자와 계약을 체결했다. 많은 국가들은 플랫폼이 콘텐츠 제작자에게 비용을 지불하도록 하는 법안을 시행하려고 했다. 프랑스에서는 2021년에 구글이 게시자에게 비용을 지불하기로 합의했다. 또 2022년 5월 구글은 유럽연합의 300개 게시자와 금액은 비공개로 계약을 발표했다.

호주식 접근에 반대하는 쪽은 이러한 플랫폼의 지불이 본질적으로 호주 미디어계의 보수적 거물인 루퍼트 머독의 수익성이 높은 거대 미디어 기업으로 흘러가는 경향이 있으므로, 이는 정부가 나서서 미디어 산업에서 승자와 패자를 결정하는 것이 되어버렸다고 주장한다. 한편 보시오 등(Bossio et al., 2022: 136)은 이것이 "정부가 디지털 미디어 공간의 거버넌스와 관련해 반응적 규제 모델에서 구체적 개입으로 이동하는" 글로벌 플랫폼 거버넌스의 전환을 의미한다고 주장한다.

특히 페이스북이 혐오표현을 통해 이익을 얻는다고 주장하는 페이스북 내부 고발자 프랜시스 하우건의 등장은 전 세계 국가에서 더 많은 규제에 대한 요구를 촉발하는 데 도움이 되었다. 기업이 이익을 창출하는 한 이용자 안전은 페이스북의 주요 관심사가 아니라는 그녀의 주장으로 인해, 여러 국가의 정부는 소셜미디어 플랫폼을 대상으로 하는 새로운 규제 프레임워크를 도입하게 되었다.

> **주목할 사례**
>
> 플랫폼 규제의 주요 발전은 유럽연합에서 2020년부터 개발해 통과된 '디지털시장법Digital Markets Act: DMA'과 '디지털서비스법Digital Services Act: DSA' 등 판도를 바꾸는 두 법안의 발의를 통해 이루어졌다. 2022년 7월 6일 유럽의 디지털서비스법은 플랫폼을 중개자로 간주하고, 대형 플랫폼에서 불법적이고 유해한 콘텐츠의 조정을 개선하려고 노력했다. 미국에서는 플랫폼이 다른 사람의 콘텐츠 호스팅에 대해 책임을 지지 않지만(앞서 언급한 '통신품위법' 제230조에 따라), 디지털서비스법은 유럽에서 조건부 책임 면제를 도입했다. 즉, 플랫폼이 일부 콘텐츠가 불법임을 알면 해당 콘텐츠를 삭제해야 한다. 또한 알고리즘과 그것이 사회에 미치는 영향에 대해 플랫폼이 더욱 투명해지도록 강제하고, 일부 형태의 표적 광고를 금지하며, 플랫폼이 시스템의 위험을 평가하고 수정하도록 한다. 한편 2021년 유럽의회는 테러리스트 콘텐츠를 60분

안에 제거하도록 플랫폼에 강제하는 법안을 승인했다. 플랫폼이 이를 따르지 않으면 전 세계 수익의 최대 4퍼센트에 해당하는 막대한 벌금을 물게 된다(Goujard, 2022).

7. 플랫폼 자치

많은 국가에서 규제는 없지만 대중의 압력이 증가함에 따라 대부분의 플랫폼은 2008년 이후 광범위한 형태의 자치 방식을 개발하고 채택했다. 초기에는 페이스북과 기타 플랫폼들에서 게시물과 댓글의 내용을 관리하는 규칙이, 즉 외부적으로 법률 및 국가 규제의 형태로나 내부적으로 플랫폼 정책의 형태로나 거의 없었다. 커뮤니티(또는 기타 플랫폼) 규칙은 일반적으로 임시방편으로 만들어졌고, 플랫폼의 성장, 특히 정치적 압력뿐만 아니라 논란의 양산과 이에 따른 이용자의 도전과 함께 발전했다. 이러한 의미에서 자치란 "일상적 활동에 문제가 생기고 수정이 필요한 바로 그 순간에 중점을 두는 반사적 조정"으로 이해될 수 있다(Hoffmann et al., 2017).

오늘날 플랫폼이 개방적이고 자유로우며 중립적이라고 하더라도 일종의 자율 규제조차 없는 경우는 거의 없다. 자율 규제는 고정된 것이 아니라 끊임없이 변화한다. 플랫폼의 커뮤니티 규칙은 계속해서 자주 변경되고 있다. 플랫폼 정책의 변화에 대한 연구에서 바넷과 크레이스(Barrett and Kreiss, 2019)는 이를 '플랫폼 순간성'이라고 부르며, 이것이 저널리즘이 던진 질문, 변화하는 상업적 맥락, 이용자 및 정치적 압력 등에 따라 어떻게 촉발되는지 보여주었다. 플랫폼 거버넌스 아카이브(https://pga.hiig.de)는 페이스북, 인스타그램, 트위터, 유튜브에서 만들어진 주요 정책 기록을 수집하고, 시간에 따른 변화를 추적하는 훌륭한 리소스다.

자율 규제는 플랫폼이 자체 정책에 따라 규칙을 설정하고 이를 시행하며 이용자를 제재하는 것을 의미한다. 이 정의는 논란의 여지가 없지만 이들이 만든 규칙, 결정 및 제재는 극도로 논란의 여지가 있고 세간의 이목을 끄는 경우가 많다. 2021년 1월 6일 미국 국회의사당에서 쿠데타가 시도된 후 도널드 트럼프 전 미국 대통령(의 계정)을 자사 플랫폼에서 정지시킨 페이스북과 트위터의 결정이 좋은 사례다(트럼프는 이후 두 플랫폼에서 모두 복귀했음). 이것은 트럼프가 끊임없이 변화하는 선거 전선에서, 선거 및 인구 조사와 관련된 허위정보, 혐오표현, 폭력적 발언, 잘못된 보건 정보 등 플랫폼 정책을 반복적으로 위반한 데 따른 최종 조치였다. 사실상 공중이 직접 선출한 지도자의 의견을 들을 수 있는 폭넓은 자유를 가져야 한다는 이론에 따라, 플랫폼은 다른 사용자에게는 허용되지 않았을 것들을 트럼프에게는 그가 행하고도 오랫동안 모면하도록 내버려두었다. 그러나 제3장에서 언급했듯이 그의 지지자들 중 다수와 전 세계 지도자들은 페이스북, 트위터 및 기타 플랫폼에서 그를 배제하기로 한 결정에 동의하지 않았다. 그 대신에 이들은 이것이 트럼프와 그의 지지자들을 침묵시키려는 시도라고 생각했다. 즉, 플랫폼이 이와 유사한 극단적 사건, 즉 쿠데타 시도 이후에야 이러한 과감한 조치를 취했다는 것도 분명하다. 트럼프가 플랫폼에서 쫓겨나기까지는 긴 시간이 걸렸다. 플랫폼은 정치 행위자의 표현을 단속하는 데 있어 '진실의 매개자'가 되려는 욕구가 거의 없는 경우가 많다.

다음은 모두 매우 뚜렷한 자율 규제의 형태인 콘텐츠 조정 사례들이다. 아웃 소싱 기업에서 파견된 수많은 직원들이 알고리즘에 의해 부적절한 콘텐츠로 지정되고 이용자에 의해 자기 보고된 수많은 게시물을 검사해 게시물, 이미지, 비디오 등의 콘텐츠가 플랫폼의 커뮤니티 자체 표준이나 규칙을 위반했는지 결정한다. 이것은 다큐멘터리 영화 〈검열자들The Cleaners〉에서 보듯이 힘들고, 불안정하며, 감정적으로 부담스러운 일이고, 저임금의 장시간 근무를 요구한다. 콘텐츠 조정은 혐오표현, 독성, 성적 혹은 폭력적 콘텐츠, 저작권 침해 등의 문제가 있거나 불법적 자료를 확률적으로 찾아내는 알고리즘을 활용한 자동화에 의존한다. 이 접근을 위해 플랫폼은 기꺼이 비용을 지불하는데, 이는 노동으로 할 수 없는 일을 대규모로 달성하는 데 도움이 된다.

주목할 콘텐츠

언론 표현의 허용과 관련된 플랫폼 정책에 관해서는 간단히 책을 쓸 수도 있다. 미국에서 2020년에서 2022년(중간선거 전)까지 플랫폼 정책의 변화를 추적한 보고서의 결과는 민주적 프로세스에서 플랫폼의 콘텐츠 조정이 얼마나 복잡한지 간략하게 보여주었다. 페이스북, 인스타그램, 트위터, 유튜브, 스냅챗, 틱톡, 레딧의 정책 변경에 대한 분석에서 크레이스와 브룩스(Kreiss and Brooks, 2022)는 다음을 발견했다.

- 플랫폼 정책 기록에서 선거 및 선거 무결성을 지키는 데 있어 소셜미디어의 역할에 관한 논의의 증가
- 허위, 유해 또는 오해의 소지가 있는 게시물과 관련해 '공익'의 예외에 관한 기존 논의의 재평가
- 메타, 트위터, 유튜브에 의한 2022년 미국 중간선거와 관련된 과제를 다루기 위해 자세히 설명한 개요 및 접근
- 메타의 정치광고 및 팩트 체킹 정책의 업데이트

- 트위터의 정치적 광고 전면 금지의 지속
- 2020년 미국 대선에서 유튜브의 새로운 선거 무결성 정책
- 주로 트롤 농장, 명의 도용, 스팸과 관련된 플랫폼의 미디어 정책에 대한 드물지만 주목할 만한 변화

이러한 문제에 대한 기술적 해결책을 찾는 것은 매우 실용적으로 들릴 수 있지만 학자뿐 아니라 실무자들도 회의적이다. 고르와 등(Gorwa et al., 2020: 1)은 다음과 같이 주장한다.

최적화된 조정 시스템이라고 할지라도, 세 가지 주요 이유 때문에 플랫폼이 제정한 콘텐츠 정책과 관련된 기존 문제들을 완화하기는커녕 악화시킬 수 있다. 자동화된 조정은 ⓐ 가뜩이나 불투명한 일들을 이해하거나 감사하기 더 어렵게 만들어 불투명성을 증가시키고, ⓑ 대규모 사회 테크놀로지 시스템에서 형평과 정의라는 쟁점을 더욱 복잡하게 만들며, ⓒ 대규모로 실행되는 언론 활동이 본질적으로 갖는 정치적 성격을 다시 모호하게 만든다.

더욱이 이러한 자동화 시스템이 항상 제대로 작동하는 것은 아니다. 예를 들어 코로나19 팬데믹 기간에 페이스북은 모든 인간 콘텐츠 조정자를 집으로 돌려보내고, 자동화 시스템으로만 그 일을 수행했다. 그에 따라 더 많은 콘텐츠가 부적절한 콘텐츠로 제거되는 등 그 결과가 최적이 아니었음에도 불구하고, 문제가 되는 콘텐츠는 오히려 플랫폼에 여전히 많이 남아 있었다(Scott and Kayali, 2020).

콘텐츠 조정의 실패를 초래하는 또 하나의 이유는 자동화 방식이 영

어를 사용할 때 가장 효과적으로 작동한다는 것이다. 그런데 세계 인구의 약 5퍼센트만이 영어로 대화한다. 플랫폼 사용자 중 극히 일부만이 미국인이다. 중국어, 스페인어, 힌디어 및 기타 다양한 언어가 영어보다 많이 사용된다. 이용자가 아시아나 아프리카의 현지 언어를 사용한다면, 이는 이용자가 유튜브, 페이스북, 트위터 등 기업이 이해하지 못하는 언어로 된 유해한 콘텐츠나 혐오표현을 접할 가능성이 더 높다는 것을 의미한다. 방글라데시에서 페이스북은 로힝야Rohingya 무슬림 소수민족에 대한 혐오 캠페인을 인식하지 못했고, 유료 광고에서 로힝야족을 살해하라는 요청도 감지하지 못했다(Milko and Ortutay, 2022). 이것이 바로 유엔이 인종 청소 문제에 대해 페이스북이 역할을 다하지 못했다고 분명히 지적한 이유다(Beyrer and Kamarulzaman, 2017). 더욱이 아프리카 현지 언어로 공유된 유해한 콘텐츠가 외국인을 표적으로 삼을 수도 있지만, 플랫폼은 이에 대해 전혀 알지 못할 가능성이 높다.

자율 규제는 투명하지 않고 실수가 많으며, 플랫폼이 스스로 내리는 결정에 대해 책임을 지도록 이용자가 할 수 있는 일이 거의 없다. 자율 규제는 플랫폼 파워를 강화하는 경우가 많다. 왜냐하면 플랫폼은 주로 자체 규칙에 따라 규제하고, 결정에 대해 이의를 제기할 기회가 전혀 없이 외부 모니터링을 피하는 불투명한 방식으로 규제하기 때문이다. 불투명성 문제는 아이러니하게도 트위터, 구글, 페이스북 등 대형 플랫폼이 분기별로 발행하는 투명성 보고서('독일 네트워크 시행법'에 따라 발행됨)를 보면 가장 명백해진다. 이 보고서에는 이 기업들이 얼마나 많은 '악의적 조작'과 가짜 계정 또는 네트워크를 탐지하고 삭제했는지 기록되어 있다. 하지만 외부에서는 이러한 보고서를 검증할 방법이 없다. 사람들은 그것을 믿을 수밖에 없다.

많은 사람이 소셜미디어 플랫폼을 대상으로 하는 어떤 형태의 규제를 원하지만 이를 수행하는 옳고 효과적인 방법에 대한 합의가 없는 것이 현실이다. 실제로 전 세계 국가의 정치적 우파는 플랫폼의 콘텐츠 검열 측면에서 이 문제를 보고 표현의 자유를 보호하는 규제를 주장한다. 그러나 한 사람에게 표현의 자유가 다른 사람에게는 혐오표현, 협박, 폭력이 된다. 정부 지도자들은 표적화된 정치광고를 비난하지만, 캠페인과 정당이 선거에서 승리하기 위해 동일한 도구를 사용할 때는 침묵한다. 사회 분열과 양극화를 야기하는 콘텐츠를 홍보하는 플랫폼과 알고리즘으로 인한 정체성 호소의 감성적 방식에 대해 불평이 나오지만, 이는 또한 글로벌 '로즈 머스트 폴'과 같은 친민주주의 사회운동 파워의 핵심이기도 하다.

페이스북은 콘텐츠와 관련된 결정을 내릴 수 있는 투명하고 공정한 절차를 만들기 위해 현재까지 가장 주목받을 만한 시도를 해왔다. 따라서 여기서 페이스북 감독위원회를 검토하고 플랫폼 자율 규제 및 콘텐츠 조정의 혁신적 사례와 그에 수반되는 어려움에 대해 더 알아볼 가치가 있다.

8. 페이스북 감독위원회

페이스북 감독위원회는 사실상 글로벌 언론 중재자라는 사실을 전달하고, 그러한 권한을 행사할 공정한 기관을 개발하려는 플랫폼의 가장 야심 찬 시도다. 법학자 클로닉(Klonick, 2019)은 페이스북이 2020년 10월에 글로벌 차원의 독립적 감독위원회를 어떻게 출범시켰는지 자세히 설명한다. 그 아이디어는 자사 플랫폼에서 전 세계의 언론 분쟁을 판결하는 방법을 공식화하는 일종의 '글로벌 언론 대법원'을 만드는 것이었다. 광범위하게 페이스북 감독위원회는 플랫폼이 어떻게 오늘날 전 세계에 걸쳐 수많은 정치적·문화적·사회적·상업적 언론을 위한 가장 중심적인 포럼 중 하나가 되었는지를 보여준다. 또한 어떤 유형의 의견이 전달되고, 어떤 언론이 허용되는지에 대한 가장 중요한 의사 결정자 중 하나가 되었음을 보여준다.

> **주목할 콘텐츠**
>
> 페이스북이 중요하게 보는 언론의 다양한 범주(일부 국가에서는 가장 중요하지는 않더라도)를 잠시 생각해 보자.
> - 정당과 공직 후보자의 게시물
> - 창작물에 대한 관객층을 구축하려는 음악 프로듀서의 페이지
> - 떨어져 사는 가족 간의 게시물 및 미디어 공유
> - 코카콜라Coca-Cola, 기네스Guinness 등 글로벌 기업의 유료 광고

페이스북은 글로벌 차원에서 매우 광범위하고 복잡한 언론 현상에 대한 발언권을 갖고 있다. 19세기와 20세기 동안 전 세계의 정부와 법원은 매스미디어의 발전이라는 맥락에서 다양한 유형의 언론을 규제하는 일련의 법률, 정책 및 법적 해석을 개발했다. 다양한 사례와 입법 노력을 통해 권리의 균형을 맞추고, 상충되는 가치(예: 표현의 자유 대 혐오 및 유해한 발언으로부터의 보호)를 판결하고, 개인의 표현의 자유와 사회 및 청소년들의 삶의 질을 보호하기 위해 노력해 왔고(예: 외설을 금지하고, 명예훼손을 처벌하며, 특정 유형의 콘텐츠를 규제해 미성년자가 접하지 못하도록 규제하는 등의 법), 허위 광고, 사기 등을 규제해 상거래에 대한 신뢰를 보호하기 위해 노력해 왔다. 전 세계 정부는 자국의 역사, 문화, 정치를 반영해 이처럼 다양한 영역에 선을 그었다.

한 기업이 사업을 하는 전 세계 국가의 다양하고 제각각인 국내법에 따라 이러한 모든 유형의 표현을 관리해야 한다는 것은 엄청난 작업이다. 페이스북은 상업적 플랫폼으로서 언론을 규제함에 있어(해당 법률이 있음에도 불구하고, 전 세계 국가들에서 누리는 자체적인 상업적 이익 및 이해관계자의 이익에 따라 자체 플랫폼을 규제할 수 있는 기본적 권리), 다양한 국내법을 넘어섰다. 페이스북은 이해관계자와 지향점이 독특하게 혼합되어 있기 때문에, 어떤 정부보다도 플랫폼을 관리하는 더 광범위한 규칙을 갖기도 한다. 이는 상업적 사업이며, 주주와 직원에게 이익을 반환할 의무가 있다. 따라서 플랫폼에서 이용자 기반의 참여를 유지하는 데 중점을 두어 결정을 내리는 경우가 많다(예: 알고리즘적으로 정서적 발언은 활성화시키고, 음란물처럼 많은 이용자를 불쾌하게 할 가능성이 있는 콘텐츠를 단속하는 등). 또한 이용자가 플랫폼 기업에 부여하는 일련의 규범적 기대치가 있는데, 이는 이용자가 단순히 플랫폼이 유지해 주기를 기대하는 것들이다. 그중 하나는 넓은 의미에서 정치적으로 논란이 되는 말을 하는 이용자의 역량을 페이스북이 보호해 주는 것이다. 마치 자유주의 사회에서 헌법이 특별한 상황을 제외하면 정부가 언론을 검열하는 것을 금지하는 것과 같다. 그럼에도 불구하고 이용자들은 페이스북이 플랫폼에서 좋은 경험을 하지 못하거나 심지어 플랫폼을 떠나게 만드는 괴롭힘과 혐오표현으로부터 자신들을 보호해 줄 것으로도 기대한다. 또 다른 기대는 페이스북이 문화적 중요성이 높은 콘텐츠에 이용자가 액세스할 수 있도록 허용하는 것이다. 예를 들어 베트남전쟁 중 미국 네이팜탄에 불타버린 베트남 소녀의 유명한 사진을 페이스북이 아동 누드로 분류해 한동안 금지했을 때 국제적 논란이 일었다.

대부분의 경우 페이스북에 게시된 콘텐츠는 논란의 여지가 없다. 사람들은 자신의 정치적 견해를 표현하기 위해 글을 쓰고, 가족들은 휴가 사진을 공유한다. 오랜 친구들이 수십 년 만에 다시 연결된다. 스타 축구 공격수들이 팬들과 소통한다. 지역 기업은 제품을 판매하고, 소비자들은 페이스북 마켓플레이스를 통해 구매한다. 그러나 지난 10년 동안 우리는 다양한 언론 영역에 대한 세간의 이목을 끄는 국제적 논란을 많이 보아왔다. 예를 들면 오정보 및 허위조작정보, 국가 후원의 프로파간다, 정치광고의 콘텐츠 및 타깃팅, 후보자나 기업을 대신해 활동하는 유급의 후원 인플루언서, 모유 수유 촉진 단체, 차별적 주택 광고, 혐오표현, 반민주적이거나 폭력적인 조직, 테러리스트 비디오, 백신 반대 단체, 큐어논과 같은 국제 음모 운동 등 목록은 계속 이어질 수 있다. 페이스북만이 이러한 논란에 직면한 것은 아니며, 모든 주요 플랫폼은 어느 수준에서든 이러한 문제에 직면해 왔다. 그러나 이러한 유사 공적 영역의 역할을 수행하는 것은 가장 유명하고 가시적인 플랫폼인 페이스북이다. 틱톡의 글로벌 성장에도 불구하고, 그것은 아직 이러한 역할을 수행하지 못하고 있다.

페이스북은 콘텐츠와 관련된 결정을 내리기 위한 투명하고 공정한 절차를 만들기 위해 지금까지 가장 주목할 만한 시도를 해왔다. 따라서 여기에서 페이스북 감독위원회를 검토해 볼 가치가 있다. 먼저 몇 가지 배경을 살펴보겠다. 페이스북은 이용자가 플랫폼에서 발언할 수 있는 수위를 결정하는 느슨하고 진화하는 규칙의 성격을 가진 커뮤니티 표준의 적용을 받는다. 본질적으로 이용자와 기업이 플랫폼을 이용하고 제공하기 위해 합의한 계약이다. 페이스북은 2000년대 캘리포니아주 팰로앨토의 작은 스타트업으로 시작해 계속 발전해 왔다. 처음에 신생 기업은 어떤 대가를 치르더라도 폭발적 성장을 추구하며, 언론의 규칙은 나중에 고려하는 것이었고, 기업의 관점에서 당면한 문제를 해결하기 위해 사례별로 그때그때 개발되었다. 처음에 그것의 이상은 언론의 자유였으며, 이는 당시 미국의 법률과 문화, 그리고 당시 테크놀로지 산업의 정신에 모두 반영되었다(Adams and Kreiss, 2021).

그렇기는 하지만 성장과 함께 초기 기업으로서 준비가 되어 있지 않은 문제가 발생한다는 사실이 금방 분명해졌다. 즉, 이용자가 서로를 괴롭힐 수 있고, 보복 포르노를 게시하며, 인종차별적이고 성차별적인 언어를 사용하거나, 사이트에 다른 사용자의 경험을 감소시킬 수 있는 이미지와 콘텐츠가 넘쳐날 수 있었다. 이는 기업의 성장과 수익에 관한 문제만큼이나 언론의 문제이기도 했다. 페이스북 커뮤니티 표준은 처음에는 실용적 의미에서 문제를 해결하고, 문제를 해결한 다음에는 문제로부터 규칙을 개발하려고 노력하는 과정에서 성장했다. 처음에 정책적 결정은 피해를 예방하는 데 중점을 두었는데, 이러한 식으로는 문제를 다루기가 어려워지자 페이스북은 콘텐츠 규칙을 보여주는 포괄적 원칙을 보다 명시적으로 정의하려고 노력했으며, 이를 통해 현재의 커뮤니티 표준의 형태를 상당히 갖추게 되었다.

커뮤니티 표준은 광범위한 원칙을 설명하지만, 감독위원회의 검토가 승인될 때까지 해당 표준의 해석, 적용 및 시행은 기업의 재량에 달려 있다. 기업의 표준 해석, 결정 적용, 규제 조치가 이용자나 다른 기관에 투명하지 않거나 책임이 없는 경우가 잦았다. 따라서 페이스북 감독위원회는 어느 정도는 외부 압력을 받아 더욱 민주적으로 변모하기 위해 만들어진 측면도 있다. 즉, 행동에 대한 일관성, 투명성, 책임성 및 정당성을 높이고, 이용자가 회사가 내리는 결정에 이의를 제기할 수 있는 메커니즘을 만들었다.

감독위원회의 원래 아이디어는 2018년 11월 발표되었으며, 2019년에 공식적으로 출범했다. 위원회는 페이스북의 핵심 가치인 '목소리'를 진정성, 안전성, 프라이버시, 존엄 등과 균형을 유지하며 해석하는 임무를 맡았다. 또한 위원회는 페이스북이 내리는 결정의 맥락에서 콘텐츠 조정 규칙(커뮤니티 표준)을 해석해야 한다. 이러한 표준은 페이스북이 무엇을 잠재적인 콘텐츠 규칙 위반으로 간주할지(알고리즘 수단을 통해), 이용자가 무엇을 플랫폼 규칙 위반으로 보고할지를 다루며, 페이스북이 해당 콘텐츠를 검토하고 검열하는 불투명한 방식도 다룬다. 이는 앞에서 논의했던 전 세계적 검토 작업을 맡은, 저임금과 트라우마에 시달리는 근로자들의 노동을 통해 가능한 프로세스다.

11명으로 구성된 감독위원회는 전 세계의 여러 지역을 대표하며, 삭제되거나 유지되는 콘텐츠 사례를 청취한다. 하지만 실제로는 삭제된 콘텐츠에 대한 검토로만 제한되었다. 이용자와 페이스북은 판결을 요청할 수 있다. 위원회는 이용자 및 페이스북 제출물 중에서 사례를 선택하고, 쟁점에 관한 결정들을 검토한 후 궁극적으로 그 결정이 페이스북이 명시한 정책 및 가치(Facebook, 2023)와 일치하는지를 결정한다. 시간이 지나면서 위원회는 선례를 확립하려고 한다. 그러나 위원회의 결정은 향후 유사한 콘텐츠 사례가 아닌 해당 특정 사례의 맥락에서만 페이스북에 구속력을 갖는다. 위원회는 또한 정책 및 프로세스의 권장 사항을 제시할 수도 있다.

감독위원회는 세계 최대 플랫폼 회사의 콘텐츠 조정 결정에 적법한 절차와 책임성을 구축하려는 전례 없는 시도였지만, 이에 대한 강한 비판도 있었다. 위원회의 감독을 콘텐츠 결정으로만 제한하면서(처음에는 삭제된 내용의 맥락에서만), 특정 콘텐츠를 증폭시키는 선택을 하게 되는 등 페이스북이 알고리즘 결정의 중요한 쟁점들을 해결하지 못했다는 지적도 있었다(Vaidhyanathan, 2021). 위원회가 이러한 방식으로 권한을 확장하거나 알고리즘 기능과 관련된 정책을 권고하는 것을 아무도 막지는 못할 것이다. 첫해에 위원회는 콘텐츠를 삭제하겠다는 페이스북의 결정을 뒤집는 중요한 여러 판결을 내렸다. 그 과정에서 페이스북은 명확성과 투명성이 부족하고, 의사 결정 프로세스에 결함이 있다는 점에 대해 해명하라는 요청을 받았다.

가장 유명한 사례들은 페이스북이 정치적 발언을 조절하는 글로벌한 파워를 갖고 있음을 보여주며, 페이스북이 중요도를 감안해 자문 및 감시 메커니즘을 만들려고 얼마나 노력하는지를 보여준다. 2020년 미국 대선을 앞두고, 페이스북은 콘텐츠 조정 정책에 대해 더 어려운 쟁점들을 직면했다. 보건에 실질적 해를 끼치고 있는 코로나19와 관련된 오정보와 허위조작정보가 증가한 현상이 대표적이다. 미국 선거 기간에 도널드 트럼프 대통령과 공화당 의원들은 선거 과정과 절차뿐 아니라, 선거의 온전성과 안전성에 대해서도 반복적으로 거짓 주장을 했다. 페이스북은 처음에는 동요했고 많은 조치를 취하지 않았지만, 공중 보건 및 시민에 해를 끼친다는 근거로 새로운 보건 및 시민 청렴 정책을 내놓았다. 때로는 일관성이 없지만 시간이 지남에 따라 점점 더 명확해지면서, 페이스북은 트럼프 대통령의 게시물에 대한 참여를 제한해 그가 만들어낸 허위정보가 확산되는 능력을 제한하는 등 시민 절차를 보호하기 위한 조치를 취했다. 2020년 11월 (대선) 투표일을 앞두고 선거 전후의 새로운 정치광고 금지, 큐어논과 같은 음모 운동의 게시 중단, 페이스북이 허위정보라고 판단한 주류 언론 기사의 확산에 대한 제한, 선거 후 플랫폼에서 '스톱 더 스틸'의 제거 등 훨씬 더 강력한 정책 및 집행이 있었다. 그 결과 2021년 1월 6일 미국 국회의사당 쿠데타 시도 이후 트럼프 대통령의 페이스북과 인스타그램 계정이 무기한 정지되는 결과를 낳았다. 감독위원회는 궁극적으로 이 금지 조치를 지지했지만, 정책과 결정을 명확히 하기 위해 페이스북으로 돌려보냈다. 이에 대해 페이스북은 2년간의 금지 조치임을 분명히 했고, 사회적 불안이 닥친 시기에 공인을 위한 새로운 정책을 설정하고, 계정의 회복 조건을 명시했다. 트럼프의 페이스북과 인스타그램 계정은 2023년 2월에 복구되었다.

9. 요약

정치 커뮤니케이션이 어떻게 작동하는지 완전히 이해하려면 미디어와 플랫폼을 포괄하는 복잡한 거버넌스 프로세스를 이해하는 것이 중요하다. 전통적이든 현대적이든 미디어는 정치 커뮤니케이션 방식의 근간을 형성하는 데 중요한 역할을 한다. 다양한 미디어 시스템이 존재한다. 권위주의적인 미디어 시스템이 있는가 하면, 정도의 차이는 있지만 상당히 자유로운 분위기의 미디어 시스템도 있다. 사회는 법률, 가치, 원칙 및 논쟁의 여지가 있는 정책 결정 과정에 참여하는 많은 이해관계자의 이익에 따라 시간을 들여 규제 프레임워크를 개발한다. 종합해 볼 때 우리는 거버넌스를 국가와 공중이 흔히 상업적 이익에 대해 갖는 사회적 책무의 주요 형태라고 생각할 수 있으며, 미디어와 플랫폼은 집단행동을 하는 전문 협회, 투명성과 책임성을 추구하는 독립기관 등 자체 통제의 주요한 수단이라고 생각할 수 있다.

토의할 질문

- 소셜미디어 플랫폼에서 공정한 선거 광고를 보장하는 새로운 정부 규정에 대한 핵심 원칙의 초안을 작성해 보자.
- 콘텐츠 조정은 플랫폼 자율 규제의 핵심적 실행이다. 그러나 콘텐츠

조정은 (아직) 완전히 자동화될 수 없다. 많은 사안에 대해 결정을 내리는 것은 불안정하게 고용된 수많은 조정자에게 달려 있다(다큐멘터리 〈검열자들The Cleaners〉을 시청함). 한편 자유주의적 관점에서는 콘텐츠 조정이 표현의 자유를 제한한다고 주장할 수 있다. 플랫폼에 과연 콘텐츠 조정이 필요한가? 그렇게 생각한 이유는 무엇인가?

추가 독서 목록

Cowls, J., P. Darius, D. Santistevan and M. Schramm. 2022. "Constitutional metaphors: Facebook's 'supreme court' and the legitimation of platform governance." *New Media & Society*. https://doi.org/10.1177/14614448221085559.

Gorwa, R. 2019. "What is platform governance?" *Information, Communication & Society*, 22(6), pp. 854~871.

Gorwa, R., R. Binns and C. Katzenbach. 2020. "Algorithmic content moderation: Technical and political challenges in the automation of platform governance." *Big Data & Society*, 7(1), pp. 1~15.

Napoli, P. M. 2019. *Social Media and the Public Interest: Media Regulation in the Disinformation Age*. New York: Columbia University Press.

Van Dijck, J., T. de Winkel and M. T. Schäfer. 2021. "Deplatformization and the governance of the platform ecosystem." *New Media & Society*. https://doi.org/10.1177/14614448211045662.

제10장

플랫폼과 오정보, 허위조작정보, 프로파간다

제10장은 현대 민주주의의 주요 관심사인 정보, 양극화, 오정보, 허위조작정보, 프로파간다, 여론 간의 관계에 초점을 맞춘다. 이 장에서 이러한 개념을 정의, 이론화 및 역사화하고, 민주주의 국가와 기타 국가에서 공중이 필요로 하는 정보 유형에 대해 논의한다. 이 장에서는 팩트를 생산하는 기관이 정치적 삶에서 맡는 역할을 고려하고, 이들이 어떤 역할을 해야 하는지 질문한다. 그리고 굳건하고 민주적인 커뮤니케이션 환경을 조성하기 위해 플랫폼, 저널리즘, 정부가 갖는 사회적 책무에 대해 생각해 본다.

> **독서 목표**
>
> - 플랫폼, 정보, 양극화 간의 관계를 이해한다.
> - 오정보, 허위조작정보, 프로파간다 등의 개념을 설명한다.
> - 민주적 정보환경을 강화할 수 있는 방법을 생각해 본다.

1. 서론

"교황은 도널드 트럼프를 미국 대통령으로 지지한다!" 2016년 미국 대선을 앞두고 한 페이스북 게시 글이 외쳐댔다. 트럼프가 미국 대통령으로 당선되기 전의 세상에서는 사람들이 이 상상할 수 없는 가짜 뉴스를 농담으로 무시해 버렸다. 보수적 가톨릭교회의 개혁자로, 동성애에 대해 비교적 관대한 견해와 난민 환영, 빈곤 퇴치, 반反기후변화 입장을 가진 것으로 널리 알려진 아르헨티나 출신의 교황이 인종차별적 용어로 이민자들을 공공연히 비난하는 보수적 포퓰리스트인 미국 대통령 후보를 공개적으로 지지할 것이라고 믿을 사람이 있었겠는가?

그러나 그로부터 몇 년이 지나면서 수익 창출형 가짜 뉴스는 전혀 다른 모습으로 나타났다. 이는 그다음 해에 등장할 전 세계 민주주의에 대한 심각한 위협의 전조였다. 헝가리의 오르반 빅토르와 2022년 12월까지 브라질을 이끌었던 자이르 보우소나루 같은 우파 권위주의 포퓰리스트 후보의 부상(Marwick and Partin, 2022), 큐어논(Marwick and Partin, 2022), 코로나19 팬데믹 시기의 백신 반대 및 잘못된 보건 정보(Gadarian et al., 2022), 2021년 1월 6일 미국 국회의사당에서 발생한 쿠데타 시도 등 국제 음모 운동의 확산에 따라 많은 연구자, 저널리스트, 정책 입안자 및 플랫폼 기업들은 플랫폼에서의 오정보, 허위조작정보, 프로파간다에 대한 우려를 키워갔다. 플랫폼에서의 이러한 쟁점들은 사회의 다양한 집단 간에 양극화를 증가시키는 잠재적 역할을 해 민주주의에 대한 근본적 위협이 되었다(Finkel et al., 2020).

2018년 1월 (유명 토크쇼 진행자) 데이비드 레터맨David Letterman과의 인터뷰에서 버락 오바마 전 미국 대통령도 다음과 같이 말했다.

사람들이 휴대전화를 통해 전송되는 알고리즘에서 모든 정보를 얻고, 그러한 과정이 사람들이 가진 편견을 강화시키는데, 그것이 발전해 가는 패턴대로면 어느 시점에 이르면 사람들은 거품 속에 갇혀 살게 된다. 이것이 바로 정치가 양극화되는 이유 중 하나다. 이는 해결할 수 있는 문제라고 생각하지만 많은 시간을 고민해야 할 것이다(Hamedy, 2018).

현대 민주주의 위기에서 오정보, 허위조작정보, 프로파간다의 역할에 대한 연구는 심오하고 논쟁의 여지가 많지만(Bennett and Livingston, 2020; Jerit and Zhao, 2020; Persily and Tucker, 2020 참조) 국내 또는 국가 간에 진행되는 플랫폼에서의 정보 전쟁이 확산되고 있음에 의문을 제기할 사람은 아무도 없다. 여기에는 정치권력을 놓고 경쟁하는 국가 간 그리고 집단 간에 벌어지는 정보전이 포함된다(Anderson, 2021; Freelon and Wells, 2020; Ong and Cabañes, 2018). '민주주의의 퇴보'라는 개념은 민주주의 제도와 규범이 선거, 권력균형, 법치 등을 흔들어놓는 사소한 방식으로 침식되는 것을 의미한다(Levitsky and Ziblatt, 2018). 학자들은 양극화, 민주주의에 대한 공중의 관용과 믿음의 쇠퇴, 정치적 야당을 불법으로 보는 견해의 증가, 언론 자유의 상실, 민주주의에 대한 정치 및 언론의 반민주적 목적의 조정, 민주적 절차와 제도를 보호하는 규범을 회피하려는 엘리트, 그리고 정치 엘리트의 사회적 책무 메커니즘의 침식 등 때문에 민주주의가 퇴보한다고 주장했다. 미디어와 정보, 허위조작정보, 프로파간다는 비록 주된 동인은 아닐지라도, 이러한 많은 과정에서 절대적으로 중요한 역할을 한다. 이 사실만으로도 오정보, 허위조작정보, 프로파간다는 현대 국가의 핵심 쟁점이 된다. 이 중 어느 것도 인터넷이나 소셜미디어에서 비롯되지는 않았지만, 역사상 유례없는 규모로 잠재적으로 유해한 커뮤니케이션을 제공한다.

2. 정의 및 설명

먼저 이 장에서 논의된 중요한 개념에 대한 몇 가지 정의가 필요하다. 양극화는 여러 측정값에 근거해 집단 간 거리를 나타낸다(Iyengar et al., 2019). 이는 집단이 보유한 다양한 정치적 견해, 사람들이 자신과 동일시한다고 인식하는 사회집단, 집단이 소유한 도덕적 가치, 집단이 서로에 대해 갖는 감정 등에 걸쳐 있을 수 있다. 학자들은 이념적 양극화(정책 선호 측면에서 집단 간 거리), 정서적 양극화(한 집단의 지지자가 다른 집단을 싫어하는 정도), 사회적 양극화(한 사회집단이 다른 집단으로부터 떨어져 있다고 인식하는 거리) 등으로 대략 구분한다(Tucker et al., 2018).

'허위조작정보'는 속이려는 의도로 생성된 허위 또는 오해의 소지가 있는 정보를 말하며, '오정보'는 사실은 거짓이지만 속이려는 의도가 결여되어 있다(Freelon and Wells, 2020). 이는 허위조작정보가 오정보에 속이려는 의도를 더한 부분집합임을 의미한다(Vraga and Bode, 2020). 허위조작정보는 정치권력을 추구하는 데 사용되는 도구인 경우가 많다. 관련 학자들은 진실과 허위가 결합되어 있거나, 정보에서 맥락이 제거되었거나, 해롭지만 반드시 거짓은 아닌 정보를 표현하기 위해 '악의적 정보malinformation'라는 용어도 사용하는데, 허위조작정보와 악의적 정보는 둘 다 속이려는 의도를 가지고 있다(Keller et al., 2020). '프로파간다'는 이러한 모든 것과 관련이 있으며, 일반적으로 일부 대상 집단을 조종하기 위해 고안된 다양한 유형의 정보를 결합하는 장기적 캠페인을 의미한다(Reddi et al., 2021). 프로파간다는 단순한 허위조작정보 이상이라는 점을 이해하는 것이 중요하다. 이는 일반적으로 전략적 이득을 위해 대상 집단의 집단적 지지를 오도하거나, 방해하거나, 집결시키려는 의도를 가진 맥락에서 사용된다. 프로파간다는 "사실상 정확할 가능성이 있는 정보지만, 반대 관점을 폄하하는 방식으로 포장된" 것일 수도 있다(Tucker et al., 2018: 3).

이 장의 전반에 걸쳐 이 셋을 같이 언급할 때 오정보misinformation, 허위조작정보disinformation, 프로파간다propaganda의 약어로 'MDP'를 사용한다. 2016년부터 2021년 1월 6일 미국에서 쿠데타 시도가 있었던 때까지 보건 결과에 영향을 미친 오정보와 허위조작정보의 역할부터 국가를 인종적으로 양극화하는 데 이용된 프로파간다의 작동 방식에 이르기까지 관련 연구가 폭발적으로 증가했다(Reddi et al., 2021). MDP는 새롭게 부각되고 있지만 사실상 오래된 관심사다. 미국의 위대한 사회학자 듀보이스(Du Bois, 2014)가 거의 100년 전에 쓴 것처럼, 역사가들이 행한 프로파간다는 남북전쟁 이후 미국에서 지속된 인종 불평등을 정당화하고 합법화하는 데 도움이 되었다. 제2차 세계대전 동안 프로파간다의 체계적 개발과 보급은 사람들의 마음과 정신을 위해 서로 도전하는 국가의 확고한 도구가 되었다(Tworek, 2019). 독일 라디오를 통한 나치의 프로파간다는 제2차 세계대전 중 유럽 유대인 학살인 쇼아Shoah*를 합법화하고 제2차 세계대전에 대한 공중의 지지를 모았다. 냉전 기간의 프로파간다는 상반되고 화해할 수 없는 두 체제의 이원론적 세계관을 만드는 데 기여했으며(Rawnsley, 2016), 미국과 러시아가 전략적 이해관계에 따라 서로의 정부를 약화시키기 위해 노력한 주요 방식이었다.

우리 시대의 새로운 것, 즉 플랫폼을 통해 어떻게 극단적 견해를 가

---

* '홀로코스트'를 가리키는 히브리어 단어다 _ 옮긴이 주.

진 사람들이 연결되고, 공동의 대의를 만들며, 집단 행위와 연결 행위를 취할 수 있게 하는지를 포함해, 소셜미디어에서 오정보와 허위조작정보의 엄청난 범위와 규모를 차트로 작성한 연구도 있었다(Hart, 2021). 오정보와 허위조작정보 때문에 사람들이 코로나19 백신의 효능부터 정치적 반대자들의 정책 입장이나 선거 무결성에 이르기까지 모든 것에 대해 왜곡된 이해를 갖게 되는 정도를 분석한 연구도 있다(Kernell and Mullinix, 2019; Tenove, 2020). 팩트 체크, 양질의 저널리즘, 지역 뉴스 및 시민 문해력에 필요한 투자를 자세히 설명하면서 MDP와 싸우는 문제를 제기한 연구도 있으며, 유해한 콘텐츠를 근절하는 더욱 강력한 플랫폼 정책, 이러한 상업적 실체에 대한 감독권을 행사하는 정부 규제(Southwell et al., 2018) 등에 관한 연구도 있다.

3. 플랫폼, 정보, 정치적 정체성의 역동성

지난 10년간 다양한 국가의 학자들이 정치에서 정체성의 역할을 더욱 충분히 이해하게 되었다(Sides et al., 2019). '정체성'이란 근본적으로 차이를 의미하는데, 사람들이 만들어내는 일련의 구별을 전제로 하는 자기와 타인과의 관계에 대한 이해라고 할 수 있다(Ellemers and Haslam, 2012). 정체성은 사회화와 주체성의 산물이며, 우리가 세상을 살아가며 갖게 되는 우리 자신에 대한 감이다. 흔히 가장 중요한 사회적 정체성은 출생 후 사회화를 통해 형성된 정체성이다. 우리는 모두 우리가 누구인지, 즉 어떤 사람이 우리와 동일하거나 유사한지 혹은 다른지를 알려주는 가족이나 관계 속에서 태어났다(Eveland and Nathanson, 2020). 개인은 명시적 가르침과 세상에 실존함으로써 자신을 다른 집단의 일부가 아닌, 다양한 특정 사회집단의 일부로 인식하게 된다. 정체성을 형성하는 가장 명백한 집단은 가족 및 기본 관계 단위뿐만 아니라 지리적 공동체, 종교, 계급, 성적 취향 및 성 정체성, 인종, 민족, 계급 등에 기반한 집단이 있다.

정체성은 우리가 우리 자신을 위해 만들어낸 이야기와 우리를 위해 만들어져 세상에 돌고 있는 이야기의 산물임이 분명하다. 사람들은 다른 사람에게 정체성을 부여하고, 그에 따라 그들을 대한다. 집단이 인종, 계급 등을 기준으로 사람들에게 표시를 해두고, 그것에 따라 다르게 취급하는 상황을 생각해 볼 수 있다. 때로는 정체성이 법에 명시되어 있다는 점에서 구조적일 수도 있다. 예를 들어 다양한 집단에 대한 공식적인 법적 정의를 가진 오랜 식민 지배나 인종차별의 역사를 지닌 국가를 생각해 볼 수 있다. 또는 시민권 상태, 시민권 여부 등과 관련된 정체성에 대해서도 생각해 볼 수 있다. 때로는 사회적 정체성이 역사와 문화에 깊이 뿌리박힌 사회화 과정의 배경하에서 형성되기도 한다. 사람들은 여러 세대에 걸쳐 공유된 역사와 소속감, 종교 공동체와 같은 집단적 지위에 대한 이야기를 공유한다. 때로는 별다른 의식 없이 가족 내에서 전달되는 의미에 따라 정체성을 받아들이기도 하고, 때로는 노골적인 교육을 통해 일상생활과 활동을 채색하기도 하는데, 이 두 가지 모두 당파성과 당원 정체성의 특징이 될 수 있다. 때로는 정체성은 성적 취향이나 성 정체성과 같이 자신에 대해 인식하거나 포용하게 되는 것이며, 때로는 스포츠 팬덤이나 음악 취향을 중심으로 자발적이고 표현력이 풍부한 정체성이 형성되기도 한다.

사회과학자들은 정체성이 어떻게 소속감, 국제사회에서의 위상, 준거 틀, 삶의 의미를 이해하는 데 도움을 주는 일련의 서사를 제공하는지 오랫동안 주목해 왔다. 이 책에서 중요한 것은 커뮤니케이션을 통해 모든 유형의 정체성이 어떻게 정치적으로 바뀌는지 알아보는 것이다(Jardina, 2019). 정치인과 정치 지도자가 하는 일의 중요한 부분은 정체성에 대한 말하는 것이다. 즉, 누가 집단에 속하고 누가 아닌지, 어떤 집단이 합법적인지, 어떤 집단이 이끌어야 하는지, 어떤 집단이 권력을 갖고 있으며 권력을 가져야 하는지, 어떤 집단이 국가를 구성하는지, 국가와 함께 무엇을 해야 하는지, 그리고 집단이 공유하는 역사와 투쟁과 승리는 무엇인지 등에 관한 것이다(Kreiss et al., 2020). 모든 국가에는 정치와 정치적 정체성을 형성하는 오래되고 잘 확립된 '민족신화'(Smith, 2003)가 있다. 이는 명시적이든 암묵적이든 인종, 민족, 종교, 계급과 관련되는 경우가 많으며, 정치적 의미로 지속적으로 갱신되고 재투자되어, 정치적 정체성으로 두드러지게 유지되어야 한다. 미디어는 이러한 정체성과 소속감에 대한 이야기를 생성하고 유통하는 핵심적 지점으로 정체성의 중심이다(Kreiss, 2016; Peck, 2019).

정체성의 파워에 관해 예를 들어 누군가가 특정 국가에 속한다고 생각할 때, 이는 오늘날 민족주의자뿐만 아니라 많은 사람들의 정체성과 매우 유사하다. 사람들은 주로 미국인, 이탈리아인, 독일인, 파나마인 또는 뉴질랜드인 등으로 구분된다. 거의 모든 국가에서 국가적 소속감은 핵심 정체성이다(Kohn and Calhoun, 2017). 그러나 국가라는 개념은 그다지 오래된 것이 아니며, 오늘날 우리가 알고 있는 대부분의 국가는 19세기 이전에는 존재하지 않았다. 1871년까지 독일은 수십 개의 작은 공작령이나 왕국의 집합체였으며, 현재의 형태는 1989년 (동·서독 통일) 이후에야 형성되었다. 이탈리아는 독립전쟁 후 1861년에야 탄생했으며, 여전히 많은 시민이 이탈리아인보다는 토스카나인, 베네치아인 등과 같은 정체성을 가지고 있다. 대부분의 아프리카 국가에는 런던이나 파리의 식민 세력이 인위적으로 그린 국경이 있으며, 결국 자신의 정체성, 영토 및 충성을 가로막는 국가에 사는 사람들 사이의 끔찍한 전쟁으로 이어져 왔다. 이는 합법적으로 국가의 일부인 집단에 대한 인식으로 충만한 국가를 하나의 정체성으로 결속시키려는 문화적 작업이 충분히 이루어져야 했음을 의미한다. 이 작업들에는 시각적 상징(예: 깃발), 신화(예: 건국 및 전투의 상징), 기념물 및 건축물(국가 건물 디자인 및 공공장소에 세워진 상징), 여러 시대의 정치 및 사회 엘리트들이 전한 이야기 등을 포함한다. 실제로 가장 오래된 이야기는 기념물과 기념관에 기록되었고, 돌과 건축물에 새겨져 있으며, 집단적 기억을 세대 간에 전수하기 위해 세워졌다(Edy, 2006).

국가 정체성은 독특하게 강력하고, 현저하며, 지속적인 반면에 다른 정체성은 더 급히 형성되고 일시적으로 활성화될 수 있다. 예를 들어 정치인이 선거 과정에서 특정 정책적 입장을 채택해 집단에 호소하는 경우가 있다. 정체성은 환경 운동과 녹색 정당과 같이 유력한 라이프 스타일 요소도 포함할 수도 있지만, 본질적으로는 정치적이다. 때로는 집단이 스스로 위협을 받고 있다고 인식하거나 다른 집단에 비해 자신의 이익을 증진하기 위해 노력하는 경우, 비정치적 정체성이 정치적으로 바뀌기도 한다. 동시에 우리 중 그 누구도 단지 하나의 집단에만 속하지는 않으며 항상 다양한 정체성을 가지고 있다(Hogg and Reid, 2006). 정당, 종교 및 지리적 공동체의 구성원이며 성 정체성, 인종 및 민족 정체성을 가지고 있다. 사회과학자들은 이러한 정체성이 사회적 분열의 경계를 넘나들 때, 이를 '교차적 정체성cross-cutting identities'(Mason, 2016)이라고 부른다.

그러나 지난 몇 년 동안 학자들은 많은 국가에서 당파성이 다른 많은 사회적 정체성을 포괄하는 거대 정체성에 관심을 갖게 되었다. 이는 정치학자 메이슨(Mason, 2016)이 자신의 연구에서 '분류sorting'라고 부르는 과정이다. 미국에서의 실용적 사례를 보면, 민주당원과 공화당원은 단순히 정당의 구성원이 아니라 점점 더 응집력이 강해지고 다양한 사회집단의 구성원을 포괄하는 경우가 많아졌다. 민주당원은 더 다인종적이고 민족적이며, 도시 지역에 더 많이 거주하는 경향이 있고, 더 세속적이며, 평균적으로 낮은 계층 지위를 가지고 있다. 공화당원은 일반적으로 백인이며, 시골 지역에 더 많이 거주하고, 종교적이며, 부유한 경향이 있다.

물론 이러한 사항 중 어느 것도 모든 민주당원이나 공화당원에게 적용되지는 않으며, 이는 평균적으로 사실이다. 그러나 일관된 발견 중 하나는 정당이 특히 인종 및 민족에 따라 더욱 동질적으로 분류되면서 교차적 정체성이 점점 감소하고 있다는 것이다. 민주주의 학자들은 정치의 이해관계를 선거에서 승리하는 것뿐만 아니라 삶의 방식을 유지하는 데 있다고 말한다(Haggard and Kaufman, 2021). 미국만 그러한 것은 아니지만, 이 문제는 양당의 승자 독식 체제 때문에 더욱 악화되고 있다. 예를 들어 많은 국가에서 사회적 차이는 점차 정치적 대의와 정당을 중심으로 분류되고 있으며, 미디어는 이러한 과정의 중심에 있다(Walter, 2022). 학자들이 영국의 유럽연합 탈퇴 국민투표와 유럽 전역의 긴장에 대해 보여주었듯이, 인종적·민족적·종교적 차이는 점점 더 정치적 영역의 경계선이 되고 있다(Caller and Gorodzeisky, 2022; Sobolewska and Ford, 2020).

양극화는 여러 차원에서 집단들이 서로 멀리 떨어져 있다고 인식하고, 서로 다른 집단을 부정적으로 볼 때 발생한다(Wilson et al., 2020). 앞에서 자세히 설명했듯이 이념적 양극화는 정책과 같은 정치적 신념 차이를 의미한다. 정서적 양극화는 다양한 집단에 대한 부정적 감정을 의미한다(Wagner, 2021; Wojcieszak and Garrett, 2018). 사회적 양극화(Goodman et al., 2022)는 집단 사이에 인지된 차이를 의미한다. 도덕적 양극화는 옳고 그름에 대한 가치와 신념 측면에서 집단이 가진 다양한 방향을 나타낸다(Tappin and McKay, 2019). 때때로 양극화는 부, 정치 권력에 대한 접근, 보건 결과 측면에서 인종, 민족, 계급의 차이와 같은 기본 구조에 기반을 두고 있다(Hooker, 2009). 때때로 양극화는 인식의 문제, 더 정확하게는 오해의 문제로 우리가 상대방을 잘못 특성화하는 경우가 있다(Garrett et al., 2019).

양극화는 정치적·사회적 갈등 속에서 상대방에 대한 정확한 인식의 결과이기도 하다(Kreiss and McGregor, 2022). 때때로 양극화는 근본적으로 이익, 즉 권력을 유지, 강화 또는 달성하려는 집단의 욕구에 뿌리를 두고 있다. 많은 연구자가 양극화 자체를 비난하지만, 민주주의에 대해 훨씬 더 파괴적인 것, 즉 불평등을 목격할 수 있다는 점에서 중요하기도 하다. 실제로 불평등에 대한 도전은 일부 집단이 평등을 달성하려고 시도하는 반면, 다른 집단은 권력을 유지하고자 하므로 극심한 양극화를 겪게 된다(Hooker, 2009; 2016). 여기서 민주주의의 위협은 양극화라기보다는 오히려 개선하려는 시도에 대해서 불평등을 방어하는 것이다.

이는 우리에게 중요한 통찰력을 제공한다. 민주주의와 테크놀로지, 더 좁게는 양극화와 테크놀로지에 관한 많은 연구들은 현재의 민주적·사회적 위기의 테크놀로지 차원의 원인을 살펴보는 것으로 이어지며, 결과는 연구마다 엇갈린다(Kubin and Von Sikorski, 2021; Tucker et al., 2018). 어떤 면에서는 이러한 것들이 납득이 된다. 미디어는 정치나 사회구조보다 훨씬 더 눈에 잘 띄고, 테크놀로지는 변화하기 때문에 사람들은 미디어와 테크놀로지가 정치적 논쟁에서 신랄함을 키우거나 사회적 분열을 부추기는 등 우리 주변에서도 인식할 수 있는 다른 변화를 주도하고 있다고 가정하는 경우가 많다.

실제로 지난 10년 동안 오정보와 허위조작정보에 대한 우려가 커지고 있지만 이에 대해서는 뒤에서 더 자세히 설명하려고 한다. 특히 이러한 정보가 선거 기간에 공중의 의사 결정 능력을 왜곡하거나 공중 보건에 대한 이해를 왜곡할 수 있다는 점에서 우려는 더 커진다. 정체성이 정치의 진정한 중심이라면 이러한 것들은 덜 걱정거리다. 예를 들어 최근 몇 년 동안 학자들은 정치 커뮤니케이션에서 정체성 호소에 새로운 관심을 기울였다. 즉, 정치 엘리트가 현저한 정치적 정체성을 만들고, 이러한 집단에 호소하며, 그들을 신뢰할 수 있게 대표한다고 주장하고, 선거에서 이익을 보고자 그들을 동원하며, 궁극적으로 권력을 얻는다. 이러한 세상에서는 정치에 대한 시민들의 지식이 제한되어 있는지, 정책이나 기타 문제에 대해 올바른 견해를 갖고 있는지는 덜 중요할 수 있다. 중요한 것은 누가 자신의 집단 이익을 확실하게 대표할지를 인식할 수 있다는 것이다.

마지막으로 양극화에 대한 지나친 관심도 주의해야 한다. 정치는 단순히 선거에서 승리하는 것이 아니라 정치적 평등을 달성하거나 보호하려는 것이기도 하다. 말 그대로 삶의 방식과 사회적 지위를 보존하려는 것일 수도 있다. 양극화는 정치적·경제적·문화적·사회적 권력을 둘러싸고 사회집단 사이에 실제적인 정치적 갈등에서 발생한다. 그리고 사회생활의 다양한 영역에 있는 정치 엘리트와 지도자들은 커뮤니케이션과 미디어를 활용하고, 자신들이 대표하는 이익을 위해 정치권력을 추구하는 과정에서 정치적·사회적 차이의 경계를 형성한다. 물론 이들은 정치적 반대자들과의 경쟁 이면에 깔려 있는 제도적 규칙과 광범위한 시민적 약속(예: 선거 결과의 존중)을 확인하며 그렇게 하지만, 근본적으로 정치는 차이의 경계를 만들고 사람들을 동원하는 것이다. 결국 양극화에 대한 전면적 우려를 표명하기 전에, 권력에 맞서는 다양한 집단의 정치적·사회적 위상을 평가하고 분열보다 불평등 해소를 우선시해야 한다.

4. 오정보, 허위조작정보 및 프로파간다

강을 상상해 보자. 그것은 잘 자리 잡고 있으며, 항상 흐르고, 땅에 깊은 홈을 파고 있다. 비가 오면 물은 수많은 작은 수로에서 강으로 흘러들어 산, 언덕, 초원을 지나 내리막길을 거쳐 주요 수로로 흘러들어 간다.

강은 MDP에 대한 적절한 은유를 제공한다. 다시 말해 오정보는 일반적으로 허위지만 속이려는 의도로 전파되는 것이 아닌 콘텐츠를 의미하는 반면, 허위조작정보는 속이기 위해 의도적으로 제작된 콘텐츠를 의미한다. 프로파간다는 속이거나 조작하려는 의도를 갖고, 시간이 지남에 따라 다양한 메시지와 커뮤니케이션의 형태로 전개되는 보다 광범위한 범주의 콘텐츠다. 프로파간다 캠페인의 내용에는 진실과 허위, 절반의 진실, 과장법 및 기타 진술이 혼합되어 있을 수 있다. 그러나 프로파간다의 내용은 완전히 기획적으로 구성되지 않은 경우가 많다. 그 대신에 이것은 확립된 문화와 상징의 일부를 재활용하고, 유력한 다른 아이디어와 함께 깊고 잘 확립된 흐름으로 흘러간다.

MDP에 대해 이해하기 위해 다음과 같은 몇 가지 질문을 제시한다. MDP의 뒤에는 누구 또는 어떤 집단이 있으며, 이들은 어떤 관심을 갖고 있는가? 확산의 방법과 그 이유 등 MDP의 역학은 어떠한가? 그리고 MDP의 결과는 무엇인가?

1) 우려되는 MDP

MDP는 새로운 것이 아니다. 비록 우리가 공적 담론에서 MDP라는 용어를 항상 사용하지는 않았지만, 이 주제는 연구자, 정부 관리, 개혁가, 시민사회 행위자 간에 아주 오래전부터 중요한 관심사였다. 쿠오와 마르위크(Kuo and Marwick, 2021)가 MDP의 역사적 맥락화historicization를 지적했듯이, 초기 매스미디어 시대에 미국에서 있었던 반이민자 캠페인과 '복지 여왕welfare queens'에 대한 이야기를 허위조작정보 및 프로파간다의 예시로 볼 수 있다. 연구자와 이론가들은 지식에 대한 공중 (당시 인종, 성별, 계급에 대해 완전히 배제된 집단)의 더 넓은 관심이 처음 등장했던 1800년대 이후 여러 국가에서 가십, 소문, 스캔들, 정치적 팩트 조작, 일부 정치 엘리트나 공인의 입지를 전략적으로 훼손하려는 캠페인 등의 역할에 대해 글을 써왔다.

실제로 정보와 공적 태도의 관계는 여론이 왕의 주권을 견제하는 독립적 힘으로 부상한 17세기 이래 시작된 분명히 근대적인 문제다. 정보와 여론에 대한 공중의 논쟁은 이후 300년에 걸쳐 공중의 주권이 부상하며 상당히 확대되었다. 물론 많은 국가에서는 20세기에 들어서야 인종, 소수민족, 여성에게까지 공중의 경계가 확대되었다. 참정권에 대한 논쟁이 빈곤층, 소수민족, 인종 및 계층을 대상으로 하는 엘리트적 판단과 가식이 반영된 우려를 확대시키면서, 공중의 정치 참여 능력에 대한 우려는 미국, 프랑스, 영국과 같은 민주주의 국가에 깊이 뿌리내렸다.

오늘날 연구자들은 MDP가 어떻게 시민들이 가진 정보와 지식을 훼손하고, 이를 민주주의에 대한 중대한 위협으로 보는지에 중점을 두고 있다. MDP 때문에 개인은 자신을 대표할 후보를 선택하거나 국민투표로 특정 쟁점에 투표할 때, 정보에 기초한 선택이 점점 어려워진다.

그리고 MDP는 왜곡하거나(오정보의 경우), 전략적으로 날조하는(허위조작정보 및 프로파간다의 경우) 방식으로 여론의 형태 자체를 왜곡한다. 결과적으로 정치인들은 공중이 이상적으로 정보를 받았을 때와는 매우 다른 여론에 직면할 때 다른 동기를 가지게 되거나 다른 양상으로 반응할 수 있다. 더욱이 여론이 훼손될 경우 정치인은 투표에서, 그리고 다른 유력한 기관으로부터의 사회적 책무를 피할 수 있을지도 모른다(특히 허위조작정보 캠페인에 대한 우려).

MDP의 또 다른 새로운 측면은 벤클러 등(Benkler et al., 2018)이 '네트워크 프로파간다'라고 부르는 것이다. 디지털 플랫폼 시대 특유의 네트워크 프로파간다는 러시아투데이와 같은 프로파간다 채널로 알려진 차별적인 한 소스에서만 나오는 것은 아니다. 그 대신 거의 동일한 프로파간다 메시지가 여러 소스에서 나오거나 상호 참조하며 구축되어 시민들의 소셜미디어 피드, 채팅 및 다양한 방향의 검색 결과로 흘러 들어 간다(Lukito, 2020; Marwick, 2018; Tripodi, 2022). 이러한 방식으로 소셜미디어 플랫폼의 전략적이고 사기적인 성향이 농후한 행위자들의 새로운 네트워크는 신뢰할 수 있는 연락처를 제시하며 프로파간다를 실제적이고 유기적인 콘텐츠로 위장할 수 있으며, 심지어 일종의 풀뿌리 지식으로 위장할 수도 있다. 핵심은 "별개의 여러 소스와 서사 조각들"에 있다(Benkler et al., 2016: 8). 프로파간다 메시지는 여러 채널을 통해 다양한 버전으로 확산되어 신뢰도를 높이고, 허위 및 오해의 소지가 있거나 대상 집단에서 조작된 내러티브에 대한 기억을 강화시키는 효과가 있다(2016: 8). 이러한 프로파간다 행위자는 국내 소스인 경우도 있으며, 반대로 미국 선거에 개입하는 이란의 내정간섭 네트워크(Wagner, 2021), 독일에서 백신에 반대하는 허위정보를 퍼뜨리는 러시아 미디어인 러시아투데이(Scott, 2021), 또는 아일랜드의 낙태에 관한 국민투표를 방해하는 미국의 종교 단체들(O'Leary, 2018)처럼 해외 소스인 경우도 있다.

유사하지만 다른 것은 플랫폼이 제공하고 활성화하는 다양한 새로운 형태의 컴퓨터 프로파간다이다(Woolley and Howard, 2017). '컴퓨터 프로파간다'라는 용어는 소셜 봇social bot과 같은 자동화 및 디지털 도구를 사용해 소셜미디어 네트워크를 통해 허위조작정보를 퍼뜨려 여론을 조작하려는 현상을 설명하는 것에 사용된다(Woolley and Howard, 2018). 알고리즘은 속일 수 있으며 자동화된 계정(소위 '소셜 봇')은 메시지를 대규모로 확산시킬 수 있다. 다양한 방법론적 도구를 사용하는 다양한 국가에서의 수많은 연구에 따르면, 지난 몇 년간 소셜 봇이 선거 캠페인에서 활발하게 활동해 온 것으로 나타났다(예: Bastos and Mercea, 2019; Boichak et al., 2021; Ferrara, 2017; Keller and Klinger, 2018). 컴퓨터 프로파간다의 효과가 모두에게 고르게 나타나는 경우는 거의 없다. 여성과 소수집단 출신 후보자들은 자동화된 계정을 포함해 소셜미디어와 뉴스 포털의 댓글 섹션에서 혐오 캠페인, 괴롭힘, 무례한 행동에 직면하고 있으며, 이에 따라 이러한 집단이 선거에 참여하는 것을 방해하고 다양한 목소리를 침묵시킬 수 있다(Beltran et al., 2021; Kenski et al., 2020; Krook and Sanín, 2020; Rheault et al., 2019).

컴퓨터 프로파간다는 여론 분위기에 대한 인식을 왜곡하거나(Matthes and Arendt, 2016), 소수집단을 침묵시키거나, 비주류 행위자나 그들의 의견을 인위적으로 증폭시키는 등 다양한 방식으로 선거 캠페인에 영향을 미칠 수 있다. 에이전트 기반의 모델링을 적용한 연구자들은 일부 환경에서는 2~4퍼센트의 봇으로 구성된 네트워크가 의견 분위기를 바꾸고, 쉽게 여론을 흔들어놓으며, 그 표현을 좌우하는 데 충분할 것으로 보았다. 실제 트위터 네트워크에서도 발견되는 이러한 효과는 트위터가 자체적으로 보고한 분기별 투명성 보고서에서 '악의적 자동화'로 칭해졌다. 모랄레스(Morales, 2019)에 따르면 트위터가 2013년 당시 베네수엘라의 니콜라스 마두로Nicolás Maduro 대통령을 리트윗한 6000개 이상의 자동 계정을 삭제한 후, 대통령에 대한 비판과 야당에 대한 지지를 표현하려는 이용자의 의지가 크게 증가한 것으로 나타났다. 이들 봇 계정은 마두로 추종자의 0.5퍼센트 미만을 차지했지만, 정지 이후 대통령의 리트윗은 81퍼센트 감소했다.

봇 탐지는 플랫폼에 대한 제한된 데이터 액세스와 봇의 매우 다른 전제 및 정의에 기반한 도구 및 방법이므로, 지루하고 결코 정확한 과학이 아니다. 학자들은 봇이 대략 몇 개인지 추정할 뿐이다(Martini et al., 2021; Schuchard and Crooks, 2021). 결과적으로 학자들은 봇이 공적 담론이나 선거 캠페인에 미치는 영향을 증명(또는 반증)할 방법을 아직 찾지 못했다. 소수의 슈퍼 전파자와 슈퍼 유저가 네트워크 효과의 이점을 누리고, 온라인 담론과 정보 흐름에(이러한 계정이 자동화되었든, 부분적으로 자동화되었든 또는 인증되었든 간에) 과도한 영향을 미칠 수 있다. 과도하게 활동적인 이용자 또는 적극적이고 전략적인 집단이 자동화된 소셜미디어 계정을 조정해 여론을 전략적으로 조작하려는 시도에서 유사한 패턴을 볼 수 있다.

크반트(Quandt, 2018)는 플랫폼의 등장과 함께 급증한 테크놀로지를 기반으로 한 다양한 형태의 악의적 참여를 의미하는 '사악한 참여dark participation'라는 개념을 제시했다. 여기에는 다양한 새로운 행위자(소셜봇, 트롤 및 허위 네트워크)와 전략(소수집단 증폭시키기, 계정을 무너뜨리기 위한 대량 리포팅, 해시태그 하이재킹)이 포함된다. 주요 플랫폼에서는 이러한 문제 중 일부를 해결하고 투명성 보고서에 계정과 콘텐츠를 삭제하려는 시도에 대해 보고했다. 예를 들어 2021년 트위터는 플랫폼에

재미있는 봇을 유지하면서 악의적 자동화에 경고를 보내는 것을 목표로 소셜 봇에 라벨을 붙일('좋은 봇 라벨'의 도입을 포함함) 새로운 팀을 발표했다(Twitter Safety, 2021). 마찬가지로 전 세계의 규제 당국은 플랫폼에서 자동화된 커뮤니케이션의 파괴적 잠재력을 인식하기 시작했으며, 일부에서는 플랫폼 기업에게 소셜 봇에 라벨을 붙일 의무를 부과했다(예: 미국 캘리포니아주 및 독일). 그럼에도 불구하고 많은 소규모 플랫폼은 대응책을 개발하는 데 어려움을 겪고 있으며, 플랫폼이 조처하더라도 해당 처리는 불투명하고 검증하기 어려우며 복제할 수 없는 상태로 남아 있다.

봇, 가짜, 스팸 계정이 전부가 아니다. 속이려는 의도로 사진이나 비디오를 변경하거나 위조할 수 있다. 딥페이크deepfake(인공지능을 기반으로 비디오·사운드 합성 기술을 이용해 만든 겉보기에 사실적인 가짜 비디오)는 현재 드러난 것보다 잠재적 위협이 더 크며, 어떤 상황이 곧 발생할지 엿볼 수 있다(Vaccari and Chadwick, 2020). 이는 문자 그대로 누군가의 입에 말을 넣어 거짓 비디오와 사운드 바이트를 생성할 수 있는 기술이다(Silverman, 2018). 딥페이크가 야기하는 조작의 위험은 특히 두 가지로 말할 수 있는데, 허위조작정보에 더 큰 신뢰성을 부여할 가능성이 있다는 점과 일반인들도 이 기술을 사용할 수 있다는 점이다.

더 넓게는 MDP뿐만 아니라, 이러한 모든 것이 잠재적으로 미디어와 제도적 신뢰가 낮아지는 나선형 역학으로 이어질 수 있다. 딥페이크는 코로나19 팬데믹 기간에 허위정보의 홍수에 따라 이미 추진력을 얻은 인식론적 위기를 강화했다. 매스미디어 시대와 비교해서 사실과 과학적인 건전한 지식의 정당성을 무너뜨리고, 대안적이고 음모적인 서사와 현실을 만들어내고 이를 그럴듯하게 꾸미는 것이 더 쉬워졌다. 예를 들어 선거 캠페인에서 정치인의 조작된 비디오가 유포되면 실제로 극도로 파괴적인 영향을 미칠 수 있다. 이와 관련된 몇 가지를 디아코포로스와 존슨(Diakopoulos and Johnson, 2021)이 간략하게 설명했다. 미디어 수용자를 속이고 위협하는 행위, 평판 훼손 및 허위 진술에 대한 피해, 사회 기관에 대한 광범위한 신뢰 훼손 등이 있다.

MDP가 신뢰도를 떨어뜨린다는 기존의 실증적 증거가 그다지 명료하지는 않다(Valenzuela et al., 2022). 실제로 이러한 우려는 많은 연구에서 여론과 관련해 고려할 다른 중요한 사항들로 인해 강하게 지지받지 못하기도 한다. 첫째, 공중은 심지어 가장 좋은 시대에서도 정책 입장에 관해 정보가 부족하고, 무관심하며, 주의가 부족하고, 이념적으로 일관성이 없는 경우가 많다. 둘째, 오랜 연구의 결과에 따르면 실제로는 정치 엘리트가 공중의 태도를 형성하지, 공중이 정치 엘리트의 태도를 형성하는 것은 아니다. 셋째, 정치 엘리트들은 여론보다 정당이 대표하는 이익집단의 압력을 더 많이 받을 수 있다.

MDP가 비록 정치적 이득이나 금전적 이익을 위한 노력과 같은 더 깊은 원인에 뿌리를 두고 있더라도 여러 가지 결과를 초래한다는 것 역시 분명하다.

주목할 콘텐츠

미국에서 브라질에 이르기까지 여러 국가에서 목격된 것처럼, 코로나19와 백신의 효능에 대한 오정보와 허위조작정보 탓에 수많은 생명이 희생되고, 전염병이 장기화되었으며, 더 심각하고 치명적인 질병이 발생했다. 인도와 에티오피아와 같은 국가에서는 소수 인종 및 소수민족 집단에 대한 오정보, 허위조작정보, 프로파간다가 그 집단에 대한 조직적 폭력과 공격을 유발했다. 이러한 상징적 폭력은 정치적 이해관계로부터 발생하는 한편, 플랫폼을 통해 유포되는 여러 유형의 유해한 정보는 갈등을 악화시키고 그 배후에 있는 개인과 집단의 파워를 강화했다. 이는 플랫폼이 잠재적으로 야기할 수 있는 해로움과 이를 완화할 수 있는 내부 및 외부 규제에 대한 접근과 관련해 중요한 논쟁을 불러일으켰다.

5. MDP의 작동 방식

말레이시아에서는 1957년 독립 이후 처음으로 2018년에 야당이 총선에서 승리했다. 이전의 집권당은 소수민족 및 이슬람 말레이계 정치 엘리트들로 구성되었으며, 부분적으로는 인종적·종교적 갈등에 기초해 사회적 차별과 불만을 조성하고 조장함으로써 정권을 유지했다. 이는 결국 극단주의와 허위조작정보의 배경이 되었다. 이러한 맥락에서 볼 때 MDP는 더 큰 정치적 갈등과 의미 구조이며, 엘리트가 더 넓은 정치적·문화적 갈등의 맥락에서 사람들을 조종하고 분열시키기 위해 쓰는 도구다(Radue, 2019). 이것은 중요한 점을 제기한다. 우리는 MDP를 허위적이거나 기만적인 또는 오해의 소지가 있는 개별적인 정보 비트로 상상하지만, 정보는 더 큰 의미의 프레임워크와 구조에 적합할 때만 가치가 있다. 즉, 개별적인 정보의 내용에만 집중하기보다 MDP가 만들고 내재하고 있는 사회·문화적 구조에 대해 생각해 보자. MDP는 이를 이해하는 데 필요한 세계관을 드러내며, 이런 세계관에는 MDP가 호소하는 세상이 어떠해야 하는지에 대한 이해가 포함되어 있다. 이러한 모든 것의 뿌리에는 파워, 즉 정치적·사회적·경제적 그리고 집단의 상대적 지위가 있다.

몇 가지 예를 들면 MDP는 권력이 적은 사람들을 표적으로 삼거나 이미 권력을 가진 사람들의 권력을 강화하는 역할을 한다. 2017년 미얀마 군부는 이슬람 소수민족인 로힝야족을 상대로 폭력적 행동을 취했다. 그 전의 몇 년 동안 페이스북은 인종 청소의 토대를 마련하는 데 기여한 혐오표현과 폭력 선동을 증폭시키는 사이트였다. 인종 폭력을 초래한 에티오피아 내전, 로힝야족에 대한 폭력 등 소수집단을 타깃으로 한 혐오표현(Akinwotu, 2021)이 소셜미디어에서 처음 발생한 것은 아니지만, 플랫폼은 사람들을 소외시키고 폭력적 행동을 정당화하는 사회적·정치적 담론을 잘 조직화한 정보를 전파하는 주요 지점이 될 수 있다.

MDP는 인종, 민족, 성별, 종교, 계급과 관련해 소외된 사람들을 상대로 배치되고 행사되는 정치권력의 도구인 경우가 많다. 때로 이는 취약한 사람들을 대상으로 MDP가 이들의 정치적 지위를 약화시키거나 이들이 투표하거나 또는 공개적으로 목소리를 내지 못하도록 설계되었음을 의미한다. MDP는 지배 세력을 겨냥해 취약 계층과의 긴장을 증폭시키는 경우도 있다. 따라서 MDP가 취약한 집단만을 대상으로 하는 것은 아니다. 예를 들어 백신에 대한 국제적인 허위정보는 계급, 인종, 민족의 경계를 넘어 쉽게 이동했다. 그러나 MDP가 사회집단에 미치는 영향은 다르다. 예를 들어 예방접종을 받지 않고 훌륭한 의료 서비스를 받는 경우는 예방접종을 받지 않고 의료 혜택을 받을 수 없는 경우보다 훨씬 적다. 따라서 코로나19 백신에 반대하는 MDP조차 여전히 정치적 이해관계에 부합한다(예를 들면 흡연과 기후변화에 관한 과학을 훼손하는 등 우익의 오래된 목표 및 수많은 허위조작정보 캠페인의 목표는 사회의 여러 측면을 규제하는 국가의 권한을 제한하는 것임).

실제로 MDP는 의심을 불러일으키기 위해 노력한다. 학자들은 무지가 무언가의 부족이 아니라 적극적으로 생산된다는 사실을 오랫동안 지적해 왔다. 예를 들어 과학사회학의 고전적 연구(Oreskes and Conway, 2010)는 담배 흡연의 안전성부터 기후변화에 이르기까지 과학적 합의와 정책 입안자와 이에 대한 공중의 이해를 훼손시키려는 사람들이 의심을 계발하고자 했음을 보여주었다. 팩트 자체가 의심스럽게 되면 공중 보건이나 빙산의 해빙 문제를 해결하기 위해 실제로 조치를 취할 필요가 줄어든다. 이와 관련해 정치학자들은 미국의 총기 폭력을 포함해서 정부가 공적 문제로 이해하고 싶지 않은 것에 대한 데이터와 정보가 어떻게 생산되지 않는지 보여주었다(Jones and Baumgartner, 2005).

MDP가 주로 하는 일은 사람들이 무엇이 진실인지 의구심을 갖는 여건을 만드는 것이며, 이는 결국 플랫폼에 의한 규제(예: 정책 개입)나 콘텐츠 조정을 피하는 데 유용하다는 것이 입증되었다. MDP의 가장 정교한 납품 업체는 명시적으로 허위 주장을 펼치는 대신에, 코로나19에 대한 백신의 효능부터 선거 투표의 신뢰성에 이르기까지 지식 기반의 주장을 훼손하기 위해 고안된 끝없는 질문을 통해 의심을 조성한다. 의심을 불러일으키는 것은 지식을 생산하는 기관의 공적 활동의 정당성을 훼손하는 역할을 한다. 의심의 배양은 지식을 생산하는 모든 기관과 공중의 진실에 대한 전반적 감각을 약화시킬 수 있다.

MDP는 위에서부터 시작되기도 한다. 2021년 여름 코로나19가 야기한 엄청난 재정 적자에 직면하자 인도의 집권당인 인도인민당Bharatiya Janata Party이 이끄는 지역에서는 환자들에게 약초 치료법이 배포되었다(Badrinathan, 2021). 한편 자이르 보우소나루 전 브라질 대통령은 '코로나 바이러스 거부 운동'의 글로벌 리더로 등장했다(Ricard and Medeiros, 2020). 이러한 이야기의 공통점은 MDP가 정치 엘리트, 정치 행위자, 이해관계자로부터 유래하기도 한다는 것이다. 그렇지 않더라도 이를 수용한 엘리트의 도움으로 확산되고 신뢰도를 높인다. 설득력 높은 배우도 그럴 수 있다. 저자들은 오랜 정치학 연구를 통해 엘리트들이 말하고 행동하는 것, 즉 정책과 정체성 문제(집단이 신뢰하고 형성하려는 것의 원형)가 공중의 의견과 태도에 미친 특별한 영향을 알게 되었다. 결과적으로 시간, 노력, 관심의 제한성을 가진 사람들이 무엇을 믿고 누구와 동일시해야 하는지에 관해 엘리트로부터 영향을 받는다. 엘리트가 생산한 MDP의 영향도 포함된다.

주목할 사례

2022년 '자유호위대Freedom Convoy'라 칭하는 캐나다 트럭 기사와 활동가 집단이 필수 예방접종을 포함한 코로나19 보건 조치에 항의해 캐나다 오타와의 도심을 막고 시위했다. 이 시위는 국제적으로 특히 폭스뉴스와 터커 칼슨Tucker Carlson과 같은 오피니언 쇼 진행자가 동조하면서 미국 우파 진영에서 빠르게 호응을 얻었다. 그러나 트럭 기사 노동조합조차 이 시위를 지지하지 않았고, 캐나다 트럭 기사 중 90퍼센트 이상이 이미 예방접종을 받았으며, 새로운 보건 조치의 영향도 받지 않았다. 이 시위는 부분적으로 방글라데시의 마케팅 회사와 정부의 권위를 약화시키기 위한 서사를 발전시키려는 우파 정치 및 언론의 이익에 의해 촉발된 것으로 밝혀졌다.

MDP는 국제적 경계를 넘어 유통되며 매우 다른 동기를 가진 집단들을 포함한다. 캐나다의 자유호위대는 폭스뉴스뿐만 아니라 시위를 홍보하고 모금하는 데 도움을 준 사기성 농후한 페이스북 그룹의 그림자 네트워크에도 수용되었다(Reilly et al., 2022). 큐어논과 같은 단체와

국제 백인 우월주의 단체도 이러한 시위에 참여했다. 이러한 모든 것은 MDP가 국제적 경계를 넘어 어떻게 유통되며, 개별적이지만 중첩되는 이해관계를 가진 수많은 개인 및 집단이 어떻게 관여되어 있는지를 보여준다. 시위에 참여하는 트럭 기사, 이념 프로그램에 대한 청중 점유율을 늘리려는 정치 연예인, 소셜미디어를 사용하는 마케터, 새로운 회원을 모집하고 우익 프로젝트를 추진하려는 음모적 사회운동 및 정치단체 등에 이르기까지 광범위하다.

실제로 MDP는 정치적 이해관계를 반영한다. 오정보가 엘리트로부터 유래되지 않더라도, 조직화된 이해관계는 정치적 목적을 위해 이를 활용하는 경우가 많다. 예를 들면 오랫동안 백신 거부 운동과 이에 동조하는 정서가 있었고, 코로나19 이전에도 전 세계 여러 나라에서 다양한 이념적 스펙트럼에 걸쳐 퍼져 있었다. 그러나 코로나19 기간에 전 세계 우익 운동은 백신과 미국, 캐나다, 독일, 프랑스, 스웨덴, 브라질, 인도 등의 국가에서 볼 수 있었던 폐쇄 조치 및 마스크 의무화와 같은 코로나19 공중 보건 제한 조치에 대한 반대 입장을 취하는 것이 종교적 순수성과 자유의 관점에서 프레임을 짤 수 있고, 우파의 정치적 이득을 위해 사용될 수 있다는 사실을 발견했다(Amin et al., 2017). 실제로 MDP는 사람들을 동원할 수 있고, 정치제도와 운동에 새로운 생명을 불어넣을 수 있는 세상에 관한 일련의 이야기를 명료하게 표현한다.

이처럼 서로 다른 목적과 이해관계를 가진 사람들이 MDP를 추진하고, 이는 다양한 수단을 통해 확산되기도 한다. 연구에 따르면 특정 형태의 오정보는 고도로 집중된 네트워크 현상으로 볼 수 있는데, 여기서 광범위하게 유통하는 MDP의 방대한 양을 담당하는 소수집단의 슈퍼 유저가 역할을 하고 있다(Hindman et al., 2022). 연구에 따르면 소수의 사람들이 때때로 협력하며 특정 영역에서 MDP를 담당하는 것으로 나타났다(González-Bailón and Wang, 2016; Klinger et al., 2022b; Papaky-riakopoulos et al., 2019).

이는 인터넷에 대해 이미 알고 있듯이 관심은 고르게 분산되지 않으며 고도로 계층화되어 있다는 점에 비추어 볼 때 이해가 된다. 네트워크 효과는 이미 많은 추종자를 보유한 사람들(또는 다른 형태의 자본을 인터넷으로 이전한 사람들)이 상당한 관심을 받고 있음을 의미한다. 이용자의 영향력은 상업적 동기를 가진 플랫폼이 참여를 유도하도록 설계한 대로 모욕적이거나 매우 감정적이거나 논란의 여지가 있는 언어를 사용한 결과이기도 하다. 엘리트와 슈퍼 유저가 MDP를 창안하는 경우가 많지만, 다양한 태도와 관심을 가진 사람들이 MDP를 확산시키는 경우도 많다. 사람들은 출처에 대한 신뢰와 수용자의 이해를 바탕으로(Buchanan and Benson, 2019), 그리고 정치(Bennett and Livingston, 2018) 또는 인식된 이타주의(Apuke and Omar, 2021)를 포함한 자신의 이익을 위해서, MDP와 상호작용하고 참여해 자신의 사회적 정체성과 정치적 소속을 알린다(Marwick and Hargittai, 2019; Polletta and Callahan, 2019).

주목할 콘텐츠

MDP 역시 하이브리드 미디어 현상이다. 앞서 인용한 캐나다의 자유호위대의 사례가 보여주듯이, MDP는 다양한 미디어와 플랫폼에서 펼쳐지는 운동과 엘리트 간의 역동성의 산물인 경우가 많다. 전 세계의 많은 공적 담론과 규제 논의가 메타 및 구글 검색과 같은 테크놀로지 플랫폼으로 좁게 초점을 맞추지만, MDP는 미디어 간의 임의의 경계를 존중하지 않는다. 신문, 웹사이트 등 매스미디어의 콘텐츠는 사람들이

참여하고 공유하는 플랫폼으로 흘러나온다. 전 세계 국가의 라디오 및 팟캐스트는 왓츠앱에 진출하고, 충분한 참여를 통해 많은 청중을 보유한 국내 뉴스 미디어에 전달된다.

실제로 미디어 조작자의 전술은 MDP를 수평·수직으로 많은 뉴스 미디어에 뿌리고 세탁하는 것이다. 학자들이 '체인 트레이딩 업trading up the chain'(Krafft and Donovan, 2020)이라고 부르는 방식으로, 훨씬 더 많은 청중을 확보할 수 있는 보다 주목받는 미디어로 콘텐츠를 옮기는 것이다. 2018년 짐바브웨 총선에 대한 연구도 온라인에서 표현된 내용이 오프라인으로 옮겨간 경우가 많았음이 드러났다(Chibuwe, 2020).

국가와 정치 행위자들은 MDP를 무기화할 수도 있다. MDP가 정보전을 수행하는 국가의 도구라는 것은 특별한 사항이 아니다. 러시아와 같은 국가는 정치적 이점을 얻기 위해 전 세계 국가에서 MDP를 활용해 왔다(Hellman and Wagnsson, 2017). 물론 이것은 오래된 전술이다. 제1차 세계대전과 제2차 세계대전, 그리고 냉전 이후에도 국가들은 자국에 유리한 여론을 형성하기 위해 오랫동안 프로파간다와 정보 전술을 전개해 왔다. MDP에 대한 과도한 우려와 함께 허위조작정보는 곧 강력한 정치적 무기가 되었다. 국가는 소셜미디어의 정치적 규제를 지지하기 위해 허위조작정보 논쟁을 불러일으킨다. 정당들은 반대자들을 대상으로 MDP의 수사법을 전개하려고 노력해 왔다. 이러한 맥락에서 MDP 자체에 대한 우려는 반민주적일 수 있으며, 권력에 대한 정치적 반대와 정치적 표현을 제한할 수 있다.

마지막으로 MDP에 초점을 맞추면 현재 진행 중인 정치적 역학을 가릴 수 있다. 2021년 1월 6일 미국에서 일어난 쿠데타 시도가 사람들이 선거 결과에 대해 진정으로 혼란을 겪었기 때문이라는 실증적 증거는 없다. 어떤 사람들은 확실히 그러했겠지만 많은 사람들은 확실히 그렇지 않았다. MDP에 노출된 사람들을 대상으로 설문 조사를 진행하는 데 어려움이 있다. MDP를 찾는 것은 쉽지 않으며, 사람들은 대체로 보고 들은 내용을 잘 기억하지 못하고, 사람들이 솔직하게 답변하는지 아니면 각자의 이익에 따라 답변하는지 확신하기도 어렵다. 더욱이 사람들이 왜 그렇게 설문 조사에 응답하는지도 모른다. 미국 공화당원들이 도널드 트럼프가 당선된 것으로 믿는다고 말할 때, 그들이 진심으로 그것을 믿기 때문에 그렇게 말하는지, 아니면 그것이 공화당원이 말해야 할 내용이라고 알기 때문인지, 아니면 그렇게 믿는 것이 그들의 정치적·사회적 이해관계에 부합하기 때문인지, 현저한 허위조작정보 사례의 결과와 영향에 대한 실증적 증거가 모호한 것이 현실이다. 그러한 점에서 2021년 1월 6일의 사건에 동기를 부여했을 수 있는 사회적 정체성, 정치적·사회적 이해관계, 사회적 지위, 정치적 파워 등의 다양한 설명을 충분히 고려하지 않고, 즉각적으로 MDP를 원인으로 간주해서는 안 된다(Feuer et al., 2022).

6. 대중 지식, 정보, 민주주의

18세기 이래로 많은 서구 사회는 공적 이성과 집단적 합리성의 지식과 사실 기반에 대한 강조를 민주주의, 거버넌스, 사회적 결속과 긴밀하게 연결시켜 왔다. 이것의 핵심은 여론, 민주주의적 정당성, 민주주의적 결과가 합리적이고 사려 깊은 공중에 달려 있다는 생각에 기인한다. 합리적 논쟁을 통해 공중과 정치 지도자들은 합의를 이루고, 올바른 결정을 내리거나 최소한 민주주의적 정당성이 있는 결정을 내릴 것으로 본 것이다. 이에 따라 지난 300년 동안 많은 사회는 정보에 입각한 엘리트 의견(예: 입법 작업을 수행하는 정책 입안자 및 규제 기관) 외에도 정보에 입각한 여론과 통치에 기여하는 조사 관련 정부 부처, 경제 통계 부처, 공공 보건 기관 등 다양한 지식 생산 기관을 발전시켜 왔다. 다른 한편으로 지식의 주장을 검토하는 학계의 상호 평가 시스템에 기초해 대학, 과학 연구 기관, 사회과학 연구 기관 등이 장기적 지식 생산 및 인력 육성의 역할을 맡아오고 있다. 또 다른 하나는 국제 저널리즘으로, 국가 간 차이와 지속적 변화에도 불구하고 일반적으로 전 세계의 많은 국가에서 다음과 같은 구조화 및 제도화된 방식으로 발전해 왔다. ① 공적 삶과 정치적 삶에 대한 최신 정보를 생산한다. ② 다원주의 사회에서 다양한 정치적 견해를 대표하고 동원한다. ③ 커뮤니케이션 조사와 여론 표현을 통해 엘리트들에게 책임을 묻는다. ④ 도덕성과 윤리에 대한 공적 기준을 정의해 이를 위반하는 것이 공적 쟁점이 되도록 한다.

지난 20년 동안 많은 국가에서 이러한 기관에 대한 신뢰는 다양한 압력으로 인해 상당한 공격을 받았다. 첫 번째 압력은 여러 지역에서 언론과 기타 지식 생산 기관을 공격해 정치적 이득을 얻은 정치 엘리트로부터 나온 것이다. 그들은 유권자 집단의 관심을 끌고, 투표함과 여론 모두에서 그들의 사회적 책무를 약화시켰으며, 그들의 의제를 추구하고, 장기적으로 이익이 되도록 여론과 정보의 맥락적 환경을 형성하기 위해 다양한 방법을 사용해 왔다. 두 번째 압력은 지난 40년 동안 많은 국가에서 새롭고 다양한 유형의 커뮤니케이션 미디어, 특히 인터넷이 급속히 확장되었다는 점이다. 이는 커뮤니티 및 토크 라디오부터 저렴한 인쇄·배포 방법을 찾아낸 당파 및 정체성 기반의 출판물에 이르기까지 많은 국가에서 이념적이고 흥미로운 당파적·초당파적 미디어가 폭발적으로 증가했음을 의미한다. 한편 인터넷과 소셜미디어의 등장으로 이전 시대보다 훨씬 더 다양한 개인들이 대규모로 커뮤니케이션하는 것이 가능해졌다. 이는 믿을 수 없을 만큼 다양한 정치적 정보와 의견, 그리고 새로운 종류의 유해하고 인종차별적인 오정보를 야기했다. 또한 이는 자본 집약적 매스미디어 시대에는 대규모 청중에게 도달하지 못했던 새로운 목소리가 공적 영역에 추가되는 데 기여했다. 예를 들면 인종 및 소수민족(Jackson, 2022), 트랜스젠더(Billard, 2019), 성별, 계층(Jackson et al., 2020)과 관련된 쟁점에서 다양한 목소리가 나오고 있다. 역사적으로 서구 민주주의 국가의 공적 영역은 오랫동안 유럽 제국에 필요한 자원 기반을 마련하려는 식민주의와 인종주의 프로젝트, 그리고 비백인, 여성, 비엘리트 계층을 공적 연설에서 배제하는 것을 전제해 왔다.

그리고 마지막으로 많은 정치적 갈등의 배경에 놓여 있고, 단순한 신뢰에 관한 이야기를 매우 복잡하고 논쟁적으로 만드는 불평등과 시민권의 글로벌 역학을 언급하고자 한다. 사회에는 항상 깊이 층화된 계급이 있었지만, 지식과 테크놀로지 시스템이 더 많은 글로벌 경제를 구성하는 정보화 시대가 도래한 이후 오히려 불평등은 증가했다. 동시에 20세기에는 이전에 참정권을 박탈당한 소수 인종 및 소수민족에게 시민권과 권리를 기본적으로 부여하는 정치적 평등과 시민 통합을 위한 투쟁을 특징으로 하는 많은 탈식민화 운동과 탈식민 정치가 목격되었다. 지난 150년 동안 많은 국가에서 소수 인종 및 소수민족이 정치적·경제적 지위를 두고 지배적 집단에 도전해 왔다.

지식 생산 기관에 대한 신뢰는 더 큰 힘에 맞서 작용한다. 자메이카 태생의 영국인 학자 스튜어트 홀Stuart Hall이 제시했듯이 국제 저널리즘은 엘리트 기관을 대표하고, 기존 시스템에 특권을 부여하며, 현상 유지를 옹호하고, 제도 측면에서도 기존의 질서를 강조한다. 1930년대에 W. E. B. 듀보이스W. E. B. Du Bois는 학문적 지식 자체가 불평등한 인종적 사회질서를 유지하는 방향으로 가고 있다고 지적했다. 동시에 공중 보건학자들은 비엘리트가 과학 지식의 대상이 되어 이들이 체계적으로 평가절하되는 방식을 지적하는 등 보건 지식 및 결과 창출에 만연한 경제적·인종적·민족적 불평등을 오랫동안 언급해 왔다. 초기에 HIV/AIDS를 무시하고 평가절하하고, 피해자에게 책임을 돌렸던 과학 구조에 도전하는 국제 운동의 중심이 되었던 HIV/AIDS 위기를 떠올려 보자. 과학이 편견을 인식하더라도 개입은 결과를 구조화하는 데 있어 경제적·사회적 격차를 따르기 쉽다.

이러한 배경에서 개인이 지식 생산 기관에 대해 어느 정도의 신뢰를 가져야 하는지 묻는 것은 타당하다. 플랫폼의 경우 신뢰에 대한 질문은 다면적이다. 플랫폼은 어떤 종류의 정보에 특권을 부여해야 하며, 그 이유는 무엇인가? 어떤 종류의 정보를 모든 형태로 거부해야 하며, 그 이유는 무엇인가? 어떤 기관을 강화하고 확대해야 하는가? 선출된 대표나 상업적 이익이 아닌 공익에 봉사한다는 사람들보다 이러한 결정을 내리는 플랫폼을 왜 더 신뢰해야 하는가? 플랫폼의 시장 메커니즘은 공중에 대한 정당성과 반응성을 보장하기에 충분한가? 많은 저널리즘의 시장 메커니즘은 공중의 신뢰에 대한 의무를 보장하기에 충분한가? 우리가 알고 있다고 생각하는 것이 A 시간과 B 시간에서 거의 동일하지 않다는 점을 감안할 때, 표현의 자유와 민주주의의 해악 사이에 선을 긋는 것이 시대에 따라 달라지는가? 그리고 다원적인 공적 영역에서 그려야 할 선은 하나인가, 아니면 잠재적인 선이 더 있는가?

앞으로의 과제는 사회가 플랫폼의 민주적 잠재력과 해로움 사이에서 균형을 어떻게 맞출 수 있는지 명확하게 파악하는 것이다. 소셜미디어의 민주적 잠재력은 '블랙 라이브스 매터' 또는 '미래를 위한 금요일'과 같은 글로벌 운동의 파워와 규모에서 분명하게 드러난다. 반면에 큐어논 및 오정보와 같은 음모적 운동의 세계적 흐름은 수많은 개인들이 정치적 의견과 사실에 대한 잘못된 이해를 공유함으로써 자연스럽게 촉진되고, 사회경제적 능력과 파워가 취약한 사람들을 대상으로 한다. 또한 우리는 민주주의에서 불평등한 사회질서, 지위, 권력을 유지하는 등 정치적 이해관계를 위한 허위조작정보와 프로파간다가 무엇인지, 아니면 단순한 정보 문제인지도 설명해야 한다. 훨씬 더 큰 잠재적 우려 사항은 정보가 사회적 책무감을 약화시키거나 정치적 파워를 확대하는 데 사용되는 전략적 정치 도구로 쓰인다는 것이다. 그리고 MDP가 뿌리 깊고 진부한 문화적 루틴(우리가 이미 생각하고 믿도록 조직화한 것)과 어떻게 일치하는지 이해하면, 우리가 단지 외적으로 가장 명백하고 표면적인 정보에만 관심을 가지고 있음이 분명해진다.

7. MDP에 대한 대응 방식

그렇다면 플랫폼, 정책 입안자, 시민사회 활동가, 공중은 MDP에 대해 무엇을 하는가? 개인적으로 우리 모두는 우리가 접하는 정보와 우리가 신뢰하기로 선택한 정보를 인식해야 할 의무가 있다. 많은 학자가 공중 보건 위기의 렌즈를 통해 MDP 문제에 대해 글을 썼는데, 이는 좋은 은유를 제공한다(Jamieson, 2021). 공중 보건 위기 상황에서 개인은 자신의 자유를 일부 희생하더라도 다른 개인, 특히 가장 취약한 개인을 보호하는 조치를 취해야 한다. 코로나19 마스크 착용, 검사, 사회적 거리 두기, 예방접종은 개인을 위한 보호조치일 뿐만 아니라 다른 사람에 대한 사회적 책무를 인정하는 조치라고 생각할 수 있다.

개인들의 경우 정보를 조사하고 출처를 확인하며, 다른 사람의 존엄성이나 평등을 훼손하는 경우 한발 물러서서 감정적으로 고조된 콘텐츠에 참여하는 것을 거부할 수 있다. 그리고 문제가 있거나 인종차별적인 내용을 공유하지 않으며, 클릭베이트 헤드라인이나 티저를 넘어 실제로 읽기 전에는 콘텐츠를 공유하지 않을 수도 있다. 가족과 친구를 지원하며, MDP의 포로가 된 사람들에게 균형 잡힌 정보를 제공하고, 가장 취약한 사람들과 동맹을 맺으며, 신뢰할 수 있는 정보의 생산자를 지원할 수도 있다. 또한 사람들은 공적 토론을 기반으로 제도적으로 신뢰할 수 있고, 검증 가능하며, 개인적으로 목격한 사실에 대한 일반적인 윤리적 기준을 받아들일 수도 있지만, 이해의 한계에 부딪혔을 때는 겸손하게 이를 인정할 수도 있다.

동시에 코로나19에 대한 대응이 전적으로 개별적일 수 없는 것과 마찬가지로 MDP가 직면한 당면 과제에 대한 대응도 마찬가지다. 이러한 사안들에 대해서는 이제 개별적 대응만으로는 한계가 있다. 백신 개발과 전 세계 배포, 마스크 제조, 그리고 코로나19의 원인과 위험을 파악하는 데 필요한 광범위한 과학적 연구 등에 대해 생각해 보자. 마스크를 쓰고 예방접종하는 것은 개인의 몫이지만 개인이 혼자 백신을 생산할 수 없고, MDP에 맞서 싸울 수도 없다. 그러기 위해서는 기관을 통한 강력한 집단적 대응이 필요하다. 다음에서 몇 가지 고려 사항들을 제시하고자 한다.

플랫폼은 합법적 표현과 토론, 그리고 해로운 오정보와 허위조작정보 사이 어디에서 선을 그어야 하는가? 사회 자체가 이러한 선을 다른 방식으로 그어왔기 때문에, 이는 모든 국가에서 매우 어려운 질문이었다. 본질적으로 상이하고 경합하는 원칙들이 관련되어 있다.

플랫폼은 더 많은 일을 할 수 있으며 당연히 해야 한다. 표현과 숙고의 자유를 둘러싸고 서로 경합하는 민주주의 가치들이 있다. 많은 국가에서는 사람들이 민주적 참여의 일환으로 자신을 자유롭게 표현할 수 있기를 원한다. 동시에 이러한 사회는 오정보와 허위조작정보가 공적 영역에서 정보의 질에 해를 끼치고, 그에 따라 공중이 정치적 문제에 대해 성찰할 수 있는 능력에 해를 끼친다는 사실도 알고 있다. 심지어 혐오표현과 프로파간다가 민주적 포용을 제한하는 경우에도 마찬가지다. 미국과 같은 일부 국가에서는 법이 정부에 대한 강력한 표현권을 보호하는 동시에 민간 행위자가 몇 가지 중요 사항에 대해 자율적으로 선을 긋도록 한다(Franks, 2020). 특히 르완다와 독일 등 인종적 폭력을 다루어온 국가에서는 사회적 폭력의 가능성을 고려해 국가가 혐오표현에 대해 더 강력한 제한을 두고 있다.

표현에 대한 다양한 관점이 있지만 여기서는 다루지 않는다. 글로벌 플랫폼은 오정보, 허위조작정보, 혐오표현 등을 다룰 자체 콘텐츠 규칙을 개발하는 동시에 기업이 속한 국가의 법률과 규정도 존중한다. 이러한 규칙은 다양한 이유로 구체화되었다. 하나는 상업적 이유인데 플랫폼 기업은 이용자 수를 늘리고 수익 창출을 위해 노력하므로, 사람들이 참여하고 싶은 환경을 조성해야 한다(예를 들어 대다수 사람은 인종차별적 콘텐츠나 허위 의료 정보에 노출되기를 원하지 않음). 또 하나는 가치에 관한 것이다. 미국에 기반을 둔 많은 플랫폼 기업은 특히 자유주의적 표현 문화에 뿌리를 두고 있다. 또한 플랫폼이 운영되는 국가에는 정책의 근간이 되는 사회적 규범과 가치가 있다. 그리고 플랫폼이 준수해야 하는 발언 및 표현 유형(예: 명예훼손, 아동 포르노, 허위 광고, 기만적 비즈니스 관행, 차별적 가격 책정 등)을 관리하는 국내법이 있다. 예를 들면 미국에서는 앞서 소개한 '통신품위법' 제230조에 따라 플랫폼은 이용자가 게시하는 콘텐츠에 대한 사회적 책무를 떠안지 않는다.

플랫폼에는 언론 규제에 대한 접근이 너무 많아 여기서 적절히 다 다룰 수는 없다. 따라서 비교적 짧은 시간 안에 언론, 공중 보건 및 민주주의에 대해 다양한 접근을 취한 기업에 대해 논의하려고 한다. 제9장에서 이미 자세히 설명했듯이 페이스북, 인스타그램, 왓츠앱을 운영하는 기업인 메타에는 확장적 커뮤니티 표준과 콘텐츠 관련 결정을 검토하는 독립 기구인 페이스북 감독위원회가 있다. 메타의 정책 접근은 대부분 적어도 처음에는 특정 쟁점에 대응하는 방식으로 사례별로 추진되었다. 여기에는 허용할 수 있는 수준의 과도한 노출과 포르노그래피 영상물의 구분을 결정하는 요소에 대한 논쟁도 있었다. 예를 들어 플랫폼에서 처음에는 모유 수유 사진이 금지되었는데, 전 세계 엄마들이 이는 인간의 자손 번식에 핵심적이고 자연스러운 행위라는 이유로 이의를 제기해 결국 금지 조치를 폐기시켰다. 혐오표현의 정의와 금지는 새로운 위협과 언어 변화에 대응해 지속적으로 발전해 왔음에도 불구하고, 메타에서는 플랫폼 전반에 걸쳐 이용자들 사이에 포용인 환경을 조성하겠다는 약속의 일환으로 혐오표현을 금지하고 있다. 활동가와 저널리스트들은 페이스북이 혐오표현에 대해 글로벌 규모의 문제 해결을 위한 충분한 조치를 취하지 않으며, 특히 개발도상국에서의 적절한 언어 사용과 국가별 전문 지식의 부족을 계속 지적해 왔다. 국제 유엔 보고서는 로힝야 무슬림의 인종 청소에 사실상 페이스북이 책임이 있음을 분명히 밝혔다. 참고로 2022년 페이스북은 케냐의 선거 중에 인종 청소를 촉구하는 광고를 승인하기도 했다(Cameron, 2022).

결국 쉽거나 명확한 답은 없다. 이 책의 저자 중 한 명은 플랫폼이 표현과 민주주의의 균형을 맞추려는 시도에서 몇 가지 일을 할 수 있다고 주장했다(Kreiss et al., 2021). 먼저 지배 집단과 소외 집단 간의 차이를 포함해 국가의 정치적 맥락을 보여주는 민주주의에 적합한 정책을 만드는 것이다. 민주주의에 적합한 정책이란 선거, 평화적 권력 이양, 인구조사 등 민주주의의 핵심 제도를 보호하고 폭력에 강력히 대응하는 정책을 말한다. 폭력을 조장하고, 정치적 관용을 감소시키며, 선거를 불법화하는 데 엘리트가 잠재적으로 맡고 있는 고유한 역할을 고려할 때, 플랫폼은 정치 및 사회 엘리트에 대해서는 보다 높은 기준을 유지할 수도 있다. 이러한 정책은 또한 권력 역학에 대한 명확한 이해를 바탕으로 인종과 민족을 의식하며 만들어져야 한다. 즉, 지배 집단에 도전하는 발언은 하위 집단을 공격하는 발언과 동일하게 취급되어서는 안 된다. 플랫폼은 콘텐츠 조정 결정에 대한 투명성과 사회적 책무를 위한 판결절차 등 명확한 절차와 집행 메커니즘을 개발해야 한다(이는 페이스북 감독위원회와 같은 제3자를 통해 행할 수 있음). 마지막으로 플랫폼은 정책, 절차 및 집행의 공정을 확보하기 위해 제3자의 사회적 책무를 위한 데이터 액세스에 관한 명확한 규칙을 개발해야 한다.

중요한 제3자 중에 저널리스트가 있다. 글로벌 저널리즘은 MDP와 관련해 플랫폼과 다른 역할을 한다. 저널리스트는 콘텐츠를 삭제하거나 게시하지 않기로 결정하는 대신에 플랫폼에 공적 압력을 가할 수 있고, 정책 위반을 근절하며, 쟁점을 정책 입안자와 규제 기관에 알릴 기회를 갖는다. 공공 지식 생산 기관의 일원으로서 저널리스트는 신뢰할 수 있는 콘텐츠를 생산하며, 플랫폼, 정치인 및 기타 정치 행위자들에게 책임을 묻고, 민주적 공적 가치와 책무를 분명히 표현한다. 이러한 저널리스트의 역할에 대한 한 가지 예를 들자면, 지난 10년 동안 우리가 지켜본, 미국에서 시작해 이제는 전 세계적으로 확산된 팩트 체크 운동이 있다. 이 운동은 정치적 주장에서 진실을 향한 새롭고 공격적인 입장을 취하고 있다. 이러한 것이 저널리스트가 갖는 명확한 책무를 어떻게 나타내는지 잠시 생각해 보자. 전문 저널리즘의 중요한 가치는 '균형'이며, 저널리스트가 사실에 근거하거나 민주주의에 부합하는지 여부에 관계없이 쟁점의 다양한 측면을 대표하겠다는 약속이다.

실제로 저널리스트들은 이 모든 일들을 조금씩은 수행한다. 심지어 객관성과 같은 전문적 개념을 철저히 따르는 저널리스트조차도 노골적인 인종차별적 주장을 뉴스로 다루지 않고, 뉴스에서 혐오표현을 반복하지 않기로 하는 등 방송에서 허용되는 것들에 대해 오랫동안 선을 그어왔다. 저널리스트들은 선출된 대표자나 공직 후보자들의 연설을 다루며 공익과 거짓말 및 허위의 위험에 대한 우려 사이에서 균형을 유지한다. 저널리스트의 다양한 성향은 미디어 다양성에 의해서도 형성된다. 스칸디나비아 국가들은 정치적 신념을 가진 사람들이 지향하는 정치적 삶에 관한 (상대적으로) 공유된 정보와 이야기를 제공하는 대규모 공영방송사를 갖고 있다. 다른 국가에는 다양한 정치적 이해관계자들이 정책 및 기타 목표를 발전시키기 위해 정치적 지지층을 동원하려는 경쟁적인 당파적 미디어 시스템을 가동하기도 한다. 또한 대규모의 전문적이고 초당파적인 상업신문을 지향하는 국가도 있다. 많은 국가에서 정치적 정체성과 이해관계에 따라 조직화하는 데 인종적·민족적 미디어가 중요한 역할을 한다.

저널리즘의 역할과 오정보 및 허위조작정보와 관련된 긴장은 조직화된 미디어가 인식론적으로 모호해 보이는 정보 출처가 될 수 있는 정도와 관련이 있다. 여기에는 정치 지도자와 선출직 공무원의 허위정보, 거짓말, 혐오표현 등이 포함되며, 이는 많은 저널리즘의 기준에 따라 옹호될 수 있는 일상적 언론 보도를 통해 증폭된다(Donovan and Boyd, 2021; Phillips and Milner, 2021). 더 나쁜 것은 팩트 체크도 되지 않은 다양한 언론 보도에서 이러한 주장의 진실 여부에 대해 의문조차 제기되지 않는 경우가 많다는 것이다. 이는 공중의 마음속에서 그것이 합법화될 수 있음을 의미한다. 그리고 무엇이 진실을 구성하는지 정하는 과정은 사람들의 생각보다 훨씬 더 어렵다. 한편 국내 갈등의 대부분은 권력과 지위에 대한 근본적인 경쟁의 결과인 경우가 많다. 이러한 경쟁은 오정보와 허위조작정보를 바로잡아도 쉽게 해결되지 않는다. 허위조작정보는 도구이기도 하다. 현실은 국가들이 경험하는 긴장이 미디어의 결과라고 아무리 상상하고 싶어도, 오정보와 허위조작정보를 뒷받침하는 더 큰 역학은 파워, 지위, 시민권, 미래를 결정할 권리를 둘러싼 근본적인 경쟁이라는 점이다. 국가의 저널리즘은 이러한 이야기를 전할 수 있지만, 궁극적으로는 정체성 충돌의 프레임을 제공하는 아이디어를 명료화하는 것이다.

한 저명한 보고서가 주장한 것처럼, 이러한 모든 사항을 고려할 때 MDP를 사후 삭제에 의존하기보다는 민주주의 사회가 조작 시도에 대한 집단적 회복력을 구축하고, 공적 영역이 필요로 하는 보다 양질의 정보를 생산하는 데 초점을 맞추어야 한다(The Royal Society, 2022). 글로벌 저널리즘과 기타 지식 생산 기관은 그러한 분야에서 중요하고 핵심적인 역할을 담당한다.

8. 요약

마지막으로 우리는 MDP에 대해 모르는 것이 너무 많다. 제12장에서 더 자세히 다루겠지만 정치를 공직 선거운동, 공적 선거, 정치조직, 정당 등 표면적으로 정치적인 것에만 제한하게 되면, 전 세계 MDP 출처의 상당수를 놓칠 가능성이 높다. 왜냐하면 엔터테인먼트 미디어, 종교 단체, 사교 클럽 등 거의 모든 사교적 모임이 정치적 정보의 원천이고 정치적 정체성을 뒷받침하기 때문이다. 이러한 것들이 어떻게 정치에 파급되는지에 대한 연구가 다소 있지만, 사람들이 믿는 바를 만들어주는 서사를 포함해 정치 세계를 형성하는 파워, 합법적 관계, 유지해야 할 가치 등에 대한 이해의 시작 단계에 불과할 가능성이 높다.

토의할 질문

- 클릭베이트 실행은 MDP 확산에 도움이 된다. 사람들이 이 장을 읽도록 유도하기 위해 클릭베이트를 어떻게 사용할 수 있을까?
- 정치 커뮤니케이션의 맥락에서 딥페이크와 관련된 잠재적 위험은 무엇인가? 어떻게 해결하거나 피할 수 있을까?

추가 독서 목록

Bennett, W. L. and S. Livingston(eds.). 2020. *The Disinformation Age: Politics, Technology, and Disruptive Communication in the United States*. Cambridge University Press.

Freelon, D. and C. Wells. 2020. "Disinformation as political communication." *Political Communication*, 37(2), pp. 145~156.

Humprecht, E., F. Esser and P. van Aelst. 2020. "Resilience to online disinformation: A framework for cross-national comparative research." *The International Journal of Press/Politics*, 25(3), pp. 493~516.

Wasserman, H. 2020. "Fake news from Africa: Panics, politics and paradigms." *Journalism*, 21(1), pp. 3~16.

Woolley, S. C. and P. N. Howard(eds.). 2018. *Computational Propaganda: Political Parties, Politicians, and Political Manipulation on Social Media*. New York: Oxford University Press.

제11장

플랫폼과 포퓰리즘, 급진주의, 극단주의

제11장은 지난 20년 동안 포퓰리즘 정당, 정치인, 운동이 선거와 국민투표 캠페인에서 어떻게 성공했는지 자세히 설명한다. 양극화에 대한 논쟁에서와 마찬가지로 디지털 플랫폼은 최근 포퓰리즘 급증의 잠재적 원인 중 하나로 빈번하게 거론된다. 플랫폼은 이러한 것들이 뿌리내릴 수 있는 이상적 환경을 제공하며, 특히 포퓰리즘 정치 행위자들이 저널리즘과 매스미디어의 게이트키핑으로부터 벗어나 사람들을 동원하고 참여시킬 수 있도록 한다는 것이 이 장의 기본적 생각이다. 이 장은 포퓰리즘의 개념을 검토하고, 포퓰리즘을 급진주의 및 극단주의(몇 가지 공통된 특징을 공유하지만 서로 구별되는) 등 유사하지만 차별적인 개념들과 비교하며, 포퓰리즘을 부추기는 플랫폼의 역할을 다룬다.

독서 목표

- 포퓰리즘을 정의한다.
- 커뮤니케이션으로서의 포퓰리즘을 상상해 본다.
- 플랫폼이 포퓰리즘을 부추기는지 생각해 본다.
- 플랫폼 어포던스와 포퓰리즘을 이해한다.
- 급진주의, 극단주의 등의 개념에 대해 토론한다.
- 미디어 및 민주주의 퇴보를 조사한다.

1. 서론

브라질의 전 지도자 자이르 보우소나루, 멕시코의 안드레스 마누엘 로페스 오브라도르, 미국의 알렉산드리아 오카시오코르테스Alexandria Ocasio-Cortez, 마저리 테일러 그린Marjorie Taylor Greene, 헝가리의 오르반 빅토르, 이스라엘의 베냐민 네타냐후Benjamin Netanyahu, 튀르키예의 레제프 타이이프 에르도안, 우크라이나의 볼로디미르 젤렌스키 등의 정치인들의 공통점과 차이점은 무엇일까? 짐작했겠지만 이들 모두가 위키피디아에 '포퓰리스트'로 등록되어 있다('The List of Populists', 2022). 이들 대부분은 남성이지만 프랑스의 마린 르펜Marine Le Pen, 독일의 알리스 바이델Alice Weidel, 덴마크의 피아 키아스고오Pia Kjaærsgaard(Meret, 2015) 등 여성들도 그 목록에 몇몇 있어 여성이 포퓰리스트가 될 수 있다는 사실을 놓치면 안 된다.

이 목록만으로도 우리는 포퓰리즘이 진보적이고 해방적인, 그리고 반자유주의적이며 권위주의적인 속성을 가진 좌파와 우파의 정치 행위자 모두의 현상임을 알 수 있다. 이 지도자들의 다양한 이념과 정책을 보면 포퓰리즘은 다양한 형태, 양상, 정도로 나타난다는 것을 알 수 있다. 포퓰리즘은 혁명 이후 국가(예: 멕시코)를 안정시키거나, 위기 상황에서 공고하지 못한 민주주의(예: 볼리비아)를 안정시킬 수 있으며, 안정된 민주주 체제(예: 미국)를 무너뜨릴 수도 있다. 포퓰리스트들은 정치 커뮤니케이션에 다소 재능이 있고 자신감이 넘치는 경향이 있다. 에콰도르의 5선 대통령(1934~1972년 재임)인 호세 마리아 벨라스코 이바라José María Velasco Ibarra는 자신의 캠페인에 자금이 부족하다는 사실을 알고 이렇게 말했다. "나에게 발코니를 주면 대통령이 될 수 있다"(Knight, 2012). 그리고 '포퓰리스트'라는 꼬리표는 그 자체로 전략적 커뮤니케이션의 도구가 되었고, 정적의 캠페인을 비방하거나 정부를 불법화하기 위해 정적에게 붙이는 경멸적 용어가 되었다.

'포퓰리즘'이라는 용어는 매우 광범위한 정치인, 정당, 사회운동을 의미하고 설명하는 데 사용되다 보니 거의 공허한 기표가 되어버렸고, 너무 많은 것을 의미하다 보니 아무것도 의미하지 않게 되었다. 예를 들어 일부 저자는 도널드 트럼프나 브라질의 보우소나루 대통령을 포퓰리스트라고 부른다. 다른 사람들은 그들을 '파시스트 지망생'이라고 선언하기도 한다(Finchelstein, 2019). 파시즘과 포퓰리즘은 친구 아니면 적이라는 식의 이분법적 이데올로기와 같은 몇 가지 전형적인 요소를 공유하지만 서로 다른 현상이다(예: 파시즘은 폭력적이지만 포퓰리즘은 그렇지 않음).

포퓰리즘의 복잡성을 고려할 때 포퓰리즘과 관련해 자주 사용되는 '급진주의' 및 '극단주의'와 같은 용어가 무엇을 의미하는지 배우고, 이러한 것들이 플랫폼 시대의 정치에서 문제가 될 수 있는 이유와 시기를 고려하는 것이 중요하다. 실제로 오늘날 포퓰리즘은 어디에나 있다. 이는 뉴스, 공적 담론, 소셜미디어 플랫폼, 정치 커뮤니케이션 연구에서 분명하게 드러난다. 동시에 명확한 정의를 파악하기가 매우 어렵다. '포르노'를 정의하는 문제와 유사하게 포퓰리즘의 정의는 종종 '보면 안다'로 귀결된다. 개념의 정의 문제를 더욱 가중시키는 것은 민족주의자, 분리주의자, 심지어 무정부주의자와는 달리 실제로 자신을 '포퓰리스트'라고 부르는 현대 사회운동가나 정치 행위자가 거의 없다는 점이다. 연구자들은 포퓰리즘의 반대가 무엇인지 정의하는 데 어려움을 겪고 있다. 엘리트주의(McGuigan, 1992), 다원주의(Hawkins and Kaltwasser, 2017) 혹은 대의민주주의의 반대 개념(Hameleers et al., 2017)인가? 학자들은 포퓰리즘을 민주주의에 대한 위협이자 수정으로 보기 때문에

(Ernst et al., 2017: 1348) 포퓰리즘과 민주주의의 관계에 대해서는 그다지 논쟁의 여지가 없다.

이러한 논쟁은 단순히 학술적 차원의 싸움이 아니다. 유럽과 다른 대륙 전역에서 포퓰리스트로 분류된 정당은 플랫폼의 어포던스를 활용해 선거에서 많은 성공을 거두고 있다. 특히 지난 30년 동안 급진적 포퓰리즘 우파 정당에 대한 지지가 그 어느 때보다 크게 높아졌다(Tartar, 2017). 많은 민주주의 국가에서 포퓰리즘은 증가하고 있을 뿐만 아니라 그 모습과 방향도 바꾸고 있다. 한 학자는 다음과 같이 설명했다.

새롭게 등장하는 포퓰리즘 유형은 질적으로 다르다. 첫째, 이러한 포퓰리즘은 개발도상국보다는 민주주의가 공고한 선진국에서 기반을 확보했다. 둘째, 포퓰리스트들은 더 이상 전통적인 재분배 의제를 추구하지 않는다. 그 대신 오늘날의 포퓰리스트들은 스스로를 '세계주의를 추구하는 엘리트'로부터 '보통 사람들'을 보호하는 '자국민 보호주의자'로 자리매김하고 있다. 정치학에서는 전통적인 좌우 진영이 더 이상 적합하지 않다는 인식이 점점 더 커지고 있다. 급진적 좌파와 급진적 우파 정치인들은 이제 시장과 세계화를 대표하는 주류에 맞서 편협한 의제를 방어하기 위해 힘을 합친다(Guriev, 2018: 200).

수 세기에 걸쳐 포퓰리즘의 스타일과 모습이 변했을 뿐만 아니라 지난 10년 동안 디지털 및 네트워크 미디어 논리의 출현으로, 포퓰리스트가 지지를 결집하고 메시지를 만들어 전파하는 커뮤니케이션 환경도 변화했다. 특히 소셜미디어는 포퓰리스트를 위한 기회를 조성하는 데 지도자 및 사회운동이 추종자들과 직접 커뮤니케이션할 수 있게 해서 전통적인 의제 설정자인 저널리스트 및 '레거시 미디어'의 전통적인 게이트키퍼를 우회한다(Bucy et al., 2020).

이 장에서는 포퓰리즘을 급진주의, 극단주의와 구별하고 포퓰리스트가 플랫폼을 통해 어떻게 이익을 얻는지 살펴보겠다. 먼저 포퓰리즘의 정의를 살펴보겠다.

2. 포퓰리즘이란 무엇인가?

포퓰리즘은 이제 어디서나 볼 수 있는 연구 주제가 되었다. 이는 부분적으로는 서구 민주주의 국가 안팎에서 우파 및 좌파 포퓰리즘 지도자, 정당, 운동의 부상에 기인한다. 또한 부분적으로는 매혹적이기도 하고 거의 보편적 개념이 된 포퓰리즘에 기인한다. 포퓰리즘은 개념적 차원에서 보자면 매우 모호하고(Canovan, 1999), 어중이떠중이 같으며(Oliver and Rahn, 2016), 카멜레온적이고(Taggart, 2000), 불투명한 시대 정신을 반영하며(Mudde, 2004), 사회과학자들에게 거부할 수 없는 도전을 제기하기도 한다.

포퓰리즘을 "얄팍한" 또는 "중심이 얄팍한" 이데올로기로 언급한 무드(Mudde, 2004)의 영향력 있는 저작이 출판된 이후 20년 동안 포퓰리즘의 관념적 성격에 대해 학자들 사이에서 거의 합의된 의견이 나타났다(Hawkins et al., 2012; Mazzoleni, 2008b; Pauwels, 2011). 이 접근은 포퓰리즘을 두 개의 동질적이고도 적대적인 사회 실체인 순수하고 선한 사람과 부패하고 나쁜 엘리트의 대조에 중점을 두는 것으로 이해한다.

이러한 적대감은 포퓰리즘에 의미를 부여하는 다른 관념적 요소들과 함께 형성된다. 여기서 관념적 요소들이란 첫째는 외부 집단과 구분되는 내부 집단으로서의 '국민'의 의지가 정치적으로 우월하다는 믿음이고, 둘째는 그 '국민'의 상징적이고 도덕적인 감정의 촉발을 포함한다. 포퓰리즘의 핵심은 선하고 미덕을 갖춘 사람들에 대한 생각이다. "미덕은 압도적 다수를 차지하는 단순한 사람들과 이들의 집단적 전통에 있다"(Wiles, 1969: 166). 포퓰리즘은 국민이 두 방향으로부터, 즉 엘리트와 외부 집단으로부터 위협을 받고 있다는 환상을 조성하려고 한다. 전자는 부자, 고학력자, 저널리스트, 교수 등 좌파와 우파의 성향에 따라 다양하게 구성될 수 있다. 외부 집단은 인종 및 민족적 소수자이거나 이민자나 종교적 소수자와 같은 비지배적 집단으로, 엘리트나 진정한 국민의 일부도 아닌 것으로 간주된다(Müller, 2017). 무드(Mudde, 2004)는 이 이데올로기가 사회주의, 마르크스주의 또는 자유주의와 같은 성숙한 이데올로기와는 달리 제한된 개념들을 기반으로 삼기 때문에 "얇다"라고 말한다. 포퓰리즘은 따로 작동하기보다는 국가주의 등 다른 사회운동이나 이데올로기와 결합하는 경우가 많다.

포퓰리즘은 근본적으로 일부 집단을 '국민의 일부'가 아니라 '국민의 적'으로 만들기 때문에 항상 분열적이며 양극화를 부른다. 우익 포퓰리스트에게 국민의 적은 비지배적 인종·민족·종교 집단뿐 아니라 언론계·교육계·문화계 엘리트인 경우가 많다. 반면에 좌파 포퓰리스트에게 엘리트는 금융 및 비즈니스의 리더이며, 적은 인구통계학적·종교적 변화에 저항하거나 확고한 이해관계를 가진 집단인 경우가 많다.

이데올로기로서의 포퓰리즘에는 공급 측면(정치 행위자)과 수요 측면(유권자 세그먼트)이 있다(Kaltwasser, 2018). 포퓰리스트들은 리더십과 국민의 커뮤니케이션을 방해할 제도나 언론의 견제 없이 지도자와 국민의 양방향 관계를 맺을 수 있는 민주주의에 대한 비전을 갖고 있다(Puhle, 2019). 실제로 여기에는 포퓰리즘의 또 다른 핵심 요소가 있다. 포퓰리스트는 국민을 직접 조직하고, 대표하며, 국민을 위해 목소리를 내기 때문에 정당, 시민단체, 노동조합, 미디어가 더 이상 필요하

지 않다고 주장한다. 베네수엘라 대통령이었던 휴고 차베스Hugo Chavez
의 말을 빌리자면 "내가 곧 국민이다(El pueblo soy yo)".

캐노번(Canovan, 1999: 3)이 지적했듯이 포퓰리즘은 사회의 복잡성
을 단순하고 도덕적인 대립 구도로 범주화하기 때문에 상당한 비판을
받는 한편, 포퓰리즘은 "민주주의가 던진 그림자"다. 포퓰리즘은 끝도
없이 힘든 통치 작업을 수행하는 실용적 제도에 공중의 신뢰를 다시 주
입하는 민주주의의 구원적 형태이기도 하다.

3. 포퓰리스트는 누구인가?

포퓰리즘은 행위자 중심과 메시지 중심의 관점에서 연구할 수 있다.
첫 번째 접근에서 연구자들은 포퓰리즘 행위자가 누구인지를 제시하
고, 이들의 행동과 전략을 연구하며, 이를 시대 간, 국가 간에 비교한다.
이러한 접근의 문제점은 매우 다양한 종류의 포퓰리스트와 포퓰리즘
정당 또는 운동이 단지 몇몇 유형으로 분류될 수 있다는 점이다. 결과
적으로 몇몇 시도에도 불구하고(예: https://popu-list.org), 전 세계 포퓰
리즘 정당에 대한 확정적이고 결정적인 목록은 없다. 두 번째 접근은
지도자와 정당 커뮤니케이션의 전형적인 포퓰리즘 요소에 초점을 맞
추고, 거의 모든 정당에서 다양한 수준의 포퓰리즘을 찾는 경향이다(예:
Klinger et al., 2022a). 이는 널리 퍼진 포퓰리즘적 커뮤니케이션에 대한
보다 포괄적 설명을 제공하지만, 포퓰리즘 행위자를 밝혀내는 것에는
큰 도움이 되지 않는다.

사실상 포퓰리즘은 결코 새로운 현상이 아니다. 19세기 후반 미국에
서는 인민당People's Party이 포퓰리즘 정당이었다. 당시의 많은 포퓰리
즘 정당 및 운동과 마찬가지로 이 운동도 농촌의 이해관계(예: 러시아

나로드니키Narodniki 운동)와 도시·농촌 공동체 간의 사회적 분열에 뿌리를 두고 있었다. 이후 포퓰리즘은 앞에서 설명한 다양한 형태를 취했는데, 모두 기득권에 반대하고 서민을 중시하는 정치 중심으로 이루어졌다. 포퓰리즘은 극우(예: 트럼프주의, 브라질의 보우소나루, 프랑스의 마린 르펜)부터 극좌(예: 볼리비아의 에보 모랄레스Evo Morales 또는 멕시코의 안드레스 마누엘 로페스 오브라도르의 국가재건운동National Regeneration Movement)까지 정치적 스펙트럼 전반에 걸쳐 유동적이며 명백하다. 미국의 티파티운동Tea Party Movement이나 이탈리아의 오성운동Five Star Movement에서처럼 '민중'에 더 가깝고 '엘리트'로부터 먼 거리를 요구할 수 있기 때문에, 포퓰리즘은 종종 조직화된 정당이라기보다는 사회운동으로 인식되는 경우가 많다.

노리스와 잉글하트(Norris and Inglehart, 2019)는 최근 사회적 자유주의와 사회적 보수주의 사이의 문화적 분열이 미국과 유럽에서 권위주의적 포퓰리즘에 대한 지지가 늘어나는 원인이 되었다고 주장했으며, 문화적·경제적 가치의 척도에 따라 유럽 정당들의 유형화를 시도했다(Norris and Inglehart, 2016). 이 프레임워크 내에서 이들은 정치적 스펙트럼의 좌우에 있는 것으로 추정되는 포퓰리즘 정당을 골라냈다. 그중에는 스위스의 SVP(스위스 인민당)와 같은 정부에 입각한 정당도 있지만 대체로는 비주류 정당과 야당들이다. 포퓰리즘 정당에 대한 매핑은 이들 정당의 커뮤니케이션과 정당이 생성한 직접적 메시지를 분석하지는 않았다.

4. 커뮤니케이션으로서의 포퓰리즘

드 브리스 등(De Vreese et al., 2018: 3)은 포퓰리즘에서 커뮤니케이선의 중요성을 인식하는 정치학자들과 매스미디어 및 네트워크 미디어에 대한 전문 지식을 이 분야에 적용하는 커뮤니케이션학자들을 칭하는 '신세대 포퓰리즘 연구자'라는 개념을 불러일으켰다. 포퓰리즘을 커뮤니케이션으로 이해하게 되면, 연구자들은 포퓰리즘이 이데올로기인지, 담론인지, 동원 전략인지, 조직 유형인지 또는 정치적 논리인지에 대한 현재의 논쟁들을 연결할 수 있다(Groshek and Koc-Michalska, 2017; Moffit and Tormey, 2014; Zulianello et al., 2018).

드 브리스 등(De Vreese et al., 2018)은 커뮤니케이션 현상으로서의 포퓰리즘은 내용과 스타일의 전형적 요소들을 포함하는 것으로 보았다. 이에 따르면 포퓰리즘은 행위자의 속성에 관한 것이 아니라 행위자가 커뮤니케이션을 통해 행한 것과 관련이 있다.

> 더 이상 특정 정당이나 정치인의 유형에 중점을 두지 않고, 독립적 '현상 자체'로서의 포퓰리즘 메시지에 중점을 둔다. '콘텐츠로서의' 포퓰리즘은 포퓰리즘 이데올로기의 핵심 구성 요소(예: 인간 중심주의 및 반엘리트주의)를 일련의 특정적 핵심 메시지 또는 프레임으로 가진 공적 커뮤니케이션을 의미한다. '스타일로서의' 포퓰리즘은 포퓰리즘 이데올로기를 표현하는 메시지가 표현 스타일의 특정적 요소를 사용하는 것과 연관되어 있음을 의미한다(De Vreese et al., 2018: 3).

커뮤니케이션으로서의 포퓰리즘에 초점을 맞추는 것은 연구자들이 이 연구 분야의 또 다른 공통적인 문제를 피하는 데 도움이 된다. 즉, 이데올로기, 담론 또는 조직 구조를 측정하는 실증적 연구는 "포퓰리스트로 추정된 사람은 실제로는 포퓰리스트가 아닌"(Moffit and Tormey, 2014: 381) 반면에 포퓰리스트가 아닌 것으로 추정되는 행위자는 포퓰리스트일 수 있음을 보여주었다. 즉, 포퓰리즘을 정치적 메시지의 내용과 스타일 모두에서 명백하게 측정 가능한 커뮤니케이션 현상으로 이해하면, 협소한 행위자 중심 접근에서보다 더 넓은 범위의 주장과 행위자가 드러나는 경우가 많다.

앞서 지적했듯이 커뮤니케이션 차원의 포퓰리즘적 호소에는 세 가지의 핵심 요소, 즉 국민에 대한 호소, 반엘리트주의, 외부 집단의 배제가 있다.

1) 국민에 대한 호소

본질적으로 모든 포퓰리즘은 '국민'(Canovan, 1999)에게 호소한다. 포퓰리즘은 국민 그 자체를 위한 것이 아니라, 적절한 국민에 속하지 않는 엘리트와 특정 소수집단이 커뮤니케이션을 통해 구축한 가치와 아이디어의 반대편에 서려는 것이다. 포퓰리즘의 한 요소인 '국민'은 도구적이고 이용될 수 있는 수사적 구성체이며, 그 의미는 특정 영토의 시민이나 인구와 동일하지 않다. 그 대신에 그것은 전체가 아닌 일부 단결되고 동질적인 보통 사람들의 집단('침묵하는 다수'라고 표현할 때처럼)을 지칭하는 사회적으로, 수사적으로 구성된 허구다. 사람들은 수사적 차원에서 단결된 것으로 구성되고, (엘리트 지식과 반대되는) 실용적인 상식에 따라 이끌어지며, 동일한 관심, 가치 및 의견이 주입되고, '국가', '농민', '유권자', '프롤레타리아트'와 같은 다양한 집단적 형태로 환기되어진다(Rooduijn, 2014).

포퓰리즘 주장은 국민이 기본적으로 위기 상태에 처해 있다고 설정하며, 자기 계급 외부의 다른 사람들, 예를 들면 엘리트 집단의 위협을 받는다고 본다. 이는 포퓰리즘이 '우리 대對 우리가 아닌 자들'로 보는 이원론적 세계관과 연관되어 있기 때문이다. 따라서 포퓰리즘에는 반엘리트주의나 외부 집단을 배제하는 형태로 항상 국민 외부에 존재하는 범인이나 적이 필요하다. 반엘리트주의는 사람들에 대한 수직적 적대감을 나타내는 반면에 외부 집단의 배제는 수평적 적대감을 나타낸다(Jagers and Walgrave, 2007). '국민'이라는 개념은 하나의 정치체제에서 정당한 경합을 하는 다양한 이해관계나 가치가 존재하지 않는다는 점에서 반다원주의적이다. 한편 포퓰리즘 지도자, 정당, 사회운동은 단지 '국민'의 대표자가 아니라 '국민'의 의인화다. 이는 포퓰리즘 지도자는 선출된 정치인들에 의해 통치받는 모든 국민을 대표하지 않는다는 점에서 본질적으로 비민주적이다.

2) 반엘리트주의

국민은 '엘리트'에 들어가지 않는 모든 사람이 포함될 수 있는 한편 (Hameleers et al., 2017), 엘리트에 대한 개념도 마찬가지로 유연하다. 포퓰리즘 주장의 수사적 측면에서 '엘리트'는 국민에 대한 적대감을 바탕으로 정체성을 형성한 동질적 집단을 의미한다(Engesser et al., 2017). 엘리트는 정치·경제·법률 시스템, 미디어, 초국가적 기관(예: 특히 민족주의 세계관에서 볼 때의 유엔)에서 발견된다. 반엘리트주의의 핵심 아이디어는 비난할 대상을 찾는 것이다. 포퓰리스트들은 위기에 처한 국민을 전제하며, 엘리트가 국민의 뜻을 대변하고 국민주권을 존중할 능력도 의지도 없다며 이들을 비난한다. 실제로 포퓰리스트에게 문제는 결코 '국민'에게서 비롯되지 않는다. 국민들은 자신을 착취하는 엘리트의 희생자다. 복잡성에 대한 포퓰리즘의 반대는 반엘리트주의와 관련되어 있다. 포퓰리즘적 사고 체계에서 "복잡성은 전문 정치인들이 영속시키는 이기적 소란"(Canovan, 1999: 6)이며, 정책은 순수하고 단순하며 올바른 국민의 상식에 따라 결정되어야 한다고 주장한다. 여러 주장들을 보면 엘리트에 대한 적대감의 정도는 포퓰리스트마다 다르다. 포퓰리즘은 엘리트를 비난하거나 모욕하기보다는 항상 엘리트와 차별적인 것으로 스스로를 보여주지만, 포퓰리스트는 사회 속의 다른 집단을 반대하는 것에 상대적으로 더욱 중점을 둘 수도 있다(Moffit and Tormey, 2014).

3) 외부 집단의 배제

일부 학자들은 외부 집단을 배제하는 것이 포퓰리즘 자체의 핵심 특징이자 요소가 아니라 급진적 우익 포퓰리즘의 하나일 뿐이라고 주장한다. 그러나 드 브리스 등(De Vreese et al., 2018)은 외부 집단의 배제는 포퓰리즘 스펙트럼의 좌우 모두에서 발견된다고 주장한다. '참된 국민'에서 '타인'을 배제하는 것이 포퓰리즘의 수평적 차원이다. 포퓰리스트에게 엘리트는 권력을 가진 사람들이므로 위로부터의 적이며, 외부 집단은 국민에 대한 위협이나 부담으로 낙인찍음으로써(Jagers and Walgrave, 2007) 사회 내부의 적이다. 다시 말하자면 외부 집단은 "범죄자로 간주되는 외부 집단에 반하는 떳떳한 내부 집단"을 구성해 준다(Hameleers et al., 2017: 872). 칼트바서(Kaltwasser, 2018)는 '배제적' 포퓰리즘과 '중산층 대상' 포퓰리즘을 구별한다. 배제적 포퓰리즘은 자국민 보호주의와 우익 이데올로기에 뿌리를 두고 있으며, 이민자, 인종 및 종교적 소수자, 동성애자, 복지 수혜자를 반대한다. 급진 좌파의 입장인 중산층 대상 포퓰리즘은 일반적으로 부당한 사회경제적 정책과 긴축 조치의 영향을 받은 사람들 중에서 동질적인 피해자 집단을 구성한다.

예거스와 왈그레이브(Jagers and Walgrave, 2007), 드 브리스 등(De Vreese et al., 2018)에 기초해 메시지 내용에서 포퓰리즘의 다양한 정도를 나누어볼 수 있다.

- 완전 포퓰리즘:　　　　　국민 + 엘리트 + 외부 집단
- 반엘리트주의 포퓰리즘:　국민 + 엘리트
- 배타적 포퓰리즘:　　　　국민 + 외부 집단
- 공허한 포퓰리즘:　　　　국민

요약해 보면 포퓰리즘을 다양한 정도의 정치적 메시지에서 실증적으로 확인할 수 있는 커뮤니케이션 현상으로 이해하는 방법이 있다. 이러한 유형론에서 포퓰리즘의 핵심은 국민에 대한 호소에 있다. 완전한 포퓰리즘은 세 가지 요소, 즉 국민과 엘리트 및 외부 집단 중의 적대자를 모두 포함하는 구성이 있다. 반엘리트주의나 외부 집단의 배제만으로는 포퓰리즘을 구성하지 않는다. 둘 다 '국민' 요소와 결합해서만 작동한다. 마찬가지로 엘리트나 외부 집단에 대한 적대시와 무관하게 국민에게 호소만 하는 것은 공허한 포퓰리즘으로 볼 수 있다.

콘텐츠와 관련해 국민에 대한 호소, 반엘리트주의, 외부 집단 배제는 세 가지 "포퓰리즘 담론의 기둥"을 형성한다(Bobba, 2018). 또한 메시지 스타일에서 포퓰리즘이 어떻게 나타나는지, 즉 행위자가 어떻게 아이디어와 정보를 표현하는지 고려해야 한다. 포퓰리즘은 정치적 행위자의 속성에 관한 것이 아니라 행위자의 행동에 관한 것이다. 포퓰리즘은 행동으로 나타나는 것이며, 즉 말하는 내용과 방식이다(Bracciale and Martella, 2017). 또한 "정치인들은 포퓰리즘 스타일에 빠져들거나

빠져나갈 수 있기" 때문에(Moffit and Tormey, 2014: 393), 포퓰리즘의 수
행은 정치적 우파나 좌파에만 국한되지 않는다. 학자들은 포퓰리즘의
수행 스타일을 직접적이고 감정적이며(Canovan, 1999), 단순하고(복잡
함을 피함) 직설적이라고 묘사했다. 포퓰리스트는 전제된 정치적 올바
름의 한계를 넘어선다. "술 취한 손님처럼 (……) 나쁜 매너로 (……) 포
퓰리스트는 정상적인 저녁 식사 테이블을 방해해, 평균적인 손님들을
불편하게 하고 심지어 경각심을 불러일으킨다"(Oliver and Rahn, 2016:
191). 포퓰리즘은 감정적이고, 포퓰리즘 수사는 주류 정치와 정치 문화의
금기를 완전히 깨뜨리며(Krämer, 2014), 계산된 도발을 사용하고(Pauwels,
2011), 약자의 서사, 희생, 기타 상징적 주제를 취함으로써(Mazzoleni,
2008b) 청중의 감정을 도발한다. 이러한 감정은 두려움과 분노를 강조
한다(Hameleers et al., 2017).

5. 플랫폼이 포퓰리즘을 야기하는가?

최근 실증적 연구는 소셜미디어 플랫폼의 확산이 포퓰리스트에게 어
떻게 기회를 제공하는지 다루기 시작했다. 이전 연구는 대중 연설, 정
당 플랫폼과 같은 고도로 형식화된 장르에 국한된 반면, 학자들은 소
셜미디어를 통해 정치 커뮤니케이션의 이용과 효과를 보다 깨알같이
실시간으로 모니터링할 수 있게 되었다. 포퓰리즘은 소셜미디어 플랫
폼의 영향에 관심이 있는 정치 커뮤니케이션 학자들에게 인기 있는 연
구 주제가 되었다. 데이터는 독점적이며, 소프트웨어 인터페이스(응용
프로그래밍 인터페이스Application Programming Interfaces: API)를 통해 부분적
으로만 접근할 수 있음에도 불구하고, 데이터 가용성의 증가 덕분에 포
퓰리즘 커뮤니케이션에 대한 정량적인 실증 연구의 설계가 증가했다

(Bobba, 2018; Ernst et al., 2017; Hameleers and Schmuck, 2017; Stier et al., 2017; Van Kessel and Castelein, 2016; Zulianello et al., 2018). 포퓰리즘 정당으로 알려진 정당들이 소셜미디어를 통해 이익을 얻었다는 실증적 증거가 있는데(Bimber, 1998; Bobba, 2018), 이 연구에는 한계가 있다. 기존 연구들에 따르면 포퓰리즘 정당은 중앙 집중식 구조를 가지며 내부적 불화를 피하는 것으로 나타났다(Jacobs and Spierings, 2019). 라틴아메리카의 포퓰리즘 대통령의 트위터 사용에 대한 한 연구에 따르면, 이들은 하향식 커뮤니케이션 방식을 채택했다(Waisbord and Amado, 2017). 놀랍게도 이러한 소셜미디어 관행으로 볼 때 포퓰리즘 행위자가 사람들에게 반응하고 참여하는 데 반드시 더 적합한 것은 아니라는 것이다(Spierings et al., 2019).

국가 간의 포퓰리즘 커뮤니케이션을 비교한 실증적 연구는 거의 없으며 시대별 비교는 더욱 없다. 신문 기사 데이터를 사용해 20년(1988~2008년) 동안 포퓰리즘 정당이 다양한 성공을 거둔 다섯 개 국가를 비교한 사례연구가 있다(Rooduijn, 2014). 특히 소셜미디어와 관련된 몇 가지 연구도 이어졌다. 예를 들어 에른스트 등(Ernst et al., 2017)은 29개 정당, 88명의 정치인이 게시한 여섯 개 국가의 트위터 및 페이스북 게시물 1400개를 분석했다. 이들은 정치적 스펙트럼의 변두리에 있는 정당과 야당이 포퓰리즘 커뮤니케이션을 하는 경향이 있다는 사실을 발견했다. 이 결과는 다른 상황(예: 선거 기간 및 비선거 기간)에서의 검증이 필요하기는 하다. 엥게스터 등(Engesster et al., 2017)의 정성적 텍스트 비교 분석에서 "포퓰리즘은 소셜미디어에서 파편적 형태로 나타난다"(2017: 1109)라는 사실을 보여주었는데, 이는 페이스북이나 트위터의 정당 메시지에 대한 차별화된 비교 관찰의 필요성을 정당화했다. 엥게스터 등(Engesser et al., 2017)은 감정적 자극과 부정적 태도(2017: 1282)

에 기초해 포퓰리즘 콘텐츠와 스타일 유형들을 조작화했다. 이들이 적용한 임곗값은 논쟁의 여지가 있지만, 줄리아넬로 등(Zulianello et al., 2018)은 서구 및 라틴아메리카 여섯 개 국가의 정치 지도자 83명의 페이스북 커뮤니케이션을 비교해, 커뮤니케이션으로서의 포퓰리즘이 실증적으로 제시될 수 있으며 정당과 행위자에 따라 상당히 다르다는 것을 보여주었다.

주목할 사례

포퓰리즘 커뮤니케이션이 소셜미디어 플랫폼에서 성공할 수 있는 이유에 대해 좀 더 심층적으로 살펴보려고 한다. 포퓰리즘은 플랫폼 비즈니스 모델의 부수적 효과로부터 이익을 얻는다. 이전에 페이스북, 트위터, 구글,·유튜브 등이 주로 광고 플랫폼임을 논의한 바 있다. 물론 광고 외의 많은 용도로 유용하지만, 이는 주로 이용자가 생산하는 방대한 양의 데이터와 플랫폼에 쏟는 관심을 통해 수익을 창출하는 방법이다. 결과적으로 플랫폼은 이용자를 가능한 한 오랫동안 유지하고, 이용자 참여를 통해 관심을 높이도록 최적화되어 있다. 이용자의 참여를 유지하는 확실한 방법은 정서적 커뮤니케이션, 특히 부정적 감정을 통해 분노와 두려움을 불러일으키는 것이다. 이러한 역동성은 우연에 맡겨지지 않고 플랫폼 알고리즘을 통해 추진된다. 예를 들어 페이스북은 2016년에 기존의 '좋아요' 버튼에 여러 감정적 반응['와우'(놀라움), '하하'(유머와 아이러니), '슬픔', '분노', '사랑']을 나타내는 새로운 버튼들을 추가했다. 그러나 페이스북은 이러한 반응들을 똑같이 취급하지는 않았다. '화나요' 반응에는 '좋아요' 반응보다 다섯 배의 가중치가 부여되었다. 분노 반응이 있는 게시물의 가치가 다섯 배 더 높게 가중치가 주어지도록 설계되어 있으며, 이는 결과적으로 플랫폼의 알고리즘이 그런 콘텐츠를 훨씬 더 많이 제공할 것을 의미한다. "페이스북 CEO 마크 저커버그는 이용자들이 원하지 않는 게시물에 대해서는 분노한 얼굴 이모티콘을 사용하도록 장려하기도 했다. 이용자들은 그렇게 하는 것이 그들이 싫어하는 콘텐츠가 더 많이 제공되도록 한다는 사실을 모른 채 분노 이모티콘을 사용하고 있다"(Lonas, 2021).

플랫폼의 구조는 이용자들에게 외부 집단과 엘리트에 대한 분노를 불러일으키고, 스캔들을 조장 및 조작하며, 포퓰리즘 지도자, 정당 또는 사회운동만이 이 사회를 구할 수 있을 정도로 우리 사회가 치명적인 거버넌스 실패에 빠졌다는 인식을 '국민들'에게 심어주려는 포퓰리즘 메시지에 매우 잘 작동한다. 포퓰리즘 커뮤니케이션은 지속적 도발, 분노 감정의 밈memes, 이용자의 지속적 참여를 유지하는 클릭베이트 등 플랫폼에 완벽한 콘텐츠를 제공할 수 있다. 동시에 플랫폼은 외부에 공적 커뮤니케이션을 제공하며 전통적 뉴스 미디어를 우회한다. 그리고 소셜미디어에서 메시지의 관련성과 도달 범위를 결정하는 것은 뉴스 가치나 기타 전문적 저널리즘 기준이 아니라 대중적 인기에 달려 있다. 소셜미디어에서 정치 지도자와 정당의 메시지는 통제하에 있다. 이러한 정치 행위자는 대상 집단의 특수성에 따라 메시지를 맞춤화하거나 정치광고를 위한 마이크로 타깃팅 도구를 사용할 수 있다. 플랫폼의 어포던스가 포퓰리스트의 커뮤니케이션 전략에 적합한 몇 가지 다른 방법들이 있다.

1) 국민의 구축

포퓰리즘은 국민을 대변한다고 주장하며, 포퓰리스트는 전문 지식보다 상식이 우월하다고 강조한다. 포퓰리스트가 보기에 정치인과 전문가는 파워를 유지하기 위해 문제를 복잡하게 만드는 반면에 평범한 사람들은 무엇을 할지 알고 있다. 결과적으로 포퓰리즘은 직설적이고, 단순하며, 결코 복잡하지 않다. 게시물은 짧고 시각적이며 즉각적인 반응을 목표로 하기 때문에, 소셜미디어는 이러한 간단한 메시지를 전달하기에 완벽한 환경이다.

트윗이나 빠르게 실행되는 틱톡 동영상의 280자에는 긴 설명, 심사숙고, 고려 사항, 논쟁을 위한 공간이 거의 없다. 또한 소셜미디어 게시물의 짧은 형식은 포퓰리스트가 실질적인 논쟁을 하지 않거나 관심이 없다는 사실을 은폐한다. 콕-미칼스카 등(Koc-Michalska et al., 2021)은 2014년 유럽의회 선거에서 279개 정당의 약 1만 6000개 페이스북 게시물 샘플에서 게시물의 평균 문자 수가 212자임을 발견했다. 게시물의 16퍼센트만이 텍스트로만 구성되었고, 45퍼센트는 사진을 포함했다.

2) 반엘리트주의와 반매개주의의 서사

포퓰리즘 메시지의 핵심적 서사는 수직적 위협이다. 선한 국민이 부패, 악, 무능한 엘리트 탓에 위험에 처해 있다는 서사를 말한다. 포퓰리즘 지도자, 정당 또는 사회운동은 '국민'을 직접적으로 구현한다는 점에서 '엘리트'와 다르다는 약속이 서사의 일부다. 소셜미디어 플랫폼은 포퓰리스트와 국민 사이의 직접적 채널이라는 개념을 유지하는 데 훌륭한 자원을 제공한다. 도널드 트럼프는 결코 트위터의 유일한 포퓰리즘 지도자는 아니지만, 그가 권력을 잡은 것은 이러한 이야기를 보여주는 좋은 사례다. 그의 추종자들은 그로부터 직접 트윗을 받았는데, 철자 오류와 한밤중에 울화통이 터져 보내는 느낌의 메시지는 PR 팀이 아니라 자신이 직접 '국민'과 대화하고 있음을 의미했다. 포퓰리스트는 저널리즘, 오피니언 쇼, 정당, 의회, 정치 및 미디어 시스템의 모든 복잡한 부가적 기능을 통한 매개가 필요 없다는 것이 서사의 일부다. 포퓰리스트는 국민에게 직접 말하고 국민은 그를 통해 말한다. 소셜미디어 어포던스는 이러한 환상에 잘 영합한다. 이는 포퓰리스트들이 권력을 장악하고 그 자신이 엘리트이면서도 엘리트를 공격하는 역설을 다루어야 할 때 특히 유용하다.

포퓰리스트는 소셜미디어를 이용해 자신만의 채널과 집단을 만들어 매스미디어를 우회하고 저널리스트의 관심을 끌 수 있다. 제이콥스 등(Jacobs et al., 2020: 615)은 소셜미디어가 "오래된 집으로 들어가는 새로운 문"이자, 미디어 보도를 확보하는 새로운 방법이라고 결론지었다. 한 가지 예는 트럼프가 더 많은 보도를 촉발할 목적으로, 뉴스 미디어로부터 받는 관심이 줄어들기만 하면 트윗을 올렸던 전략인데 매우 성공적이었다(Wells et al., 2020). 다시 말하지만 소셜미디어는 포퓰리스트들이 스스로 만들어낸 역설적 상황을 헤쳐나가는 데 도움이 된다. 즉, 매스미디어 보도를 원하면서 매스미디어를 공격하고("거짓말하는 언론"이라고 공격함), 많은 보도가 이루어지면 피해자인 척한다("우리는 침묵당하고 삭제되었어!").

포퓰리즘이 공격하는 '엘리트'는 정계와 언론계 엘리트뿐 아니라 전문가와 과학자들도 포함된다. 파시스트와 마찬가지로 포퓰리스트도 "진실에 대한 탄력적인 이해"를 갖고 있다(Finchelstein, 2020: 2). 이들의 세계관은 이원론에 기반을 두고 있다. 흑백만 있을 뿐 회색도 없고, 뉘앙스도 없으며, 모호함이나 복잡성도 없다. 포퓰리즘은 현실의 복잡성,

지식의 창발성, 경험적 증거의 한계를 이해하지 못한다. 전문가와 과학자는 포퓰리스트의 입장을 지지하기 위해 도구화될 수 있을 때만 유용하다. 포퓰리즘 메신저는 '상식'과 일반 시민의 지혜와 관련된 복잡한 문제에 대해 간단한 해결책을 약속하므로, 이들은 과학, 사실, 증거 기반의 제도적 정치의 다소 복잡한 과정과 정반대되는 경향이 있다.

소셜미디어의 어포던스는 포퓰리스트들이 반과학과 반전문가 메시지를 배포하는 데 도움이 된다. 고도의 정보환경에서는 거짓말의 홍수(또는 스티브 배넌Steve Bannon이 간결하게 표현했듯이 "똥으로 가득 찬 지역") 속에 진실을 묻어두기가 상대적으로 쉽다. 저급한 콘텐츠는 공짜로 널려 있는 반면에 양질의 콘텐츠는 저널리즘 및 학술 출판물의 유료화 장벽 뒤에 남아 있다. 진실과 허구를 구분하기 위한 공중의 "인식론적 편집"이 없는 상황에서(Bimber and De Zúñiga, 2020), 포퓰리스트는 자신의 주장에 대해 도전을 받거나, 거짓말에 직면하거나, 제재를 받는 것을 두려워할 필요가 없다. 소셜미디어 플랫폼에는 포퓰리스트의 잘못된 주장을 편집하고, 맥락을 제공하며, 의심을 표명하고, 반증할 권한을 가진 사람이 거의 없다. 또한 소셜미디어의 레이아웃은 정보의 출처를 위장한다. 포퓰리스트와 그 지지자들은 자신의 메시지를 유사한 여러 버전으로 만들어 쉽게 배포하고 증폭시켜 풀뿌리 운동과 광범위한 대중적 지지를 받는다는 인상을 줄 수 있다. 물론 포퓰리즘적이지 않은 다른 정치 행위자들도 소셜미디어의 어포던스를 똑같이 활용할 수 있다. 그러나 플랫폼의 유일한 정당성은 '국민'을 대변한다는 착각이기 때문에, 플랫폼은 포퓰리스트의 요구에 부응하는 경우가 많다. 포퓰리스트들은 실제로 효과가 있는 실질적인 정치적 의제나 정책 제안을 거의 갖고 있지 않기 때문에 두려움과 분노를 불러일으키는 모든 문제를 동원한다. 예를 들어 독일의 극우 포퓰리즘 정당인 AfDAlternative für Deutschland(독일을 위한 대안)는 자신들의 기반이 되는 분노 유발 쟁점에 대해 열렬히 캠페인을 벌인다. 만약 국제 이주가 뜨거운 쟁점이 아니라면, 이들은 바로 기후 정책(엘리트들이 우리의 차를 빼앗을 것임)이나 보건 정책(코로나19는 우리의 자유를 빼앗기 위해 엘리트들이 꾸며낸 사기극임)으로 눈을 돌린다.

3) 외부 집단을 표적으로 삼고 배척함

포퓰리즘적 서사가 그렇듯이 선량한 '국민'에 대한 수평적 위협은 포퓰리즘 세계관에서 '국민'의 일부가 아닌 사회의 다른 집단에서 비롯된다. 많은 서구 민주주의 국가에서 더욱 파편화된 공적 영역과 변화하는 인구통계는 이러한 주장에 더 많은 기회를 제공한다. 포퓰리즘 우익 정치인들은 인구통계학적 변화와 지배 집단에 영향을 미칠 부정적인 문화적·사회적·종교적·경제적 변화에 대한 두려움을 불러일으키는 역할을 한다. 많은 새로운 우익 뉴스 미디어의 출현(플랫폼의 경제적 여유에 따라 촉진됨), 극우 정당의 커뮤니케이션 역량 증가, 플랫폼에서의 반이민 메시지의 손쉬운 확산은 외부 집단에 대한 위협을 가시화하는 데 기여한다. 그리고 도널드 트럼프의 캠페인은 플랫폼의 타깃 광고 어포던스를 사용해, 나중에 미국에서 발생한 대량 총격 사건으로 반향을 일으킨 주제들을 표현함으로써 반이민주의적 공포를 불러일으켰다. 게다가 많은 소셜미디어 플랫폼은 사회적 유대와 점차 증가하는 집단들을 중심으로 구성되어 있다(틱톡은 개인화된 알고리즘 구조를 갖고 있어 이러한 모델로부터 벗어났음). 많은 플랫폼은 메신저 서비스, 뉴스피드이자 이용자가 참여할 수 있는 여러 집단을 관리하는 도구다. 전체적으로 소셜미디어 플랫폼의 필터버블과 에코체임버에 대한 증거는 부족하지만, 연구에 따르면 온라인에서 같은 생각을 가진 사람들 사이에서 급진화할 가능성이 더 높은 것으로 나타났다. 실제로 페이스북 내부 연구에 따르면 모든 극단주의 집단 가입의 64퍼센트가 페이스북의 추천 도구 때문에 발생한다(Hatmaker, 2020).

텔레그램에서 집단의 역할은 매우 분명해졌다. 처음에는 메신저 서비스로 시작했지만 이제는 상호 연결된 집단과 채널의 네트워크다. 이용자는 쉽게 집단을 검색하고, 가입할 수 있으며, 집단 간 상호 연동이 가능하다. 이러한 링크는 이용자가 한 집단이나 채널에서 다른 집단이나 채널로 이동할 수 있기 때문에 토끼 굴과 같은 구조를 만든다. 포퓰리즘, 급진적·극단주의적 콘텐츠가 접할 수 있는 문턱은 극히 낮으며, 그 범위는 급격히 확대되고 있다. 왓츠앱에서는 특정 집단의 구독자가 최대 20만 명까지 가능하지만, 텔레그램에서 글을 쓰는 시점에는 제한이 없다. 또한 다른 주요 플랫폼과 비교할 때 러시아에서 두바이로 이전한 소규모 기업인 텔레그램의 콘텐츠 조정 노력은 적은 편이다. 텔레그램에서는 음성 메시지의 대량 배포가 가능하며, 이는 음모 이론가와 급진 단체 모두가 사용하는 인기 있는 기능이다. 집단과 구독자 채널을 중심으로 구성된 이러한 커뮤니케이션 환경은 아군과 적군, 우리와 그들이라는 이원론인 포퓰리즘적 서사를 강화하고 그럴듯하게 만드는 데 도움이 될 수 있다.

텔레그램 외에도 소셜미디어는 노출과 참여에서 진입 장벽이 낮다. 처음에는 '좋아요'가 있고, 그다음에 댓글이 달리며, 이용자의 타임라인은 유사한 포퓰리스트나 급진적 게시물로 가득 채워지기 시작한다. 플랫폼 알고리즘은 이전의 행동을 기반으로 하기 때문에, 각각의 '좋아요', 클릭 또는 댓글은 후속 콘텐츠의 전달에 중요하다. 예를 들어 이데올로기적으로 중립적인 봇bot을 사용한 연구에 따르면, 트위터의 첫 번째 연결은 이용자가 향후 어떤 뉴스와 정보에 노출될지에 크게 영향을 미치는 것으로 나타났다. 초기에 우익 성향의 친구가 있는 중립 봇은 점차 우익 학습 콘텐츠에 지속적으로 노출된 동질적인 네트워크로 연결되었다. 그것은 심지어 우익 학습 콘텐츠를 스스로 퍼뜨리기 시작했다(Chen et al., 2021).

6. 급진주의와 극단주의

포퓰리즘은 다양한 정당과 운동을 설명하는 포괄적 용어가 되었다. 안타깝게도 대중 담론은 급진주의, 심지어 극단주의를 포퓰리즘과 혼동 또는 의도적으로 은폐하는 일이 많다. 실제로 포퓰리즘은 "민주주의에 적용된 파시즘"으로 정의되기도 했다(Finchelstein, 2020). 이러한 정의는 극우 포퓰리즘 측면에서 어느 정도 설명력을 가질 수 있지만, 정치적 좌파가 보여주는 온갖 형태의 포퓰리즘을 간과하고 있다. 포퓰리즘, 급진주의, 극단주의 사이에는 유의미한 정의적定意的 경계선이 있으며, 각각은 서로 구별된다.

무드(Mudde, 2007)는 이들 간의 차이점을 매우 명확하게 설명했다. 급진적 우파와 극단적 우파 모두가 민족주의, 외국인 혐오, 권위주의적이다. 하지만 급진적 우파는 반민주주의적일 때도 있고 타협하지 않으며, 그 지지자들은 과거의 비전에 따라 사회를 급격하게 변화시키기를 원하고, 그 목적을 확신하고 있으며, 일반적으로 선거와 같은 민주적 제도를 통해 자신의 의제를 추구하고, 공개적 영역에서 토론에 참여하기도 한다. 반면에 극단적 우파는 언제나 민주주의에 반대하며, 현직자를 교체하거나 특정 정책을 변경하려는 것이 아니라 정치체제로서의 민주주의를 전복시키거나 훼손하거나 약화시켜 민주주의를 불안정하게 만들려고 한다. 파시즘과 극단적 우파가 연결되는 지점이 바로 여기다. 극단적 우파는 대의민주주의의 힘을 약화시키는 데 그치지 않고 끝장을 내고자 한다. 포퓰리스트와 급진적 좌우 정당과는 대조적으로 극단주의자와 파시스트는 수사법과 행동이 폭력적이며, 사람뿐만 아니라 자연(예: 자이르 보우소나루의 브라질 열대우림에 대한 대규모 방화)이나 문화 유물(예: 책이나 그림에 대한 방화)에 대해서도 폭력적이다.

그런데 포퓰리즘, 급진주의, 극단주의를 어떻게 구별할 수 있을까? 급진적 환경주의자와 같은 급진적 진보 운동은 어떠한가? 급진주의의 경우 핵심은 현재 상태에 도전하는 것이다. 급진주의자들은 사회를 바꾸고 싶어 한다. 싹 바뀌는 정치적 변화를 주창한다는 점에서 급진주의자들은 현 상태의 유지와 그 확립에 대한 일종의 적대감을 드러낸다(Bötticher, 2017: 75). 이들은 타협할 의지가 없을 수도 있지만 합리적인 논쟁과 토론에 열려 있다. 이들은 폭력을 미화하거나 목표를 달성하기 위해 어떤 수단이든 사용하지는 않는다. 급진적 좌파들은 진보적이며 황금빛 미래를 옹호하는 반면에 급진적 우파는 황금빛 과거를 재건하려고 한다. 그러나 좌파 극단주의자들은 반민주적·반엘리트적·반체제적 관념, 아군과 적군으로 나뉘는 이원론적 세계관, 동질적 민족 사상을 품고 있으며, '국민'에 속하지 않는 모든 사람을 사회에서 배제하려는 목적을 가지고 있다. 좌파 극단주의자들은 이 목표를 달성하는 것에 방법의 한계가 없다. 논쟁의 여지가 전혀 없고, 다양한 의견이나 생활 방식을 수용할 수 없으며, 아이디어의 공개시장을 폐쇄하려고 한다(Bötticher, 2017: 75). 극단적 좌파에게 폭력은 권력을 획득하고 유지하며, 그들의 목표를 달성하기 위한 합법적 수단으로 여겨진다(Bötticher, 2017: 75).

요컨대 포퓰리즘은 민주주의 국가에서 흔히 볼 수 있으며, 민주주의 국가는 급진주의자들과 함께 살 수 있다. 그러나 반체제적이고 반민주적이며 비타협적이고, 잠재적으로는 폭력적인 극단주의자들과는 함께 살 수 없다. 플랫폼은 포퓰리스트와 마찬가지로 급진주의자와 극단주의자에게도 다양한 이점을 제공한다. 급진주의자와 극단주의자는 조율되지 않은 포럼에서 사람들을 모집하고 동원할 수 있으며, 다크넷Dark-net뿐만 아니라 상호 연결된 텔레그램 그룹 및 8kun과 같은 포럼에서도 공적 영역과 정부의 레이더를 피할 수 있다. 사회의 변두리에 위치한 극단주의자들은 플랫폼을 사용해 매스미디어를 우회하며 가시성을 확보하고, 같은 생각을 가진 사람들과 연결되며, 폭력 행위를 광고한다(예: 뉴질랜드 크라이스트처치 테러처럼 테러 공격을 라이브 비디오로 방송함). 포퓰리스트와 달리 극단주의자는 대중의 지지를 구하지 않고, 같은 생각을 가진 집단에서 사람들을 동원한다.

소셜미디어는 혐오 메시지, 음모론, 프로파간다가 확산될 수 있는 적절한 기반을 제공하며, 특히 여전히 불안정한 정치적 세계관을 가지고 불완전하게 정치사회화된 어린이, 청소년, 청년층처럼 취약한 집단과 인종적·민족적·종교적 소수자 등에 대해 호의적이지 않다. 쉬머크 등(Schmuck et al., 2022)은 상당수 청소년들이 소셜미디어 플랫폼에서 극단주의 콘텐츠를 접한다는 사실을 보여주었다. 전체 청소년의 51퍼센트는 적어도 가끔씩 소셜 네트워킹 사이트를 통해, 37퍼센트는 비디오 공유 플랫폼을 통해, 36퍼센트는 인스턴트 메시징 플랫폼을 통해 극단주의적 콘텐츠에 노출된 것으로 보고되었다(2022: 9).

7. 요약

결론적으로 포퓰리즘, 급진주의, 극단주의는 몇 가지 특징을 공유하지만 동일하지는 않다. 이 차이의 중요성은 단지 정의 차원의 이유에만 있지는 않다. 극단주의자를 포퓰리스트로 보는 것은 이들이 민주주의에 가하는 위험을 경시하고 하찮게 여기는 것이다. 저널리스트나 대학의 공개 토론이 포퓰리스트들에게 플랫폼을 제공해야 하는지와 같은 (대부분 허구적인) '취소 문화cancel culture'(Clark, 2020)를 둘러싼 열띤 논쟁에서, 우리가 상대하는 이들이 포퓰리스트인지 급진주의자인지 극단주의자인지를 아는 것은 중요한 문제다. 포퓰리스트 및 급진주의자들은 논쟁에 임하고 있지만 폭력적이지 않기 때문에, 우리는 이들과 합리적 대화를 나눌 수 있으며 이들과 다른 의견을 가질 수 있다. 그러나 극단주의자들은 민주주의 제도를 전복하고 사회와 세계에 대해 자신과 비전을 공유하지 않는 사람을 탄압하려고 하기 때문에, 그들과는 정치에 대해 논의할 필요가 없다. 더욱이 포퓰리즘, 급진주의, 극단주의 사이의 구별은 세 가지 모두 전략적 논쟁 도구로 사용될 수 있기 때문에 중요하다. 누군가를 '포퓰리스트', '급진주의자' 또는 '극단주의자'라고 부르는 것은 그들의 견해를 불법화하고 그들을 침묵시키거나 의견을 거부하는 데 사용될 수 있다. 따라서 이 개념들이 수반하는 의미를 아는 것은 매우 유용하다.

| 토의할 질문

- 다음과 같은 커뮤니케이션 전략과 실행 계획의 고안을 요청받았다고 상상해 보자.

환경문제를 중심으로 사람들을 동원하는 ① 포퓰리스트 정당이나 운동 또는 ② 급진적 정당이나 운동이 있다면, 이 정당이나 운동의 목표는 무엇이고, 어떻게 커뮤니케이션할 것인가? 슬로건이나 모토를 찾아보자. 그리고 목표를 달성하기 위해 무엇을 할까?

- 챗GPT(혹은 다른 생성형 AI)를 사용해 가상의 포퓰리즘 운동에 대한 선언문을 작성하고, 이에 대해 논의해 보자.

추가 독서 목록

Aalberg, T., F. Esser, C. Reinemann, J. Strömbäck and C. H. Vreese(eds.). 2017. *Populist Political Communication in Europe*. London: Routledge.

Hellmann, O. 2017. "Populism in East Asia." in C. Rovira Kaltwasser, P. Taggart, P. Ochoa Espejo and P. Ostiguy(eds.). *The Oxford Handbook of Populism*. Oxford University Press, pp. 161~178.

Mudde, C. and C. Rovira Kaltwasser. 2017. *Populism: A Very Short Introduction*. Oxford University Press.

Rovira Kaltwasser, C., P. Taggart, P. Ochoa Espejo and P. Ostiguy(eds.). 2017. *The Oxford Handbook of Populism*. Oxford University Press.

Siles, I., E. Guevara, L. Tristán-Jiménez and C. Carazo. 2023. "Populism, religion, and social media in Central America." *The International Journal of Press/Politics*, 28(1), pp. 138~159.

제12장

플랫폼, 정치, 엔터테인먼트

제12장은 정치 커뮤니케이션이 정당, 후보자, 사회운동, 시민의 뉴스나 메시지에만 국한되지 않는다고 본다. 정치 커뮤니케이션이 항상 정책 지향적이거나, 국가적 또는 글로벌 차원의 문제에만 관심을 두거나, 긴급한 위기에 대응하거나 하는 등 매우 심각한 것만 다루는 것은 아니다. 이 장에서는 저널리즘, 뉴스, 정치적 메시지 등 정치 커뮤니케이션의 전형적인 내용을 넘어 연예인으로서의 정치인, 정치인이 된 연예인, 정치 커뮤니케이션에서 음악, 스트리밍, 영화, 패션의 역할을 살펴본다. 여기서 우리는 오락과 기타 문화적 형태를 정치가 행해지는 주요한 지점으로 간주하려는 것이다.

독서 목표

- 정치와 엔터테인먼트의 관계를 이해한다.
- 정치인이 명사들과 어떤 관계를 맺고 있는지 이해한다.
- 미디어 군주들과 인터넷에 대해 토의한다.
- 정치적 인플루언서를 이해한다.
- 정치 커뮤니케이션에서 음악의 역할을 토의한다.
- 영화, 쇼, 정치 커뮤니케이션에 대해 토의한다.
- 패션이 정치 커뮤니케이션과 어떻게 관련되는지 토의한다.

1. 서론

'진지한' 정치란 무엇인지에 대한 연구 문헌과 공적 담론은 선거, 정책 결정, 정당 커뮤니케이션에 집중되어 있다. 그러나 정치 커뮤니케이션은 정치 제도와 조직을 넘어 서사와 담론 등 다양한 곳에서 찾아볼 수 있다. 이 책의 서론에서 언급한 정치 커뮤니케이션의 정의를 떠올려 보자. 정치 커뮤니케이션은 사람들이 공유하는 내용, 다른 사람들과 함께 살아가는 방식, 사람들이 집단적으로 반응하기를 기대하는 것 등을 포함한다. 이처럼 정치 커뮤니케이션은 스포츠, 음악, 쇼, 틱톡 피드, 축하 및 예배 공간 등 일상생활 전반에 걸쳐 스며들어 있다.

축구 선수들이 경찰의 잔혹 행위와 인종차별에 항의하기 위해 경기 전 국가 연주 시간에 무릎을 꿇는 모습을 볼 수 있다. 코미디언과 심야 토크쇼는 정치 풍자를 하며, 정부와 정치인은 물론 부자와 권력자를 유머러스하게 비판한다. 정치인들은 풍자적인 TV 쇼에 출연하며(Zoonen et al., 2011), TV 드라마에서는 거버넌스(예: 미국의 〈웨스트윙West Wing〉, 덴마크의 〈보르겐Borgen〉), 경찰, 범죄, 정치적 권위, 정당성, 권력 승계를 묘사한다(〈왕좌의 게임Game of Thrones〉을 떠올려 보자). 리얼리티 쇼나 서바이벌 쇼는 시청자 참여(예: 투표) 모델을 도입하고, 심지어 새로운 포맷의 시민권을 제정하기도 한다(Ouellette and Hay, 2007). 엔터테인먼트는 새로운 정치적 결속을 가능하게 할 수 있다. 유럽을 하나로 모으는 문화 시민의 의례로서 유로비전Eurovision*(Vuletic, 2018)이나 초기 이스라엘에서 텔레비전의 중요성(Curran and Liebes, 2002)을 떠올려

•   1년에 한 번씩 개최되는 유럽 최대의 국가 대항 노래 경연 대회다 _ 옮긴이 주.

보자.

수많은 밈이 소셜미디어 플랫폼과 온라인 집단에 유포되어, 때로는 백 마디 말보다 훨씬 더 많은 것을 말해준다. 소셜미디어에 개인들이 게시한 합성사진은 부, 과시적 소비, 불평등 측면에서 문화적으로 허용되는 것이 무엇인지를 드러내며 사람들이 어떻게 보이기를 원하는지, 자신의 지위를 어떻게 수행하는지 등에 대해 많은 정보를 전달한다. 그것은 또한 특정 집단이 어떻게 살고 있는지, 그리고 더 중요하게는 어떻게 살고 싶어 하는지에 대해 말해준다. 밈 이전에도 풍자만화나 캐리커처는 논쟁을 불러일으켰고, 테러 공격(2015년 ≪샤를리 에브도 Charlie Hebdo≫)이나 국제 갈등(2005년 덴마크에서 출판된 12개의 모하메드 Mohammed 캐리커처)(Bonde, 2007)을 촉발하기도 했다. 언론과 표현의 자유가 억압되고 공적 표현이 검열로 제한되는 권위주의 정권에서는 연극, 풍자 개그, 대중음악 등에서 비판과 저항을 드러내기보다는 행간行間에 둔다(Scott, 1985; 1990). 대통령이 자신이 좋아하는 노래를 신중하게 선별해 스포티파이에 게시하기도 한다. 정치 행위자들이 유명 인사나 종교 지도자와 함께 무대에 오르고, 집회에서 음악이 연주되는 것과 마찬가지로 특정 행사에서 정치 행위자가 착용하는 옷이나 보석은 매우 전략적이고 강력한 메시지를 전달할 수 있다.

즉, 정치 커뮤니케이션은 정당 강령, 연설, 소셜미디어 게시물과 같은 공식적인 정치에만 국한되지 않으며 노래로 부를 수도 있고, 운율을 맞출 수도 있으며, 상징적으로 표현할 수도 있다. 정치 커뮤니케이션은 공식적인 정치 행위자로부터 전달되는 것 이상으로 이루어지며, 넷플릭스에서 시청하는 프로그램부터 스트리밍하는 음악에 이르기까지 일상생활의 모든 종류의 메시지를 포함한다. 우리는 정치를 전쟁과 평화, 권력 획득과 상실과 같은 심각한 공적 사안으로 좁게 생각하지만, 정치는 눈에 띄지 않게, 느리게, 그리고 일상을 배경으로 진행된다. 정치적 정체성, 이익, 가치, 파워와 같은 중요한 것들을 형성하는 음악과 오락의 형식도 마찬가지다.

2. 폴리테인먼트와 인포테인먼트의 역사

1985년 미국의 미디어 이론가 닐 포스트먼Neil Postman은 미디어 사회를 1932년에 출간된 올더스 헉슬리Aldous Huxley의 소설 『멋진 신세계Brave New World』에서 묘사한 디스토피아에 비유하며, 우리는 "죽도록 즐겁게 지내고 있다"라고 말했다. 포스트먼은 텔레비전 뉴스를 오락의 한 형식으로, 상업 텔레비전을 이성, 진실, 합리적 토론에 손상을 가하는 것으로 보았다. 오늘날 우리는 이러한 암울한 주장을 전통적 미디어 비판의 정점으로 보고 있다. 20세기 대부분의 기간 동안 학자와 지식인들은 고급문화(오페라, 연극)와 저급문화(대중음악, 텔레비전, 연속극), 고품격의 뉴스(전국 신문)와 저급한 정보(타블로이드, 토크쇼, 옐로저널리즘)를 구분했다. 이러한 구별에는 좋은 정보를 얻으려면 인지적 노력과 교육이 필요한 반면에 읽기 쉬운 것들은 가치가 덜한 정보를 전달한다는 규범적 가정이 내재되어 있다.

이것은 적어도 미국에서는 '정보 기반 시민권'(Schudson, 1998)을 중요시하는 1800년대 후반과 1900년대 초반의 다양한 반이민 개혁 운동을 반영하는 계급주의이자 엘리트주의적 관점이었다. 정치에서 표현하고 행동하는 다른 방식들과는 달리 사람들은 이러한 관점에 의해 심각한 정치적 문제를 냉정하고 이성적으로, 그리고 가급적이면 상류층의 억양으로 다루게 된다. 진지한 정치와 문화에 대한 이러한 서사는 정보와 정치 커뮤니케이션에 국한되지 않고 예술에 대한 담론으로도 확장되었다. 예를 들어 독일의 철학자이자 비판 이론의 핵심 인물인 테오도어 W. 아도르노Theodor W. Adorno는 재즈 음악과 문화 산업이 상업주의로 가득 차서 예술을 키치kitsch의 대중문화로 변질시키는 것을 비판하는 입장에서 논문을 썼다. 아도르노의 이러한 논문들은 역사학자 에릭 홉스봄Eric Hobsbawm의 심한 비판을 받았다. 그는 이 글을 "재즈에 관해 쓴 가장 어리석은 페이지 중 일부"(Witkin, 2000)라고 일축했다.

다행히도 이러한 견해에 대한 수정도 강력히 제안되었다. 스튜어트 홀Stuart Hall과 레이먼드 윌리엄스Raymond Williams 같은 선도적 인물들이 참여한 영국 문화 연구는 대중 예술과 오락이 정치와 권력에 미치는 중요성을 다시 포착해, 대중문화를 통해 이데올로기가 전파될 뿐만 아니라 공적 영역의 역할도 함을 보여주었다(Morley and Robins, 2001 참조). 헵디지(Hebdige, 2012)와 같은 학자들은 스타일과 문화적 형식을 중심으로 저항 하위문화가 어떻게 구축되어 중대한 정치적 결과를 가져올 수 있는지 보여주었다. 미국 문화 연구에서도 유사한 비판을 진행했으며, 겉보기에는 비정치적으로 보이는 문화 형식이 정치에 미치는 중요한 영향을 보여주었다.

한편 흑인 페미니스트 활동가와 학자들은 "의식을 고양시키는"(Combahee River Collective, 1977) 총체적 형태를 사회운동 구축 작업의 중심에 두었다. 이는 문화, 정체성, 정치를 결합한 생활 방식을 실천하는 후속 운동에 중요한 영향을 미쳤다(Collins, 2002; Collins and Bilge, 2020). 페미니스트 학자들은 우리가 어떻게 사적 공간과 가정 공간에서 삶을 통제하고 살아가는지, 심지어 우리가 공유하는 환상(예: 로맨스 소설)이 얼마나 정치적이며 권력과 경쟁의 영역인지를 보여줌으로써, "개인적인 것이 정치적인 것"이라는 중요한 아이디어를 발전시켰다(Van Zoonen, 2006). 한편 가장 유력한 글로벌 정치 예술 형식 중 하나인 랩rap과 힙합hiphop은 정치가 의회와 신문 페이지에만 국한된다는 생각, 공식적 연설과 토론 스타일이 정치 커뮤니케이션의 총합이라는 단순한 생각, 정치와 사회운동에서 상위 형태와 하위 형태가 쉽게 구별된다는 생각 등을 죄다 날려버렸다(Morgan, 2021).

그러나 많은(주로 백인과 남성) 학자, 저널리스트, 전문가, 지식인들은 상업적 문화 산업이 예술과 대중 커뮤니케이션의 질, 정보, 지식에 부정적 영향을 미친다는 견해를 고수했다. 미국 밖의 세계는 반미주의('디즈니화'), 엘리트주의, 계급주의로 가득 차 있다는 견해를 말한다. 카르피니와 윌리엄스(Carpini and Williams, 2001)가 지적했듯이, 가치 있는 콘텐츠와 덜 가치 있는 콘텐츠의 구별은 "엘리트가 즐기는 것에 대한 평가절상과 대중적인 것에 대한 비슷한 정도의 평가절하"에서 비롯된다. 이러한 경향은 다소 완화되었지만 정치를 비하하는 소셜미디어에 대한 비난, 미숙한 정치적 참여에 대한 우려, 상류층의 정치 담론을 암호화한 얇게 가려진 규범적 표준을 보면, 오늘날에도 여전히 그러한 경향이 남아 있음을 알 수 있다(Baym and Holbert, 2019).

3. 정치인과 유명 인사

정치와 엔터테인먼트의 관계를 분석하는 가장 확실한 방법은 정치인과 유명 인사 사이의 경계를 투과하는 것이다. 모든 정치인이 유명한 것은 아니다. 사실 대부분은 잘 알려져 있지도 않다. 대부분의 정치인은 시장이나 시의회에서 지역대표로 활동하거나 지역 또는 주 의회에서 봉사하는 등 지역 수준에서 일하고 캠페인을 벌인다. 이들은 새로운 쇼핑몰과 상점을 개장하고, 유치원과 공장을 방문하며, 지역 사무소에서 시민과의 대화 시간을 갖고, 애완동물 전시회에서 연설을 한다든지 한다. 대부분의 시민은 주요 대표자를 제외하면 지역 정치인의 이름조차 모른다. 국내 무대에서도 소수의 정치인만이 텔레비전에 출연하거나 SNS에서 많은 팔로어를 보유하며, 나머지 대부분은 위원회 회의나 국회의 뒷좌석에 앉아 있다(그래서 '백 벤처Back-bencher'라는 경멸적 용어도 있음).

주목할 콘텐츠

일부 정치인은 유명 인사가 되거나 대중문화의 아이콘이 된다. 미국에서 케네디 가문과 오바마 가문은 가는 곳마다 많은 군중을 끌어모으고, 임기가 끝난 후에도(케네디 가문의 경우에는 사망한 후에도) 누구와 어울리는지, 어디로 휴가를 가는지, 무엇을 입는지 등 개인 생활로 대중의 큰 관심을 불러일으키는 정치인 가문의 두 사례다. 정치적 역할과는 별개로 이들은 대중문화의 일부가 되었다. 마찬가지로 일부 활동가는 자신의 작업을 통해 글로벌 아이콘이 되어 수많은 사람에게 영감을 주는 공인이 되었다. 사례를 더 들자면 마틴 루터 킹 주니어, 넬슨 만델라Nelson Mandela, 마더 테레사Mother Theresa, 로메로Romero 주교, 그리고 최근에는 그레타 툰베리 등이 있다.

정치인과 활동가가 대중문화에서 전국적 또는 국제적 무대로 올라서게 되면 그는 그저 정치적 리더가 아니라 사람들의 생활 방식, 사고 방식, 패션, 대화 방식 등에서 문화적 리더가 된다(Wells et al., 2021). 이러한 과정에서 매스미디어가 중심에 선다. 정치인의 개인 생활, 업무, 신념에 대한 언론 보도는 대상이 된 지도자를 카리스마 넘치는 방식으로 묘사함으로써 유명 인사로 효율적으로 부풀려 나간다. 물론 그 반

대인 경우도 있다. 연예인이 정치인이 되거나 좀 더 일반적으로는 정치 지도자가 되는 경우다. 넓은 의미에서 안젤리나 졸리Angelina Jolie, 레오나르도 디카프리오Leonardo DiCaprio, 제인 폰다Jane Fonda 등 미국 배우들이 대의를 위한 정치적 대변인이 된 유명 활동가들이다.

주목할 사례

자신의 명성을 정치 파워로 활용해 팬과 팔로어를 정치적 동원의 기반으로 삼은 연예인의 사례는 많다. 가장 악명 높은 사례 중에 하나로 도널드 트럼프가 즉시 떠오를 것이다. 트럼프는 뉴욕시의 타블로이드 미디어에서 수십 년을 보냈고, 대중문화의 아이콘으로 소셜미디어에 뛰어들었으며, 이를 다시 공직 출마를 위한 플랫폼으로 활용했다(Baym, 2019). 그 전에는 로널드 레이건Ronald Reagan과 아놀드 슈워제네거가 연예인에서 미국 대통령과 캘리포니아주 지사로 각각 변신한 바 있다. 우크라이나의 볼로디미르 젤렌스키 대통령이 또 다른 예다. 대통령으로 당선되기 전에 그는 배우였으며 한 인기 TV 시리즈에 출연하고 프로듀싱도 했다. 드라마상에서 그는 교사 배역을 맡았는데 부패한 정치인에 대해 한 비판적 발언을 학생들이 촬영해 온라인에 올려 큰 인기를 얻은 후 우크라이나 대통령이 되었다. 젤렌스키가 실제로 대선에 출마했을 때, TV 시리즈 〈국민의 일꾼Servant of the People〉(2015~2019년 방송)을 그대로 정당명으로 등록했고 2019년 4월 대통령에 당선되었다. 굴 파나그Gul Panag는 또 다른 예로 미스 인도 출신이다. 그녀는 자신만의 정치적 기반을 갖고 2014년 인도 선거에서 정치 후보로 성공적으로 출마한 발리우드 여배우다.

우드 등(Wood et al., 2016)은 슈퍼스타 정치인과 일반 정치 인사를 구분했다. 이 연구에 따르면 슈퍼스타 정치인은 방송 미디어에 더 많이 의존하고, 의식적으로 마케팅 기법을 활용하며, 강력하고 결단력 있는 리더로서 탁월한 역할을 수행한다. 반면에 일반 정치 인사들은 디지털 플랫폼과 겉보기에는 즉흥적이고 임시적인 마케팅 기법에 더 많이 의존해 결함이 있는 일반인으로서의 역할을 수행한다.

유명 인사 정치인에 관한 학술 문헌은 두 가지 규범적 접근 사이에서 갈등을 겪고 있다. 한 접근은 유명 인사에서 정치인으로 변신한 이들을 정치의 스펙터클화, 문화의 저급화, 또는 포스트 민주주의의 결과로 보는 경향이다. 이러한 현상은 정치적 계층, 정체성 정치, 쇠퇴하는 제도, 정당 지지보다 더 중요해진 대중문화와 네트워크의 성장에 따른 것으로 보는 시각이다(Street, 2012). 이러한 견해에 따르면 유명 인사 정치인의 부상은 민주주의가 무너지고 있다는 또 다른 징후, 즉 민주주의와 사회의 핵심 규범과 가치를 위협하는 포스트모던적 태도에 불과하다. 유명 인사들이 정치에 참여하는 이러한 일반적 현상은 이들이 특정 후보자를 지지함으로써 정치인의 신뢰성을 높이거나, 유권자들 중 특정 사회집단에 호소하는 데 활용될 수 있다(Mishra and Mishra, 2014; Pease and Brewer, 2008).

반면에 좀 더 낙관적 견해는 관료의 지지를 받는 전문 정치인뿐 아니라 담배 연기 가득한 밀실의 정당 엘리트들도 성공적으로 출마하는 중에 유명 인사 정치인의 등장은 민주화 과정에서 의미가 있다는 해석을 내놓는다. 더욱이 유명 인사 정치인은 젊은 유권자들, 전통적인 정치인에 대한 불신, 실망, 불만을 가진 시민들, 정치에 본질적 관심이 별로 없는 소외된 시민들을 참여시키고, 그들에게 다가갈 수 있다. 유명 인사 정치인도 포퓰리즘과 당연히 연결되어 있다. 이들은 자신들이 카리스마 넘치는 리더로서 자신이 독특하고, 전문 정치인과 차별화되며, 정치에 참여할 생각이 없었지만 순전히 나라를 구하기 위해 나섰다고 홍보한다(Bartoszewicz, 2019; Nolan and Brookes, 2015). 이에 따라 자칭 권위주의자(예: 트럼프)가 정당이나 정치권력과 같은 정치 기관을 장악하는 것이 용이해질 수도 있지만, 대중의 광범위한 지지를 불러일으키는 지도자(예: 젤렌스키)가 등장할 수도 있다.

규범적으로 볼 때 이 문제에 대한 다양한 관점이 있다. 어느 쪽이든 유명 인사가 된 정치인이나 정치인이 된 유명 인사는 전통적 정치인들보다 미디어 파워를 잘 활용한다. 이것을 정치적 파워와 동일시해서는 안 되지만 중요하지 않은 것은 아니다. 유명 인사들은 카리스마 넘치는 경우가 많으며, 소셜미디어, 혹은 리소스를 활용할 수 있는 다른 곳에서 이미 대규모의 팔로어를 보유하고 있다. 이들에게는 지지자뿐 아니라 정책 실패나 윤리적 스캔들로도 무너지지 않을 충성스러운 팬들이 있다. 이들은 대중적 노출이나 전문적 이미지 관리에 익숙하고, 언론의 대상이 되는 일에도 익숙하다. 언론은 유명 인사를 배치한 뉴스 상품으로 수익을 창출한다(트럼프가 대선 후보로서 저널리스트들로부터 받은 모든 미디어의 스포트라이트를 생각해 보면 알 수 있음). 그리고 이들은 대체로 매력적 외모와 우수한 역량을 가지고 있다. 반면에 이들은 정당 관료주의와 정당 내부의 갈등을 잘 알지 못하고, 정책 입안과 부처나 정부의 운영에 대한 전문성이 부족하며, 우선순위와 의제를 추진하기 위해 미디어 자본을 정치적 자본으로 전환하는 데 어려움을 겪을 수 있다.

4. 미디어 군주제와 인터넷

비슷하면서도 다른 유형의 유명 인사 정치인으로 군주와 왕족이 있다. 이들은 슈퍼스타이고, 이들의 생활 방식과 사적인 일은 대부분의 경우 대중의 엄청난 관심을 끌며, 이들에 대한 이야기는 유명 잡지를 가득 채우고, 심지어 1997년 영국 전 왕세자비 다이애나Diana, Princess of Wales의 죽음, 또는 2020년 해리 왕자Prince Harry와 그의 부인 메건Meghan (결혼 전에는 배우였음)의 '메그시트Megxit'처럼 세계적 관심과 히스테리를 일으킬 수도 있다. 많은 경우에 왕실 가족은 이러한 관심을 이용해 식민주의 유산의 지속 등 다른 쟁점은 회피하면서 자선단체 활동, 지뢰(금지), 기후변화 또는 빈곤 등의 정치적 쟁점에 초점을 다시 맞춘다.

군주는 유명 인사일 뿐만 아니라 정치인이기도 하다. 이들은 국가원수이며, 정치 시스템에 따라 어떤 군주는 통치 권한을 갖고, 어떤 군주는 대표 기능만 갖는다. 입헌군주제에서도 왕과 왕비는 태국이나 모로코의 군주처럼 광범위한 권력을 가질 수 있다. 다른 군주들은 일본의 왕인 텐노처럼 의례적이고 상징적인 역할만 수행한다. 그러나 영국 왕족처럼 대표 기능만 가진 군주들조차 민주주의와 그 제도를 안정시키는 핵심적 기둥이 된다.

주목할 사례

군주제의 몇 가지 예를 생각해 보자. 스페인에서 독재자 프란시스코 프랑코Francisco Franco 장군은 후안 카를로스 왕자를 교육했는데, 그가 죽은 후 왕자는 스페인의 왕이 되었다. 후안 카를로스 1세Juan Carlos I는 스페인을 독재에서 벗어나 민주주의가 되도록 이끌었고, 1970년대 스페인이 입헌군주제로 전환하는 데 핵심적 역할을 했다. 영국의 엘리자베스 2세Elizabeth II는 항상 자신의 역할을 (상징적으로든 다른 방식으로든 제국을 통솔하는 역할임에도 불구하고) 정치적으로 중립적인 것으로 해석했다. 그녀는 어떤 정치적 선호도 공개적으로 표현하지 않았고 브렉시트와 같은 주요 논쟁에 대해서도 침묵을 지켰다. 하지만 그녀는 옷차림, 보석 등의 겉보기에 작은 액세서리를 통해 잠재적인 정치적 메시지를 보내는 것으로 유명했다. 예를 들어 2017년 의회 개회식에서 브렉시트가 회의 의제에 포함되자 의회 개회 행사에서 처음으로 그녀는 정장 가운과 왕관을 쓰지 않고 유럽연합 국기를 닮은 파란색 드레스와 꽃무늬 모자를 착용했다. 러시아의 우크라이나 침공이 시작된 직후인 2022년 3월 저스틴 트뤼도Justin Trudeau 캐나다 총리를 만났을 때는 우크라이나의 국기 색상인 노란색과 파란색의 거대한 꽃다발이 공식 사진의 배경이 되었다. 군주는 정치가다. 이들이 정치적 권력을 쥐고 있을 때는 명백하며, 그렇지 않고 상징을 통해 말할 때도 보다 미묘한 방식으로 정치적 인물이 된다.

군주는 다른 정치인과도 상당히 다르다. 이들의 정당성은 공중의 지지나 인기에 달려 있지 않다. 이들은 선거에서 이기는 것도 아니고, 여론조사에 의존하지도 않는다. 이들 중 일부는 카리스마 넘치는 리더지만 대부분은 그렇지 않다. 이들의 권력은 전통, 혈통, 유산, 신의 섭리에 대한 믿음 등에 달려 있다. 한번 획득한 권력은 가족 내에서 때로는 수 세기 동안 지속된다. 이들의 정치 커뮤니케이션 전략은 왕조 차원이며, 다음 선거 주기가 아니라 여러 세대에 걸쳐 군주제를 보존하는 데 초점을 맞추고 있다. 이러한 점에서 군주제는 가톨릭 및 동방정교회와 같은 종교 제도와 유사하다.

군주제의 커뮤니케이션 전략은 그러한 용어나 심지어 현대 정당이 존재하기 훨씬 전부터 미디어를 이용해 왔다. 영국의 빅토리아 여왕Victoria은 자기 이미지의 중요성과 언론이 여론에 미치는 영향을 잘 알고 있었기에, 그녀는 '최초의 미디어 군주'로 불린다(Plunkett, 2003). 또한 군주제의 정치 커뮤니케이션은 전형적으로 엔터테인먼트와 경축 행사와 연결되며 대관식, 축제, 퍼레이드, 연회, 가든파티, 화려한 행사, 타블로이드 신문, 그리고 사람들이 소비하는 물질적 상품에 새겨진 이미지 등에 있다. 이는 디지털 시대에도 다르지 않다. 이 책을 쓰는 시점에도 영국 왕실은 여러 웹사이트를 활용하며 커뮤니케이션하고 있다. 공식 인스타그램 계정(@theroyalfamily, @Princeandprincessofwales)의 팔로어는 약 2750만 명, 공식 페이스북 계정(TheRoyalFamily)의 팔로어는 650만 명, 공식 유튜브 채널(@TheRoyalFamilyChannel)의 구독자는 110만 명, 공식 트위터 계정(@RoyalFamily, @KensingtonRoyal)의 팔로어는 840만 명에 이른다.

시민들이 접하는 모든 이미지와 비디오는 기존의 정치적·사회적 질서를 확인해 주는 왕조 체제하의 군주가 주장하는 바를 전략적이고 상징적인 표현으로 보여준다. 동시에 이들은 엔터테인먼트 요소도 갖추고 있다. 예를 들어 엘리자베스 2세는 그녀의 아들이자 현재 국왕이 된 찰스 3세Charles III, 손자인 윌리엄 왕세손Prince William, 그리고 고작 세 살이라는 이유로 책 더미 위에 서 있는 증손자 조지 왕자Prince George와 함께 사진을 찍었고, 우리는 귀엽고 마음이 따뜻해지는 그 가족사진을 보게 된다. 동시에 이 이미지는 원저Windsor 가문의 약 150년에 걸친 과거와 미래의 통치 기간에 현직과 세 명의 후속 승계자들에 대한 왕조의 주장을 담고 있다. 이 이미지는 엘리자베스 2세의 통치 70년 이후에 세 명의 차기 왕이 이미 여러 세대에 걸쳐 왕위를 이어갈 자리에 있음을 보여준다. 궁에서 왕실 상속자들의 사진을 정식 초상화로 만들어 자주 공개하거나 크리스마스 푸딩을 함께 굽는 등의 활동을 하는 것은 우연이 아니다.

5. 정치적 인플루언서

소셜미디어 플랫폼이 부상하고 정치 커뮤니케이션에 플랫폼의 사용이 증가하면서, 소위 '인플루언서'라는 새로운 유형의 초소형 유명 인사가 등장했다(Khamis et al., 2017). 인플루언서는 소셜미디어에서 많은 관계(팔로어, 채널 구독자)를 구축하고, 기존의 조직(정당, 기업 또는 NGO)으로부터 독립되어 있으며(예: Enke and Borchers, 2019), 높은 빈도의 상호작용(좋아요, 공유, 댓글)을 생성하는 사람들이다. 이를 통해 이들과 이들의 콘텐츠는 가시성, 도달 범위 및 영향력이 향상된다. 이들은 전략적으로 커뮤니케이션을 하지만 진정성 있는 커뮤니케이션을 시도한다. 이들 대부분은 후원, 광고 또는 소액 기부를 통해 대규모 팬층으로부터 경제적 이익을 얻는다. 그러나 청중의 신뢰를 붙잡고 유지하려고만 하는 '무능한 상업적 인물'이 아니라 신뢰할 만한 의견을 전달하는 정직한 중개인으로 볼 수 있다. 이들은 진정성을 기반으로 한 리더십을 갖춘 디지털 오피니언 리더이며, 추종자들에게 실제적이고 캐주얼하며 지식이 풍부한 동료로 어필한다(Riedl et al., 2021). 따라서 인플루언서들은 화장하는 시범을 보이면서 립스틱과 같은 제품을 홍보하는 데 매우 효과적일 뿐만 아니라, 진실과 정치적 견해의 잠재적으로 신뢰할 만한 전달자이기도 하다.

인플루언서가 실제로 영향을 미치는지(Vrontis et al., 2021), 그리고 인기 있는 유튜버, 인스타그래머, 인플루언서 사이의 기준점은 어디인지 등은 여전히 복잡한 질문으로 남아 있다. 정치 커뮤니케이션 관점에서 보면 이는 더욱 알기 어렵다. 왜냐하면 정치적 영향력은 팔로어수나 광고 수익만으로는 측정할 수 없기 때문이다. 인플루언서는 유명인사의 스펙트럼을 다양화한다. 셀 수 없이 많은 관심 분야에 셀 수 없이 많은 사람이 활동하고 있기 때문이다. 「로이터디지털뉴스보고서」 (Reuters Institute for the Study of Journalism, 2021)에 따르면, 소셜미디어를 뉴스 소스로 사용하는 시민들이 유튜브, 틱톡, 인스타그램, 스냅챗 등에서 관심을 보이는 행위자들을 보면 인플루언서와 유명 인사가 압도적이다. 예를 들어 36퍼센트는 틱톡의 인플루언서와 유명 인사에게, 14퍼센트는 주류 언론과 저널리스트에게, 8퍼센트는 정치인과 활동가에게 관심을 가진다(2021: 24). 틱톡에서는 정치가 여전히 두드러질 가능성이 높은데, 틱톡과 정치와 관련한 많은 연구에서 플랫폼은 밈을 통해 정치적 갈등을 낳고, 경쟁적 국제 관계를 위한 기능을 하는 것으로 나타났다(Zeng and Abidin, 2021; Mishra et al., 2022).

정치 캠페인과 관심사는 특히 인플루언서 마케팅을 통해 젊은 연령층을 대상으로 한다. 이들은 항상 가장 눈에 띄는 인플루언서일 필요는 없으며, 캠페인을 홍보하기 위해 정당 및 특수 이익집단이 모집한 팔로어가 1만 명 미만인 마이크로 인플루언서들이고, 종종 자신이 돈을 받고 있다는 사실을 밝히지 않은 채 활동한다. 한 연구자는 다음과 같이 결론을 내렸다. "이것은 점차 증가하는 새로운 형태의 비조직적 정보 운영에 해당한다. 이것은 신뢰할 수 있는 소셜미디어 대변인을 통해 엘리트가 지시하는 프로파간다이다. (……) 이러한 영향력 있는 사람들은 '디지털 자원봉사 방문 요원'이 아니라 보수를 받고 고도로 조직화된 지금까지 잘 알려지지 않은 정치 캠페인의 대리인이다"(Goodwin et al., 2020). 인플루언서는 고급스러운 배경을 뒤에 두고 브랜드를 공개하는 자리의 글래머러스한 소녀이기도 하고, 우익 성향의 낚시성 기사와 밈을 대량으로 유포하는 10대 소년이기도 하다(Cook, 2020).

이것이 잠재적으로 효과적인 이유는 유튜브, 인스타그램, 틱톡, 스냅챗 등의 플랫폼이 주로 엔터테인먼트에 사용된다는 것이다(Reuters Institute for the Study of Journalism, 2021). 이는 정치적 콘텐츠가 결핍되어 있다는 의미가 아니라 정치적인 것과 세속적인 것이 섞이는 공간이라는 의미다. 유튜브, 틱톡, 인스타그램의 정치 인플루언서는 정치적 스펙트럼 전반에 걸쳐 찾을 수 있다. 이들 중에 다수는 뭔가 특별한 것을 아이템으로 설정한 초소형 유명 인사로 자리 잡았지만, 동물 권리, 환경문제, 기후 위기에 맞서는 행동, LGBTQIA+ 및 시민권과 같은 진보적 대의를 알리는 것에도 적극적이다. 극우 진영에는 라이프 스타일, 음식, 음악, 패션, 즐거운 시간이 전부인 것처럼 보이는 이야기 속에 반페미니즘, 인종차별, 심지어는 반유대주의까지 보여주는 인플루언서들이 있다.

극우 인플루언서 브리트니 페티본Brittany Pettibone을 예로 들어보겠다. 그는 현재 극단주의 정체성 운동의 지도자인 마틴 셀너Martin Sellner와 결혼해 브리트니 셀너라는 이름으로도 활동하고 있다. 그녀는 자신의 모성과 '세계적 폭정'(코로나19 대유행 기간에 아이들에게 마스크를 쓰게끔 위협하는 것), 데이트와 '여성의 아름다움에 대한 전쟁'에 관한 동영상 등을 게시했다. 페티본은 트럼프 캠페인과 큐어논의 피자게이트(#pizzagate) 음모설(Tangherlini et al. 2020)의 여파로 2016년 이후 등장해 점점 더 급진적인 트윗과 동영상을 게시하며 소셜미디어에서 관심을 얻었다. 2017년 이후 그녀의 전략은 단계적 진정성으로 전환해 그녀의 삶과 가족에 대한 비하인드 스토리와 사적 콘텐츠를 게시하기 시작했다. 그리고 새로운 우익의 가장 악명 높은 지도자 중 한 명과 약혼하고 결혼했다. "페티본은 이렇게 진정성 있는 아우라를 전략적으로 동원해 사람들과 유대감을 형성했다. (……) 사람들에게 페티본을 정말로 알고 있다는 느낌을 주었다. 비정치적 인플루언서들과의 차이점은 네트워크화된 친밀감과 전략적 진정성이 이제 메타 정치적 목표를 지원하기 위해 동원되고 있다는 것이다"(Maly, 2020: 14).

정치적 인플루언서는 페미니스트 메이크업 강좌 장르와 같이 정치적 주제와 비정치적 주제를 성공적으로 혼합하는 경우가 많다(White, 2018). 활동가들은 메시지를 내보내기 위해 메이크업 강좌 장르를 사용하는데 이 기술은 훨씬 더 안착된 형식으로 발전했다. 예를 들어 미국 하원 의원 알렉산드리아 오카시오코르테스는 메이크업을 하며 매거진 ≪보그Vogue≫의 비디오 채널에서 자신의 정치적 견해와 쟁점에 대해 이야기했다. 여기에는 성 불평등과 인종차별 문제를 다루는 동시에 립스틱 색상과 컨실러에 대한 이야기도 포함되었다. 해당 동영상의 조회 수는 360만 회가 넘었다(2022년 4월 기준). 메이크업 강좌는 유튜브, 틱톡, 인스타그램 어디에서나 볼 수 있으며, 위협적이지도 지루하지도 않은 정치에 대해 이야기할 기회가 된다.

팟캐스트는 많은 팔로어를 보유한 인플루언서가 등장하는 또 다른 형식이다. 2020년과 2021년에 인터넷 사용자의 31퍼센트가 한 달 동안 하나 이상의 팟캐스트에 접속했으며, 이 팟캐스트들은 아일랜드, 스페인, 스웨덴, 노르웨이 및 미국에서 가장 인기가 있었다(Reuters Institute for the Study of Journalism, 2021: 27). 특히 코로나19 팬데믹 기간에 새로운 팟캐스트가 급증했다. 집에 갇혀 지냈기 때문에 사람들은 팟캐스트를 듣고 제작하는 데 더 많은 시간을 할애했다. 스포티파이에서는 코미디언이자 배우인 조 로건Joe Rogan이 가장 인기 있는 팟캐스터가 되었다. 코로나19 바이러스에 대한 허위조작정보를 퍼뜨린 논란의 여지가 있는 인물을 호스팅하는 로건과 그의 오랜 인종차별적 발언에 항의하기 위해, 가수 닐 영Neil Young과 다른 아티스트들은 2022년 1월 플랫폼을 떠났다. 결국 스포티파이는 플랫폼의 정책을 위반한 2만 개 이상의 에피소드를 삭제했다고 밝혔다.

플랫폼이 네트워크로 연결된 사람들을 찾는 데 필요한 인프라를 제공하기 때문에 팟캐스트는 정치 인플루언서가 되고 정치적 메시지를 다수의 사람에게 전달할 수 있게 하는 중요한 도구다. 팟캐스트는 젊은 연령층에서도 매우 인기 있으며, 뉴스를 위해 팟캐스트를 광범위하게 사용하는 사람들은 팟캐스트가 다른 아이디어에 더 관대해지고 자신을 커뮤니티의 일부로 보는 것에 도움이 된다고 생각한다(Bratcher, 2022). 팟캐스트는 소외된 커뮤니티를 위한, 공중에 반하는 집단을 만들 수 있으며(Vrikki and Malik, 2019), 2012년 한국 선거에서 인기 있는 팟캐스트 〈나는 꼼수다〉(Koo et al., 2015)나 로건이 2020년 미국 대통령 후보 앤드류 양Andrew Yang을 포용한 것처럼 선거 캠페인에 영향을 미칠 수 있다(Adams and Kreiss, 2021). 그러나 팟캐스트, 스트리밍 플랫폼, 그리고 정치 커뮤니케이션에서의 역할에 대한 연구는 아직 많지 않다.

6. 음악과 정치 커뮤니케이션

음악은 항상 정치 커뮤니케이션에서 중요한 역할을 해왔다. 저항 노래 없이는 동원이나 시위가 있을 수 없으며, 노래는 수 세기 동안 정치적 정체성을 형성하고 저항을 유지하며 정치적 희망을 전달하는 데 핵심이 되어왔다. 프랑스혁명의 주제가인 「라마르세예즈La Marseillaise」는 나중에 프랑스 국가가 되었다. 제8장에서 자세히 설명했듯이 레게는 음악 운동이자 정치 운동이다. 음악적 인물들은 나이지리아의 현자 펠라 쿠티Fela Kuti의 반권위주의 및 반식민지 운동과 같은 것들을 주도해 왔다. 탄압에 맞서 저항과 희망을 지지한 노래가 없었다면 남아프리카의 반인종차별 운동, 미국의 민권운동, 칠레의 독재자 아우구스토 피노체트Augusto Pinochet에 대한 저항을 상상하는 것은 불가능하다. 또는 '크리스토퍼 스트리트 데이Christopher Street Day'와 '프라이드 퍼레이드Pride Parade' 등 1969년 6월 뉴욕 그리니치빌리지 인근에서 게이와 레즈비언에 대한 경찰의 폭력을 기억하려는 페스티벌과 글로벌 게이 해방운동을 촉발시켰던 후속 시위도 떠올리기 어렵다.

정치인들은 무대에 오르거나 집회를 할 때 음악을 연주한다. 일부 아티스트는 자신의 음악이 그러한 이벤트에 사용되는 것을 원하지 않기 때문에, 갈등이 전혀 없는 것은 아니다. 도널드 트럼프의 경우 아델Adele부터 더 화이트 스트라이프스The White Stripes에 이르기까지 집회에서 자신의 음악을 사용하는 데 반대 의사를 표명한 아티스트의 긴 목록이 위키피디아에 올라와 있다('트럼프의 음악 사용에 반대하는 음악가', 2022). 브루스 스프링스틴Bruce Springsteen의 반전 걸작 「본 인 더 USABorn in the USA」를 보수 공화당원 로널드 레이건이 사용한 것처럼 정치인들이 아티스트가 주장하는 노래의 가사를 오해한 (혹은 신경 쓰지 않은) 사건들도 역사적으로 많았다. 버락 오바마 전 미국 대통령과 같은 일부 정치인은 팬과 지지자를 위해 엄선된 스포티파이 플레이 리스트를 게시했다. 음악은 정치인이 어떻게 묘사되기를 원하는지, 누구에게 어필하고 싶은지 등 정체성에 대해 많은 신호를 보낸다.

음악 자체도 오랫동안 행동주의에 사용되어 왔다. 1985년 라이브 에이드Live Aid 콘서트는 당시 사상 최대 규모의 록 콘서트로, 영국 런던의

웸블리 스타디움과 미국 필라델피아의 존 F. 케네디 스타디움에서 동시에 열렸으며, 19억 명의 시청자를 확보했는데 이는 세계 인구의 약 40퍼센트에 해당했다. 라인업에는 가장 유명한 글로벌 밴드와 가수가 포함되었으며, 콘서트의 목적은 당시 극심한 기근에 시달리던 에티오피아를 돕기 위해 상황을 널리 알려 자금을 모으려는 것이었다.

음악은 사람과 공동체를 하나로 모으고, 정체성(사회적·정치적 정체성을 포함함)은 특정 음악 스타일과 장르를 중심으로 구축된다. 음악은 깊은 정치적 의미를 지닌 반골적 정체성을 유지한다. 영국의 펑크punk를 군주제, 영국 중산층의 생활, 경제적 불안정에 대한 반동으로 생각하고, 섹스 피스톨스Sex Pistols와 클래시Clash와 같은 밴드도 반항적 정치를 추구한다(Hebdige, 2012). 파리에 있는 아프리카 이민자 공동체의 프랑스어 힙합은 인종차별과 빈곤에 반대하는 목소리를 내고 정치적 의식과 항의를 유지하는 데 기여했다. 음악은 또한 보수적이고 혁명적인 정치를 유지할 수 있다. 예를 들어 지배적 집단이 수용하는 컨트리country 음악 장르는 종종 방어적 정치를 자극하는 향수와 함께 과거와 고향에 대한 애정을 들려준다. 특정 세대에 속한다는 것은 특정 음악이나 노래와 연결되는 경우가 많다. 예를 들어 미국의 저널리스트 클로스터먼(Klosterman, 2022)은 너바나Nirvana가 앨범 〈네버마인드Nevermind〉를 발표한 1991년 9월 24일에 1990년대가 시작되었고, 그런지Grunge 음악은 1980년대를 사실상 마무리했으며, 엑스세대가 부상하면서 그들의 목소리를 높였다고 주장했다. 또한 미국에서도 '블랙 라이브스 매터'의 정신은 N.W.A. 같은 힙합 그룹, 경찰 폭력을 비판한 1980~1990년대의 퍼블릭 에너미Public Enemy, 2010년대 미국 도시 전역의 거리에서 울려 퍼진 「올라이트Alright」를 불렀던 켄드릭 라마Kendrick Lamar(Manabe, 2019) 등과 함께 음악적·정치적 연속체로 존재한다. 특히 텔레비전과 인터넷 접속이 거의 없거나 문해력이 낮은 지역과 구술 역사의 전통이 강한 지역에서는 라디오방송과 음악이 대중 커뮤니케이션의 핵심 수단이며, 따라서 정치도 마찬가지다(Allen, 2004).

음악에 담긴 정치적 의미 때문에 음악에 대한 통제도 존재한다. 권위주의 정권은 음악을 심하게 검열해 왔다. 심지어 민주주의 국가에서도 음악이 어떻게 청소년을 부패시키고, 섹스와 마약을 조장하며, 갈등을 일으키고, 바람직하지 않은 행동을 부추기는지에 대한 공적 토론이 벌어진다. 정치권력은 고대 그리스부터 19세기 이탈리아까지, 힙합과 펑크에 이르기까지 음악을 규제하려고 노력해 왔다. 스트리트(Street, 2013)는 음악과 정치에 관한 그의 저서에서 "인류 역사를 통틀어 음악은 두려움의 원천이자 억압의 대상이었다. 모든 대륙에서 매 세기마다 교회든 국가든 권력을 가진 이들이 공연자의 목소리를 침묵시키기 위해 자신의 권력을 사용하는 것을 보아왔다"(2013: 9)라고 썼다.

몇몇 예외를 제외하면 문화연구 외에 정치 커뮤니케이션에서 음악에 관한 연구는 거의 없다. 스트리밍 플랫폼은 데이터를 수집할 수 있는 API(응용 프로그래밍 인터페이스)를 사용하지만, 이를 활용하는 학자는 거의 없다. 마찬가지로 학자들이 노래 가사에 대한 주제 모델링이나 감정 분석 등의 컴퓨터 분석을 사용하거나 스트리밍 정치에 대해 논문을 내는 경우는 여전히 드물다(Passoth, 2020).

7. 영화, 쇼, 정치 커뮤니케이션

미디어 학자들은 우리가 미디어를 통해 세상의 대부분을 알게 되고, 우리가 세상을 인식하는 방식은 미디어 표현의 영향을 받는다고 오랫동안 주장해 왔다. 이는 특히 영화에 해당되는데, 개인적 경험을 통해 직접 탐색할 수 없는 장소와 역사적 시대를 다룰 때는 더욱 그렇다. 시각적 커뮤니케이션은 강력하며, 우리 마음속의 많은 그림은 영화관, 텔레비전, 디즈니플러스Disney+, 훌루, 넷플릭스 등의 스트리밍 플랫폼에서 본 것들에 의해 형성된다. 실제로 최근 설문 조사에 따르면 미국 시청자들은 실제 생활을 보기 위해 픽션 콘텐츠를 선호하는 경우가 많다. 〈웨스트윙〉이 '매우' 또는 '다소' 현실적으로 묘사했다고 생각한 경우가 응답자의 51퍼센트였고, 〈더 크라운The Crown〉은 44퍼센트, 〈하우스 오브 카드House of Cards〉는 42퍼센트, 스트리밍 코미디 〈부통령이 필요해VEEP〉는 27퍼센트가 그렇게 답했다(Ipsos, 2022). 그리고 실제로 정치 픽션 영화나 드라마는 어느 나라에서나 매우 인기가 많다. 가상의 총리 '비르기트 뉘보르'를 묘사한 덴마크 드라마 〈보르겐〉이 글로벌 시장에서 성공한 것도 그러한 사례다.

텔레비전, 유튜브, 틱톡 등 시각적 플랫폼은 주로 엔터테인먼트에 사용되며 정치적 정보에는 훨씬 덜 사용된다. 그러나 학자들은 이 두 영역이 서로 밀접하게 연관될 수 있음을 여러 연구를 통해 보여주었다. 예를 들어 1960년대 후반에 이미 조지 거브너George Gerbner는 텔레비전 콘텐츠(일반적으로 말하자면 미디어 콘텐츠)가 시간이 지남에 따라 실제보다 더 폭력적인 "비열한 세상"에 대한 두려움과 불안감을 계발하고 있다고 주장했다(Romer et al., 2014). 다양한 주제를 다루는 일일 토크쇼, 〈더 데일리 쇼The Daily Show〉와 같은 풍자적 TV 쇼 또는 다양한 국가의 심야 쇼와 같은 소위 '소프트 뉴스' 프로그램은 정치 지식과 정치 참여에 긍정적 영향을 미친다(Hoffmann and Young, 2011; Königslöw and Keel, 2012; Reinemann et al., 2012). 그로섹과 크론가드(Groshek and Krongard, 2016)는 정치적 콘텐츠와 비정치적 콘텐츠 모두에서 스트리밍 TV의 사용이 증가하면, 온라인 및 오프라인 정치 참여가 높아질 수 있음을 보여주었다. 실제로 연구자들은 정치적 주제를 간접적으로 다루는 리얼리티 쇼나 연속극처럼 비정치적 콘텐츠가 비공식적인 정치적 대화를 자극하고 유지할 수 있음을 보여주었다(Graham and Hajru, 2011). 정치 지식에 있어 사람들이 누구와 이야기하는지보다는 정치에 대해서 얼마나 많이 이야기하는지가 더 중요하다는 연구 결과도 있다(Amsalem and Nir, 2021).

인기 영화와 드라마는 정치적 주제를 중심으로 전개되는 경우가 많으며 판타지 드라마도 정치적 영향을 미칠 수 있다. 예를 들어 매우 인기 있는 TV 시리즈 〈왕좌의 게임〉(2011~2019년 방송)을 생각해 보자. 이 시리즈에서는 귀족 가문들이 가상의 '웨스테로스' 땅을 장악하기 위해 싸우고, 고대의 적이 수천 년 동안 잠자고 있다가 돌아온다. 2014년 스페인에서 1500만 명이 참여한 인디그나도스Indignados(분노한 사람들) 운동에서 발전한 좌파 포퓰리즘 정당인 포데모스PODEMOS의 지도자인 파블로 이글레시아스Pablo Iglesias는 전략적 정당 커뮤니케이션을 위해 〈왕좌의 게임〉을 반복적으로 사용하며 젊은 유권자 및 활동가와 연결되는 비유와 주장들을 찾아냈다. 비리노와 오르테가(Virino and Ortega, 2019)의 분석이 제시하듯이 신생 정당을 〈왕좌의 게임〉의 등장인물인 '대너리스 타르가르엔'에 비유하거나, 스페인의 펠리페 6세Felipe VI에게 DVD 세트를 선물한 사례('많은 것을 배울 것이다'는 메시지) 등이 있다. 당 지도자는 권력을 획득하고 유지하는 방법, 정치 고문의 음모와 계략, 정치적 폭력과 노예제도 방식, 이러한 것들을 종식시키는 방식, 연합을 구축하고 해체하는 방법 등 드라마에 대한 정치학적 관점을 담아 〈왕좌의 게임〉에 관한 책(Iglesias, 2015)을 편집하기도 했다.

마지막으로 텔레비전과 스트리밍, 영화, 플랫폼에 삽입된 비디오는 모두 정치적 정체성, 가치, 희망, 열망을 형성하는 문화 자료의 일부다.

그것은 삶의 방식과 합법적이거나 불법적인 정치적·사회적 질서와 권위의 형태를 대표하거나 비판한다. 그것은 사람들이 자신과 타인 및 세계와의 관계에 대해 어떻게 생각해야 하는지를 (종종 암묵적으로) 주장한다. 따라서 드라마를 시청하고 즐기는 사람, 그리고 그로부터 배우는 사람이라는 측면에서 드라마가 정치적 집단에 매핑되는 것은 놀라운 일이 아니다. 결국 모든 문화와 마찬가지로 드라마와 영화는 우리가 누구인지, 우리는 무엇이 되고 싶은지를 정치적 방식으로 영향을 미치며 우리 자신을 다시 우리 자신에게 표현한다.

8. 패션과 정치 커뮤니케이션

정치에서 전략적 커뮤니케이션은 구두, 서면 또는 디지털 방식으로 매개된 메시지에만 국한되지는 않는다. 제1장에서 우리는 이 책에서 말하는 '커뮤니케이션'이란 말, 텍스트, 시각적 상징, 디지털 비디오 또는 이러한 모든 것들의 조합을 포함하는 모든 형태의 상징적 표현을 의미한다고 밝혔다. 운동선수가 옷에 스폰서 라벨과 광고 라벨을 붙이듯이 정치인이나 일반인의 신체, 의복, 헤어, 장신구 등도 상징적 표현의 캔버스로 활용될 수 있다.

가장 분명한 예는 아마도 왕과 왕비의 의복일 것이다. 머리에 착용하는 제국의 일부를 나타내는 보석이 가득한 왕관, 예복에 매달린 띠와 메달 등이 있다. 이들은 항상 군중 속에서 눈에 띄고 가능한 한 많은 사람의 눈에 띄도록 화려한 천을 쓴다. 전투, 승리, 그리고 신하들을 하나로 묶는 이벤트를 기념하는 국가 상징은 손수건, 가방 또는 목걸이에 코드화되어 있다. 편한 옷을 입거나 국내 스트리트 패션 브랜드를 입는 것만으로도 서민들에게 친근감을 전달하는 효과가 있다. '평범'이라는 것은 지역 패션 산업을 지지하는 제스처가 될 수 있다. 아마도 극단적이기는 하지만 매혹적인 예로 보리스 존슨Boris Johnson과 도널드 트럼프 같은 인물이 있다. 둘 다 맞춤 제작되고 잘 재단된 양복을 입을 수 있는 부유한 남성이지만, 잘 맞지 않는 양복과 넥타이, 특이한 머리 스타일, 그리고 트럼프의 경우 악명 높은 가짜 태닝을 선택했다. 대다수 정치인은 선거운동 중에 패스트푸드를 먹고 맥주를 마시며, 엘리트 멤버십과 부를 가리기 위해 평범한 옷차림을 하고, 공통된 취향을 가진 사람들과 늘 어울리는 사람이라는 '진정성 환상'(Enli, 2016)을 만든다.

정치 행위자들의 복장은 간혹 젠더 논쟁을 낳는다. 남녀 후보자 모두 인스타그램과 같은 시각적 플랫폼을 사용해 보다 개인적이고 인간적인 측면을 보여주려는 경향이 있다. 이는 물론 신중하게 선별된다. 여성 후보자는 인스타그램 사진에 더 많은 '좋아요'를 받는 경향이 있다(Brands et al., 2021). 결국 여성 정치인은 남성 동료보다 옷과 헤어스타일에 훨씬 더 많은 시선을 받는다(Jansens, 2019). 오랫동안 여성 정치인들은 남성 정장 스타일을 따라 했다. 영국 최초의 여성 총리(1979~1990년 재임)인 마거릿 대처Margaret Thatcher는 정치뿐 아니라 권위 있는 옷차림과 보수적 스타일 때문에 '철의 여인'으로 알려졌다. 수십 년 후 테레사 메이Theresa May 총리는 표범 무늬부터 립스틱 키스가 그려진 신발까지 인상적인 신발 컬렉션으로 유명해졌다. 또 다른 옵션은 항상 같은 스타일의 옷을 입으며 관심을 끄는 것이다. 예를 들어 앙겔라 메르켈은 16년간의 독일 총리 재임 기간에 끝없이 다른 색상의 똑같은 재킷을 입음으로써 이 전략을 완성했다. 그녀가 이 길을 벗어날 때마다, 예를 들면 (노르웨이) 오슬로의 오페라하우스에서 로 컷low cut 드레스를 입었을 때 큰 화제를 모았다. 의복은 문화적으로 코드화된 경우가 많으며 적합성의 기준은 항상 유동적이다. 백인들이 히피 스타일로 입 거나 토속적 패턴의 드레스를 입을 때 문화적 전유에 관한 담론을 생 각해 보자. 또한 성별에 따른 기대치가 적용되는데, 남성 정치인이 수 영복을 입고 포즈를 취하는 사진과 건강, 남성다움, 정력을 시각적으 로 표현한 사진은 많지만, 여성 정치인이 수영복이나 비키니를 입은 모 습은 거의 볼 수 없다. 정치인들은 패션을 통해 발언한다. 예를 들어 미 국 민주당 의원들은 여성과 권리를 박탈당한 집단과의 유대를 표현하 기 위해 2020년 국정 연설에서 '여성 참정권을 상징하는 흰색suffragette white' 옷을 모두 입었다. 비슷한 맥락에서 보라색은 2021년 조 바이든 Joe Biden의 대통령 취임식에서 여성 배우들의 의상을 지배했는데, 이는 민주당의 파란색과 공화당의 빨간색의 초당적 분열을 연결하는 암시 였다(Friedman and Steinhauer, 2021).

주목할 사례

캐주얼하게 옷을 입는 것도 정치인의 커뮤니케이션 도구 상자에 있는 상징적 전략이다. 2022년 러시아의 우크라이나 침공 첫날, 에마뉘엘 마 크롱Emmanuel Macron 프랑스 대통령이 평소처럼 맞춤 양복을 입는 대 신에 청바지와 후드 티 차림의 면도하지 않은 모습으로 엘리제궁 사무 실에서 찍힌 사진이 등장했다. 이 사진들은 결코 우연한 스냅 숏이 아 니라 그의 공식 사진작가가 대선 캠페인 마지막 날에 열심히 일하고도 결코 지치지 않는 남자를 묘사하려고 찍은 놀랍도록 연출된 장면이었 다. 그가 믿을 수 없을 정도로 섹시해 보였는지, 아니면 볼로디미르 젤 렌스키 우크라이나 대통령(러시아 침공 당시 입었던 다부진 스타일의 군용 티셔츠 착복으로 유명함)을 코스프레한 것인지에 대한 논쟁이 이어졌다. 그 후드 티에는 프랑스 군대의 정예 낙하산 사령부의 상징이 들어 있었기 때문이다.

보석을 통해 말하는 '브로치 외교'도 있다. 영국 엘리자베스 2세의 악명 높은 사례로, 2018년 트럼프의 영국 국빈 방문 때 버락 오바마 대통령이 여왕에게 선물한 브로치를 착용하는 등 국빈 방문 및 기타 출연 중에 '#tiaraalert' 또는 '#broochwarfare'와 같은 해시태그가 튀어나왔다. 브로치를 좋아하는 매들린 올브라이트Madeleine Albright 전 미국 국무부 장관은 2015년 CNN 인터뷰에서 자신의 '핀 외교'에 대해 설명했다. 그녀는 러시아가 미국 국무부를 도청했다는 사실을 알고 벌레 모양의 '아주 큰 핀을 달았다. 그 후에 그녀가 러시아 대표단을 만났는데, 그녀는 "내가 표현하고자 했던 내용을 대표단이 정확히 알고 있었다"라고 주장했다(CNN, 2015).

정치 엘리트를 훨씬 넘어서서 의복, 모자, 신발, 문신 등은 정치적인 정체성을 포함하는 정체성의 표시이자 상징이다. 사람들이 옷을 입고 자신을 표현하는 방식은 자신이 누구인지, 어떤 집단에 속해 있는지, 그들이 일하는 공간에 대한 커뮤니케이션의 한 형태다. 따라서 다시키dashikis(아프리카의 남성용 민속 의상), 사리saris(인도의 여성용 민속 의상), 서부 카우보이 부츠, 비즈니스 복장이 정치적 소속, 이데올로기 및 지위를 전달한다는 것은 놀라운 일이 아니다. 이러한 스타일은 이를 선도하려는 정치인과 저명 활동가들에 의해 사람들에게 다시 반영된다.

요약하면 플랫폼에 시각적 콘텐츠가 더 많이 게시될수록 정치 생활에서 시각적 상징의 역할이 더 커진다. 구두 메시지와 문자 메시지는 주목의 경제 측면에서 침묵의 상징적 진술과 경쟁한다. 연설과 성명 발표를 위한 시간은 제한되어 있지만, 대담한 패션을 통한 성명 발표는 헤드라인을 장식하고 사용자 참여를 유도하거나 온라인에서 분노나 입소문을 불러일으킬 수 있다. 또는 사회적 정체성, 정치적 소속, 신념을 보다 일상적으로 표시할 수도 있다. 이벤트와 잡지 표지에서, 모든 이의 시선이 집중되는 곳에서, 또는 인스타그램에서 일상적으로 정치 행위자들은 한마디도 하지 않고서 메시지를 전달하고, 이념을 기호화하며, 여론에 영향을 미칠 수 있다.

9. 요약

이 시점에서 정치 커뮤니케이션이 다루는 범위는 실제로 매우 넓고, 공식 정당 커뮤니케이션이나 정부 웹사이트를 훨씬 뛰어넘는다는 사실이 분명해졌기를 바란다. 이것은 재미있고, 오락적이며, 충격적이고, 놀라운 일이다. 우리는 예상치 못한 온갖 종류의 장소에서 정치 커뮤니케이션을 발견할 수 있다. 틴더나 그린드르Grindr와 같은 데이트 포털에서의 후보자 캠페인처럼, 정치인은 코미디언의 조롱(예: 전통적인 백악관 특파원 만찬 중)을 견뎌야 한다. 정치적 농담(예를 들어 사회적 저항으로서의 멕시코의 정치적 농담에 관해 다룬 새뮤얼 슈미트Samuel Schmidt 의 2014년 책을 참고), 밈, gifgraphics interchange format, 만화, 노래 및 정치적 함의를 담은 쇼 등도 있다. 그리고 클래식 음악과 심포니오케스트라가 외교 및 국제 관계에서 중요한 역할을 하는 방식(Gienow-Hecht, 2015), 발레에서 정치 프로파간다를 하는 방식 등 여기서 다루지 않은 훨씬 더 많은 내용이 있다(Gonçalves, 2019). 국가 정상이 팀을 응원하고 국빈 방문으로 라커룸을 방문하는 등 외교 기회로 삼는 올림픽 게임이나 세계 선수권대회와 같은 국제 스포츠 행사에서 정치의 역할에 대해 생각해 보자. 또는 러시아·우크라이나 전쟁 중 우크라이나를 지지하는 평화 메시지가 적힌 티셔츠를 입은 포뮬러원 드라이버, 혹은 국제축구연맹이 2022년 카타르 월드컵 기간에 LGBTQIA+ 권리를 지지하기 위해 무지개 완장을 찬 축구 선수들을 제재하겠다고 위협한 이후의 논쟁 등의 사례도 있다. 온라인과 비디오게임에도 정치가 있고, 게임과 게임 문화에는 정치적이고 여성의 역할에 대한 생각을 형성하는 성차별적 고정관념이 깊다. 그리고 우리의 관심은 소셜미디어에서 메타버스나 다른 형태의 가상현실로 옮겨갈 수도 있는데, 그곳에서 정치, 권력 구조, 논쟁, 저항은 새롭지만 매우 현실적인 형태를 취하게 될 것이다.

토의할 질문

• 정치 캠페인을 위해 소셜미디어에서 영향력 있는 사람들과 협력할 때 얻을 수 있는 잠재적 이득과 위험은 어떤 것이 있을까?

• 정치 커뮤니케이션에서 팟캐스트의 역할은 무엇인가?

추가 독서 목록

Jackson, S. 2021. "'A very basic view of feminism': Feminist girls and meanings of (celebrity) feminism." *Feminist Media Studies*, 21(7), pp. 1072~1090.

Murphy, P. D. 2021. "Speaking for the youth, speaking for the planet: Greta Thunberg and the representational politics of eco-celebrity." *Popular Communication*, 19(3), pp. 193~206.

Van Krieken, R. 2018. *Celebrity Society: The Struggle for Attention*. Abingdon:

Routledge.

Williams, B. A. and M. X. Delli Carpini. 2020. "The eroding boundaries between news and entertainment and what they mean for democratic politics." in L. Wilkins and C. G. Christians(eds.). *The Routledge Handbook of Mass Media Ethics*. London: Routledge, pp. 252~263.

Young, D. G. 2020. *Irony and Outrage: The Polarized Landscape of Rage, Fear, and Laughter in the United States*. New York: Oxford University Press.

제13장

결론: 플랫폼과 정치 커뮤니케이션의 미래

결론적으로 말하자면 우리는 이 책에서 플랫폼 시대의 정치 커뮤니케이션에서 가장 적절하고 시급한 문제들이 무엇인지 제시하고, 비판적으로 고찰할 수 있는 모델을 개발했다. 우리는 지금도 많은 도전을 직면하고 있으며 향후에도 그럴 것이다. 우리는 이 책이 정치 커뮤니케이션을 공부하는 젊은 학생, 저널리스트, 정책 입안자, 연구자에게 플랫폼과 정치의 교차점에 있는 현안들을 살펴볼 수 있게 하고 논의의 프레임워크와 맥락을 제공함으로써 그들의 아이디어, 사고, 연구 작업 등에 영향을 미칠 수 있기를 기대한다.

독서 목표

- 이 책의 핵심 주제를 요약해 본다.
- 이 책에서 다룬 내용과 다루지 않은 내용에 대해 토론한다.
- 정치 커뮤니케이션 및 향후 연구를 위한 제언을 한다.
- 정치 커뮤니케이션과 민주주의의 관계를 명확히 설명한다.

1. 이 책이 필요한 이유

정치 커뮤니케이션은 1960년대에 국제커뮤니케이션협회International Communication Association: ICA 및 미국정치과학협회American Political Science Association: APSA에 정치 커뮤니케이션 분과가 설립되면서 현재의 규격화된 형태를 갖추게 된 견고한 연구 전통을 가진 분야다. 학술적으로는 비교적 짧은 기간에 정치 커뮤니케이션 과정을 포착하기 위해 많은 이론이 제시되었으며(Blumler, 2015), 심층적인 실증적 연구를 통해 전 세계 정치 커뮤니케이션의 작동 방식을 밝혀냈다(Lilleker, 2006). 많은 학자가 이론적·경험적 연구를 안내하기 위해 정치 커뮤니케이션의 정의를 제안했다. 예를 들어 슈에츠(Schuetz, 2009: 758)는 정치 커뮤니케이션을 "정치적 실천에 대한 의미"를 구축하려는 목표를 가진 정치인, 저널리스트, 시민 간의 커뮤니케이션으로 정의했다. 이 아이디어에는 미디어 메시지가 정치 엘리트의 파워, 신뢰성 및 권위를 강화하는 방법과 함께 파워를 획득, 행사, 유지하는 방법이 포함된다.

이 정의는 많은 학문적 연구를 담고 있지만 이 책에서 우리의 목표는 훨씬 더 광범위했다. 정치 커뮤니케이션의 모델과 정의는 플랫폼 시대의 사회적 정체성, 엔터테인먼트, 사회운동, 라이프 스타일 및 건강 등을 포함한 사회생활의 여러 영역에서의 정치적 양상을 포착하려고 했다. 플랫폼은 현대의 정치 커뮤니케이션과 정치를 훨씬 뛰어넘는 사회생활을 위한 인프라를 제공하기 때문이다. 플랫폼의 상업 모델, 콘텐츠 조정, 테크놀로지 설계 및 알고리즘이 인간 심리, 개인 선호 및 정체성, 사회 및 정치 구조, 경제 및 정치 제도 등과 상호작용하면서 정치 커뮤니케이션이 가능해졌다(Thorson et al., 2021).

플랫폼에 관해서는 모순된 결과를 포함하는 어지러울 정도로 많은 조사 결과가 있다. 학자들은 소셜미디어가 미국에서 정치적 오해를 줄이는 데 도움이 될 수 있다는 사실을 발견했으며(Garrett, 2019), 파키스탄 농촌 지역에 관한 연구에서는 소셜미디어에 대한 노출이 정치적 인식을 높이는 것으로 나타나기도 했다(Ahmad et al., 2019). 디지털 미디어에 대한 노출을 통해 정치 지식과 정치 참여를 얻을 수 있다(Dimitrova et al., 2014; Matthes et al., 2019). 한편 학자들은 전 세계 국가에서 공적 영역을 부패시키는 오정보와 허위정보가 증가했음을 기록했다(Persily and Tucker, 2020). 플랫폼이 정치 생활에 미치는 영향의 정도는 사람들이 기존 목표, 정체성, 정치적 요소들에 맞추어 소셜미디어와 기타 테크놀로지를 어떻게 사용하는지에 달려 있다(예: Knoll et al., 2020: 136). 또한 이용과 충족 접근(Katz et al., 1974), 미디어 및 감정이론(Lazarus, 1991), 프로토타입(Higgins, 1996)에 대한 연구에서 발견된 정치 역학과의 관계도 고려해 보아야 한다. 이 연구들은 사람들이 특정 미디어의 사용에서 얻는 이점을 내부적으로 평가하는 방법, 이전 경험이 미디어의 사용에 미치는 영향, 미디어의 인지적 처리가 의견 형성에 미치는 영향 등을 고려한다. 요약하자면 사람과 정치 시스템이 비록 기존의 선택과 미디어 환경에 의해 다시 영향을 받고 있지만 그럼에도 미디어 행위 주체이지 정보의 수동적 수신자는 아니라는 것이다(Webster, 2014). 많은 사람이 오정보, 허위조작정보, 프로파간다, 양극화 등 상업적이고 고도로 정치화된 디지털 생태계 때문에 발생하는 민주주의에 대한 도전을 지적하지만(Iyengar et al., 2019; Pennycook et al., 2021), 디지털 미디어가 할 수 있는 민주주의의 급진적 잠재력도 있다. 특히 이전에는 참여에서 제외되었던 많은 목소리를 포용할 수 있는 공적 영역의 확장(De Zúñiga and Chen, 2019; Jackson et al., 2020; McIlwain, 2019)이라는 잠재력을 갖고 있다.

지금까지 정치 커뮤니케이션 연구의 대부분은 서구 민주주의 중심이었다. 하지만 이 책은 전반에 걸쳐 개발도상국들을 포함한 전 세계의 다양한 지역을 고려하는 동시에, 비지배적 집단의 관점에서 이들이 어떻게 글로벌 정치의 변화하는 지형과 관련되고 있으며 경험하고 있는지 이해하고자 했다. 이는 정치 커뮤니케이션 이론과 연구를 다양화하라는 지속적 요청(Karam and Mutsvairo, 2021; Lawrence and De Vreese, 2020; Moyo, 2020; Orgeret and Rønning, 2020)과 여론 등에 관한 연구 결과를 맥락화할 필요성(Rojas and Valenzuela, 2019)을 반영한다. 이 책의 모델이 자세히 설명하고 연구에서 확인된 것처럼(Mutsvairo and Karam, 2018; Shehata and Strömbäck, 2011), 정치 커뮤니케이션 전략은 맥락에 따라 형성되고 인종 및 성별과 같은 요소에 의해 구조화된다(Abendschön and García-Albacete, 2021; Ross, 2017). 특히 커뮤니케이션과 정치의 글로벌 흐름, 미디어와 커뮤니케이션 테크놀로지의 끊임없는 변화, 미디어 및 정치 시스템의 진화(Klinger and Svensson, 2016) 등을 고려할 때, 이 분야를 다양화하고 확장하려는 노력은 반드시 필요하다. 비민주주의 국가에서 저널리스트, 시민사회 활동가, 공중의 반대 목소리가 국가의 탄압에도 불구하고 지속되도록 하는 방식을 이해하는 것이 중요하다. 그러한 사람들에게 민주주의 국가의 국경 너머를 바라보는 것은 정치적 권리 및 자유의 가치와 미약함을 동시에 상기시켜 주며 정의, 평등, 자유를 위해 노력해야 한다는 책무감을 상기시켜 준다.

이 책은 특정한 목표를 염두에 두고 저술되었다. 이 책을 읽는 학부생, 대학원생, 학자, 정치인, 컨설턴트, 시민 등 누구든 이들과 테크놀로지의 급속한 변화를 경험하는 시대의 정치 커뮤니케이션에 대한 지식과 이해를 위한 프레임워크를 공유하고 싶었다. 이 책이 해당 분야의 학문적 연구에 대해 논의하는 동시에 학술적 측면과 현장 전문가적 측면의 간극을 해소하는 데 도움이 되었기를 바란다(Nielsen, 2018). 현실은 플랫폼이 새로운 경제적 인센티브를 제공하고, 새로운 행위자에게 권한을 부여하며, 새로운 기회를 제공함에 따라 경제의 모든 부문, 사회 및 문화적 삶의 측면, 민주주의 제도 등이 상당한 변화를 겪고 있으며, 때로는 긴장 관계에 놓이기도 한다는 것이다. 이 책은 정치 맥락에서 이러한 큰 쟁점을 해결하는 로드 맵을 제공하기를 기대하지만, 실은 경제적·사회적·문화적·정치적 쟁점들의 경계는 유동적이다. 실제로 이러한 것들을 공중의 관심 대상으로 만드는 것이 정치가 하는 일이라고 볼 수 있다.

우리는 플랫폼이 정치에 널리 활용되는 시대에 등장한 1세대 정치 커뮤니케이션 학자의 관점에서 글을 쓴다. 이처럼 우리는 플랫폼 시대의 정치 커뮤니케이션에 관한 모든 작업을 함께하며, 인터넷 정치 연구의 초기 시대부터의 변이를 지켜보고 또 참여도 했다. 우리는 정치 조직 역량의 급진적 변화, 집단적이며 긴밀히 연계된 행동의 새로운 가능성, 뉴스와 정보 분야의 경제와 배포의 변화, 사회 및 정치적 삶의 구조 변화 등을 목격하고 연구해 왔다. 이는 인터넷과 플랫폼이 이러한 모든 변화를 스스로 가져왔다는 의미는 아니다. 오히려 이 책의 전반에 걸쳐 강조하려고 했던 모델은 우리가 일을 하도록 이미 조직되어 있는 정치적·사회적·경제적·기술적 환경으로 테크놀로지가 도입되었다는 것이다. 미디어와 테크놀로지와 함께 일하는 사람과 기관은 정치적 쟁점들을 야기하며, 결국 인종 정의를 위한 글로벌 운동을 지원하는 바로 그 플랫폼이 권위주의자가 되려는 사람들을 지원할 수도 있다.

개발도상국과 아시아의 소외된 국가들의 사례와 사례연구를 활용하는 것이 이러한 역동성을 밝히는 데 도움이 되었다. 지난 10년 동안 미국인과 서유럽인들이 배워야 할 교훈이 있다면, 그들의 민주주의가 역사 밖에 있는 독특하고 시대를 초월한 안정적인 정치체제는 아니라는 것이다. 또한 민주주의는 자유와 계몽으로 전달되는 단순한 봉화 체계가 아니다. 선진화된 민주주의 국가들은 스스로의 위기를 조명하고 개선의 모델이 될 수 있는 다른 국가들로부터 많은 것을 배웠다. 잘 알려지지 않았을 수 있지만, 선진화된 민주주의 국가들은 냉전 개입과 식민주의의 깊은 유산 등을 통해 민주주의 정부를 포함해 다른 정부를 불안정하게 만드는 데 중요한 역할을 하기도 했다.

동시에 미디어와 정치 커뮤니케이션을 세계적 현상으로 보지 않으면 과거의 패턴으로 되돌아갈 위험이 있다. 플랫폼은 글로벌 차원에서 움직이며 실리콘밸리 등에서 내리는 결정은 전 세계에 영향을 미친다. 예를 들면 인종적·민족적 폭력 및 민주주의의 불안정을 야기한 실패작이었던 콘텐츠 모더레이션content moderation[•] 테크놀로지에 투자하지 않기로 한 결정과 같은 것들이다. 정치 커뮤니케이션 연구 분야는 초국가적이며, 전 세계 연구자 집단의 통찰력은 플랫폼과 민주주의에 대한 일반화가 가능한 지식을 구축하는 데 도움이 된다. 그리고 세계 경제에서 기후변화에 이르기까지 우리가 알고 있는 어떤 것이든, 하나의 정치적 쟁점이 단일 국가에만 해당하는 경우는 거의 없다.

종합적으로 말하자면 이 책은 정치 커뮤니케이션에 대한 새로운 플랫폼 지향적 관점을 제시했을 뿐만 아니라 학자, 학생, 정책 입안자, 저널리스트, 정치 행위자로부터 지속적 관심을 받고 있는 분야의 발전을 포착하려고 했다.

[•] 콘텐츠 모더레이션은 온라인 채팅 등에서 설정된 표현들을 여과하는 콘텐츠 필터링 솔루션 프로그램을 가리킨다. 표현의 자유를 침해하는지, 혐오표현을 여과하는지에 대한 논쟁을 불러일으켰다 _ 옮긴이 주.

2. 이 책에서 다루지 않은 내용

이 책은 플랫폼 시대의 정치 커뮤니케이션을 소개하고 있다. 여기서 제시하는 주제와 쟁점들은 저자들이 연구와 교육에 필수적이라고 생각한 것이다. 물론 이것은 완전하고 충분히 포괄적인 관점은 아니다. 실제로 이 책의 집필 중에 몇몇 지점에서는 내용이 몇 배나 길어질 수도 있었다. 불가피하게 일부 내용을 생략하거나 일부 내용에 대해서는 피상적인 논의만 제공하게 되는 어려운 선택이 필요했다. 이 책은 오랫동안 주요한 미디어였던 라디오보다 플랫폼에 더 초점을 맞추고 있다. 정치 커뮤니케이션 분야는 한 권의 책으로 설명하기에는 넓고 깊으며 다양하다.

따라서 이 책에서 다루지 않은 내용, 또는 충분히 광범위하거나 깊게 다루지 못한 내용도 있다. 이 책에는 정치 커뮤니케이션에 사용되는 이론이나 방법을 다루는 장이 없다. 이 책은 현장의 주요 발견과 아이디어, 주제 및 사례와 관련해 이론과 방법을 논의하며 이를 분리해서 다루지는 않았다. 또한 이 책은 의도적으로 범위를 넓혔으며, 다양한 분야 간의 경계를 따르지는 않았다. 이는 정치 커뮤니케이션에서 사용하는 개념과 모델이 사회학, 심리학, 정보과학 등 유관 학문에서 차용해 온 경우가 많기 때문이다. 이 책은 다른 책들처럼 프레이밍 분석, 의제 설정, 게이트키핑, 미디어화mediatization 및 기타 이론들을 더 깊이 탐구할 수도 있었지만, 이러한 개념을 훌륭하고 자세히 설명한 책들이 이미 많기 때문에 이 책은 플랫폼 분석과 연구에 중점을 두었다.

정치 커뮤니케이션 분야는 실증적 연구에 초점을 맞추며, 이는 계량적 연구를 주로 의미한다. 다른 책에서는 통계적 접근, 컴퓨터 처리, 모델링, 자동화된 콘텐츠 및 프레이밍 분석, 소셜미디어의 대규모 데이터 세트를 매핑하는 네트워크 분석 등을 제시하기도 하지만, 이 책에서는 특정 연구를 제외하고는 일반적으로 이러한 사항을 논의하지 않았다. 여기에서 개요를 빠르게 제공하기 위해 컴퓨팅 과학이나 디지털 언어학 등 다른 분야의 방법이나 기존의 솔루션 및 잘 알려지지 않은 도구를 사용하기도 했다. 원칙적으로 이러한 접근들에는 아무 문제가 없지만, 학자들이 사용하는 도구와 타당성에 대한 통제력이 적다는 것을 의미하기도 한다. 동시에 사회과학을 전공한 정치 커뮤니케이션 학자들은 다른 분야 학자들의 유입으로 그들의 이론과 방법론을 접하고 있다. 물리학자와 컴퓨터 과학자, 언어학자 및 데이터 과학자들도 최근 몇 년 동안 정치 커뮤니케이션 쟁점에 관심을 가져왔다. 예를 들어 복잡한 시스템에서 생물학적 과정을 연구하는 것과 유사한 방식으로 소셜미디어에서 정치적 메시지의 흐름을 연구하기도 한다. 또 다른 예로 인디애나 대학교의 컴퓨터 과학자 팀은 소셜미디어에서 첫 만남이 미치는 영향을 연구하기 위해, 트위터에서 돌아다니는 중립적 소셜 봇(팀에서는 이를 '떠돌이drifters'라고 칭함)을 프로그래밍하고, 편견이 플랫폼 기능에서 기인하는지, 이용자들의 상호작용에서 기인하는지 살펴보았다(Chen et al., 2021). 이는 매우 적절한 진취적 연구였다. 정치 커뮤니케이션은 항상 학제 간, 초학문적 노력의 결과였으며 앞으로도 그럴 것이다. 문제는 이것이 사회과학자들의 연구 주제에서 주요한 분야로 남아 있을지 여부다(Welles and González-Bailón, 2020).

또한 이 책뿐만 아니라 정치 커뮤니케이션 전반에 있어 더 주목해야 할 내용들이 있다. 여기에는 거리 벽화, 밈, gif, 비디오와 같은 시각적 커뮤니케이션이 포함된다. 놀랍게도 정치 커뮤니케이션 연구에서 실제로 소셜미디어가 제공하는 시각적 콘텐츠를 분석하는 경우가 거의 없었다. 대부분의 연구는 여전히 소셜미디어 게시물의 텍스트 전용 데이터를 기반으로 한다. 물론 그렇게 된 주된 이유 중 하나는 학자들에게 제공되는 데이터 액세스 플랫폼이 제한되어 있기 때문이다. 연구를 위해 인스타그램 게시물을 하나씩 스크린 숏으로 캡처해야 한다면, 수천 개의 인스타그램 게시물을 분석하는 일은 고통스러운 작업이 될 것이다. 잘 연구되지 않은 영역으로는 팟캐스트가 정치 커뮤니케이션에서 수행한 역할 등을 포함한 음향학도 있다. 학자들은 엔터테인먼트 포맷, 음악, 패션 등에 정치 커뮤니케이션이 내재될 수 있다고 지적하지만, 그러한 작품은 여전히 너무 제한적이고 온라인과 비디오게임에 대한 연구는 거의 없다시피 하다. 이러한 주제들도 현재 정치 커뮤니케이션 작업에서 가장 흥미로운 분야인 정체성 연구에 중요하다고 본다.

앤더슨(Anderson, 2021: 58)이 논했듯이 "데이터 포인트에서 수영"하는 것만으로는 충분하지 않으며, 해석이 중요하다. 학자들은 미디어 텍스트의 효과를 측정하는 것 못지않게 미디어 텍스트의 의미를 이해하는 데 더 노력을 기울여야 한다. 마지막으로 이 책은 이 연구 분야에서 인종과 민족, 사회적 지위와 사회적 파워, 식민주의와 탈식민화에 대한 관점이 부족하다는 점을 강조했다. 이 책은 여기서 이 문제를 해결하려고 노력했지만, 향후에 하나의 연구 분야로서 정치적 삶의 근본적 동인에 대해 더 많은 작업을 수행해야 할 것이다.

3. 향후 연구를 위한 제언

정치 커뮤니케이션은 많은 변화를 겪고 있다. 이 책이 출판될 때쯤에는 여기에 포함시키기에는 너무 늦게 구체화된 내용이 많을 것이다. 이미 확립된 정치체제에서도 민주적 위기가 계속될 가능성이 높다. 우익 포퓰리즘 정부, 심지어 권위주의 정부가 집권할 가능성도 높다. 많은 국가에서 이민, 낙태, 총기 소유, 안전과 같은 근본적 쟁점에 대한 지속적이고 격렬한 논쟁이 있을 것이며, 기후변화는 계속해서 자연재해, 기근, 식량 불안, 세계 이주, 정치적 갈등, 민사 분쟁, 세계의 여러 지역에 걸친 시민전쟁을 유발할 수도 있다.

다양한 정치체제 전반의 정치적 발전이나 쟁점에 대한 심층적 이해를 얻기 위해 비교 분석을 하는 것이 중요하다(Blumler and Gurevitch, 1975). 국가 간 비교는 국가 차원에서 정치 커뮤니케이션 환경을 다양하게 형성하는 미디어, 플랫폼, 테크놀로지, 사회 문화, 제도 및 기타 차이점의 존재를 이해하는 데 필요한 도구다. 이러한 연구를 특히 비민주적 정권으로 확대하는 것이 시급하다. 실제로 최근에 민주주의로 전환된 몇 가지 사례가 있었다. 기존의 민주주의 체제가 무정부 체제(혼합 정권)나 권위주의 체제로 빠져들었던 반면(Regan and Bell, 2010), 개발도상국의 권위주의 정권과 군부 통치자들이 새로운 지도자들에게 권력을 이양하기도 했다. 연구자들이 민주주의에 대한 위협을 정확하게 진단하고, 자유롭고 공정한 선거를 공고히 하기 위한 조치를 취하거나 혼합 정권에서 자유주의를 장려하려면, 위기나 전환을 겪고 있는 국가에서 정치 커뮤니케이션의 역할을 이해하는 것이 필수적이다. 다시 말해 권위주의적이거나 전체주의적 통치하에서 민주주의로 전환하는 중이거나 공고히 하는 과정에 있거나 억압과 반자유주의로 퇴행하는 과정에 있는 비민주주의 국가, 민주주의 국가, 혼합 국가 등 전 범위에 걸친 비교연구가 필요하다. 이는 또한 시간에 따른 종단적 비교도 필요하다는 것을 의미한다.

연구는 대화형 기능, 소셜미디어 및 기타 플랫폼이 어떻게 정치 커뮤니케이션을 형성하는지 계속 분석하고 기록해 나갈 것이다. 플랫폼은 수익 모델을 강화하는 방법으로 데이터를 축적할 수 있는 능력을 갖춘 채 오늘날 우리가 사용하는 플랫폼이 아닐지라도 계속해서 경제적·사회적·정치적 추진에서 큰 영향력을 행사할 것이다. 예를 들어 이 책을 집필할 무렵에는 플랫폼이 전 세계적으로 빠르게 중요한 플레이어가 되었다는 광범위한 합의가 있었음에도 불구하고, 정치 커뮤니케이션에서 캠페인, 시위, 사회운동 등 정치 전반에서 틱톡에 대해 분석한 논문은 소수였다(예: Bösch and Ricks, 2021; Hautea et al., 2021; Literat and Kligler-Vilenchik, 2023; Papakyriakopoulos et al., 2022; Vijay and Gekker, 2021). 이는 정치 커뮤니케이션에서 플랫폼을 연구하는 것이 전혀 새롭지 않지만, 이 분야가 디지털 테크놀로지와 함께 진화하고 있음을 보여준다.

사회는 플랫폼이 정치 및 사회생활에 미치는 영향, 상업적 전략으로서의 데이터 의존도, 개인정보보호에 대한 위험 등에 관한 더 많은 연구와 이를 위한 데이터 액세스를 계속 필요로 할 것이다. 플랫폼은 어포던스를 통해 노예제와 인종차별의 유산, 자본 흐름, 기후변화 등의 쟁점들에 대응하는 글로벌 차원의 정치적 동원에서 계속해서 큰 역할을 맡을 것이라는 점 또한 분명하다. 플랫폼이 진화하고 변화하면서 민주주의 체제에 위협이 되는 활동을 포함해 일부 정치 행위자와 사회운동가에게 기회와 동기부여를 계속해서 형성해 줄 것이다. 안타깝게도 한동안 민주적 퇴보도 나타날 수 있다. 어떤 국가에서는 민주적 성과가 역전되었고 또 다른 국가들에서는 민주적 성과를 거두기도 했다. 이 분야에 대한 더 많은 연구가 필요하다.

마지막으로 이 분야가 발전하려면 가용 데이터가 허용되는 한 더 많은 교차 플랫폼 연구가 필요하다. 하이브리드 미디어 시스템에서는 뉴스 포털에서 메신저 앱을 거쳐 트위터와 기타 플랫폼을 경유하며 정보가 유통되는데, 단 하나의 플랫폼(최신 플랫폼이거나 가장 인기 있는 플랫폼이라고 할지라도)에서만 담론적 역학을 연구하면, 아이디어와 목소리가 어디서 나오는지, 어떻게 공적 영역에 들어오고 나가는지를 놓치게 된다. 지난 10년간 전 세계 시장을 지배하는 소수의 플랫폼이 주도한 시장 통합이 많이 있었지만, 다양한 국가 및 국제 거버넌스 시스템에 따라 새로운 플랫폼이 이용자를 확보하고 인터넷 자체가 파편화됨에 따라 미래에는 공중과 이용자가 훨씬 더 분산되고 분절화될 수 있다.

4. 마무리

저자들이 이 책을 쓰는 동안 즐거웠던 만큼 독자들도 이 책을 읽는 동안 즐거웠기를 바란다. 독자들이 플랫폼 시대의 정치 커뮤니케이션에 대한 이해를 보다 넓히고, 이 책에서 벗어나 시민 표현, 공적 토론, 캠페인, 저널리즘, 선거, 사회운동 등을 형성하는 많은 변화를 통해 사고할 수 있는 틀을 얻었기를 바란다. 또한 플랫폼 시대에 커뮤니케이션 수단과 정치적 쟁점에 이의를 제기하는 방법의 극적인 변화에도 불구하고, 여전한 정치 파워, 정치 엘리트, 사회 위계 등 과거와의 많은 연속성을 인식할 뿐 아니라 정치 커뮤니케이션에 있어 명확히 새로운 점들에 대해서도 인식하기를 바란다. 요약하자면 저자들은 이 책을 통해 이러한 변화, 특히 경제에서 거버넌스에 이르기까지 플랫폼을 형성하는 파워와 플랫폼이 상업, 정치, 유력한 기관을 형성하는 파워를 이해하는 데 도움을 주고자 했다.

마지막으로 무엇보다도 플랫폼 시대에 정치적 표현과 정치적 행동의 놀라운 가능성과 바로 그 동일한 플랫폼이 조장하는 민주주의에 대한 무서운 위협에 대해서도 새로운 인식을 가지기를 바란다. 세상의 도전은 대단하다. 저널리즘과 같은 지식 생산 기관의 중요성을 재확인하고, 냉소주의와 시민들의 악마화를 거부하며, 정치적 차이를 넘어 신뢰하고, 정치과정을 부당하게 조작하려는 시도를 거부하며, 플랫폼과 유력한 이익집단들이 민주주의에서 자신의 역할에 사회적 책무를 지도록 하고, 모든 사람이 동일한 정치적·시민적 권리를 누리는 다인종·다민족 사회에서의 삶을 진정으로 포용하는 것은 우리 모두가 해야 할 일이다. 우리 앞에 험난한 길이 놓여 있을 것이다. 이 책에서 제시했듯이 권위주의 지도자와 반민주주의 단체들은 표현과 논쟁을 촉진하는 바로 그 플랫폼들을 사용해 자유롭고 공정한 선거를 방해할 수 있다. 하지만 결국에는 플랫폼 시대의 정치 커뮤니케이션이라는 민주주의 파워의 가능성에 대한 감각을 가지고 이 책을 떠나기를 바란다.

참고문헌

Aalberg, T., F. Esser, C. Reinemann, J. Strömbäck and C. H. Vreese(eds.). 2017. *Populist Political Communication in Europe*. London: Routledge.

Abendschön, S. and G. García-Albacete. 2021. "It's a man's (online) world: Personality traits and the gender gap in online political discussion." *Information, Communication & Society*, 24(14), pp. 2054~2074.

Adams, K. and D. Kreiss. 2021. *Power in Ideas: A Case-Based Argument for Taking Ideas Seriously in Political Communication*. Cambridge University Press.

Ahmad, T., A. Alvi and M. Ittefaq. 2019. "The use of social media on political participation among university students: An analysis of survey results from rural Pakistan." *Sage Open*, 9(3), pp. 1~9.

Aitamurto, T. 2019. "Crowdfunding for journalism." in T. P. Vos and F. Hanusch (eds.). *The International Encyclopedia of Journalism Studies*. Hoboken, NJ: Wiley-Blackwell, pp. 1~4.

Akinwotu, E. 2021. "Facebook's role in Myanmar and Ethiopia under new scrutiny." *The Guardian*, October 7. https://www.theguardian.com/technology/2021/oct/07/facebooks-role-in-myanmar-and-ethiopia-under-new-scrutiny.

Albert, J. and M. Spielkamp. 2022. "Digital Services Act: Time for Europe to turn the tables on Big Tech." *Thompson Reuters Foundation News*, June 30. https://news.trust.org/item/20220630100725-mjbhd.

Aldrich, J. H. 2011. *Why Parties? A Second Look*. University of Chicago Press.

Alexander, J. C. 2011. *The Performance of Politics: Obama's Victory and the Democratic Struggle for Power*. Oxford University Press.

Allan, S. and A. Hintz. 2019. "Citizen journalism and participation." in K. Wahl-Jorgensen and T. Hanitzsch(eds.). *The Handbook of Journalism Studies*. New York: Taylor & Francis, 435~451.

Allen, L. 2004. "Music and politics in Africa." *Social Dynamics*, 30(2), pp. 1~19.

Al-Rawi, A. 2014. "The Arab Spring and online protests in Iraq." *International Journal of Communication*, 8, pp. 916~942.

Amin, A. B., R. A. Bednarczyk, C. E. Ray, K. J. Melchiori, J. Graham, J. R. Huntsinger and S. B. Omer. 2017. "Association of moral values with vaccine hesitancy." *Nature Human Behaviour*, 1, pp. 873~880.

Amsalem, E. and L. Nir. 2021. "Does interpersonal discussion increase political knowledge? A meta-analysis." *Communication Research*, 48(5), pp. 619~641.

Ananny, M. 2016. "Toward an ethics of algorithms: Convening, observation, probability, and timeliness." *Science, Technology* and *Human Values*, 41(1), pp. 93~117.

Ananny, M. and M. Finn. 2020. "Anticipatory news infrastructures: Seeing journalism's expectations of future publics in its sociotechnical systems." *New Media and Society*, 22(9), pp. 1600~1618.

Andersen, J. 2006. "The public sphere and discursive activities: Information literacy as sociopolitical skills." *Journal of Documentation*, 62(2), pp. 213~228.

Anderson, B. 2006. *Imagined Communities: Reflections on the Origin and Spread of Nationalism*(2nd edn.). London: Verso.

Anderson, C. W. 2018. *Apostles of Certainty: Data Journalism and the Politics of Doubt.* Oxford University Press.

_____. 2021. "Fake news is not a virus: On platforms and their effects." *Communication Theory*, 31(1), pp. 42~61.

Aouragh, M. and P. Chakravartty. 2016. "Infrastructures of empire: Towards a critical geopolitics of media and information studies." *Media, Culture & Society*, 38(4), pp. 559~575.

Apuke, O. D. and B. Omar. 2021. "Fake news and COVID-19: Modelling the predictors of fake news sharing among social media users." *Telematics and Informatics*, 56: 101475.

Arceneaux, K. and M. Johnson. 2013. *Changing Minds or Changing Channels?: Partisan News in an Age of Choice.* University of Chicago Press.

Aronczyk, M. 2013. *Branding the Nation: The Global Business of National Identity.* Oxford University Press.

Aronczyk, M. and D. Powers(eds.). 2010. *Blowing Up the Brand: Critical Perspectives on Promotional Culture.* New York: Peter Lang.

Aronczyk, M. and M. I. Espinoza. 2021. *A Strategic Nature: Public Relations and the Politics of American Environmentalism.* Oxford University Press.

Arora, P. 2019. *The Next Billion Users: Digital Life Beyond the West.* Cambridge, MA: Harvard University Press.

Badrinathan, S. 2021. "India is facing an epidemic of misinformation alongside Covid-19." *Washington Post*, June 7. https://www.washingtonpost.com/opinions/2021/06/07/india-misinformation-covid-19-pandemic.

Bail, C. 2022. *Breaking the Social Media Prism: How to Make Our Platforms Less Polarizing.* Princeton University Press.

Bailo, F., J. Meese and E. Hurcombe. 2021a. "The institutional impacts of algorithmic distribution: Facebook and the Australian news media." *Social Media + Society*, 7(2). pp. 1~13. https://doi.org/10.1177/20563051211024963

_____. 2021b. "Australia's big gamble: The news media bargaining code and the responses from Google and Facebook." *AoIR Selected Papers of Internet Research 2021.*

Baldwin-Philippi, J. 2019. "Data campaigning: Between empirics and assumptions." *Internet Policy Review*, 8(4), pp. 1~18.

Balod, H. S. B. and M. Hameleers. 2021. "Fighting for truth? The role perceptions of Filipino journalists in an era of mis- and disinformation." *Journalism*, 22(9), pp. 2368~2385.

Barden, J. and Petty, R. E. 2012. "Persuasion." in V. S. Ramachandran(ed.). *Encyclopedia of Human Behavior*(2nd edn.). London: Academic Press, pp. 96~102.

Barrett, B. 2021. "Commercial companies in party networks: Digital advertising firms in US elections from 2006~2016." *Political Communication*, 39(2), pp. 1~19.

Barrett, B. and D. Kreiss. 2019. "Platform transience: Changes in Facebook's policies, procedures, and affordances in global electoral politics." *Internet Policy Review*, 8(4), pp. 1~22.

Bartoszewicz, M. G. 2019. "Celebrity populism: A look at Poland and the Czech Republic." *European Politics and Society*, 20(4), pp. 470~485.

Bastos, M. T. and D. Mercea. 2019. "The Brexit botnet and user generated hyperpartisan news." *Social Science Computer Review*, 37(1), pp. 38~54.

Bayat, A. 2013. "The Arab Spring and its surprises." *Development and Change*, 44(3), pp. 587~601.

Baym, G. 2019. "'Think of him as the president': Tabloid Trump and the political imaginary, 1980~1999." *Journal of Communication*, 69(4), pp. 396~417.

Baym, G. and R. L. Holbert. 2019. "Beyond infotainment: Political-entertainment media and electoral persuasion." in Elizabeth Suhay(ed.). *The Oxford Handbook of Electoral Persuasion*. Oxford University Press, pp. 455~477.

Baysu, G. and M. Swyngedouw. 2020. "What determines voting behaviors of Muslim minorities in Europe: Muslim identity or left-right ideology?" *Political Psychology*, 41(5), pp. 837~860.

BBC(British Broadcasting Corporation). 2021. "New Zealand bat flies away with bird of the year award." *BBC*, November 1. https://www.bbc.com/news/world-asia-59115346.

Belew, K. 2018. *Bring the War Home: The White Power Movement and Paramilitary America*. Cambridge, MA: Harvard University Press.

Belli, L. 2021. "Examining algorithmic amplification of political content on Twitter." https://blog.twitter.com/en_us/topics/company/2021/rml-political content.

Beltran, J., A. Gallego, A. Huidobro, E. Romero and L. Padro. 2021. "Male and female politicians on Twitter: A machine learning approach." *European*

Journal of Political Research, 60(1), pp. 239~251.

Benjamin, R. 2019. *Race after Technology: Abolitionist Tools for the New Jim Code*. Cambridge: Polity.

Benkler, Y. 2006. *The Wealth of Networks*. New Haven, CT: Yale University Press.

Benkler, Y., R. Faris and H. Roberts. 2018. *Network Propaganda: Manipulation, Disinformation, and Radicalization in American Politics*. Oxford University Press.

Bennett, W. L. 2005. "Social movements beyond borders: Understanding two eras of transnational activism." in D. Della Porta and S. Tarrow(eds.). *Transnational Protest and Global Activism*. Lanham, MD: Rowman and Littlefield, pp. 203~226.

_____. 2021. *Communicating the Future: Solutions for Environment, Economy, and Democracy*. Cambridge: Polity.

Bennett, W. L. and A. Segerberg. 2013. *The Logic of Connective Action: Digital Media and the Personalization of Contentious Politics*. Cambridge University Press.

Bennett, W. L., A. Segerberg and Y. Yang. 2018. "The strength of peripheral networks: Negotiating attention and meaning in complex media ecologies." *Journal of Communication*, 68(4), pp. 659~684.

Bennett, W. L. and B. Pfetsch. 2018. "Rethinking political communication in a time of disrupted public spheres." *Journal of Communication*, 68(2), pp. 243~253.

Bennett, W. L. and S. Iyengar. 2008. "A new era of minimal effects? The changing foundations of political communication." *Journal of Communication*, 58 (4), pp. 707~731.

Bennett, W. L. and S. Livingston. 2018. "The disinformation order: Disruptive communication and the decline of democratic institutions." *European Journal of Communication*, 33(2), pp. 122~139.

_____. 2021. *The Disinformation Age: Politics, Technology, and Disruptive Communication in the United States*. Cambridge University Press.

Benson, R. 2013. *Shaping Immigration News: A French-American Comparison*. Cambridge University Press.

Bergström, A. and M. J. Belfrage. 2018. "News in social media." *Digital Journalism*, 6(5), pp. 583~598.

Bermeo, N. 2016. "On democratic backsliding." *Journal of Democracy*, 27(1), pp. 5~19.

Beyrer, C. and A. Kamarulzaman. 2017. "Ethnic cleansing in Myanmar: The Rohingya crisis and human rights." *The Lancet*, 390(10102), pp. 1570~1573.

Billard, T. J. 2019. "Setting the transgender agenda: Intermedia agenda-setting in the digital news environment." *Politics, Groups, and Identities*, 7(1), pp. 165~176.

Bimber, B. 1998. "The internet and political transformation: Populism, community, and accelerated pluralism." *Polity*, 31(1), pp. 133~160.

_____. 2017. "Three prompts for collective action in the context of digital media." *Political Communication*, 34(1), pp. 6~20.

Bimber, B. and H. Gil de Zúñiga. 2020. "The unedited public sphere." *New Media & Society*, 22(4), pp. 700~715.

Blair, A., P. Duguid, A. S. Goeing and A. Grafton(eds.). 2021. *Information: A Historical Companion*. Princeton University Press.

Blumler, J. 2015. "Core theories of political communication: Foundational and freshly minted." *Communication Theory*, 25(4), pp. 426~438.

Blumler, J. G. 2016. "The fourth age of political communication." *Politiques de Communication*, 6(1), pp. 19~30.

Blumler, J. G. and D. Kavanaugh. 1999. "The third age of political communication: Influences and features." *Political Communication*, 16(3), pp. 209~230.

Blumler, J. G. and M. Gurevitch. 1975. "Towards a comparative framework for political communication research." in S. H. Chaffee(ed.). *Political Communication: Strategies and Issues for Research*. Beverly Hills, CA: SAGE, pp. 165~184.

Bobba, G. 2018. "Social media populism: Features and 'likeability' of Lega Nord communication on Facebook." *European Political Science*, 18, pp. 11~23.

Boczkowski, P. J. and E. Mitchelstein. 2021. *The Digital Environment: How We Live, Learn, Work, and Play Now*. Cambridge, MA: MIT Press.

Bogaards, M. 2009. "How to classify hybrid regimes? Defective democracy and electoral authoritarianism." *Democratization*, 16(2), pp. 399~423.

Boichak, O., J. Hemsley, S. Jackson, R. Tromble and S. Tanupabrungsun. 2021. "Not the bots you are looking for: Patterns and effects of orchestrated interventions in the US and German elections." *International Journal of Communication*, 15(2021), pp. 814~839.

Bond, R. M., C. J. Fariss, J. J. Jones, A. D. Kramer, C. Marlow, J. E. Settle and J. H. Fowler. 2012. "A 61-million-person experiment in social influence and political mobilization." *Nature*, 489(7415), pp. 295~298.

Bonde, B. N. 2007. "How 12 cartoons of the Prophet Mohammed were brought to trigger an international conflict." *Nordicom Review*, 28(1), pp. 33~48.

Bosah, G. A. 2018. "Digital media: Changes in the news production and journalistic practices in Nigeria." Unpublished Ph.D. thesis, University of Leicester.

Bösch, M. and B. Ricks. 2021. "Broken promises: TikTok and the German election." Mozilla Foundation. https://assets.mofoprod.net/network/documents/TikTok_and_the_German_Election.pdf.

Bosch, T. 2017. "Twitter activism and youth in South Africa: The case of #Rhodes MustFall." *Information, Communication & Society*, 20(2), pp. 221~232.

Bossetta, M. 2018. "The digital architectures of social media: Comparing political campaigning on Facebook, Twitter, Instagram, and Snapchat in the 2016 US election." *Journalism & Mass Communication Quarterly*, 95(2), pp. 471~496.

Bossio, D., T. Flew, J. Meese, T. Leaver and B. Barnet. 2022. "Australia's News Media Bargaining Code and the global turn towards platform regulation." *Policy & Internet*, 14(1), pp. 136~150.

Bötticher, A. 2017. "Towards academic consensus definitions of radicalism and extremism." *Perspectives on Terrorism*, 11(4), pp. 73~77.

Boulianne, S. 2015. "Social media use and participation: A meta-analysis of current research." *Information, Communication & Society*, 18(5), pp. 524~538.

_____. 2020. "Twenty years of digital media effects on civic and political participation." *Communication Research*, 47(7), pp. 947~966.

Boulianne, S. and A. O. Larsson. 2023. "Engagement with candidate posts on Twitter, Instagram, and Facebook during the 2019 election." *New Media & Society*, 25(10), pp. 119~140.

Boydstun, A. E. 2013. *Making the News: Politics, the Media, and Agenda Setting*. University of Chicago Press.

Bracciale, R. and A. Martella. 2017. "Define the populist political communication style: The case of Italian political leaders on Twitter." *Information, Communication & Society*, 20(9), pp. 1310~1329.

Brands, C., S. Kruikemeier and D. Trilling. 2021. "Insta(nt)famous? Visual self-presentation and the use of masculine and feminine issues by female politicians on Instagram." *Information, Communication & Society*, 24(14), pp. 2016~2036.

Bratcher, T. R. 2022. "Toward a deeper discussion: A survey analysis of podcasts and personalized politics." *Atlantic Journal of Communication*, 30(2), pp. 188~199.

Bratton, B. H. 2016. *The Stack: On Software and Sovereignty*. Cambridge, MA: MIT Press.

Braun, J. 2013. "Going over the top: Online television distribution as sociotechnical system." *Communication, Culture & Critique*, 6(3), pp. 432~458.

Brennen, J. S. and D. Kreiss. 2016. "Digitalization." in K. B. Jensen and R. T. Craig(eds.). *The International Encyclopedia of Communication Theory and Philosophy*. Hoboken, NJ: Wiley-Blackwell, pp. 1~11.

Brevini, B. and L. Swiatek. 2020. *Amazon: Understanding a Global Communication Giant*. New York: Routledge.

Brinkman, I. and M. de Bruijn. 2018. "Mobile phones in mobile margins: Communication, mobility and social hierarchies in/from Africa." in B. Mutsvairo (ed.). *The Palgrave Handbook for Media and Communication Research in Africa*. Basingstoke: Palgrave Macmillan, pp. 225~241.

Brock, A. 2020. *Distributed Blackness: African American Cybercultures*. New York University Press.

Broersma, M. 2022. "Walking the line: Political journalism and social media publics." in J. Morrison, J. Birks and M. Berry(eds.). *The Routledge Companion to Political Journalism*. London and New York: Routledge, pp. 262~270.

Brogi, E. 2020. "The Media Pluralism Monitor: Conceptualizing media pluralism for the online environment." *Profesional de la Información*, 29(5). https://doi.org/10.3145/epi.2020.sep.29.

Brown, D. K. and R. R. Mourão. 2021. "Protest coverage matters: How media framing and visual communication affects support for Black civil rights protests." *Mass Communication and Society*, 24(4), pp. 576~596.

Bruns, A. 2005. *Gatewatching: Collaborative Online News Production*. New York: Peter Lang.

_____. 2018. *Gatewatching and News Curation: Journalism, Social Media, and the Public Sphere*. New York: Peter Lang.

_____. 2019. *Are Filter Bubbles Real?* Cambridge: Polity.

_____. 2021. "Echo chambers? Filter bubbles? The misleading metaphors that obscure the real problem." in M. Pérez-Escolar and J. M. Noguera-Vivo (eds.). *Hate Speech and Polarization in Participatory Society*. London: Routledge, pp. 33~48.

Bruns, A., D. Angus and T. Graham. 2021. "Twitter campaigning strategies in Australian federal elections 2013~2019." *Social Media + Society*, 7(4), pp. 1~15.

Buchanan, T. and V. Benson. 2019. "Spreading disinformation on Facebook: Do trust in message source, risk propensity, or personality affect the organic reach of 'fake news'." *Social Media + Society*, 5(4), pp. 1~9.

Bucher, T. 2018. *If ··· Then: Algorithmic Power and Politics*. New York: Oxford University Press.

_____. 2021. *Facebook*. Cambridge: Polity.

Bucher, T. and A. Helmond. 2018. "The affordances of social media platforms." in J. Burgess, T. Poell and A. Marwick(eds.). *The SAGE Handbook of Social Media*. London and New York: SAGE.

Bucy, E. P., J. M. Foley, J. Lukito, L. Doroshenko, D. V. Shah, J. C. Pevehouse and C. Wells. 2020. "Performing populism: Trump's transgressive debate style and the dynamics of Twitter response." *New Media & Society*, 22(4), pp. 634~658.

Buechler, S. M. 2013. "New social movements and new social movement theory." in D. A. Snow, D. Della Porta, B. Klandermans and D. McAdam(eds.). *The Wiley-Blackwell Encyclopedia of Social and Political Movements*. Hoboken, NJ: John Wiley & Sons, pp. 1~7.

Butler, A. 2021. *White Evangelical Racism: The Politics of Morality in America*. Chapel Hill: University of North Carolina Press.

Caller, S. and A. Gorodzeisky. 2022. "Racist views in contemporary European societies." *Ethnic and Racial Studies*, 45(9), pp. 1627~1648.

Cameron, D. 2022. "Facebook approved pro-genocide ads in Kenya after claiming to foster 'safe and secure' elections." *Gizmodo*, July 29. https://gizmodo. com/facebook-kenya-pro-genocide-ads-hate-speech-suspension-1849 348778.

Canovan, M. 1999. "Trust the people! Populism and the two faces of democracy." *Political Studies*, 47(1), pp. 2~16.

Caplan, B. 2011. *The Myth of the Rational Voter*. Princeton University Press.

Carlson, M., S. Robinson and S. C. Lewis. 2021. *News after Trump: Journalism's Crisis of Relevance in a Changed Media Culture*. Oxford University Press.

Castells, M. 2007. "Communication, power and counter-power in the network society." *International Journal of Communication*, 1, pp. 238~266.

Ceccobelli, D. 2018. "Not every day is Election Day: A comparative analysis of eighteen election campaigns on Facebook." *Journal of Information Technology & Politics*, 15(2), pp. 122~141.

Center for Countering Digital Hate. 2022. "TOXIC TWITTER: How Twitter generates millions in ad revenue by bringing back banned accounts." https://counterhate.com/research/toxic-twitter.

Centre for Media Pluralism and Media Freedom. 2022. "Monitoring media pluralism in the digital era application of the Media Pluralism Monitor in the European Union, Albania, Montenegro, the Republic of North Macedonia, Serbia and Turkey in the year 2021." https://cadmus.eui.eu/handle/1814/74712.

Chadwick, A. 2017. *The Hybrid Media System: Politics and Power*. Oxford University Press.

Chaffee, S. H. and M. J. Metzger. 2001. "The end of mass communication?" *Mass Communication and Society*, 4(4), pp. 365~379.

Chakravartty, P. and D. F. da Silva. 2012. "Accumulation, dispossession, and debt: The racial logic of global capitalism - An introduction." *American Quarterly*, 64(3), pp. 361~385.

Chavez, L. R. 2001. *Covering Immigration: Popular Images and the Politics of the Nation*. Berkeley: University of California Press.

Chen, W., D. Pacheco, K. C. Yang and F. Menczer. 2021. "Neutral bots probe political bias on social media." *Nature Communications*, 12(1), pp. 1~10.

Chibuwe, A. 2020. "Social media and elections in Zimbabwe: Twitter war between pro-ZANU-PF and pro-MDC-A netizens." *Communicatio: South African Journal of Communication Theory and Research*, 46(4), pp. 7~30.

Chouliaraki, L. 2015. "Digital witnessing in conflict zones: The politics of remediation." *Information, Communication & Society*, 18(11), pp. 1362~1377.

Citron, D. K. and B. Wittes. 2018. "The problem isn't just Backpage: Revising Section 230 immunity." *Georgetown Law Technology Review*, 2(2), pp. 453~473.

Clark, M. D. 2020. "DRAG THEM: A brief etymology of so-called 'cancel culture'." *Communication and the Public*, 5(3-4), pp. 88~92.

Clarke, M. 2018. "Global South: What does it mean and why use the term?" *University of Victoria Global South Political Commentaries*, August 8. https://onlineacademiccommunity.uvic.ca/globalsouthpolitics/2018/08/08/global-south-what-does-it-mean-and-why-use-the-term.

Cline Center. 2021. "It was an attempted auto-coup: The Cline Center's Coup d'État Project categorizes the January 6, 2021 assault on the US Capitol." Cline Center for Advanced Social Research. https://clinecenter.illinois.edu/coup-detat-project/statement_dec.15.2022.

CNN. 2015. "The time America used this pin to rile the Russians." *Amanpour*, June 25. https://edition.cnn.com/videos/world/2015/06/25/intv-amanpour-madeleinealbright-russia-pin.cnn.

Coddington, M. 2015. "Clarifying journalism's quantitative turn: A typology for evaluating data journalism, computational journalism, and computer-assisted reporting." *Digital Journalism*, 3(3), pp. 331~348.

Coleman, R., M. McCombs, D. Shaw and D. Weaver. 2008. "Agenda setting." in K. Wahl-Jorgensen and T. Hanitzsch(eds.). *The Handbook of Journalism Studies*. London: Routledge, pp. 167~180.

Collier, D. and S. Levitsky. 1997. "Democracy with adjectives: Conceptual innovation in comparative research." *World Politics*, 49(3), pp. 430~451.

Collins, P. H. 2002. *Black Feminist Thought: Knowledge, Consciousness, and the Politics of Empowerment*(2nd edn.). London: Routledge.

Collins, P. H. and S. Bilge. 2020. *Intersectionality*(2nd edn.). Cambridge: Polity.

Combahee River Collective. 1977. *A Black Feminist Statement*. Boston, MA: Combahee River Collective.

Cook, J. 2020. "How conservative teens are meme-ing and monetizing the political divide." *The Huffington Post*, August 25. https://www.huffpost.com/entry/teen-instagram-influencer-maga-memes_n_5f43e20bc5b60c7ec4143b96.

Cook, T. E. 1998. *Governing with the News: The News Media as a Political Institution.* University of Chicago Press.

Coombs, W. T. 2018. "Crisis communication." in R. L. Heath and W. Johansen (eds.). *Encyclopedia of Strategic Communication.* Hoboken, NJ: John Wiley & Sons, pp. 17~54.

Cooper, A. 2020. *Conveying Truth: Independent Media in Putin's Russia.* Boston, MA: Harvard University Shorenstein Center on Media, Politics, and Public Policy.

Coppedge, M., J. Gerring, A. Glynn, C. H. Knutsen, S. I. Lindberg, D. Pemstein, B. Seim, S. E. Skaaning and J. Teorell(eds.). 2020. *Varieties of Democracy: Measuring Two Centuries of Political Change.* Cambridge University Press.

Corpuz, J. C. 2021. "COVID-19 and the rise of social activism in Southeast Asia: A public health concern." *Journal of Public Health*, 43(2), pp. 344~365.

Couldry, N., A. Hepp and F. Krotz(eds.). 2009. *Media Events in a Global Age.* London: Routledge.

Cowls, J., P. Darius, D. Santistevan and M. Schramm. 2022. "Constitutional metaphors: Facebook's 'supreme court' and the legitimation of platform governance." *New Media & Society.* https://doi.org/10.1177/146144482 21085559.

Crawford, K. 2021. *The Atlas of AI: Power, Politics, and the Planetary Costs of Artificial Intelligence.* New Haven, CT: Yale University Press.

Crigler, A. N.(ed.). 2007. *The Affect Effect: Dynamics of Emotion in Political Thinking and Behavior.* University of Chicago Press.

Cronin, A. M. 2018. *Public Relations Capitalism: Promotional Culture, Publics and Commercial Democracy.* Cham: Palgrave Macmillan.

Crowley, D. and P. Heyer. 2015. *Communication in History: Technology, Culture, Society.* London: Routledge.

Curran, J. and T. Liebes. 2002. "The intellectual legacy of Elihu Katz." in T. Liebes and J. Curran(eds.). *Media, Ritual and Identity.* London: Routledge, pp. 13~30.

Cushion, S., J. Lewis and R. Callaghan. 2017. "Data journalism, impartiality and statistical claims: Towards more independent scrutiny in news reporting." *Journalism Practice*, 11(10), pp. 1198~1215.

d'Anjou, L. and J. van Male. 1998. "Between old and new: Social movements and cultural change." *Mobilization: An International Journal*, 3(2), pp. 207~226.

Dahlgren, P. M. 2021. "A critical review of filter bubbles and a comparison with selective exposure." *Nordicom Review*, 42(1), pp. 15~33.

Dale, D. 2022. "Twitter says it has quit taking action against lies about the 2020 election." CNN, January 28. https://www.cnn.com/2022/01/28/politics/twitter-lies-2020-election/index.html.

Darr, J. P., M. P. Hitt and J. L. Dunaway. 2021. *Home Style Opinion: How Local Newspapers Can Slow Polarization*. Cambridge University Press.

Davis, M. 2021. "The online anti-public sphere." *European Journal of Cultural Studies*, 24(1), pp. 143~159.

Dayan, D. and E. Katz. 1992. *Media Events: The Live Broadcasting of History*. Cambridge, MA: Harvard University Press.

Delli Carpini, M. X. and B. A. Williams. 2001. "Let us infotain you: Politics in the new media age." in W. L. Bennett and R. L. Entman(eds.). *Mediated Politics: Communication in the Future of Democracy*. Cambridge University Press, pp. 160~181.

DeNardis, L. 2009. *Protocol Politics: The Globalization of Internet Governance*. Cambridge, MA: MIT Press.

_____. 2014. *The Global War for Internet Governance*. New Haven, CT: Yale University Press.

DeNardis, L., D. Cogburn, N. S. Levinson and F. Musiani(eds.). 2020. *Researching Internet Governance: Methods, Frameworks, Futures*. Cambridge, MA: MIT Press.

Derks, D., A. E. R. Bos and J. von Grumbkow. 2008. "Emoticons in computer-mediated communication: Social motives and social context." *Cyberpsych-*

ology and Behavior, 11, pp. 99~101.

Descalsota, M. 2022. "Meet Pavel Durov, the tech billionaire who founded Telegram, fled from Moscow 15 years ago after defying the Kremlin, and has a penchant for posting half-naked selfies on Instagram." *Business Insider*, March 28. https://www.businessinsider.com/pavel-durov-tele gram-billionaire-russia-instagram-wealthfounder-dubai-lifestyle-2022-3.

Deuze, M. 2005. "What is journalism? Professional identity and ideology of journalists reconsidered." *Journalism*, 6(4), pp. 442~464.

De Vreese, C. H., F. Esser, T. Aalberg, C. Reinemann and J. Stanyer. 2018. "Populism as an expression of political communication content and style: A new perspective." *The International Journal of Press/Politics*, 23(4), pp. 423~438.

Dewey, J. 1927. *The Public and Its Problems*. New York: H. Holt & Company.

Diakopoulos, N. 2019. *Automating the News*. Cambridge, MA: Harvard University Press.

Diakopoulos, N. and D. Johnson. 2021. "Anticipating and addressing the ethical implications of deepfakes in the context of elections." *New Media & Society*, 23(7), pp. 2072~2098.

Diamond, L. and M. F. Plattner. 2012. *Liberation Technology: Social Media and the Struggle for Democracy*. Baltimore: Johns Hopkins University Press.

Diani, M. 2021. "The concept of social movement." *The Sociological Review*, 40(1), pp. 1~25.

DiBella, J. 2005. "Un paso importante, un primer paso." in La Red de Radiodifusoras y Televisoras Educativas y Culturales de México, A.C. (ed.). *Democracia y medios públicos*. Mexico, D.F., pp. 229~233.

DiGirolamo, V. 2019. *Crying the News: A History of America's Newsboys*. New York: Oxford University Press.

Dimitrova, D. V., A. Shehata, J. Strömbäck and L. W. Nord. 2014. "The effects of digital media on political knowledge and participation in election campaigns: Evidence from panel data." *Communication Research*, 41(1), pp. 95~118.

Dobson, C. 2017. *The Citizen Handbook*. Vancouver Citizens' Committee.

Donovan, J. and D. Boyd. 2021. "Stop the presses? Moving from strategic silence to strategic amplification in a networked media ecosystem." *American Behavioral Scientist*, 65(2), pp. 333~350.

Donsbach, W. (ed.). 2015. *The Concise Encyclopedia of Communication*. Malden, MA: Wiley Blackwell Publishing Ltd.

Douek, E. 2020. "Governing online speech: From 'posts-as-trumps' to proportionality and probability." *Columbia Law Review*, 121(1), pp. 759~834.

Du Bois, W. E. B. 2014. *Black Reconstruction in America: Toward a History of the Part which Black Folk Played in the Attempt to Reconstruct Democracy in America, 1860~1880*. Oxford University Press.

Dunaway, J. and D. A. Graber. 2022. *Mass Media and American Politics*. Washington, DC: Congressional Quarterly Press.

Dunaway, J. and K. Searles. 2022. *News and Democratic Citizens in the Mobile Era*. New York: Oxford University Press.

Dunaway, J. and S. Soroka. 2021. "Smartphone-size screens constrain cognitive access to video news stories." *Information, Communication & Society*, 24(1), pp. 69~84.

Durov, P. 2018. Twitter January 17. https://twitter.com/durov/status/95344909 0930618368?s=20&t=ZdGMJksQ8xelO2xc52V7XA.

Earl, J., T. V. Maher and J. Pan. 2022. "The digital repression of social movements, protest, and activism: A synthetic review." *Science Advances*, 8(10), pp. 1~15.

Eberl, J. M., C. E. Meltzer, T. Heidenreich, B. Herrero, N. Theorin, F. Lind and J. Strömbäck. 2018. "The European media discourse on immigration and its effects: A literature review." *Annals of the International Communication Association*, 42(3), pp. 207~223.

Eckert, S. and K. Chadha. 2013. "Muslim bloggers in Germany: An emerging counterpublic." *Media, Culture & Society*, 35(8), pp. 926~942.

Edy, J. 2006. *Troubled Pasts: News and the Collective Memory of Social Unrest.* Philadelphia, PA: Temple University Press.

Egelhofer, J. N. and S. Lecheler. 2019. "Fake news as a two-dimensional phenomenon: A framework and research agenda." *Annals of the International Communication Association*, 43(2), pp. 97~116.

Eisenstein, E. L. 1980. *The Printing Press as an Agent of Change.* Cambridge University Press.

Ellemers, N. and S. A. Haslam. 2012. "Social identity theory." in P. van Lange, A. Kruglanski and T. Higgins(eds.). *Handbook of Theories of Social Psychology.* London: Sage, pp. 379~398.

Elmer, G., G. Langlois and F. McKelvey. 2012. *The Permanent Campaign: New Media, New Politics.* New York: Peter Lang.

Elvestad, E. and M. R. Johannessen. 2017. "Facebook and local newspapers' effect on local politicians' popularity." *Northern Lights: Film & Media Studies Yearbook*, 15(1), pp. 33~50.

Engesser, S., N. Ernst, F. Esser and F. Büchel. 2017. "Populism and social media: How politicians spread a fragmented ideology." *Information, Communication & Society*, 20(8), pp. 1109~1126.

Engesser, S., N. Fawzi and A. Olof Larsson. 2017. "Populist online communication: Introduction to the special issue." *Information, Communication and Society*, 20(9), pp. 1279~1292.

Enke, N. and N. S. Borchers. 2019. "Social media influencers in strategic communication: A conceptual framework for strategic social media influencer communication." *International Journal of Strategic Communication*, 13(4), pp. 261~277.

Enli, G. 2016. "'Trust me, I am authentic!': Authenticity illusions in social media politics." in A. Bruns, G. Enli, E. Skogerbo, A. O. Larsson and C. Christensen(eds.). *The Routledge Companion to Social Media and Politics.* New York: Routledge, pp. 121~236.

Entman, R. M. 1993. "Framing: Toward clarification of a fractured paradigm." *Jour-*

nal of Communication, 43(4), pp. 51~58.

Entman, R. M. and N. Usher. 2018. "Framing in a fractured democracy: Impacts of digital technology on ideology, power and cascading network activation." *Journal of Communication*, 68(2), pp. 298~308.

Eriksson, M. 2018. "Lessons for crisis communication on social media: A systematic review of what research tells the practice." *International Journal of Strategic Communication*, 12(5), pp. 526~551.

Erkkilä, M. 2018. "What use is blockchain for journalism?" *POLIS: Journalism and Society*. London School of Economics.

Ernst, N., S. Engesser, F. Büchel, S. Blassnig and F. Esser. 2017. "Extreme parties and populism: An analysis of Facebook and Twitter across six countries." *Information, Communication & Society*, 20(9), pp. 1347~1364.

Esser, F. and B. Pfetsch. 2020. "Political communication." in D. Caramani(ed.). *Comparative Politics*. Oxford University Press, pp. 336~358.

Esser, F. and J. Strömbäck(eds.). 2014. *Mediatization of Politics: Understanding the Transformation of Western Democracies*. Basingstoke: Palgrave Macmillan.

Eubanks, V. 2018. *Automating Inequality: How High-Tech Tools Profile, Police, and Punish the Poor*. New York: St. Martin's Press.

Eveland Jr., W. P. and A. I. Nathanson. 2020. "Contexts for family talk about racism: Historical, dyadic, and geographic." *Journal of Family Communication*, 20(4), pp. 267~284.

Facebook. 2021. https://about.fb.com/news/2021/06/facebook-response-to-oversight-board-recommendations-trump.

_____. 2023. https://transparency.fb.com/sr/oversight-board-charter-2023.

Farthing, L. 2019. "An opportunity squandered? Elites, social movements, and the government of Evo Morales." *Latin American Perspectives*, 46(1), pp. 212~229.

Fengler, S., T. Eberwein, S. Alsius et al. 2015. "How effective is media self-regulation? Results from a comparative survey of European journalists."

European Journal of Communication, 30(3), pp. 249~266.

Ferrara, E. 2017. "Disinformation and Social Bot operations in the run up to the 2017 French presidential election." *First Monday.* https://doi.org/10.521 0/fm.v22i8.8005.

Ferrucci, P. and S. A. Eldridge II(eds.). 2022. *The Institutions Changing Journalism: Barbarians Inside the Gate.* London: Routledge.

Feuer, A., M. Haberman and L. Broadwater. 2022. "Memos show roots of Trump's focus on Jan. 6 and alternate electors." *New York Times*, February 2. https://www.nytimes.com/2022/02/02/us/politics/trump-jan-6-memos .html.

Field, A., D. Kliger, S. Wintner, J. Pan, D. Jurafsky and Y. Tsvetkov. 2018. "Framing and agenda-setting in Russian news: A computational analysis of intricate political strategies." in E. Riloff, D. Chiang, J. Hockenmaier and J. Tsujii(eds.). *Proceedings of the 2018 Conference on Empirical Methods in Natural Language Processing.* Brussels: Association for Computational Linguistics, pp. 3570~3580.

Fielden, L. 2016. "UK press regulation: Taking account of media convergence." *Convergence: The International Journal of Research into New Media Technologies*, 22(5), pp. 472~477.

Figenschou, T. U. and K. Thorbjørnsrud. 2020. "'Hey there in the night': The strategies, dilemmas and costs of a personalized digital lobbying campaign." in H. Hornmoen, B. K. Fonn, N. Hyde-Clarke and Y. B. Hågvar (eds.). *Media Health: The Personal in Public Stories.* Oslo: Scandinavian University Press, pp. 165~185.

Figenschou, T. U. and N. A. Fredheim. 2020. "Interest groups on social media: Four forms of networked advocacy." *Journal of Public Affairs*, 20(2), pp. 1~8.

Filimonov, K., U. Rußmann and J. Svensson. 2016. "Picturing the party: Instagram and party campaigning in the 2014 Swedish elections." *Social Media + Society*, 2(3), pp. 1~11.

Finchelstein, F. 2019. *From Fascism to Populism in History*. Oakland: University of California Press.

_____. 2020. *A Brief History of Fascist Lies*. Oakland: University of California Press.

Finkel, E. J., C. A. Bail, M. Cikara, P. H. Ditto, S. Iyengar, S. Klar, L. Mason, M. C. McGrath, B. Nyhan, D. G. Rand and L. J. Skitka. 2020. "Political sectarianism in America." *Science*, 370(6516), pp. 533~536.

Firat, F. 2019. "Robot journalism." in T. P. Vos, F. Hanusch, D. Dimitrakopoulou, M. Geertsema-Sligh and A. Sehl(eds.). *The International Encyclopedia of Journalism Studies*. Hoboken, NJ: John Wiley & Sons, pp. 1~5.

Fletcher, R. and R. Kleis Nielsen. 2018. "Are people incidentally exposed to news on social media? A comparative analysis." *New Media and Society*, 20(7), pp. 2450~2468.

Foucault Welles, B. F. and S. González-Bailón(eds.). 2020. *The Oxford Handbook of Networked Communication*. Oxford University Press.

Fowler, E. F., M. M. Franz and T. N. Ridout. 2021a. *Political Advertising in the United States*. New York: Routledge.

Fowler, E. F., M. M. Franz, G. J. Martin, Z. Peskowitz and T. N. Ridout. 2021b. "Political advertising online and offline." *American Political Science Review*, 115(1), pp. 130~149.

Frankfurt, H. G. 2009. *On Bullshit*. Princeton University Press.

Franklin, B.(ed.). 2011. *The Future of Journalism*. London: Routledge.

Franklin, B. and M. Carlson(eds.). 2011. *Journalists, Sources, and Credibility: New Perspectives*. London: Routledge.

Franks, M. A. 2020. "How the internet unmakes law." *Ohio State Technical Law Journal*, 16(2020), p. 10.

Fraser, N. 1990. "Rethinking the public sphere: A contribution to the critique of actually existing democracy." *Social Text*, 25/26, pp. 56~80.

Freelon, D. 2014. "Online civic activism: Where does it fit?" *Policy and Internet*, 6(2), pp. 192~198.

Freelon, D., C. McIlwain and M. Clark. 2016. "Beyond the hashtags: #Ferguson,

#Blacklivesmatter, and the online struggle for offline justice." Center for Media & Social Impact. https://cmsimpact.org/blmreport.

_____. 2018. "Quantifying the power and consequences of social media protest." *New Media & Society*, 20(3), pp. 990~1011.

Freelon, D. and C. Wells. 2020. "Disinformation as political communication." *Political Communication*, 37(2), pp. 145~156.

Freelon, D., M. Bossetta, C. Wells, J. Lukito, Y. Xia and K. Adams. 2022. "Black trolls matter: Racial and ideological asymmetries in social media disinformation." *Social Science Computer Review*, 40(3), pp. 560~578.

Friedland, L. A., T. Hove and H. Rojas. 2006. "The networked public sphere." *Javnost: The Public*, 13(4), pp. 5~26.

Friedman, V. and J. Steinhauer. 2021. "Purple was a popular color at the inauguration, and Bernie Sanders' mittens made a splash." *The New York Times*, January 20. https://www.nytimes.com/2021/01/20/us/politics/purple-inauguration.html.

Fu, K. W. and M. Chau. 2014. "Use of microblogs in grassroots movements in China: Exploring the role of online networking in agenda setting." *Journal of Information Technology & Politics*, 11(3), pp. 309~328.

Fukuyama, F. 1989. "The end of history?" *The National Interest*, 16, pp. 3~18.

Gabielkov, M., A. Ramachandran, A. Chaintreau and A. Legout. 2016. "Social clicks: What and who gets read on Twitter?" in S. Alouf(ed.). *Proceedings of the 2016 ACM SIGMETRICS International Conference on Measurement and Modeling of Computer Science*. New York: ACM, pp. 179~192.

Gadarian, S. K., S. W. Goodman and T. B. Pepinsky. 2022. *Pandemic Politics: The Deadly Toll of Partisanship in the Age of COVID*. Princeton University Press.

Gammelin, C., N. Fried and W. Krach. 2021. "Das große Abschiedsinterview mit Angela Merkel." *Süddeutsche Zeitung*, October 22. https://projekte.sueddeutsche.de/artikel/politik/das-grosse-abschiedsinterview-mit-angela-merkel-e623201/?ieditorial=0.

García-Avilés, J. A. 2021. "Journalism as usual? Managing disruption in virtual newsrooms during the COVID-19 crisis." *Digital Journalism*, 9(9), pp. 1239~1260.

Garland Mahler, A. 2018. *From the Tricontinental to the Global South: Race, Radicalism, and Transnational Solidarity*. Durham, NC: Duke University Press.

Garretson, J. J. 2018. *The Path to Gay Rights: How Activism and Coming Out Changed Public Opinion*. New York University Press.

Garrett, R. K. 2019. "Social media's contribution to political misperceptions in U.S. Presidential elections." *PLoS ONE*, 14(3), pp. 1~16.

Garrett, R. K., J. A. Long and M. S. Jeong. 2019. "From partisan media to misperception: Affective polarization as mediator." *Journal of Communication*, 69(5), pp. 490~512.

Genner, S. and D. Süss. 2017. "Socialization as media effect." in P. Rössler, C. A. Hoffner and L. van Zoonen(eds.). *The International Encyclopedia of Media Effects*. Chichester: John Wiley & Sons, 1890~1904.

Gienow-Hecht, J. C.(ed.). 2015. *Music and International History in the Twentieth Century*. New York: Berghahn Books.

Gil de Zúñiga, H., B. Weeks and A. Ardèvol-Abreu. 2017. "Effects of the news-finds-me perception in communication: Social media use implications for news seeking and learning about politics." *Journal of Computer-Mediated Communication*, 22(3), pp. 105~123.

Gil de Zúñiga, H. and H. T. Chen. 2019. "Digital media and politics: Effects of the great information and communication divides." *Journal of Broadcasting & Electronic Media*, 63(3), pp. 365~373.

Gil de Zúñiga, H. and T. Diehl. 2019. "News finds me perception and democracy: Effects on political knowledge, political interest, and voting." *New Media & Society*, 21(6), pp. 1253~1271.

Gillan, K. 2008. "Understanding meaning in movements: A hermeneutic approach to frames and ideologies." *Social Movement Studies*, 7(3), pp. 247~263.

Gillespie, T. 2010. "The politics of 'platforms'." *New Media & Society*, 12(3), pp. 347~364.

_____. 2014. "The relevance of algorithms." in T. Gillespie, P. J. Boczkowski and K. A. Foot(eds.). *Media Technologies: Essays on Communication, Materiality, and Society*. Cambridge, MA: MIT Press, pp. 167~194.

_____. 2017. "Platforms are not intermediaries." *Georgetown Law Technology Review*, 2(2), pp. 198~216.

Gillespie, T., P. Aufderheide, E. Carmi, Y. Gerrard, R. Gorwa, A. Matamoros-Fernández and S. M. West. 2020. "Expanding the debate about content moderation: Scholarly research agendas for the coming policy debates." *Internet Policy Review*, 9(4), pp. 1~30.

Gillespie, T., P. J. Boczkowski and K. A. Foot(eds.). 2014. *Media Technologies: Essays on Communication, Materiality, and Society*. Cambridge, MA: MIT Press.

Glaser, M. 2020. "Five business models for local news to watch in 2020." *Knight Foundation*, January 7. https://knightfoundation.org/articles/5-business-models-for-local-news-to-watch-in-2020.

Gonçalves, S. 2019. "Ballet, propaganda, and politics in the Cold War: The Bolshoi Ballet in London and the Sadler's Wells Ballet in Moscow, October-November 1956." *Cold War History*, 19(2), pp. 171~186.

González-Bailón, S. and N. Wang. 2016. "Networked discontent: The anatomy of protest campaigns in social media." *Social Networks*, 44(1), pp. 95~104.

Goodman, S., V. Tafi and A. Coyle. 2022. "Alternative 'Lives Matter' formulations in online discussions about Black Lives Matter: Use, support and resistance." *Discourse & Society*, 34(3), pp. 291~316.

Goodwin, A., K. Joseff and S. C. Woolley. 2020. "Social media influencers and the 2020 US election: Paying 'regular people' for digital campaign communication." Center for Media Engagement, The University of Texas at Austin, October 14. https://mediaengagement.org/research/social-media-influencers-and-the-2020-election.

Google. 2021. "2021 Diversity Annual Report." https://static.googleusercon
tent.com/media/diversity.google/de//annual-report/static/pdfs/googl
e_2021_diversity_annual_report.pdf?cachebust=2e13d07.

Gorwa, R. 2019. "What is platform governance?" *Information, Communication & Society*, 22(6), pp.854~871.

Gorwa, R., R. Binns and C. Katzenbach. 2020. "Algorithmic content moderation: Technical and political challenges in the automation of platform govern-ance." *Big Data & Society*, 7(1), pp.1~15.

Goujard, C. 2022. "Online platforms now have an hour to remove terrorist content in the EU." *Politico*, June 7. https://www.politico.eu/article/online-plat
forms-to-take-down-terrorist-content-under-an-hour-in-the-eu.

Graham, R. and S. Smith. 2016. "The content of our #characters: Black Twitter as counterpublic." *Sociology of Race and Ethnicity*, 2(4), pp.433~449.

Graham, T. and A. Hajru. 2011. "Reality TV as a trigger of everyday political talk in the net-based public sphere." *European Journal of Communication*, 26 (1), pp.18~32.

Graham-McLay, C. 2019. "New Zealand twitchy amid claims of Russian meddling in bird of the year contest." *The Guardian*, November 12. https://www.
theguardian.com/world/2019/nov/12/new-zealand-twitchy-amid-clai
ms-of-russian-meddling-inbird-of-the-year-contest.

Granovetter, M. S. 1973. "The strength of weak ties." *American Journal of Soci-ology*, 78(6), pp.1360~1380.

Green, M. C. 2021. "Transportation into narrative worlds." in L. B. Frank and P. Falzone(eds.). *Entertainment-Education Behind the Scenes*. Cham: Palgrave Macmillan, pp.87~101.

Greenberg, D. 2016. *Republic of Spin: An Inside History of the American Presi-dency*. New York: W. W. Norton & Company.

Greenslade, R. 2014. "Financial Times rejects Ipso in favour of its own editorial complaints system." *The Guardian*, April 17. https://www.theguardian.
com/media/greenslade/2014/apr/17/press-regulation-financialtimes.

Greste, P. 2021. *Define Journalism: Not Journalist*. Press Freedom Policy Papers. University of Queensland.

Groshek, J. and K. Koc-Michalska. 2017. "Helping populism win? Social media use, filter bubbles, and support for populist presidential candidates in the 2016 US election campaign." *Information, Communication & Society*, 20 (9), pp. 1389~1407.

Groshek, J. and S. Krongard. 2016. "Netflix and engage? Implications for streaming television on political participation during the 2016 US presidential campaign." *Social Sciences*, 5(4), p. 65.

Gruber, J. B. 2023. "Troublemakers in the streets? A framing analysis of newspaper coverage of protests in the UK 1992~2017." *The International Journal of Press/Politics*, 28(2), pp. 414~433. https:doi.org/10.1177/194 01612221102058.

Guriev, S. 2018. "Economic drivers of populism." *AEA Papers and Proceedings*, 108, pp. 200~203.

Habermas, J. 1989. *The Structural Transformation of the Public Sphere: An Inquiry into a Category of Bourgeois Society*. Cambridge, MA: MIT Press.

_____. 2013. *Strukturwandel der Öffentlichkeit*. Frankfurt: Suhrkamp.

_____. 2021. "Überlegungen und Hypothesen zu einem erneuten Strukturwandel der politischen Öffentlichkeit." in M. Seeliger and S. Sevignani(eds.). *Ein neuer Strukturwandel der Öffentlichkeit? Sonderband Leviathan 37*. Baden-Baden: Nomos, pp. 470~500.

Hacker, J. S. and P. Pierson. 2020. *Let Them Eat Tweets: How the Right Rules in an Age of Extreme Inequality*. New York: Liveright Publishing.

Haenschen, K. 2016. "Social pressure on social media: Using Facebook status updates to increase voter turnout." *Journal of Communication*, 66(4), pp. 542~563.

Haenschen, K. and J. Jennings. 2019. "Mobilizing millennial voters with targeted internet advertisements: A field experiment." *Political Communication*, 36(3), pp. 357~375.

Hafez, K. 2002. "Journalism ethics revisited: A comparison of ethics codes in Europe, North Africa, the Middle East, and Muslim Asia." *Political Communication*, 19(2), pp. 225~250.

Haggard, S. and R. Kaufman. 2021. *Backsliding: Democratic Regress in the Contemporary World*. Cambridge University Press.

Hajnal, Z. 2021. "Immigration & the origins of white backlash." *Daedalus*, 150(2), pp. 23~39.

Hallin, D. C. and P. Mancini(eds.). 2011. *Comparing Media Systems beyond the Western World*. Cambridge University Press.

Hamedy, S. 2018. "Obama explains 'what the Russians exploited' in new interview with Letterman." CNN, January 18. https://edition.cnn.com/2018/01/12/politics/david-letterman-barack-obama-netflix-interview-russia/index.html.

Hameleers, M. and D. Schmuck. 2017. "It's us against them: A comparative experiment on the effects of populist messages communicated via social media." *Information, Communication & Society*, 20(9), pp. 1425~1444.

Hameleers, M., L. Bos and C. H. de Vreese. 2017. "'They did it': The effects of emotionalized blame attribution in populist communication." *Communication Research*, 44(6), pp. 870~900.

Hanitzsch, T. 2007. "Deconstructing journalism culture: Toward a universal theory." *Communication Theory*, 17(4), pp. 367~385.

Hanitzsch, T., F. Hanusch, J. Ramaprasad and A. S. de Beer(eds.). 2019 *Worlds of Journalism: Journalistic Cultures around the Globe*. New York: Columbia University Press.

Harlow, S. 2016. "Social media and social movements: Facebook and an online Guatemalan justice movement that moved offline." *New Media & Society*, 14(2), pp. 225~243.

Harlow, S., D. K. Brown, R. Salaverría and V. García-Perdomo. 2020. "Is the whole world watching? Building a typology of protest coverage on social media from around the world." *Journalism Studies*, 21(11), pp. 1590~1608.

Harlow, S., R. Salaverría, D. K. Kilgo and V. García-Perdomo. 2017. "Protest paradigm in multimedia: Social media sharing of coverage about the crime of Ayotzinapa, Mexico." *Journal of Communication*, 67(3), pp. 328~349.

Harmer, E. and R. Southern. 2021. "Digital microaggressions and everyday othering: An analysis of tweets sent to women members of Parliament in the UK." *Information, Communication & Society*, 24(14), pp. 1998~2015.

Hart, R. P.(ed.). 2021. *Fixing American Politics: Solutions for the Media Age*. London: Routledge.

Haßler, J., M. Magin, U. Rußmann and V. Fenoll(eds.). 2021. *Campaigning on Facebook in the 2019 European Parliament Election*. Cham: Palgrave Macmillan.

Hatmaker, T. 2020. "Facebook hits pause on algorithmic recommendations for political and social issue groups." *TechCrunch*, October 30. https://tech crunch.com/2020/10/30/facebook-group-recommendations-election.

Hautea, S., P. Parks, B. Takahashi and J. Zeng. 2021. "Showing they care (or don't): Affective publics and ambivalent climate activism on TikTok." *Social Media + Society*, 7(2), pp. 1~14.

Hawkins, K. A. and C. Rovira Kaltwasser. 2017. "What the (ideational) study of populism can teach us, and what it can't." *Swiss Political Science Review*, 23(4), pp. 526~542.

Hawkins, K. A., S. Riding and C. Mudde. 2012. "Measuring populist attitudes." *C & M Working Paper*, 55.

Hebdige, D. 2012. *Subculture: The Meaning of Style*. Hoboken, NJ: Taylor & Francis.

Heft, A., E. Mayerhöffer, S. Reinhardt and C. Knüpfer. 2020. "Beyond Breitbart: Comparing right-wing digital news infrastructures in six western democracies." *Policy & Internet*, 12(1), pp. 20~45.

Heinkelmann-Wild, T., L. Kriegmair, B. Rittberger and B. Zangl. 2020. "Divided they fail: The politics of wedge issues and Brexit." *Journal of European Public Policy*, 27(5), pp. 723~741.

Heinrich, A. 2012. "Foreign reporting in the sphere of networked journalism." *Journalism Practice*, 6(5-6), pp. 766~775.

Helberger, N., J. Pierson and T. Poell. 2018. "Governing online platforms: From contested to cooperative responsibility." *The Information Society*, 34(1), pp. 1~14.

Helles, R. 2013. "The big head and the long tail: An illustration of explanatory strategies for big data Internet studies." *First Monday*, 18(10). https://first monday.org/article/view/4874/3753.

Hellman, M. and C. Wagnsson. 2017. "How can European states respond to Russian information warfare? An analytical framework." *European Security*, 26(2), pp. 153~170.

Hellmann, O. 2017. "Populism in East Asia." in C. R. Kaltwasser, P. A. Taggart, P. O. Espejo and P. Ostiguy(eds.). *The Oxford Handbook of Populism*. Oxford University Press, pp. 161~178.

Henneberg, S. C. and R. P. Ormrod. 2013. "The triadic interaction model of political marketing exchange." *Marketing Theory*, 13(1), pp. 87~103.

Herbst, S. 1998. *Reading Public Opinion: How Political Actors View the Democratic Process*. University of Chicago Press.

Hern, A. 2020. "Twitter aims to limit people sharing articles they have not read." *The Guardian*, June 11. https://www.theguardian.com/technology/2020/jun/11/twitter-aims-to-limit-people-sharing-articles-they-have-not-read.

Higgins, P. 1996. "The World Wide Web: An introduction." *Information Development*, 12(3). https://doi.org/10.1177/02666669960120030.

Hindman, M. 2018. *The Internet Trap: How the Digital Economy Builds Monopolies and Undermines Democracy*. Princeton University Press.

Hindman, M., N. Lubin and T. Davis. 2022. "Facebook has a superuser-supremacy problem." *The Atlantic*, February 10. https://www.theatlantic.com/technology/archive/2022/02/facebook-hate-speech-misinformation-superusers/621617.

Høedt-Rasmussen, I. and D. Voorhoof. 2018. "Whistleblowing for sustainable democracy." *Netherlands Quarterly of Human Rights*, 36(1), pp. 3~6.

Hoffmann, J. 2015. "Lobbying." in G. Mazzoleni, K. G. Barnhurst, K. I. Ikeda, R. C. Maia and H. Wessler(eds.). *The International Encyclopedia of Political Communication*, 3 vols. Chichester: John Wiley & Sons, pp. 660~664.

Hoffmann, J., C. Katzenbach and K. Gollatz. 2017. "Between coordination and regulation: Finding the governance in Internet governance." *New Media & Society*, 19(9), pp. 1406~1423.

Hogg, M. A. and J. A. Reid. 2006. "Social identity, self-categorization, and the communication of group norms." *Communication Theory*, 16, pp. 7~30.

Holdo, M. 2020. "Power games: Elites, movements, and strategic cooperation." *Political Studies Review*, 18(2), pp. 189~203.

Holtz-Bacha, C., A. I. Langer and S. Merkle. 2014. "The personalization of politics in comparative perspective: Campaign coverage in Germany and the United Kingdom." *European Journal of Communication*, 29(2), pp. 153~170.

Holtzhausen, D. and A. Zerfass(eds.). 2015. *The Routledge Handbook of Strategic Communication*. New York: Routledge.

Hong, S. H. 2020. *Technologies of Speculation*. New York University Press.

Hooker, J. 2009. *Race and the Politics of Solidarity*. Oxford University Press.

_____. 2016. "Black Lives Matter and the paradoxes of U.S. Black politics: From democratic sacrifice to democratic repair." *Political Theory*, 44(4), pp. 448~469.

_____. 2017. *Theorizing Race in the Americas: Douglass, Sarmiento, Du Bois, and Vasconcelos*. Oxford University Press.

Hopmann, D. N. 2012. "The consequences of political disagreement in interpersonal communication: New insights from a comparative perspective." *European Journal of Political Research*, 51(2), pp. 265~287.

Horwitz, J. and D. Seetharaman. 2020. "Facebook executives shut down efforts to make the site less divisive." *The Wall Street Journal*, May 26. https://www.wsj.com/articles/facebook-knows-it-encourages-division-top-ex

ecutives-nixed-solutions-11590507499.

Howard, A. B. 2014. "The art and science of data-driven journalism." Tow Center for Digital Journalism, Columbia University. https://academic commons.columbia.edu/doi/10.7916/D8Q531V1.

Howard, P. N. 2010. *The Digital Origins of Dictatorship and Democracy: Information Technology and Political Islam*. Oxford University Press.

_____. 2020. *Lie Machines: How to Save Democracy from Troll Armies, Deceitful Robots, Junk News Operations, and Political Operatives*. New Haven, CT: Yale University Press.

Howard, P. N. and M. M. Hussain. 2013. *Democracy's Fourth Wave? Digital Media and the Arab Spring*. Oxford University Press.

Howard, P. N., S. Woolley and R. Calo. 2018. "Algorithms, bots, and political communication in the US 2016 election: The challenge of automated political communication for election law and administration." *Journal of Information Technology & Politics*, 15(2), pp. 81~93.

Huddy, L. and A. Bankert. 2017. "Political partisanship as a social identity." in W. R. Thompson(ed.). *Oxford Research Encyclopedia of Politics*. Oxford University Press, pp. 1~31.

Humprecht, E., F. Esser and P. van Aelst. 2020. "Resilience to online disinformation: A framework for cross-national comparative research." *The International Journal of Press/Politics*, 25(3), pp. 493~516.

Hunter, E. 2018. "Newspapers as sources for African history." in T. Spear(ed.). *Oxford Research Encyclopedia of African History*. Oxford University Press, pp. 1~34.

Huttunen, J. 2021. "Young rebels who do not want a revolution: The non-participatory preferences of Fridays for Future activists in Finland." *Frontiers in Political Sciences*, 3(1), pp. 1~11.

ICIJ(International Consortium of Investigative Journalists). 2021a. "The Panama Papers: Exposing the rogue offshore finance industry." https://www.icij.org/investigations/panama-papers.

———. 2021b. "Pandora Papers: An offshore data tsunami." https://www.icij.org/investigations/pandora-papers.

Iglesias, P. 2015. *Ganar o morir: Lecciones políticas en Juego de Tronos*. Madrid: Ediciones Akal.

Igo, S. E. 2007. *The Averaged American: Surveys, Citizens, and the Making of a Mass Public*. Cambridge, MA: Harvard University Press.

Inglehart, R. F. and P. Norris. 2016. "Trump, Brexit, and the rise of populism: Economic have-nots and cultural backlash." *Harvard Kennedy School Working Paper*, No. RWP16-026. Cambridge, MA: Harvard Kennedy School.

Ipsos. 2022. "Ipsos snap poll: TV shows and reality." https://www.ipsos.com/sites/default/files/ct/news/documents/2022-03/Ipsos%20TV%20Show-Reality%20Topline%20FINAL.pdf.

Isaac, M., D. Wakabayashi, D. Cave and E. Lee. 2021. "Facebook blocks news in Australia, diverging with Google on proposed law." *New York Times*, February 17. https://www.nytimes.com/2021/02/17/technology/facebook-google-australia-news.html.

Ivancsics, B. 2019. "Blockchain in journalism." Tow Center for Digital Journalism, January 25. https://www.cjr.org/tow_center_reports/blockchain-in-journalism.php#journalism.

Iyengar, S. and A. F. Simon. 2000. "New perspectives and evidence on political communication and campaign effects." *Annual Review of Psychology*, 51 (1), pp. 149~169.

Iyengar, S., Y. Lelkes, M. Levendusky, N. Malhotra and S. J. Westwood. 2019. "The origins and consequences of affective polarization in the United States." *Annual Review of Political Science*, 22, pp. 129~146.

Jackson, J. M. 2022. "The militancy of (Black) memory: Theorizing Black-led movements as disjunctures in the normativity of white ignorance." *South Atlantic Quarterly*, 121(3), pp. 477~489.

Jackson, S. 2021. "'A very basic view of feminism': Feminist girls and meanings of (celebrity) feminism." *Feminist Media Studies*, 21(7), pp. 1072~1090.

Jackson, S. J., M. Bailey and B. Foucault Welles. 2020. *#HashtagActivism: Networks of Race and Gender Justice*. Cambridge, MA: MIT Press.

Jacobs, K., L. Sandberg and N. Spierings. 2020. "Twitter and Facebook: Populists' double-barreled gun?" *New Media & Society* 22(4), pp. 611~633.

Jacobs, K. and N. Spierings. 2019. "A populist paradise? Examining populists' Twitter adoption and use." *Information, Communication & Society*, 22(12), pp. 1681~1696.

Jagers, J. and S. Walgrave. 2007. "Populism as political communication style: An empirical study of political parties' discourse in Belgium." *European Journal of Political Research*, 46(3), pp. 319~345.

Jaidka, K., S. Ahmed, M. Skoric and M. Hilbert. 2019. "Predicting elections from social media: A three-country, three-method comparative study." *Asian Journal of Communication*, 29(3), pp. 252~273.

Jamieson, K. H. 2017. *The Oxford Handbook of Political Communication*. Oxford University Press.

_____. 2020. *Cyberwar: How Russian Hackers and Trolls Helped Elect a President: What We Don't, Can't, and Do Know*. New York: Oxford University Press.

_____. 2021. "How conspiracists exploited COVID-19 science." *Nature Human Behaviour*, 5(11), pp. 1464~1465.

Jansens, F. 2019. "Suit of power: Fashion, politics, and hegemonic masculinity in Australia." *Australian Journal of Political Science*, 54(2), pp. 202~218.

Jardina, A. 2019. *White Identity Politics*. Cambridge University Press.

Jarren, O., R. Fischer, M. Seeliger and S. Sevignani. 2021. "Die Plattformisierung von Öffentlichkeit und der Relevanzverlust des Journalismus als demokratische Herausforderung." in M. Seeliger and S. Sevignani(eds.). *Ein neuer Strukturwandel der Öffentlichkeit? Sonderband Leviathan*, 37 (2021). Baden-Baden: Nomos, 365.

Jennings, M. K. 2007. "Political socialization." in R. J. Dalton and H.-D. Klingemann(eds.). *The Oxford Handbook of Political Behavior*. Oxford University Press.

Jerit, J. and Y. Zhao. 2020. "Political misinformation." *Annual Review of Political Science*, 23(1), pp. 77~94.

Johann, D., K. Kleinen-von Königslöw, S. Kritzinger and K. Thomas. 2018. "Intracampaign changes in voting preferences: The impact of media and party communication." *Political Communication*, 35(2), pp. 261~286.

Johansson, H. and G. Scaramuzzino. 2019. "The logics of digital advocacy: Between acts of political influence and presence." *New Media & Society*, 21(7), pp. 1528~1545.

John, R. R. 2009. *Spreading the News: The American Postal System from Franklin to Morse*. Cambridge, MA: Harvard University Press.

Jones, B. D. and F. R. Baumgartner. 2005. *The Politics of Attention: How Government Prioritizes Problems*. University of Chicago Press.

Jones, J. J., R. M. Bond, E. Bakshy, D. Eckles and J. H. Fowler. 2017. "Social influence and political mobilization: Further evidence from a randomized experiment in the 2012 US presidential election." *PloS One*, 12(4), pp. 1~9.

Josua, M. and M. Edel. 2021. "The Arab uprisings and the return of repression." *Mediterranean Politics*, 26(5), pp. 586~611.

Jungherr, A. 2013. "Tweets and votes, a special relationship: The 2009 federal election in Germany." in I. Weber(ed.). *Proceedings of the 2nd Workshop on Politics, Elections and Data*. New York: ACM, pp. 5~14.

Jungherr, A., G. Rivero and D. Gayo-Avello. 2020. *Retooling Politics: How Digital Media Are Shaping Democracy*. Cambridge University Press.

Jungherr, A., H. Schoen, O. Posegga and P. Jürgens. 2017. "Digital trace data in the study of public opinion: An indicator of attention toward politics rather than political support." *Social Science Computer Review*, 35(3), pp. 336~356.

Kaid, L. L. and A. Johnston. 2001. *Videostyle in Presidential Campaigns: Style and Content of Televised Political Advertising.* Westport, CT: Praeger.

Kaid, L. L. and C. Holtz-Bacha(eds.). 2007. *Encyclopedia of Political Communication.* Los Angeles, CA: SAGE.

Kaiser, J. and A. Rauchfleisch. 2019. "Integrating concepts of counterpublics into generalised public sphere frameworks: Contemporary transformations in radical forms." *Javnost: The Public,* 26(3), pp. 241~257.

Kaiser, J., T. R. Keller and K. Kleinen-von Königslöw. 2021. "Incidental news exposure on Facebook as a social experience: The influence of recommender and media cues on news selection." *Communication Research,* 48(1), pp. 77~99.

Kalmoe, N. P. 2019. "Mobilizing voters with aggressive metaphors." *Political Science Research and Methods,* 7(3), pp. 411~429.

Kalsnes, B. 2016. "The social media paradox explained: Comparing political parties' Facebook strategy versus practice." *Social Media + Society,* 2(2), pp. 1~11.

Kapur, M. 2022. "Sri Lanka is only the latest Asian country to ban social media." *Quartz,* April 5. https://qz.com/india/2150749/sri-lanka-is-among-30-asian-countries-to-have-banned-social-media.

Karam, B. and B. Mutsvairo(eds.). 2021. *Decolonizing African Political Communication: Reframing Ontologies.* New York: Routledge.

Karpf, D. 2016. *Analytic Activism: Digital Listening and the New Political Strategy.* New York: Oxford University Press.

_____. 2019. "The campfire and the tent: What social movement studies and political communication can learn from each other." *Information, Communication & Society,* 22(5), pp. 747~753.

Katz, E., J. G. Blumler and M. Gurevitch. 1974. "Utilization of mass communication by the individual." in J. G. Blumler and E. Katz(eds.). *The Uses of Mass Communications: Current Perspectives on Gratifications Research.* Beverly Hills, CA: SAGE, pp. 19~32.

Katz, J. E. and K. K. Mays(eds.). 2019. *Journalism and Truth in an Age of Social*

Media. Oxford University Press.

Katzenbach, C. 2013. "Media governance and technology: From 'code is law' to governance constellations." in M. E. Price, S. G. Verhulst and L. Morgan (eds.). *Routledge Handbook of Media Law*. London: Routledge, pp. 399~418.

Kavada, A. 2018. "Connective or collective? The intersection between online crowds and social movements in contemporary activism." in G. Miekle(ed.). *The Routledge Companion to Media and Activism*. London: Routledge, pp. 108~116.

Keane, J. 2009. *The Life and Death of Democracy*. London: Simon and Schuster.

_____. 2018. *Power and Humility: The Future of Monitory Democracy*. Cambridge University Press.

Kefford, G., K. Dommett, J. Baldwin-Philippi, S. Bannerman, T. Dobber, S. Kruschinski, S. Kruikemeier and E. Rzepecki. 2022. Data-driven campaigning and democratic disruption: Evidence from six advanced democracies. *Party Politics*, 29(3), pp. 448~462.

Keller, F. B., D. Schoch, S. Stier and J. Yang. 2020. "Political astroturfing on Twitter: How to coordinate a disinformation campaign." *Political Communication*, 37(2), pp. 256~280.

Keller, T. and U. Klinger. 2018. "Social bots in election campaigns: Theoretical, empirical and methodological implications." *Political Communication*, 36(1), pp. 171~189.

Kennedy, I., M. Wack, A. Beers, J. S. Schafer, I. Garcia-Camargo, E. S. Spiro and K. Starbird. 2022. "Repeat spreaders and election delegitimization: A comprehensive dataset of misinformation Tweets from the 2020 U.S. election." *Journal of Quantitative Description: Digital Media*, 2, pp. 1~49.

Kennis, A. 2021. *Digital-Age Resistance Journalism, Social Movements and the Media Dependence Model*. London: Routledge.

Kenski, K., K. Coe and S. A. Rains. 2020. "Perceptions of uncivil discourse online: An examination of types and predictors." *Communication Research*, 47(6), pp. 795~814.

Kernell, G. and K. J. Mullinix. 2019. "Winners, losers, and perceptions of vote (mis) counting." *International Journal of Public Opinion Research*, 31(1), pp. 1~24.

Khamis, S., L. Ang and R. Welling. 2017. "Self-branding, 'micro-celebrity' and the rise of social media influencers." *Celebrity Studies*, 8(2), pp. 191~208.

Kilgo, D. and R. R. Mourão. 2019. "Media effects and marginalized ideas: Relationships among media consumption and support for Black Lives Matter." *International Journal of Communication*, 13, pp. 4287~4305.

Kim, J. M. and H. Gil de Zúñiga. 2020. "Pseudo-information, media, publics, and the failing marketplace of ideas: Theory." *American Behavioral Scientist*, 65(2), pp. 163~179.

Kim, Y. M., J. Hsu, D. Neiman, C. Kou, L. Bankston, S. Y. Kim and G. Raskutti. 2018. "The stealth media? Groups and targets behind divisive issue campaigns on Facebook." *Political Communication*, 35(4), pp. 515~541.

Kitchin, R. 2017. "Thinking critically about and researching algorithms." *Information, Communication & Society*, 20(1), pp. 14~29.

Kleinen-von Königslöw, K. and G. Keel. 2012. "Localizing *The Daily Show*: The *Heute Show* in Germany." *Popular Communication*, 10(1-2), pp. 66~79.

Kligler-Vilenchik, N., M. de Vries Kedem, D. Maier and D. Stoltenberg. 2021. "Mobilization vs. demobilization discourses on social media." *Political Communication*, 38(5), pp. 561~580.

Kline, R. and T. Pinch. 1996. "Users as agents of technological change: The social construction of the automobile in the rural United States." *Technology and Culture*, 37(4), pp. 763~795.

Klinger, U. 2011. "Democratizing media policy: Community radios in Mexico and Latin America." *Journal of Latin American Communication Research*, 1(2), pp. 1~20.

_____. 2023. "Algorithms, power and digital politics." in S. Coleman and L. Sorensen(eds.). *Handbook of Digital Politics*(2nd edn.). New York:

Edward Elgar Publishing.

Klinger, U. and J. Svensson. 2015. "The emergence of network media logic in political communication: A theoretical approach." *New Media & Society*, 17(8), pp. 1241~1257.

_____. 2016. "Network media logic: Some conceptual considerations." in A. Bruns, E. Gunn, E. Skogerbo, A. O. Larsson and C. Christensen(eds.). *The Routledge Companion to Social Media and Politics*. New York: Routledge, pp. 23~38.

Klinger, U. and U. Rußmann. 2017. "'Beer is more efficient than social media': Political parties and strategic communication in Austrian and Swiss national elections." *Journal of Information Technology & Politics*, 14(4), pp. 299~313.

Klinger, U., K. Koc-Michalska and U. Rußmann. 2022a. "Are campaigns getting uglier, and who is to blame? Negativity, dramatization and populism on Facebook in the 2014 and 2019 EP election campaigns." *Political Communication*, 40(3), pp. 263~282. https://doi.org/10.1080/10584609.2022.2133198.

Klinger, U., W. L. Bennett, C. B. Knüpfer, F. Martini and X. Zhang. 2022b. "From the fringes into mainstream politics: Intermediary networks and movement-party coordination of a global anti-immigration campaign in Germany." *Information, Communication & Society*, pp. 1~18.

Klonick, K. 2019. "The Facebook Oversight Board: Creating an independent institution to adjudicate online free expression." *Yale Law Journal*, 129(8), pp. 2418~2499.

Klosterman, C. 2022. *The Nineties*. New York: Penguin.

Knight, A. 2012. "Balcony politics." *The Guardian*, August 21. https://www.theguardian.com/world/2012/aug/21/balcony-politics-ecuador.

Knoll, J., J. Matthes and R. Heiss. 2020. "The social media political participation model: A goal systems theory perspective." *Convergence: The International Journal of Research into New Media Technologies*, 26(1), pp.

135~156.

Knudsen, E., S. Dahlberg, M. H. Iversen, M. P. Johannesson and S. Nygaard. 2021. "How the public understands news media trust: An open-ended approach." *Journalism*, 23(11), pp. 1~17.

Knüpfer, C. B. and R. M. Entman. 2018. "Framing conflicts in digital and transnational media environments." *Media, War & Conflict*, 11(4), pp. 476~488.

Knüpfer, C., M. Hoffmann and V. Voskresenskii. 2022. "Hijacking MeToo: Transnational dynamics and networked frame contestation on the far right in the case of the '120 decibels' campaign." *Information, Communication & Society*, 25(7), pp. 1010~1028.

Koc-Michalska, K., D. G. Lilleker, T. Michalski, R. Gibson and J. M. Zajac. 2021. "Facebook affordances and citizen engagement during elections: European political parties and their benefit from online strategies?" *Journal of Information Technology & Politics*, 18(2), pp. 180~193.

Kohn, H. and C. Calhoun. 2017. *The Idea of Nationalism: A Study in Its Origins and Background.* London: Routledge.

Koo, C., N. Chung and D. J. Kim. 2015. "How do social media transform politics? The role of a podcast, 'Naneun Ggomsuda' in South Korea." *Information Development*, 31(5), pp. 421~434.

Kotenidis, E. and A. Veglis. 2021. "Algorithmic journalism: Current applications and future perspectives." *Journalism and Media*, 2, pp. 244~257.

Kovach, B. and T. Rosenstiel. 2007. *Elements of Journalism: What Newspeople Should Know and the Public Should Expect.* New York: Three Rivers Press.

Krafft, P. M. and J. Donovan. 2020. "Disinformation by design: The use of evidence collages and platform filtering in a media manipulation campaign." *Political Communication*, 37(2), pp. 194~214.

Krämer, B. 2014. "Media populism: A conceptual clarification and some theses on its effects." *Communication Theory*, 24(1), pp. 42~60.

Kreiss, D. 2016. *Prototype Politics: Technology-Intensive Campaigning and the*

Data of Democracy. New York: Oxford University Press.

_____. 2020. "Media and social media platforms finally begin to embrace their roles as democratic gatekeepers." in D. Jackson, D. S. Coombs, F. Trevisan, D. Lilleker and E. Thorsen(eds.). *US Election Analysis: Media, Voters and the Campaign*. Poole: Centre for Comparative Politics and Media Research, Bournemouth University.

Kreiss, D. and B. Barrett. 2020. "Democratic tradeoffs: Platforms and political advertising." *Ohio State Technology Law Journal*, 16(2), pp. 493~519.

Kreiss, D., B. Barrett and M. Reddi. 2021. "The need for race-conscious platform policies to protect civic life." Tech Policy Press. December 13. https://tech policy.press/the-need-for-race-conscious-platform-policies-to-protect-civic-life.

Kreiss, D. and E. Brooks. 2022. "Looking to the midterms: The state of platform policies on U.S. political speech." Tech Policy Press. https://techpolicy. press/looking-to-the-midterms-the-state-of-platform-policies-on-u-s-po litical-speech.

Kreiss, D., R. G. Lawrence and S. C. McGregor. 2018. "In their own words: Political practitioner accounts of candidates, audiences, affordances, genres, and timing in strategic social media use." *Political Communication*, 35(1), pp. 8~31.

_____. 2020. "Political identity ownership: Symbolic contests to represent members of the public." *Social Media + Society*, 6(2), pp. 1~5.

Kreiss, D. and S. C. McGregor. 2018. "Technology firms shape political communication: The work of Microsoft, Facebook, Twitter, and Google with campaigns during the 2016 U.S. presidential cycle." *Political Communication*, 35(2), pp. 155~177.

_____. 2019. "The 'arbiters of what our voters see': Facebook and Google's struggle with policy, process, and enforcement around political advertising." *Political Communication*, 36(4), pp. 499~522.

_____. 2022. "A review and provocation: On polarization and platforms." *New*

Media & Society, 26(1). https://doi.org/10.1177/14614448231161880.

Kriesi, H. 2012. "Personalization of national election campaigns." *Party Politics*, 18(6), pp. 825~844.

Krook, M. L. and J. R. Sanín. 2020. "The cost of doing politics? Analyzing violence and harassment against female politicians." *Perspectives on Politics*, 18(3), pp. 740~755.

Kruschinski, S. and A. Haller. 2017. "Restrictions on data-driven political micro-targeting in Germany." *Internet Policy Review*, 6(4), pp. 1~23.

Krzyżanowski, M. 2020. "Normalization and the discursive construction of 'new' norms and 'new' normality: Discourse in the paradoxes of populism and neoliberalism." *Social Semiotics*, 30(4), pp. 431~448.

Kubin, E. and C. von Sikorski. 2021. "The role of (social) media in political polarization: A systematic review." *Annals of the International Communication Association*, 45(3), pp. 188~206.

Kuo, R. and A. Marwick. 2021. "Critical disinformation studies: History, power, and politics." *Harvard Kennedy School Misinformation Review*, 2(4), pp. 1~11.

Ladd, J. M. 2012. *Why Americans Hate the Media and How It Matters*. Princeton University Press.

Ladd, J. M. and A. R. Podkul. 2019. "Sowing distrust of the news media as an electoal strategy." in Elizabeth Suhay(ed.). *The Oxford Handbook of Electoral Persuasion*. Oxford University Press, pp. 1~49.

Lang, K. and G. E. Lang. 2009. "Mass society, mass culture, and mass communication: The meanings of mass." *International Journal of Communication*, 3, pp. 998~1024.

Langer, A. 2021. "The eternal George Soros: The rise of an antisemitic and Islamophobic conspiracy theory." in *Europe: Continent of Conspiracies*. London: Routledge, pp. 163~184.

Larsson, A. O. 2016. "Online, all the time? A quantitative assessment of the permanent campaign on Facebook." *New Media & Society*, 18(2), pp. 274~

292.

Latar, N. L. 2018. *Robot Journalism: Can Human Journalism Survive?* Hackensack, NJ: World Scientific.

Lau, R. R., K. Rogers and J. Love. 2021. "Media effects in the viewer's choice era: Testing revised agenda-setting and priming hypotheses." *Political Communication*, 38(3), pp. 199~221.

Law, J. 2009. "Seeing like a survey." *Cultural Sociology*, 3(2), pp. 239~256.

Lawrence, R. G. and C. de Vreese. 2020. "Transition essay." *Political Communication*, 37(5), pp. 591~592.

Lazarus, R. S. 1991. *Emotion and Adaptation*. New York: Oxford University Press.

Leaver, T. 2021. "Going dark: How Google and Facebook fought the Australian News Media and Digital Platforms Mandatory Bargaining Code." *M/C Journal*, 24(2).

Lees-Marshment, J.(ed.). 2012. *Routledge Handbook of Political Marketing*. London: Routledge.

Lessig, L. 2000. "Code is law: On liberty in cyberspace." *Harvard Magazine*, 1.

Levitsky, S. and D. Ziblatt. 2018. *How Democracies Die*. New York: Broadway Books.

Lev-On, A. and N. Steinfeld. 2021. "Municipal campaigns on Facebook: What influences the scope of engagement and does it win votes?" in J. Lee, G. Viale Pereira and S. Hwang(eds.). *Proceedings of the 22nd Annual International Conference on Digital Government Research*. New York: ACM, pp. 104~112.

Lewis, D. and W. Vandekerckhove. 2011. *Whistleblowing and Democratic Values*. Glasgow: International Whistleblowing Research Network.

Lilleker, D. G. 2006. *Key Concepts in Political Communication*. London: SAGE.

Lilleker, D. G., I. A. Coman, M. Gregor and E. Novelli(eds.). 2021. *Political Communication and COVID-19: Governance and Rhetoric in Times of Crisis*. London: Routledge.

Lilleker, D. G., J. Tenscher and V. Štětka. 2015. "Towards hypermedia campaigning? Perceptions of new media's importance for campaigning by party strategists in comparative perspective." *Information, Communication & Society*, 18(7), pp. 747~765.

Lilleker, D. G., K. Koc-Michalska, R. Negrine, R. Gibson, T. Vedel and S. Strudel (eds.). 2020. *Social Media Campaigning in Europe*. London: Routledge.

Limor, Y. and I. Himelboim. 2006. "Journalism and moonlighting: An international comparison of 242 codes of ethics." *Journal of Mass Media Ethics*, 21(4), pp. 265~285.

Lindgren, E., A. Damstra, J. Strömbäck, Y. Tsfati, R. Vliegenthart and H. Boomgaarden. 2022. "Uninformed or misinformed? A review of the conceptual-operational gap between (lack of) knowledge and (mis)perceptions." in J. Strömbäck, Å. Wikforss, K. Glüer, T. Lindholm and H. Oscarsson(eds.). *Knowledge Resistance in High-Choice Information Environments*. London: Routledge, pp. 187~206.

Linford, A. L. 2022. "Extra: The history of America's girl newsies." Unpublished Ph.D. dissertation, University of North Carolina, Chapel Hill.

Lippmann, W. 1922. *Public Opinion*. New York: The Free Press.

Lischka, J. A. and M. Garz. 2021. "Clickbait news and algorithmic curation: A game theory framework of the relation between journalism, users, and platforms." *New Media & Society*. https://doi.org/10.1177/14614448211027174.

"List of populists." 2022. Wikipedia. https://en.wikipedia.org/wiki/List_of_populists.

Literat, I. and N. Kligler-Vilenchik. 2023. "TikTok as a key platform for youth political expression: Reflecting on the opportunities and stakes involved." *Social Media + Society*, 9(1). https://doi.org/10.1177/20563051231157595.

Litt, E. and E. Hargittai. 2016. "The imagined audience on social network sites." *Social Media + Society*, 2(1), pp. 1~12.

Lonas, L. 2021. "Facebook formula gave anger five times weight of likes, documents show." *The Hill*, October 26. https://thehill.com/policy/technology/

578548-facebook-formula-gave-anger-five-times-weight-of-likes-docu
ments-show.

Lorenz-Spreen, P., L. Oswald, S. Lewandowsky and R. Hertwig. 2023. "A sys-
tematic review of worldwide causal and correlational evidence on digital
media and democracy." *Nature Human Behaviour*, 7(1), pp. 74~101.

Lu, Y. and J. Pan. 2021. "Capturing clicks: How the Chinese government uses
clickbait to compete for visibility." *Political Communication*, 38(1-2), pp.
23~54.

Lugo-Ocando, J. 2008. "An introduction to the maquilas of power: Media and
political transition in Latin America." in J. Lugo-Ocando(ed.). *The Media
in Latin America*. New York: McGraw-Hill, pp. 1~12.

Luhmann, N. 2000. *The Reality of the Mass Media*. Stanford University Press.

Lukito, J. 2020. "Coordinating a multi-platform disinformation campaign: Inter-
net Research Agency activity on three US social media platforms, 2015 to
2017." *Political Communication*, 37(2), pp. 238~255.

Lum, K. and R. Chowdhury. 2021. "What is an 'algorithm'? It depends whom
you ask." *MIT Technology Review*, February 26. https://www.technol
ogyreview.com/2021/02/26/1020007/what-is-an-algorithm.

Lünenborg, M. 2019. "Affective publics: Understanding the dynamic formation
of public articulations beyond the public sphere." in A. Fleig and C. von
Scheve(eds.). *Public Spheres of Resonance: Constellations of Affect and
Language*. London: Routledge, pp. 29~48.

Lupien, P. 2013. "The media in Venezuela and Bolivia: Attacking the 'bad left'
from below." *Latin American Perspectives*, 40(3), pp. 226~246.

Mabweazara, H. and A. Mare. 2021. *Participatory Journalism in Africa: Digital
News Engagement and User Agency in the South*. London: Routledge.

Madison, N. and M. Klang. 2020. "The case for digital activism: Refuting the fal-
lacies of slacktivism." *Journal of Digital Social Research*, 2(2), pp. 28~47.

Magin, M., N. Podschuweit, J. Haßler and U. Rußmann. 2017. "Campaigning
in the fourth age of political communication: A multi-method study on

the use of Facebook by German and Austrian parties in the 2013 national election campaigns." *Information, Communication & Society*, 20(11), pp. 1698~1719.

Mahone, J. and P. Napoli. 2020. "Hundreds of hyperpartisan sites are masquerading as local news: This map shows if there's one near you." Nieman Lab, July 13. https://www.niemanlab.org/2020/07/hundreds-of-hyperpartisan-sites-are-masquerading-aslocal-news-this-map-shows-if-theres-one-near-you.

Mailland, J. and K. Driscoll. 2017. *Minitel: Welcome to the Internet*. Cambridge, MA: MIT Press.

Malinen, S. 2021. "The owners of information: Content curation practices of middlelevel gatekeepers in political Facebook groups." *New Media & Society*, pp. 1~18.

Maloney, K. and C. McGrath. 2021. "Rethinking public relations: Persuasion, democracy and society." *Public Relations Education*, 7(1), pp. 220~226.

Maly, I. 2020. "Metapolitical new right influencers: The case of Brittany Pettibone." *Social Sciences*, 9(7), p. 113.

Manabe, N. 2019. "We Gon'Be Alright? The ambiguities of Kendrick Lamar's protest anthem." *Music Theory Online*, 25(1), pp. 1~24.

Mano, W. 2010. *Africa: Media Systems*. London: Wiley.

Manor, I. 2019. *The Digitalization of Public Diplomacy*. New York: Palgrave Macmillan.

Margetts, H. 2018. "Rethinking democracy with social media." *The Political Quarterly*, 90(1), pp. 107~123.

Marín-Sanchiz, C. R., M. Carvajal and J. L. González-Esteban. 2021. "Survival strategies in freelance journalism: An empowering toolkit to improve professionals' working conditions." *Journalism Practice*, 11(1), pp. 1~24.

Martin, B. 1986. "Suppression and social action." in B. Martin, C. M. A. Baker, C. Manwell and C. Pugh(eds.). *Intellectual Suppression: Australian Case Histories, Analysis and Responses*. Sydney: Angus & Robertson, pp. 257~

263.

Martini, F. 2020. "Wer ist #MeToo? Eine netzwerkanalytische Untersuchung (anti-) feministischen Protests." *M & K, Themenheft Technik, Medien, Geschlecht Revisited*, 68(3), pp. 255~272. https://doi.org/10.5771/1615-634X-2020-3-255.

Martini, F., P. Samula, T. R. Keller and U. Klinger. 2021. "Bot, or not? Comparing three methods for detecting social bots in five political discourses." *Big Data & Society*, 8(2), pp. 1~13.

Marwick, A. E. 2018. "Why do people share fake news? A sociotechnical model of media effects." *Georgetown Law Technology Review*, 2(2), pp. 474~512.

Marwick, A. E. and D. Boyd. 2011. "I tweet honestly, I tweet passionately: Twitter users, context collapse, and the imagined audience." *New Media & Society*, 13(1), pp. 114~133.

Marwick, A. and E. Hargittai. 2019. "Nothing to hide, nothing to lose? Incentives and disincentives to sharing information with institutions online." *Information, Communication & Society*, 22(12), pp. 1697~1713.

Marwick, A. E. and R. Lewis. 2021. "Media manipulation and disinformation online." Data & Society Research Institute. https://datasociety.net/library/media-manipulation-and-disinfo-online.

Marwick, A. E. and W. C. Partin. 2022. "Constructing alternative facts: Populist expertise and the QAnon conspiracy." *New Media & Society*, pp. 1~21.

Mason, L. 2016. "A cross-cutting calm: How social sorting drives affective polarization." *Public Opinion Quarterly*, 80(S1), pp. 351~377.

Mattes, K. and D. P. Redlawsk. 2015. *The Positive Case for Negative Campaigning.* University of Chicago Press.

Matthes, J. and F. Arendt. 2016. "Spiral of silence." in K. B. Jensen and R. T. Craig(eds.). *The International Encyclopedia of Communication Theory and Philosophy.* Hoboken, NJ: Wiley-Blackwell, pp. 1~8. https://doi.org/10.1002/9781118766804.wbiect147.

Matthes, J., J. Knoll, S. Valenzuela, D. N. Hopmann and C. von Sikorski. 2019.

"A meta-analysis of the effects of cross-cutting exposure on political participation." *Political Communication*, 36(4), pp. 523~542.

Mazzoleni, G. 2008a. "Mediatization of politics." in W. Donsbach(ed.). *The International Encyclopedia of Communication*. Hoboken, NJ: John Wiley & Sons. https://doi.org/10.22059/JCSS.2020.7474.

_____. 2008b. "Populism and the media." in D. Albertazzi and D. McDonnell (eds.). *Twenty-First Century Populism: The Spectre of Western European Democracy*. London: Palgrave Macmillan, pp. 49~64.

Mazzoleni, G., K. G. Barnhurst, K. I. Ikeda, R. C. Maia and H. Wessler(eds.). 2015. *The International Encyclopedia of Political Communication*, Vol. 3. Chichester: John Wiley & Sons.

Mazzoleni, G. and W. Schulz. 1999. "'Mediatization' of politics: A challenge for democracy." *Political Communication*, 16(3), pp. 247~261.

McCarthy, J. D. and M. N. Zald. 1977. "Resource mobilization and social movements: A partial theory." *American Journal of Sociology*, 82(6), pp. 1212~1241.

McGregor, S. C. 2018. "Personalization, social media, and voting: Effects of candidate self-personalization on vote intention." *New Media & Society*, 20 (3), pp. 1139~1160.

_____. 2019. "Social media as public opinion: How journalists use social media to represent public opinion." *Journalism*, 20(8), pp. 1070~1086.

McGuigan, J. 1992. *Cultural Populism*. London: Routledge.

McGuigan, L. 2019. "Automating the audience commodity: The unacknowledged ancestry of programmatic advertising." *New Media & Society*, 21(11-12), pp. 2366~2385.

McIlwain, C. D. 2019. *Black Software: The Internet and Racial Justice, from the AfroNet to Black Lives Matter*. New York: Oxford University Press.

McKelvey, F. and J. Piebiak. 2018. "Porting the political campaign: The Nation-Builder platform and the global flows of political technology." *New Media & Society*, 20(3), pp. 901~918.

McMillan Cottom, T. 2020. "Where platform capitalism and racial capitalism meet: The sociology of race and racism in the digital society." *Sociology of Race and Ethnicity*, 6(4), pp. 441~449.

McNair, B. 2003. *Sociology of Journalism*. London: Routledge.

_____. 2017. *An Introduction to Political Communication*. London: Routledge.

McQueen, S. 2018. "From yellow journalism to tabloids to clickbait: The origins of fake news in the United States." in D. E. Agosto(ed.). *Information Literacy and Libraries in the Age of Fake News*. Santa Barbara, CA: Libraries Unlimited, pp. 12~36.

Meese, J. and E. Hurcombe. 2020. "Facebook, news media and platform dependency: The institutional impacts of news distribution on social platforms." *New Media & Society*, 23(8), pp. 2367~2384.

Mendes, K., J. Ringrose and J. Keller. 2019. *Digital Feminist Activism: Girls and Women Fight Back against Rape Culture*. Oxford University Press.

Meraz, S. and Z. Papacharissi. 2016. "Networked framing and gatekeeping." in T. Witschge, C. W. Anderson, D. Domingo and A. Hermida(eds.). *The SAGE Handbook of Digital Journalism*. Los Angeles, CA: SAGE, pp. 95~112.

Meret, S. 2015. "Charismatic female leadership and gender: Pia Kjærsgaard and the Danish People's Party." *Patterns of Prejudice*, 49(1-2), pp. 81~102.

Merkel, W. 2004. "Embedded and defective democracies." *Democratization*, 11(5), pp. 33~58.

Metz, M., S. Kruikemeier and S. Lecheler. 2020. "Personalization of politics on Facebook: Examining the content and effects of professional, emotional and private self-personalization." *Information, Communication & Society*, 23(10), pp. 1481~1498.

Meyer, P. 2002. *Precision Journalism: A Reporter's Introduction to Social Science Methods*. Washington, DC: Rowman & Littlefield Publishers.

Miazhevich, G. 2018. "Nation branding in the post-broadcast era: The case of RT." *European Journal of Cultural Studies*, 21(5), pp. 575~593.

Milko, V. and B. Ortutay. 2022. "'Kill more': Facebook fails to detect hate against Rohingya." AP News, March 22. https://apnews.com/article/technol ogy-businessbangladesh-myanmar-united-nations-f7d89e38c54f7bae46 4762fa23bd96b2.

Miller, S. 2019. "Citizen journalism." in J. Nussbaum(ed.). *Oxford Research Encyclopedia of Communication*. Oxford University Press.

Mills, C. W. 2017. *Black Rights / White Wrongs: The Critique of Racial Liberalism*. New York: Oxford University Press.

Miño, P. and L. Austin. 2022. "A cocreational approach to nation branding: The case of Chile." *Public Relations Inquiry*, 11(2), pp. 293~313.

Mishra, A. A. and A. Mishra. 2014. "National vs. local celebrity endorsement and politics." *International Journal of Politics, Culture, and Society*, 27(4), pp. 409~425.

Mishra, M., P. Yan and R. Schroeder. 2022. "TikTok politics: Tit for tat on the India-China cyberspace frontier." *International Journal of Communication*, 16, pp. 814~839.

Molina, M., S. S. Sunda, T. Le and D. Lee. 2021. "'Fake news' is not simply false information: A concept explication and taxonomy of online content." *American Behavioral Scientist*, 65(2), pp. 180~212.

Möller, J., D. Trilling, N. Helberger and B. van Es. 2018. "Do not blame it on the algorithm: An empirical assessment of multiple recommender systems and their impact on content diversity." *Information, Communication & Society*, 21(7), pp. 959~977.

Moon, R. 2019. "Beyond puppet journalism: The bridging work of transnational journalists in a local field." *Journalism Studies*, 20(12), pp. 1714~1731.

Morales, J. S. 2019. "Perceived popularity and online political dissent: Evidence from Twitter in Venezuela." *The International Journal of Press/Politics*, 25(1), pp. 5~27.

Morehouse, J. 2021. "Examining devotional campaigns and stakeholder-centric relationships in public relations materials: A case study." *Journal of Pub-*

lic Relations Research, 33(4), pp. 209~230.

Morgan, M. 2021. "More than a mood or an attitude: Discourse and verbal genres in African-American culture." in S. S. Mufwene, J. R. Rickford, G. Bailey and J. Baugh(eds.). *African-American English: Structure, History and Use.* London: Routledge, pp. 277~312.

Morley, D. G. and K. Robins. 2001. *British Cultural Studies: Geography, Nationality, and Identity.* Oxford University Press.

Mouffe, C. 2002. "Which public sphere for a democratic society?" *Theoria*, 99, pp. 55~65.

Mourão, R. R. and W. Chen. 2020. "Covering protests on Twitter: The influences on journalists' social media portrayals of left- and right-leaning demonstrations in Brazil." *The International Journal of Press/Politics*, 25(2), pp. 260~280.

Moy, P. 2020. "The promise and perils of voice." *Journal of Communication*, 70 (1), pp. 1~12.

Moyo, D. 2009. "Citizen journalism and the parallel market of information in Zimbabwe's 2008 election." *Journalism Studies*, 10(4), pp. 551~567.

Moyo, L. 2020. *The Decolonial Turn in Media Studies in Africa and the Global South.* Cham: Palgrave-McMillan.

Mpofu, S. 2015. "When the subaltern speaks: Citizen journalism and genocide 'victims" voices online." *African Journalism Studies*, 36(4), pp. 82~101.

Mudde, C. 2004. "The populist zeitgeist." *Government and Opposition*, 39(4), pp. 541~563.

_____. 2007. *Populist Radical Right Parties in Europe.* Cambridge University Press.

Mudde, C. and C. R. Kaltwasser. 2017. *Populism: A Very Short Introduction.* Oxford University Press.

Müller, J. W. 2017. *What Is Populism?* London: Penguin.

Munger, K. 2020. "All the news that's fit to click: The economics of clickbait media." *Political Communication*, 37(3), pp. 376~397.

Munger, K. and J. Phillips. 2022. "Right-wing YouTube: A supply and demand

perspective." *The International Journal of Press/Politics*, 27(1), pp. 186~
219.

Murgia, M. and J. Espinoza. 2021. "Ireland is 'worst bottleneck' for enforcing EU
data privacy law - ICCL." *Irish Times*, September 13. https://www.irish
times.com/business/technology/ireland-is-worst-bottleneck-for-enforc
ing-eu-data-privacy-lawiccl-1.4672480.

Murphy, P. D. 2021. "Speaking for the youth, speaking for the planet: Greta
Thunberg and the representational politics of eco-celebrity." *Popular
Communication*, 19(3), pp. 193~206. "Musicians who oppose Donald
Trump's use of their music." 2022. Wikipedia. https://en.wikipedia.org/
wiki/Musicians_who_oppose_Donald_Trump%27s_use_of_their_music.

Mutsvairo, B. and B. Karam(eds.). 2018. *Perspectives on Political Communica-
tion in Africa*. London: Palgrave Macmillan.

Mutsvairo, B., E. Borges-Rey, S. Bebawi, M. Marquez Ramirez, C. Mellado, H.
M. Mabweazara, M. Demeter, M. Glowacki, H. Badr and D. Thussu.
2021. "Different but the same: How the Global South is challenging the
hegemonic epistemologies and ontologies of Westernized/Western-centric
journalism studies." *Journalism and Mass Communication Quarterly*, 98
(4), pp. 996~1016.

Mutsvairo, B. and M. Ragnedda(eds.). 2019. *Mapping the Digital Divide in Africa:
A Mediated Analysis*. Amsterdam University Press.

Mutsvairo, B. and S. Bebawi. 2022. "Journalism and the Global South: Shaping
journalistic practices and identity post 'Arab Spring'," *Digital Journalism*,
10(7), pp. 1141~1455.

Mutz, D. C. 2011. *Population-Based Survey Experiments*. Princeton University
Press.

_____. 2022. "Effects of changes in perceived discrimination during BLM on the
2020 presidential election." *Science Advances*, 8(9), eabj9140.

Nagy, P. and G. Neff. 2015. "Imagined affordance: Reconstructing a keyword
for communication theory." *Social Media + Society*, 1(2), pp. 1~9.

Nah, S. and D. S. Chung. 2020. *Understanding Citizen Journalism as Civic Participation*. London: Routledge.

Naím, M. 2014. *The End of Power: From Boardrooms to Battlefields and Churches to States, Why Being in Charge Isn't What It Used to Be*. New York: Basic Books.

Napoli, P. M. 2019. *Social Media and the Public Interest: Media Regulation in the Disinformation Age*. New York: Columbia University Press.

Ndlovu-Gatsheni, S. J. 2021. "Internationalisation of higher education for pluriversity: A decolonial reflection." *Journal of the British Academy*, 9(s1), pp. 77~98.

Neff, T. and V. Pickard. 2021. "Funding democracy: Public media and democratic health in 33 countries." *The International Journal of Press/Politics*, pp. 1~27.

Negrine, R. and S. Papathanassopoulos. 1996. "The 'Americanization' of political communication: A critique." *Harvard International Journal of Press/Politics*, 1(2), pp. 45~62.

Nelson, J. L. 2021. *Imagined Audiences: How Journalists Perceive and Pursue the Public*. New York: Oxford University Press.

Neuman, W. L. 2014. *Power, State and Society: An Introduction to Political Sociology*. New York: McGraw-Hill.

Neuman, W. R. 2016. *The Digital Difference: Media Technology and the Theory of Communication Effects*. Cambridge, MA: Harvard University Press.

Neuman, W. R. and L. Guggenheim. 2011. "The evolution of media effects theory: A sixstage model of cumulative research." *Communication Theory*, 21(2), pp. 169~196.

Nguyen, A. and J. Lugo-Ocando. 2016. "The state of data and statistics in journalism and journalism education: Issues and debates." *Journalism: Theory, Practice & Criticism*, 17(1), pp. 3~17.

Nielsen, R. K. 2012. *Ground Wars*. Princeton University Press.

_____. 2016. "The many crises of Western journalism: A comparative analysis of economic crises, professional crises, and crises of confidence." in J. C. Alexander, E. Butler Breese and M. Luengo(eds.). *The Crisis of Journalism Reconsidered: Democratic Culture, Professional Codes, Digital Future*. Cambridge University Press, pp. 77~97.

_____. 2018. "No one cares what we know: Three responses to the irrelevance of political communication research." *Political Communication*, 35(1), pp. 145~149.

Nielsen, R. K. and S. A. Ganter. 2022. *The Power of Platforms: Shaping Media and Society*. New York: Oxford University Press.

Noble, S. U. 2018. *Algorithms of Oppression: How Search Engines Reinforce Racism*. New York University Press.

Nolan, D. and S. Brookes. 2015. "The problems of populism: Celebrity politics and citizenship." *Communication Research and Practice*, 1(4), pp. 349~361.

Norris, P. 2014. "Watchdog journalism." in M. Bovens, R. Goodin and T. Schillemans(eds.). *The Oxford Handbook of Public Accountability*. Oxford University Press. https://doi.org/10.1093/oxfordhb/9780199641253.013.0015.

Norris, P. and R. Inglehart. 2019. *Cultural Backlash: Trump, Brexit, and Authoritarian Populism*. Cambridge University Press.

Nothias, T. 2020. "Access granted: Facebook's free basics in Africa." *Media, Culture & Society*, 42(3), pp. 329~348.

O'Leary, N. 2018. "Foreign groups invade Ireland's online abortion debate." *Politico*, May 17. https://www.politico.eu/article/foreign-groups-invade-ireland-online-abortionreferendum-debate-facebook-social-media.

Oates, S. 2013. *Revolution Stalled: The Political Limits of the Internet in the Post-Soviet Sphere*. Oxford University Press.

Ohme, J., C. H. de Vreese and E. Albaek. 2018. "The uncertain first-time voter: Effects of political media exposure on young citizens' formation of vote choice in a digital media environment." *New Media & Society*, 20(9), pp. 3243~3265.

Oliver, J. E. and W. M. Rahn. 2016. "Rise of the Trumpenvolk: Populism in the 2016 election." *The ANNALS of the American Academy of Political and Social Science*, 667(1), pp. 189~206.

Olson, M. 1965. *The Logic of Collective Action: Public Goods and the Theory of Groups*. Cambridge, MA: Harvard University Press.

Oluwole, V. 2021. "Ethiopia is building its own social media platforms to rival Facebook, Twitter, WhatsApp." *Business Insider*, August 26. https://africa.businessinsider.com/local/markets/ethiopia-is-building-its-own-social-media-platforms-to-rival-facebook-twitter/v7dclfk.

Ong, J. C. and J. V. A. Cabañes. 2018. "Architects of networked disinformation: Behind the scenes of troll accounts and fake news production in the Philippines." *Communication Department Faculty Publication Series*. University of Massachusetts Amherst.

Opensecrets. 2022. Lobbying Data Summary Database. https://www.opensecrets.org/federal-lobbying.

Opp, K.-D. 1988. "Grievances and participation in social movements." *American Sociological Review*, 53(6), pp. 853~864.

Oreskes, N. and Conway, E. M. 2010. "Defeating the merchants of doubt." *Nature*, 465, pp. 686~687.

Orgeret, K. S. and H. Rønning. 2020. "Political communication in East Africa: An introduction." *Journal of African Media Studies*, 12(3), pp. 231~240.

Ouellette, L. and J. Hay. 2007. *Better Living through Reality TV: Television and Post-Welfare Citizenship*. Malden, MA: Blackwell.

Ouwerkerk, J. W. and B. K. Johnson. 2016. "Motives for online friending and following: The dark side of social network site connections." *Social Media + Society*, 2(3), pp. 1~13.

Pacher, A. 2018. "The ritual creation of political symbols: International exchanges in public diplomacy." *The British Journal of Politics and International Relations*, 20(4), pp. 880~897.

Pan, J. 2019. "How Chinese officials use the Internet to construct their public image." *Political Science Research and Methods*, 7(2), pp. 197~213.

Papacharissi, Z. 2015. *Affective Publics: Sentiment, Technology, and Politics*. Oxford University Press.

_____. 2016. "Affective publics and structures of storytelling: Sentiment, events and mediality." *Information, Communication & Society*, 19(3), pp. 307~324.

Papakyriakopoulos, O., C. Tessono, A. Narayanan and M. Kshirsagar. 2022. "How algorithms shape the distribution of political advertising: Case studies of Facebook, Google, and TikTok." in V. Conitzer(ed.). *Proceedings of the 2022 AAAI/ACM Conference on AI, Ethics, and Society*. New York: ACM, pp. 532~546.

Papakyriakopoulos, O., M. Shahrezaye, J. C. M. Serrano and S. Hegelich. 2019. "Distorting political communication: The effect of hyperactive users in online social networks." in *IEEE INFOCOM 2019: IEEE Conference on Computer Communications Workshops*. Piscataway, NJ: IEEE, pp. 157~164.

Pariser, E. 2011. *The Filter Bubble: What the Internet Is Hiding from You*. London: Penguin.

Parvin, P. 2018. "Democracy without participation: A new politics for a disengaged era." *Res Publica*, 24, pp. 31~52.

Passoth, J.-H. 2020. "Music, recommender systems and the techno-politics of platforms, data, and algorithms." in S. Maasen, S. Dickel and C. Schneider (eds.). *TechnoScienceSociety: Technological Reconfigurations of Science and Society*. Cham: Springer, pp. 157~174.

Patalong, F. 2021. "Die Welt im Leserausch." *Spiegel Online*, March 16. https://www.spiegel.de/geschichte/wie-zeitungen-zum-massenmedium-wurden-die-welt-im-leserauscha-466b1a31-3488-4e96-97c5-583d07b61789.

Pate, A. 2020. "Trends in democratization: A focus on instability in anocracies." in J. J. Hewitt, J. Wilkenfeld and T. R. Gurr(eds.). *Peace and Conflict 2008*. London: Routledge, pp. 27~32.

Pauwels, T. 2011. "Measuring populism: A quantitative text analysis of party literature in Belgium." *Journal of Elections, Public Opinion and Parties*, 21 (1), pp. 97~119.

Pavlik, J. V. 2001. *Journalism and New Media*. New York: Columbia University Press.

_____. 2022. *Disruption and Digital Journalism: Assessing News Media Innovation in a Time of Dramatic Change*. London: Routledge.

Pease, A. and P. R. Brewer. 2008. "The Oprah factor: The effects of a celebrity endorsement in a presidential primary campaign." *The International Journal of Press/Politics*, 13(4), pp. 386~400.

Peck, R. 2019. *Fox populism: Branding conservatism as working class*. Cambridge University Press.

Penney, J. 2017. *The Citizen Marketer: Promoting Political Opinion in the Social Media Age*. New York: Oxford University Press.

_____. 2020. "'It's so hard not to be funny in this situation': Memes and humor in U.S. youth online political expression." *Television & New Media*, 21(8), pp. 791~806.

Pennycook, G., Z. Epstein, M. Mosleh, A. A. Arechar, D. Eckles and D. G. Rand. 2021. "Shifting attention to accuracy can reduce misinformation online." *Nature*, 592, pp. 590~595.

Persily, N. and J. A. Tucker(eds.). 2020. *Social Media and Democracy: The State of the Field, Prospects for Reform*. Cambridge University Press.

Peters, B. 2016. *How Not to Network a Nation: The Uneasy History of the Soviet Internet*. Cambridge, MA: MIT Press.

Peters, J. D. 2016. *The Marvelous Clouds: Toward a Philosophy of Elemental Media*. University of Chicago Press.

Pettegree, A. 2014. *The Invention of News: How the World Came to Know about Itself*. New Haven, CT: Yale University Press.

Pettinicchio, D. 2017. "Elites, policy, and social movements." in B. Wejnert and P. Parigi(eds.). *On the Cross Road of Polity, Political Elites and Mobilization*. Bingley: Emerald, pp. 155~190.

Pfetsch, B. 2018. "Dissonant and disconnected public spheres as challenge for political communication research." *Javnost: The Public*, 25(1-2), pp. 59~65.

Pfetsch, B., M. Löblich and C. Eilders. 2018. "Dissonante Öffentlichkeiten als Perspektive kommunikationswissenschaftlicher Theoriebildung." *Publizistik*, 63(4), pp. 477~495.

Phillips, T. and E. Espejel. 2022. "Two slain in Mexico are the latest in unrelenting slaughter of journalists." *The Guardian*, May 9. https://www.the guardian.com/world/2022/may/09/mexico-journalists-killed-slaughter -amlo.

Phillips, W. and R. M. Milner. 2021. *You Are Here: A Field Guide for Navigating Polarized Speech, Conspiracy Theories, and Our Polluted Media Landscape.* Cambridge, MA: MIT Press.

Picheta, R. 2020. "Fat, flightless parrot named Bird of the Year after a campaign tainted by voter fraud." CNN, November 16. https://edition.cnn.com/2020/ 11/16/asia/kakaponew-zealand-bird-vote-scli-intl-scn/index.html.

Pirro, A. L. P. and B. Stanley. 2021. "Forging, bending, and breaking: Enacting the 'Illiberal Playbook' in Hungary and Poland." *Perspectives on Politics*, 20(1), pp. 86~101.

Plotnikova, A. 2020. "No guarantee of safety for media covering disputed Belarus election." VOA, November 11. https://www.voanews.com/a/ press-freedom_no-guaranteesafety-media-covering-disputed-belarus-e lection/6198245.html.

Plunkett, J. 2003. *Queen Victoria: First Media Monarch.* Oxford University Press.

Poell, T. and J. van Dijck. 2013. "Understanding social media logic." *Media and Communication*, 1(1). https://doi.org/10.17645/mac.v1i1.70.

_____. 2018. "Social media and new protest movements." in J. Burgess, A. Marwick and T. Poell(eds.). *The SAGE Handbook of Social Media.* Los Angeles, CA: SAGE, pp. 546~561.

Polletta, F. and J. Callahan. 2019. "Deep stories, nostalgia narratives, and fake news: Storytelling in the Trump era." in J. L. Mast and J. C. Alexander (eds.). *Politics of Meaning / Meaning of Politics: Cultural Sociology of the 2016 U.S. Presidential Election.* Cham: Springer, pp. 55~73.

Postman, N. 2006. *Amusing Ourselves to Death: Public Discourse in the Age of Show Business.* New York: Penguin.

Powers, M. 2018. *NGOs as Newsmakers: The Changing Landscape of International News.* New York: Columbia University Press.

Priolkar, A. K. 1958. *The Printing Press in India.* Mumbai: Marathi Grantha Sangrahalaya.

Prior, M. 2007. *Post-Broadcast Democracy: How Media Choice Increases Inequality in Political Involvement and Polarizes Elections.* Cambridge University Press.

Puhle, H.-J. 2019. "Populism and democracy in the 21st century." *SCRIPTS Working Paper,* 2.

Quandt, T. 2018. "Dark participation." *Media and Communication,* 6(4), pp. 36~48.

Radue, M. 2019. "Harmful disinformation in Southeast Asia: 'Negative campaigning,' 'information operations' and 'racist propaganda' - three forms of manipulative political communication in Malaysia, Myanmar, and Thailand." *Journal of Contemporary Eastern Asia,* 18(2), pp. 68~89.

Rae, M. 2021. "Hyperpartisan news: Rethinking the media for populist politics." *New Media & Society,* 23(5), pp. 1117~1132.

Rauchfleisch, A., D. Siegen and D. Vogler. 2021. "How COVID-19 displaced climate change: Mediated climate change activism and issue attention in the Swiss media and online sphere." *Environmental Communication,* 17(3), pp. 313~321.

Rawnsley, G. D. 2016. *Cold-War Propaganda in the 1950s.* Cham: Springer.

Reddi, M., R. Kuo and D. Kreiss. 2021. "Identity propaganda: Racial narratives and disinformation." *New Media & Society.* https://doi.org/10.1177/146 14448211029293.

Regan, P. M. and S. R. Bell. 2010. "Changing lanes or stuck in the middle: Why are anocracies more prone to civil wars?" *Political Research Quarterly*, 63 (4), pp. 747~759.

Reif, K. and H. Schmitt. 1980. "Nine second-order national elections: A conceptual framework for the analysis of European election results." *European Journal of Political Research*, 8(1), pp. 3~44.

Reilly, S., M. Stiles, B. Powers, A. van Wagtendonk and J. Paladino. 2022. "The Canadian 'Freedom Convoy' is backed by a Bangladeshi marketing firm and right-wing fringe groups." *Grid*, February 11. https://www.grid.news/story/misinformation/2022/02/11/the-canadian-freedom-convoy-is-backed-by-a-bangladeshi-marketing-firm-and-right-wing-fringe-groups.

Reinemann, C., J. Stanyer, S. Scherr and G. Legnante. 2012. "Hard and soft news: A review of concepts, operationalizations and key findings." *Journalism*, 13(2), pp. 221~239.

Repucci, S. and A. Slipowitz. 2021. *Freedom in the World 2021: Democracy under Siege*. Washington, DC: Freedom House. https://freedomhouse.org/report/freedom-world/2021/democracy-under-siege.

Retis, J. and R. Tsagarousianou(eds.). 2019. *The Handbook of Diasporas, Media, and Culture*. Hoboken, NJ: John Wiley & Sons.

Reuters Institute for the Study of Journalism. 2021. *Reuters Institute Digital News Report 2021*. https://reutersinstitute.politics.ox.ac.uk/sites/default/files/2021-06/Digital_News_Report_2021_FINAL.pdf.

_____. 2022. *Reuters Institute Digital News Report 2022*. https://reutersinstitute.politics.ox.ac.uk/digital-news-report/2022/dnr-executive-summary.

Rheault, L., E. Rayment and A. Musulan. 2019. "Politicians in the line of fire: Incivility and the treatment of women on social media." *Research & Politics*, 6(1), pp. 1~7.

Ricard, J. and J. Medeiros. 2020. "Using misinformation as a political weapon: COVID-19 and Bolsonaro in Brazil." *Harvard Kennedy School Misinformation Review*, 1(2), pp. 1~8.

Richardson, A. V. 2019. "Dismantling respectability: The rise of new womanist communication models in the era of Black Lives Matter." *Journal of Communication*, 69(2), pp. 193~213.

_____. 2020. *Bearing Witness while Black: African Americans, Smartphones, and the New Protest #Journalism*. New York: Oxford University Press.

Ridout, T. N. and K. Searles. 2011. "It's my campaign I'll cry if I want to: How and when campaigns use emotional appeals." *Political Psychology*, 32(3), pp. 439~458.

Riedl, M., C. Schwemmer, S. Ziewiecki and L. M. Ross. 2021. "The rise of political influencers: Perspectives on a trend towards meaningful content." *Frontiers in Communication*, 6, pp. 1~7.

Rinke, E. M. 2016. "The impact of sound-bite journalism on public argument." *Journal of Communication*, 66(4), pp. 625~645.

Roberts Forde, K. and S. Bedingfield. 2021. *Journalism and Jim Crow: White Supremacy and the Black Struggle for a New America*. Champaign: University of Illinois Press.

Rojas, H. and S. Valenzuela. 2019. "A call to contextualize public opinion-based research in political communication." *Political Communication*, 36(4), pp. 652~659.

Romer, D., P. Jamieson, A. Bleakley and K. H. Jamieson. 2014. "Cultivation theory: Its history, current status, and future directions." in R. S. Fortner and P. M. Fackler(eds.). *The Handbook of Media and Mass Communication Theory*. Chichester: John Wiley & Sons, pp. 115~136.

Römmele, A. and R. Gibson. 2020. "Scientific and subversive: The two faces of the fourth era of political campaigning." *New Media & Society*, 22(4), pp. 595~610.

Rooduijn, M. 2014. "The mesmerising message: The diffusion of populism in public debates in Western European media." *Political Studies*, 62(4), pp. 726~744.

Roose, K. 2020. "Facebook reverses postelection algorithm changes that boosted news from authoritative sources." *New York Times*, December 16. https://

www.nytimes.com/2020/12/16/technology/facebook-reverses-postele
ction-algorithm-changesthat-boosted-news-from-authoritative-sources.
html.

Roose, K., M. Isaac and S. Frenkel. 2020. "Facebook struggles to balance civility
and growth." *New York Times*, November 24. https://www.nytimes.com/
2020/11/24/technology/facebook-election-misinformation.html.

Rosenblum, N. L. 2010. *On the Side of the Angels: An Appreciation of Parties and
Partisanship*. Princeton University Press.

Ross, B., L. Pilz, B. Cabrera, F. Brachten, G. Neubaum and S. Stieglitz. 2019. "Are
social bots a real threat? An agent-based model of the spiral of silence to
analyse the impact of manipulative actors in social networks." *European
Journal of Information Systems*, 28(4), pp. 394~412.

Ross, K. 2017. *Gender, Politics, News: A Game of Three Sides*. Oxford: Wiley-
Blackwell.

Rossini, P. 2019. "Toxic for whom? Examining the targets of uncivil and intolerant
discourse in online political talk." in P. Moy and D. Matheson(eds.).
Voices: Exploring the Shifting Contours of Communication. New York:
Peter Lang, pp. 221~242.

Rossini, P., J. Stromer-Galley and A. Korsunska. 2021. "More than 'fake news'?
The media as a malicious gatekeeper and a bully in the discourse of candi-
dates in the 2020 US presidential election." *Journal of Language and Pol-
itics*, 20(5), pp. 676~695.

Rossini, P., J. Stromer-Galley, E. A. Baptista and V. Veiga de Oliveira. 2021. "Dys-
functional information sharing on WhatsApp and Facebook: The role of
political talk, cross-cutting exposure and social corrections." *New Media
& Society*, 23(8), pp. 2430~2451.

Rourke, M. 2019. "Emerging new business models for news media." Innovation
Media Consulting Group, February 27. https://innovation.media/insights/
emerging-new-business-models-for-news-media.

Rovira Kaltwasser, C. 2018. "Studying the (economic) consequences of populism." *AEA Papers and Proceedings*, 108, pp. 204~207.

Rovira Kaltwasser, C., P. A. Taggart, P. O. Espejo and P. Ostiguy(eds.). 2017. *The Oxford Handbook of Populism*. Oxford University Press.

Russial, J., P. Laufer and J. Wasko. 2015. "Journalism in crisis?" *Javnost: The Public*, 22(4), pp. 299~312.

Rußmann, U. 2018. "Going negative on Facebook: Negative user expressions and political parties' reactions in the 2013 Austrian national election campaign." *International Journal of Communication*, 12(21), pp. 2578~2598.

_____. 2021. "Quality of understanding in communication among and between political parties, mass media, and citizens: An empirical study of the 2013 Austrian national election." *Journal of Deliberative Democracy*, 17(2), pp. 102~116.

Ruth, E. 2019. *Media Regulation in the United Kingdom*. London: Article 19.

Saffer, A. J., A. Pilny and E. J. Sommerfeldt. 2022. "What influences relationship formation in a global civil society network? An examination of valued multiplex relations." *Communication Research*, 49(5), pp. 703~732.

Saffer, A. J., M. Taylor and A. Yang. 2013. "Political public relations in advocacy: Building online influence and social capital." *Public Relations Journal*, 7(4), pp. 1~35.

Sandvig, C., K. Hamilton, K. Karahalios and C. Langbort. 2016. "Automation, algorithms, and politics. When the algorithm itself is a racist: Diagnosing ethical harm in the basic components of software." *International Journal of Communication*, 10, pp. 4972~4990.

Scannell, P. 1995. "Media events." *Media, Culture & Society*, 17(1), pp. 151~157.

Schäfer, M. S. 2015. "Digital public sphere." in G. Mazzoleni, K. G. Barnhurst, K. I. Ikeda, R. C. Maia and H. Wessler(eds.). *The International Encyclopedia of Political Communication*, Vol. 3. Chichester: John Wiley & Sons, pp. 1~7.

Schapals, A. K. and C. Porlezza. 2020. "Assistance or resistance? Evaluating the inter-section of automated journalism and journalistic role conceptions."

Media and Communication, 8(3), pp. 16~26.

Schedler, A. 2001. "Measuring democratic consolidation." *Studies in Comparative International Development*, 36(1), pp. 66~92.

Scheffauer, R., M. Goyanes and H. Gil de Zúñiga. 2021. "Beyond social media news use algorithms: How political discussion and network heterogeneity clarify incidental news exposure." *Online Information Review*, 45(3), pp. 633~650.

Scheufele, D. A. 1999. "Framing as a theory of media effects." *Journal of Communication*, 49(3), pp. 103~122.

Scheufele, D. A. and S. Iyengar. 2014. "The state of framing research: A call for new directions." in K. Kenski and K. H. Jamieson(eds.). *The Oxford Handbook of Political Communication*. Oxford University Press, pp. 619~632.

Schlesinger, P. 2020. "After the post-public sphere." *Media, Culture & Society*, 42(7-8), pp. 1545~1563.

Schmidt, S. 2014. *Seriously Funny: Mexican Political Jokes as Social Resistance*. Tucson: University of Arizona Press.

Schmuck, D., N. Fawzi, C. Reinemann and C. Riesmeyer. 2022. "Social media use and political cynicism among German youth: The role of information-orientation, exposure to extremist content, and online media literacy." *Journal of Children and Media*, 16(3), pp. 313~331.

Schradie, J. 2019. *The Revolution that Wasn't: How Digital Activism Favors Conservatives*. Cambridge, MA: Harvard University Press.

Schuchard, R. J. and A. T. Crooks. 2021. "Insights into elections: An ensemble bot detection coverage framework applied to the 2018 US midterm elections." *PLoS One*, 16(1), pp. 1~19.

Schudson, M. 1978. *Discovering the News: A Social History of American Newspapers*. New York: Basic Books.

_____. 1994. "The public sphere and its problems: Bringing the state (back) in." *Notre Dame Journal of Law, Ethics & Public Policy*, 8(2), pp. 529~546.

_____. 1999. *The Good Citizen: A History of American Civic Life.* Cambridge, MA: Harvard University Press.

_____. 2002. "The news media as political institutions." *Annual Review of Political Science*, 5(1), pp. 249~269.

Schuetz, J. 2009. "Political communication theories." in S. W. Littlejohn and K. A. Foss(eds.). *Encyclopedia of Communication Theory.* Los Angeles, CA: SAGE, pp. 758~761.

Schulz, A., R. Fletcher and R. K. Nielsen. 2022. "The role of news media knowledge for how people use social media for news in five countries." *New Media & Society*, pp. 1~22. https://doi.org/10.1080/17524032.2021.1990978.

Schwartz, A. B. 2015. *Broadcast Hysteria: Orson Welles's* War of the Worlds *and the Art of Fake News.* New York: Hill and Wang.

Scott, J. 1985. *Weapons of the Weak: Everyday Forms of Peasant Resistance.* New Haven, CT: Yale University Press.

_____. 1990. *Domination and the Arts of Resistance: Hidden Transcripts.* New Haven, CT: Yale University Press.

Scott, M. 2021. "Russia sows distrust on social media ahead of German election." *Politico*, September 3. https://www.politico.eu/article/germany-russia-social-media-distrust-election-vladimir-putin.

Scott, M., K. Wright and M. Bunce. 2022. *Humanitarian Journalists Covering Crises from a Boundary Zone.* London: Routledge.

Scott, M. and L. Kayali. 2020. "What happened when humans stopped managing social media content." *Politico*, October 21. https://www.politico.eu/article/facebook-content-moderation-automation.

Segura, M. S. and S. Waisbord. 2016. *Media Movements: Civil Society and Media Policy Reform in Latin America.* London: Zed Books.

Semetko, H. A. and H. Tworzecki. 2017. "Campaign strategies, media, and voters: The fourth era of political communication." in J. Fisher, E. Fieldhouse, M. N. Franklin, R. Gibson, M. Cantijoch and C. Wlezien(eds.). *The Routledge*

Handbook of Elections, Voting Behavior and Public Opinion. London: Routledge, pp. 293~304.

Sen, A. and O. Avci. 2016. "Why social movements occur: Theories of social movements." *Bilgi Ekonomisi ve Yönetimi Dergisi(Journal of Knowledge Economy and Knowledge Management)*, 11(1), pp. 125~130.

Shehata, A. and J. Strömbäck. 2011. "A matter of context: A comparative study of media environments and news consumption gaps in Europe." *Political Communication*, 28(1), pp. 110~134.

Shoemaker, P. J. and T. Vos. 2009. *Gatekeeping Theory.* New York: Routledge.

Sides, J., M. Tesler and L. Vavreck. 2019. *Identity Crisis: The 2016 Presidential Campaign and the Battle for the Meaning of America.* Princeton University Press.

Siles, I., E. Guevara, L. Tristán-Jiménez and C. Carazo. 2023. "Populism, religion, and social media in Central America." *The International Journal of Press/ Politics*, 28(1), pp. 138~159.

Silva, P., A. F. Tavares, T. Silva and M. Lameiras. 2019. "The good, the bad and the ugly: Three faces of social media usage by local governments." *Government Information Quarterly*, 36(3), pp. 469~479.

Silverman, C. 2018. "How to spot a deepfake like the Barack Obama: Jordan Peele video." *BuzzFeed*, April 17. https://www.buzzfeed.com/craigsilver man/obama-jordan-peele-deepfake-video-debunk-buzzfeed.

Singh, K. D. and K. Conger. 2022. "Twitter, challenging orders to remove content, sues India's government." *New York Times*, July 5. https://www.ny times.com/2022/07/05/business/twitter-india-lawsuit.html.

Sisodia, Y. S. and P. Chattopadhyay. 2022. *Political Communication in Contemporary India: Locating Democracy and Governance.* London: Routledge.

Slater, M. D. 2007. "Reinforcing spirals: The mutual influence of media selectivity and media effects and their impact on individual behavior and social identity." *Communication Theory*, 17(3), pp. 281~303.

Slothuus, R. and M. Bisgaard. 2021. "How political parties shape public opinion in the real world." *American Journal of Political Science*, 65(4), pp. 896~911.

Smith, R. M. 2003. *Stories of Peoplehood: The Politics and Morals of Political Membership*. Cambridge University Press.

Sobieraj, S. 2011. *Soundbitten: The Perils of Media-Centered Political Activism*. New York University Press.

_____. 2020. *Credible Threat: Attacks against Women Online and the Future of Democracy*. New York: Oxford University Press.

Sobolewska, M. and R. Ford. 2020. *Brexitland: Identity, Diversity and the Reshaping of British Politics*. Cambridge University Press.

Sonnevend, J. 2016. *Stories without Borders: The Berlin Wall and the Making of a Global Iconic Event*. New York: Oxford University Press.

Southwell, B. G., E. A. Thorson and L. Sheble(eds.). 2018. *Misinformation and Mass Audiences*. Austin: University of Texas Press.

Spierings, N., K. Jacobs and N. Linders. 2019. "Keeping an eye on the people: Who has access to MPs on Twitter?" *Social Science Computer Review*, 37(2), pp. 160~177.

Spivak, G. C. 2008. *Other Asias*. Malden, MA: Blackwell.

Splendiani, S. and A. Capriello. 2022. "Crisis communication, social media and natural disasters: The use of Twitter by local governments during the 2016 Italian earthquake." *Corporate Communications: An International Journal*, 27(3), pp. 509~526.

Squires, C. 2002. "Rethinking the Black public sphere: An alternative vocabulary for multiple public spheres." *Communication Theory*, 12(4), pp. 446~468.

Stier, S., L. Posch, A. Bleier and M. Strohmaier. 2017. "When populists become popular: Comparing Facebook use by the right-wing movement Pegida and German political parties." *Information, Communication & Society*, 20(9), pp. 1365~1388.

Street, J. 2012. "Do celebrity politics and celebrity politicians matter?" *The British Journal of Politics and International Relations*, 14(3), pp. 346~356.

_____. 2013. *Music and Politics*. Cambridge: Polity.

Striphas, T. 2015. "Algorithmic culture." *European Journal of Cultural Studies*, 18(4-5), pp. 395~412.

Strömbäck, J. 2008. "Four phases of mediatization: An analysis of the mediatization of politics." *International Journal of Press/Politics*, 13, pp. 228~246.

Strömbäck, J. and S. Kiousis(eds.). 2019. *Political Public Relations: Principles and Applications*. New York: Routledge.

Strömbäck, J., Y. Tsfati, H. Boomgaarden, A. Damstra, E. Lindgren, R. Vliegenthart and T. Lindholm. 2020. "News media trust and its impact on media use: Toward a framework for future research." *Annals of the International Communication Association*, 44(2), pp. 139~156.

Stromer-Galley, J. 2000. "On-line interaction and why candidates avoid it." *Journal of Communication*, 50(4), pp. 111~132.

_____. 2019. *Presidential Campaigning in the Internet Age*. New York: Oxford University Press.

Stromer-Galley, J., P. Rossini, J. Hemsley, S. E. Bolden and B. McKernan. 2021. "Political messaging over time: A comparison of US presidential candidate Facebook posts and tweets in 2016 and 2020." *Social Media + Society*, 7 (4), pp. 1~13.

Stroud, N. J. 2011. *Niche News: The Politics of News Choice*. New York: Oxford University Press.

Su, Y. and P. Borah. 2019. "Who is the agenda setter? Examining the intermedia agenda-setting effect between Twitter and newspapers." *Journal of Information Technology & Politics*, 16(3), pp. 236~249.

Svensson, J. 2015. "Participation as a pastime: Political discussion in a queer community online." *Javnost: The Public*, 22(3), pp. 283~297.

_____. 2021. *Wizards of the Web: An Outsider's Journey into Tech Culture, Programming, and Mathemagics*. Gothenburg: Nordicom.

Taberez, A. N. 2018. *Political Communication and Mobilisation: The Hindi Media in India*. Cambridge University Press.

Taggart, P. 2000. *Populism*. Buckingham: Open University Press.

Tandoc Jr., E. C. 2019. "The facts of fake news: A research review." *Sociology Compass*, 13, pp. 1~9.

Tangherlini, T. R., S. Shahsavari, B. Shahbazi, E. Ebrahimzadeh and V. Roychowdhury. 2020. "An automated pipeline for the discovery of conspiracy and conspiracy theory narrative frameworks: Bridgegate, Pizzagate and storytelling on the web." *PLoS One*, 15(6), pp. 1~39.

Tappin, B. M. and R. T. McKay. 2019. "Moral polarization and out-party hostility in the US political context." *Journal of Social and Political Psychology*, 7 (1), pp. 213~245.

Tartar, A. 2017. "How the populist right is redrawing the map of Europe." Bloomberg, December 11. https://www.bloomberg.com/graphics/2017-europe-populist-right.

Tedesco, J. C. 2019. "Political public relations and agenda building." in J. Strömbäck and S. Kiousis(eds.). *Political Public Relations: Principles and Applications*. New York: Routledge, 84~103.

Tenenboim-Weinblatt, K. 2014. "Producing protest news: An inquiry into journalists' narratives." *The International Journal of Press/Politics*, 19(4), pp. 410~429.

Tenove, C. 2020. "Protecting democracy from disinformation: Normative threats and policy responses." *The International Journal of Press/Politics*, 25(3), pp. 517~537.

Terren, L. and R. Borge-Bravo. 2021. "Echo chambers on social media: A systematic review of the literature." *Review of Communication Research*, 9, pp. 99~118.

The Royal Society. 2022. *The Online Information Environment: Understanding How the Internet Shapes People's Engagement with Scientific Information*. London: The Royal Society.

Theocharis, Y., A. Cardenal, S. Jin, T. Aalberg, D. N. Hopmann, J. Strömbäck, L. Castro, F. Esser, P. van Aelst, C. de Vreese, K. Koc-Michalska, J. Matthes,

C. Schemer, T. Sheafer, S. Splendore, J. Stanyer, A. Stępińska and V. Štětka. 2021. "Does the platform matter? Social media and COVID-19 conspiracy theory beliefs in 17 countries." *New Media & Society*, 25(12). https://doi.org/10.1177/14614448211045666.

Thorson, K., K. Cotter, M. Medeiros and C. Pak. 2021. "Algorithmic inference, political interest, and exposure to news and politics on Facebook." *Information, Communication & Society*, 24(2), pp. 183~200.

Thrall, A. T., D. Stecula and D. Sweet. 2014. "May we have your attention please? Human-rights NGOs and the problem of global communication." *The International Journal of Press/Politics*, 19(2), pp. 135~159.

Thurman, N., S. C. Lewis and J. Kunert. 2021. *Algorithms, Automation, and News: New Directions in the Study of Computation and Journalism*. London: Routledge.

Tilly, C. 1978. *From Mobilization to Revolution*. Reading, MA: Addison-Wesley.

_____. 1999. "From interactions to outcomes in social movements." in M. Giugni, D. McAdam and C. Tilly(eds.). *How Social Movements Matter*. Minneapolis: University of Minnesota Press, pp. 253~270.

_____. 2004. *Social Movements, 1768~2004*. Boulder: Paradigm Publishers.

Tilly, C., E. Castañeda and L. J. Wood. 2020. *Social Movements, 1768~2018*. Routledge.

Tilly, C. and L. J. Wood. 2020. *Social Movements, 1768~2008*. New York: Routledge.

Tischauser, J. and K. Musgrave. 2020. "Far-right media as imitated counterpublicity: A discourse analysis on racial meaning and identity on Vdare.com." *Howard Journal of Communications*, 31(3), pp. 282~296.

Tocotronic. 2008. "Ich möchte Teil einer Jugendbewegung sein: International Version." in *10th Anniversary*. Hamburg: Rock-O-Tronic Records.

Toepfl, F. and E. Piwoni. 2015. "Public spheres in interaction: Comment sections of news websites as counterpublic spaces." *Journal of Communication*, 65(3), pp. 465~488.

Treré, E. and A. Mattoni. 2016. "Media ecologies and protest movements: Main perspectives and key lessons." *Information, Communication & Society*, 19(3), pp. 290~306.

Tripodi, F. 2021. "Ms. categorized: Gender, notability, and inequality on Wikipedia." *New Media & Society*, 25(7), pp. 1~21. https://doi.org/10.1177/14614448211023772.

Tripodi, F. B. 2022. *The Propagandists' Playbook: How Conservative Elites Manipulate Search and Threaten Democracy.* New Haven, CT: Yale University Press.

Troianovski, A. and V. Safronova. 2022. "Russia takes censorship to new extremes, stifling war coverage." *New York Times*, March 4. https://www.nytimes.com/2022/03/04/world/europe/russia-censorship-media-crackdown.html.

Tuchman, G. 1978. "The newspaper as a social movement's resource." in G. Tuchman, A. Kaplan and J. Benét(eds.). *Hearth and Home: Images of Women in the Mass Media.* New York: Oxford University Press, pp. 186~215.

Tucker, J. A., A. Guess, P. Barberá, C. Vaccari, A. Siegel, S. Sanovich, D. Stukal and B. Nyhan. 2018. "Social media, political polarization, and political disinformation: A review of the scientific literature." *SSRN Journal*, 106(7). https://ssrn.com/abstract=3144139.

Tufekci, Z. 2014. "The medium and the movement: Digital tools, social movement politics, and the end of the free rider problem." *Policy & Internet*, 6(2), pp. 202~208.

_____. 2017. *Twitter and Tear Gas: The Power and Fragility of Networked Protest.* New Haven, CT: Yale University Press.

Turner, F. 2006. "How digital media found utopian ideology: Lessons from the first hackers' conference." in D. Silver and A. Massanari(eds.). *Critical Cyberculture Studies: Current Terrains, Future Directions.* New York University Press, pp. 257~269.

_____. 2010. *From Counterculture to Cyberculture: Stewart Brand, the Whole Earth Network, and the Rise of Digital Utopianism*. University of Chicago Press.

Twitter Safety. 2021. Twitter. October 30. https://twitter.com/twittersafety/status/1454214197647187975?s=11.

Tworek, H. J. 2019. *News from Germany: The Competition to Control World Communications, 1900~1945*. Cambridge, MA: Harvard University Press.

Useem, B. and J. A. Goldstone. 2022. "The paradox of victory: Social movement fields, adverse outcomes, and social movement success." *Theory and Society*, 51(1), pp. 31~60.

Usher, N. 2014. *Making News at the New York Times*. Ann Arbor: University of Michigan Press.

_____. 2016. *Interactive Journalism: Hackers, Data, and Code*. University of Illinois Press.

_____. 2021. *News for the Rich, White, and Blue: How Place and Power Distort American Journalism*. New York: Columbia University Press.

Vaccari, C. and A. Chadwick. 2020. "Deepfakes and disinformation: Exploring the impact of synthetic political video on deception, uncertainty, and trust in news." *Social Media + Society*, 6(1). https://doi.org/10.1177/2056305120903408.

Vaidhyanathan, S. 2018. *Antisocial Media: How Facebook Disconnects Us and Undermines Democracy*. New York: Oxford University Press.

_____. 2021. "Making sense of the Facebook menace: Can the largest media platform in the world ever be made safe for democracy?" *New Republic*, 252 (1-2), pp. 22~27.

Valentino, N. A., C. Wayne and M. Oceno. 2018. "Mobilizing sexism: The interaction of emotion and gender attitudes in the 2016 US presidential election." *Public Opinion Quarterly*, 82(S1), pp. 799~821.

Valenzuela, S., D. Halpern and F. Araneda. 2022. "A downward spiral? A panel study of misinformation and media trust in Chile." *The International Jour-*

nal of Press/Politics, 27(2), pp. 353~373.

Van Aelst, P., J. Strömbäck, T. Aalberg et al. 2017. "Political communication in a high-choice media environment: A challenge for democracy?" *Annals of the International Communication Association*, 41(1), pp. 3~27.

Van der Beek, K., P. Swatman and C. Krueger. 2005. "Creating value from digital content: E-business model evolution in online news and music." in *Proceedings of the 38th Hawaii International Conference on Systems Science*. Washington, DC: IEEE Computer Society, pp. 1~10.

Van Dijck, J., T. de Winkel and M. T. Schäfer. 2021. "Deplatformization and the governance of the platform ecosystem." *New Media & Society*. https://doi.org/10.1177/146144 48211045662.

Van Dijck, J., T. Poell and M. de Waal. 2018. *The Platform Society: Public Values in a Connective World*. New York: Oxford University Press.

Van Duyn, E. 2020. "Mainstream marginalization: Secret political organizing through social media." *Social Media and Society*, 6(4), pp. 1~13.

＿＿＿. 2021. *Democracy Lives in Darkness: How and Why People Keep Their Politics a Secret*. New York: Oxford University Press.

Van Kessel, S. and R. Castelein. 2016. "Shifting the blame: Populist politicians' use of Twitter as a tool of opposition." *Journal of Contemporary European Research*, 12(2), pp. 594~614.

Van Krieken, R. 2018. *Celebrity Society: The Struggle for Attention*. Abingdon: Routledge.

Van Zoonen, L. 2006. "The personal, the political and the popular: A woman's guide to celebrity politics." *European Journal of Cultural Studies*, 9(3), pp. 287~301.

Vasko, V. and D. Trilling. 2019. "A permanent campaign? Tweeting differences among members of Congress between campaign and routine periods." *Journal of Information Technology & Politics*, 16(4), pp. 342~359.

Vavreck, L. 2009. *The Message Matters: The Economy and Presidential Campaigns*. Princeton University Press.

Vegetti, F. and M. Mancosu. 2020. "The impact of political sophistication and motivated reasoning on misinformation." *Political Communication*, 37(5), pp. 678~695.

Vijay, D. and A. Gekker. 2021. "Playing politics: How Sabarimala played out on TikTok." *American Behavioral Scientist*, 65(5), pp. 712~734.

Virino, C. C. and V. Rodriguez Ortega. 2019. "Daenerys Targaryen will save Spain: Game of Thrones, politics, and the public sphere." *Television & New Media*, 20(5), pp. 423~442.

Voinea, C. F. 2019. "Political culture research: Dilemmas and trends." *Quality & Quantity*, 54, pp. 361~382.

Volkmer, I. 2008. "Satellite cultures in Europe: Between national spheres and a globalized space." *Global Media and Communication*, 4(3), pp. 231~244.

Voltmer, K. 2013. *The Media in Transitional Democracies*. Cambridge: Polity.

Von Stein, L. 1964(1848). *History of the French Social Movement from 1789 to the Present*. New York: Bedminster Press.

Vraga, E. K. and L. Bode. 2020. "Defining misinformation and understanding its bounded nature: Using expertise and evidence for describing misinformation." *Political Communication*, 37(1), pp. 136~144.

Vrikki, P. and S. Malik. 2019. "Voicing lived-experience and anti-racism: Podcasting as a space at the margins for subaltern counterpublics." *Popular Communication*, 17(4), pp. 273~287.

Vrontis, D., A. Makrides, M. Christofi and A. Thrassou. 2021. "Social media influencer marketing: A systematic review, integrative framework and future research agenda." *International Journal of Consumer Studies*, 45(4), pp. 617~644.

Vuletic, D. 2018. *Postwar Europe and the Eurovision Song Contest*. London: Bloomsbury.

Wagner, K. 2021. "Facebook says most 'inauthentic' networks start in Russia, Iran." Bloomberg, May 26. https://www.bloomberg.com/news/articles/2021-05-26/facebook-says-most-inauthentic-networks-start-in-russia-ir an.

Wagner, M. 2021. "Affective polarization in multiparty systems." *Electoral Studies*, 69, pp. 1~39.

Wahl-Jorgensen, K., A. Hintz, L. Dencik and L. Bennett(eds.). 2020. *Journalism, Citizenship and Surveillance Society*. London: Routledge.

Waisbord, S. 2000. *Watchdog Journalism in South America: News, Accountability, and Democracy*. New York: Columbia University Press.

_____. 2016. "Disconnections: Media sociology and communication across differences." Paper presented at the annual conference of the International Communication Association, Fukuoka, Japan.

_____. 2018. "Truth is what happens to news: On journalism, fake news, and post-truth." *Journalism Studies*, 19(13), pp. 1866~1878.

Waisbord, S. and A. Amado. 2017. "Populist communication by digital means: Presidential Twitter in Latin America." *Information, Communication & Society*, 20(9), pp. 1330~1346.

Walgrave, S., R. Wouters and P. Ketelaars. 2022. "Mobilizing usual versus unusual protesters: Information channel openness and persuasion tie strength in 71 demonstrations in nine countries." *The Sociological Quarterly: Journal of the Midwest Sociological Society*, 63(1), pp. 48~73.

Walker, C., S. Kalathil and J. Ludwig. 2020. "The cutting edge of sharp power." *Journal of Democracy*, 31(1), pp. 124~137.

Wallace, P. 2020. *India's 2019 Elections: The Hindutva Wave and Indian Nationalism*. New Delhi: SAGE.

Walter, B. F. 2022. *How Civil Wars Start: And How to Stop Them*. New York: Crown Publishing Group.

Walter, N., J. Cohen, L. R. Holbert and Y. Morag. 2020. "Fact-checking: A meta-analysis of what works and for whom." *Political Communication*, 37(3), pp. 350~375.

Warner, M. 2002. "Publics and counterpublics." *Public Culture*, 14(1), pp. 49~90.

Wasserman, H. 2020. "Fake news from Africa: Panics, politics and paradigms."

Journalism, 21(1), pp. 3~16.

Weber, M. 1968(1921). *Economy and Society: An Outline of Interpretive Sociology.* New York: Bedminster Press.

Weber, M. S. and A. Kosterich. 2018. "Coding the news." *Digital Journalism*, 6 (3), pp. 310~329.

Webster, J. G. 2014. *The marketplace of attention: How audiences take shape in a digital age.* Mit Press.

Weeks, B. E. and D. S. Lane. 2020. "The ecology of incidental exposure to news in digital media environments." *Journalism*, 21(8), pp. 1119~1135.

Weller, N. and J. Junn. 2018. "Racial identity and voting: Conceptualizing white identity in spatial terms." *Perspectives on Politics*, 16(2), pp. 436~448.

Wells, C., D. Shah, J. Lukito, A. Pelled, J. C. Pevehouse and J. Yang. 2020. " Trump, Twitter, and news media responsiveness: A media systems approach." *New Media & Society*, 22(4), pp. 659~682.

Wells, C., K. J. Cramer, M. W. Wagner, G. Alvarez, L. A. Friedland, D. V. Shah, L. Bode, S. Edgerly, I. Gabay and C. Franklin. 2017. "When we stop talking politics: The maintenance and closing of conversation in contentious times." *Journal of Communication*, 67(1), pp. 131~157.

Wells, C., L. A. Friedland, C. Hughes, D. V. Shah, J. Suk and M. W. Wagner. 2021. "News media use, talk networks, and anti-elitism across geographic location: Evidence from Wisconsin." *The International Journal of Press/ Politics*, 26(2), pp. 438~463.

Wessler, H. 2019. *Habermas and the Media.* Hoboken, NJ: John Wiley & Sons.

Westlund, O. and A. Hermida. 2021. *Data Journalism and Misinformation: Handbook on Media Misinformation and Populism.* London: Routledge.

White, M. 2018. "Beauty as an 'act of political warfare': Feminist makeup tutorials and masquerades on YouTube." *Women's Studies Quarterly*, 46(1/2), pp. 139~156.

Wike, R. and A. Castillo. 2018. "Many around the world are disengaged from politics." Pew Research, October 17. https://www.pewresearch.org/glo

bal/2018/10/17/international-political-engagement.

Wiles, P. 1969. "A syndrome, not a doctrine: Some elementary theses on popu-
lism." in G. Ionescu and E. Gellner(eds.). *Populism: Its Meaning and Na-
tional Characteristics.* London: Weidenfeld, pp. 166~179.

Willems, W. 2012. "Interrogating public sphere and popular culture as theoretical
concepts on their value in African studies." *Africa Development*, 37(1), pp.
11~26.

Williams, A. T. 2017. "Measuring the journalism crisis: Developing new ap-
proaches that help the public connect to the issue." *International Journal
of Communication*, 11, pp. 4731~4743.

Williams, B. A. and M. X. Della Carpini. 2020. "The eroding boundaries between
news and entertainment and what they mean for democratic politics." in
L. Wilkins and C. G. Christians(eds.). *The Routledge Handbook of Mass
Media Ethics.* London: Routledge, pp. 252~263.

Williams, D. K. 2012. *God's Own Party: The Making of the Christian Right.* Oxford
University Press.

Wilson, A. E., V. A. Parker and M. Feinberg. 2020. "Polarization in the contem-
porary political and media landscape." *Current Opinion in Behavioral Sci-
ences*, 34, pp. 223~228.

Wischnewski, M., A. Bruns and T. Keller. 2021. "Shareworthiness and motivated
reasoning in hyper-partisan news sharing behavior on Twitter." *Digital
Journalism*, 9(5), pp. 549~570.

Witkin, R. W. 2000. "Why did Adorno 'hate' jazz?" *Sociological Theory*, 18(1), pp.
145~170.

Wojcieszak, M., A. Casas, X. Yu, J. Nagler and J. A. Tucker. 2022. "Most users
do not follow political elites on Twitter: Those who do show overwhel-
ming preferences for ideological congruity." *Science Advances*, 8(39). ea
bn9418.

Wojcieszak, M. and R. K. Garrett. 2018. "Social identity, selective exposure, and
affective polarization: How priming national identity shapes attitudes to-

ward immigrants via news selection." *Human Communication Research*, 44(3), pp. 247~273.

Wolfsfeld, G., T. Sheafer and S. Althaus. 2022. *Building Theory in Political Communication: The Politics-Media-Politics Approach*. New York: Oxford University Press.

Wood, M., J. Corbett and M. Flinders. 2016. "Just like us: Everyday celebrity politicians and the pursuit of popularity in an age of anti-politics." *The British Journal of Politics and International Relations*, 18(3), pp. 581~598.

Woolley, S. C. and P. Howard. 2017. *Computational Propaganda Worldwide: Executive Summary*. Oxford: Project on Computational Propaganda.

Woolley, S. C. and P. N. Howard(eds.). 2018. *Computational Propaganda: Political Parties, Politicians, and Political Manipulation on Social Media*. New York: Oxford University Press.

Wouters, R. and S. Walgrave. 2017. "Demonstrating power: How protest persuades political representatives." *American Sociological Review*, 82(2), pp. 361~383.

Yang, A., M. Taylor and A. J. Saffer. 2016. "Ethical convergence, divergence or communitas? An examination of public relations and journalism codes of ethics." *Public Relations Review*, 42(1), pp. 146~160.

Yarchi, M., C. Baden and N. Kligler-Vilenchik. 2021. "Political polarization on the digital sphere: A cross-platform, over-time analysis of interactional, positional, and affective polarization on social media." *Political Communication*, 38(1-2), pp. 98~139.

York, J. C. 2022. *Silicon Values: The Future of Free Speech under Surveillance Capitalism*. London: Verso Books.

Young, D. G. 2020. *Irony and Outrage: The Polarized Landscape of Rage, Fear, and Laughter in the United States*. New York: Oxford University Press.

Young, D. G. and A. Bleakley. 2020. "Ideological health spirals: An integrated political and health communication approach to COVID interventions." *International Journal of Communication*, 14, pp. 3508~3524.

Zamith, R. 2019. "Algorithms and journalism." in J. Nussbaum(ed.). *Oxford Research Encyclopedia of Communication*. Oxford University Press, pp. 1~21.

Zelizer, B. 2005. "The culture of journalism." in J. Curran and M. Gurevitch(eds.). *Mass Media and Society*(4th edn.). New York: Hodder Arnold, pp. 198~214.

Zeng, J. and C. Abidin. 2021. "'#OkBoomer, time to meet the Zoomers': Studying the memefication of intergenerational politics on TikTok." *Information, Communication & Society*, 24(16), pp. 2459~2481.

Ziblatt, D. 2017. *Conservative Political Parties and the Birth of Modern Democracy in Europe*. Cambridge University Press.

Zoonen, L. V., S. Coleman and A. Kuik. 2011. "The elephant trap: Politicians performing in television comedy." in K. Brants and K. Voltmer(eds.). *Political Communication in Postmodern Democracy: Challenging the Primacy of Politics*. London: Palgrave Macmillan, pp. 146~163.

Zuboff, S. 2019. *The Age of Surveillance Capitalism: The Fight for a Human Future at the New Frontier of Power*. New York: Public Affairs.

Zuiderveen Borgesius, F., D. Trilling, J. Möller, B. Bodó, C. H. de Vreese and N. Helberger. 2016. "Should we worry about filter bubbles?" *Internet Policy Review: Journal on Internet Regulation*, 5(1), pp. 1~16.

Zulianello, M., A. Albertini and D. Ceccobelli. 2018. "A populist zeitgeist? The communication strategies of Western and Latin American political leaders on Facebook." *The International Journal of Press/Politics*, 23(4), pp. 439~457.

Zürn, M. 2018. *A Theory of Global Governance: Authority, Legitimacy, and Contestation*. Oxford University Press.

지은이
울리케 클링거(Ulrike Klinger)
비아드리나 유럽 대학교 교수. 정치 이론과 디지털 민주주의 전공.

다니엘 크레이스(Daniel Kreiss)
에드거 토머스 카토 석좌교수. 노스캐롤라이나 주립대학교(채플힐) 허스먼 저널리
즘 앤드 미디어 스쿨.

브루스 무츠바이로(Bruce Mutsvairo)
위트레흐트 대학교 교수. 미디어, 정치, 글로벌 사우스 전공.

옮긴이
임정수(Jungsu Yim)
서울여자대학교 언론영상학부 교수. 미디어 산업과 정책 전공.

한울아카데미 2511

플랫폼, 파워, 정치 디지털 시대의 정치 커뮤니케이션

지은이 울리케 클링거·다니엘 크레이스·브루스 무츠바이로
옮긴이 임정수
펴낸이 김종수 ┊ **펴낸곳** 한울엠플러스(주)
초판 1쇄 인쇄 2024년 2월 22일 ┊ **초판 1쇄 발행** 2024년 3월 29일
주소 10881 경기도 파주시 광인사길 153 한울시소빌딩 3층
전화 031-955-0655 ┊ **팩스** 031-955-0656 ┊ **홈페이지** www.hanulmplus.kr
등록번호 제406-2015-000143호

Printed in Korea.
ISBN 978-89-460-7511-5 93070 (양장)
        978-89-460-8300-4 93070 (무선)

※ 책값은 겉표지에 표시되어 있습니다.
※ 무선제본 책을 교재로 사용하시려면 본사로 연락해 주시기 바랍니다.